大破局

中国新经济地理重构

徐苏涛 ◎ 著

新华出版社

图书在版编目（CIP）数据

大破局：中国新经济地理重构 / 徐苏涛著.
-- 北京：新华出版社，2021.5（2025.2重印）
ISBN 978-7-5166-5842-0

Ⅰ.①大… Ⅱ.①徐… Ⅲ.①经济地理-研究-中国
Ⅳ.①F129.9

中国版本图书馆CIP数据核字（2021）第086706号

大破局：中国新经济地理重构	
作　　者：徐苏涛	
责任编辑：赵怀志　林郁郁	**封面设计**：刘宝龙
出版发行：新华出版社	
地　　址：北京石景山区京原路8号	邮　　编：100040
网　　址：http://www.xinhuapub.com	
经　　销：新华书店、新华出版社天猫旗舰店、京东旗舰店及各大网店	
购书热线：010-63077122	中国新闻书店购书热线：010-63072012
照　　排：六合方圆	
印　　刷：大厂回族自治县众邦印务有限公司	
成品尺寸：170mm×240mm	
印　　张：31	字　　数：440千字
版　　次：2021年7月第一版	印　　次：2025年2月第二次印刷
书　　号：ISBN 978-7-5166-5842-0	
定　　价：98.00元	

版权专有，侵权必究。如有质量问题，请与出版社联系调换：010-63077124

引 言

当前，我国加快构筑新发展格局，以国家中心城市、区域中心城市、地区中心城市为代表的主要城市成为攻坚破难与破局突围的核心载体与战略节点。所谓"天下大势，分久必合，合久必分"！应用在区域竞合发展的语境中，"分"就是强调个体的、部分的、局部的"活力"，"合"就是强调整体的、系统的、全域的"合力"。只有统分结合"合力"与"活力"，才能形成强有力的"内力"；而只有强有力的"内力"，才能形成对外"张力"。尤其是在全球经济分工、区域协同发展的语境中，只有基于每个县（市）区（功能区）的"活力"，形成统分结合的"合力"，才能形成一个区域、地区、城市的"内力"，才能在地区一体化、全球化中释放"张力"，才能率先适应和引领新发展格局。纵观中国改革开放四十年，前三十年哪个城市的县域经济发达，哪个城市的GDP总量在全国排名中就越靠前；而近十年哪个城市率先从县域经济走向城市经济，哪个城市的GDP总量与城市能级就越有后劲和活力。

正如张五常教授在《中国的经济制度》一书中所指出的，以县际竞争为代表的地区间竞争是中国改革开放以来经济迅猛发展的根本原因。其基本逻辑在于，一个发展中的国家决定土地使用的权力最重要，没有土地就没有什么可以发展，而近年来中国主要经济权力不在村、不在镇、不在市、不在省、也不在国家，而是在县的层面，县级政府决定使用土地的权力。这其中，经济权力愈大地区竞争愈激烈，决定着土地使用效率高低，多加了一层竞争是经济奇迹在中国出现的主要原因。回看改革开放伊始，越是在生产力不发达的发展阶段，越是需要强调县域的、民营的、个体的活力，在单打独斗中海量试错；而一旦进入创新驱动发展阶段，越需要各类创新主体群体性突围，在统分结合中系统性降低试错成本。

应该说，"县际竞争"理论更多是传统经济地理学、传统发展经济学以及生产函数意义上的。在传统经济地理学上，哪里有钢铁、煤矿、港口、铁路等资源、区位优势，生产力布局、产业布局、产能布局就会在哪里，而生产力布局、产业布局、产能布局在哪里，人才、资本、技术、要素、市场、服务等就流向哪里。与之相适应的发展经济学则认为，地方发展的核心是基于资源禀赋的比较优势，而地区经济增长取决于生产函数。这个生产函数就是在一定的技术条件下，通过投入多少土地、劳动力、资源以及企业家才能，就能有多得的产出，于是便出现了要素驱动、投资驱动。彼时，县级政府经营发展的诀窍在于通过大量城市土地开发配置与功能置换掌握了土地的"金饭碗"与"摇钱树"，并利用级差地租的一次性"融资"以地生财，获得大量城市基础设施建设资金，进而改善投资环境以及筑巢引凤，最终将城镇建设、经济发展与社会服务有机结合。

但在新经济地理、经济发展学以及生态指数意义上，"县际竞争"理论将逐步走向"城际竞合"理论。新经济地理认为如今的地方发展，哪里的创新生态质优，人才就会流向哪里，而人才流向哪里，资金、技术、资源、市场、产能、产业就流向哪里。与之相适应的经济发展学，则认为有多大发展不均衡、不协调以及有多大差距就有多大发展空间，而地区发展更重要的不在于天赋的资源禀赋、他赋的外生变量，而来自自赋的人择优势。而新的生态指数打破了生产函数"投入－产出"的线性增长进入"输入－输出"的指数增长，在开放、多元、活力、共赢的新经济创新生态之中，将场景拉动业态创新、智能再造生产方式、数字驱动互联融通、平台引领产业组织、生态赋能市场活力、流量聚合资源配置有机结合，打破传统生产函数、生产要素及组织方式。

从"县际竞争"走向"城际竞合"，不仅代表了发展重心从县域走向城市，城市替代国家参与国际竞争，中心城市走向都市圈与城市群，城市群联结成为经济带；还代表了创新从园区走向城市，发展从城市走向都市圈、城市群，开放从都市圈、城市群走向经济带与全球化；更代表了从单打独斗、你死我活的竞争，走向了共生共荣、共同成长、你中有我、我中有你、自组织自成长的竞合发展。这其中，地区发展更需要将"新经济、新科技、新文化"有机结合。新经济体现的是工商的活力、新科技体现的是创新的高度、新文化体现的是文明的厚度。如今，人文地理、历史人文依然在经济地理与地理经济、人文地理与地理人文、历史社会与社会历史中发挥着至关重要的作用。我们需要从新文化决定新科技进而决定新经济的逻辑中，找到新时期区域发展的渊源、脉络和逻辑。这个"新"是新经济地理意义上的"新"，也是经济发展意义上的"新"，也是从"县际竞争"走向"城际竞合"意义上的新。

尽管本书是近几年撰写形成的，但"原点"在于作为一个出生、读书、参加工作于山东，接受了山东人对规律探究的浸染、儒家伦理的熏陶、商学院式的专业教育；"起点"是2009年来到北京，接受了长城所新经济系列训练，将新经济、新科技、新文化有机结合；"拐点"是2012年派到江南主持浙江区域工作，体悟一个地区、城市的成长模型与发展之道；"交点"是2017年调回北京总部，先后奔赴70余个地级市及以上城市，快速解析不同城市的发展；"突点"是2020年长城所提出以"城市运营"全面服务城市创新发展,将历年来所见、所闻、所思、所想、所写形成此书。不在于以怎样的体系性探索,形成如何的新经济地理学、新经济发展学理论,而在于知行合一和经世致用。

本书总论包括"回顾中国区域实践、打开全球方位视野、畅想未来城市形态、突破传统认识局限、根植城市区域个性、构筑全新发展格局、仰望创新尖峰星空、脚踏城市发展实际"八个部分。力求系统性论述改革开放以来中国城市"三个世界"的由来及演变,当前再全球化条件下将面临什么大变局,未来经济社会形态向何处去,我们需要打破怎样的认知局限;在此基础上分析"城际竞合"新格局下,我国城市发展如何通过优化内外部经济循环构建新发展格局、如何通过科技创新开辟新发展天地、如何通过战略管理提升城市新发展层级。

分论包括"突出华东示范引领、放大华南开放创新、加快华北协同发展、促进华中战略崛起、推动西南高端辐射、加速东北涅槃重生、重建西北丝绸之路",形成"齐鲁两江鼎力定闽台、两广港澳海南镇南海、津冀晋蒙联动辅京畿、古豫荆楚潇湘共中堂、云贵川渝携藏通两亚、黑吉辽新时代闯关东、陕甘宁青新趟新丝路"之态势。力求通过40余个城市总体发展、产业发展、创新发展、开放发展的战略解读与谋划,对本书所表达的理论认知、价值主张、政策取向予以验证、应用和阐释。

当前,新一轮经济全球化与新一轮地区一体化、新一轮产业技术革命与新一轮经济地理重构、新时代高质量发展与新一轮改革开放历史性交织,生产方式、生活方式、发展方式、组织方式、治理方式与产业结构、地区结构、创新结构、企业结构、市场结构系统性转换,未来经济社会变化、全球经济产业分工、国际城市格局分化以及国内城市结构变迁将加速大变局大变革大调整。任何一个城市的发展,既有着千变万化之中不变的规律,也有着同心多元之中变化万千的策略,并非是传统城市经济学、发展经济学、城市规划所能完整诠释，需要站在新经济地理、新经济发展、新经济治理上予以全新的解读、解构和破题、解题、答题，要么基因突变、要么奇点爆发，要么极化突出、要么异军突起，要么逐步沉沦、要么温水漫步，要么改变、要么被改变！面对百年未有之大变局，如何识局需要复盘历史，如何布局需要着眼未来，如何破局需要拥抱未来；而只有重点城市率先破局和突围，才能加快我国构筑双循环发展格局。

谨以此书，献给处于地方开发建设、经营发展、开拓创新、改革开放一线的领导者、开拓者和建设者，以更好地服务于新一轮区域竞合和城市开放创新发展。也期待当我们在2035年重新审视中国城市发展格局与中国经济地理版图时，这本书更有价值和意义！

徐苏涛
2020年12月15日于北京

目 录
CONTENTS

引 言 ·· 1

上篇　总论

01 回顾中国区域实践：中国城市的"三个世界" ············· 3
1.1 中国城市发展主要阶段 ·· 3
1.2 城市发展总体形态演变 ··· 10
1.3 中国城市发展基本格局 ··· 14
1.4 中国城市建设发展得失 ··· 19
1.5 未来城市建设发展前瞻 ··· 25

02 畅想未来城市形态：拥抱智能社会的来袭 ················ 29
2.1 疫情加速智能社会来袭 ··· 29
2.2 步入智能社会高维世界 ··· 32
2.3 智能社会的意义与价值 ··· 36

2.4 社会建设带动经济建设 ………………………………… 40

2.5 推进智能社会建设发展 ………………………………… 43

03 打开全球方位视野：放眼再全球化新格局 ……………… 50

3.1 步入疫后再全球化时代 ………………………………… 50

3.2 国际经济活动形式重组 ………………………………… 55

3.3 全球经济产业分工重构 ………………………………… 59

3.4 国际经贸规则秩序重建 ………………………………… 63

3.5 全球城市发展格局重塑 ………………………………… 67

3.6 抢占新一轮战略制高点 ………………………………… 72

04 突破传统认识局限：我们更需经济发展学 ……………… 77

4.1 站在新经济地理格局上 ………………………………… 77

4.2 重识发展的含义与价值 ………………………………… 83

4.3 把握高质量发展风向标 ………………………………… 87

4.4 高质量发展的逻辑结构 ………………………………… 90

05 根植城市区域个性：步入城际竞合新时代 ……………… 97

5.1 区域发展的烙印与突变 ………………………………… 97

5.2 新春秋战国究竟新在哪 ………………………………… 100

5.3 把握未来发展主轴主线 ………………………………… 104

5.4 产业个性引领区域个性 ·· 108

5.5 突出产业创新生态硬核 ·· 111

5.6 区域创新文化产业赋能 ·· 115

06 构筑全新发展格局：优化内外部经济循环 ·············· 119

6.1 改革开放以来经济循环 ·· 120

6.2 不同城市不同经济循环 ·· 122

6.3 未来经济社会十大变化 ·· 124

6.4 新发展格局将向何处去 ·· 127

6.5 城市建设发展基本逻辑 ·· 130

6.6 新发展格局的组织方式 ·· 134

07 仰望创新尖峰星空：科创硬核成就新天地 ·············· 138

7.1 新科技重塑新经济地理 ·· 138

7.2 中国城市创新版图重构 ·· 146

7.3 区域发展亟待科创引领 ·· 150

7.4 以创新驱动走向新经济 ·· 154

08 脚踏城市发展实际：城市战略管理组合拳 ·············· 159

8.1 充分把握竞存战略之位 ·· 159

8.2 宽宏驾驭发展战略之势 ·· 161

8.3 运筹帷幄区域战略之局 ……………………………………… 165

8.4 有破有立产业战略之体 ……………………………………… 166

8.5 超然穿越空间战略之域 ……………………………………… 169

8.6 抢滩布局园区战略之台 ……………………………………… 171

8.7 持续迭代创新战略之魂 ……………………………………… 173

8.8 融入嵌入开放战略之圈 ……………………………………… 176

8.9 全面拥抱生态战略之场 ……………………………………… 178

8.10 着力锻造组织战略之器 ……………………………………… 181

下篇 分论

09 突出华东示范引领：齐鲁两江鼎力定闽台 …………………… 187

9.1 上海：如何在新经济面前"逆袭发展"？ ………………… 187

9.2 苏州：下一个改革开放四十年向何处去？ ………………… 192

9.3 杭州：能否在互联网的下半场笑到最后？ ………………… 203

9.4 宁波：如何跻身全国大城市的第一方阵？ ………………… 211

9.5 青岛："北青岛"如何给北方带来信心？ ………………… 222

9.6 无锡：如何成为太湖明珠上的"皇冠"？ ………………… 231

9.7 济南：如何避免被"儒商"彻底坑到底？ ………………… 246

9.8 合肥：如何更好地伪装成为政府的投行？ ………………… 253

9.9 温州：民营经济"二次创业"走向何方? ………… 258

9.10 厦门：何以人才强市打破养老之城顽疾? ………… 267

9.11 淄博：齐文化现代意义如何有全球价值? ………… 272

9.12 绍兴：如何用好"越国之都"高贵血统? ………… 282

9.13 嘉兴：如何从"随上海"到"有硬核"? ………… 287

9.14 临沂：商贸城市究竟如何"突出重围"? ………… 290

9.15 舟山：新时期"轻舟"怎过"万重山"? ………… 294

10 放大华南开放创新：两广港澳海南镇南海 ………… 299

10.1 深圳：如何更有想象力爆发力与感召力? ………… 299

10.2 广州：如何借助新旧动能转换凤凰涅槃? ………… 306

10.3 佛山：如何借助产业互联网再造新万亿? ………… 312

10.4 南宁：如何带动广西中长期的创新发展? ………… 316

10.5 桂林：未经充分工业化发育还有希望吗? ………… 321

11 加快华北协同发展：津冀晋蒙联动辅京畿 ………… 327

11.1 北京：北京现代产业体系如何创新突围? ………… 327

11.2 天津：如何避免"东北现象"从关外到关内? ………… 336

11.3 石家庄：如何避免京津冀一体化边缘化? ………… 342

11.4 太原：如何借新经济之力再造晋商辉煌? ………… 347

11.5 呼和浩特：马背上失去青春却不曾知道？ ………… 353

11.6 包头：如何从资源开发到财富创造分配？ ………… 359

12 促进华中战略崛起：古豫荆楚潇湘共中堂 ………… 365

12.1 武汉：如何率先探索疫后突围发展之路？ ………… 365

12.2 郑州：城市战略与产业布局将走向何方？ ………… 369

12.3 长沙：如何在长江经济带里面大浪淘沙？ ………… 375

12.4 洛阳：如何从"牡丹花城"到古都复兴？ ………… 381

13 推动西南高端辐射：云贵川渝携藏通两亚 ………… 387

13.1 成都：天府之国如何成为新经济策源地？ ………… 387

13.2 重庆：如何用好山城的厚重雾都的灵气？ ………… 395

13.3 昆明：从自然生态之滇到创新生态之峰？ ………… 398

13.4 贵阳：数谷如何从先声夺人到善始善终？ ………… 408

14 加速东北涅槃重生：黑吉辽新时代闯关东 ………… 414

14.1 沈阳：从平民胜利看共和国长子再出发？ ………… 414

14.2 长春：如何借用创业创新粉刷铁锈地带？ ………… 421

14.3 哈尔滨：如何走出冰厚三尺非一日之寒？ ………… 426

14.4 大连：东北明珠产业转型升级走向何方？ ………… 429

15 重建西北丝绸之路：陕甘宁青新踏新丝路 435

   15.1 西安：新一个千年有什么能够引领世界？ 435

   15.2 兰州：如何在黄河咽喉上重建金城汤池？ 443

   15.3 西宁：如何从雪山中走来通往春潮中去？ 447

   15.4 宝鸡：青铜之都如何插上数智腾飞翅膀？ 453

   15.5 榆林：如何走出资源型依赖的塞上明珠？ 458

   15.6 喀什：通往欧亚经济新大陆的诗与远方？ 462

参考文献 470

后　记 474

上篇 总论

01
回顾中国区域实践：中国城市的"三个世界"

改革开放第一个四十年，中国史无前例地全面推进工业化、信息化、城镇化、市场化、国际化，出现了全球经济增长史上令人瞩目的"中国奇迹"。在各地区政治经济文化发展不平衡基本国情，各地区发展理念、发展战略、组织方式水平不一基本区情下，中国城市版图呈现出此起彼伏、差异悬殊的发展结构与态势，逐步呈现出"三个世界"的发展格局。这不仅累积形成了一定的城市经济社会发展模式、城市开发建设经验以及城市经营管理教训，还为下一个改革开放四十年城市发展逻辑探索了新的发展取向，亦为各个城市共同发展提供了充分的认识、思考与探索空间。进入高质量发展新时代，我国将出现新一轮城市洗礼与新一轮城市结构演变，迫切需要重新认识城市发展历程、脉络与得失，更好地服务城市和地区的改革开放与创新发展。

1.1 中国城市发展主要阶段

纵观改革开放以来中国发展历程，城市作为重要的区域经济体与战略增长极，呼应时代际遇背景、响应改革开放号召，实现发展方式、发展模式迭代创新，先后呈现出五个基本发展阶段，如今在新时代高质量发展要求下将迎来全新的城市分层。

1.1.1 改革开放酝酿期

这一发展阶段从1978年中国开启改革开放伟大征程，到1991年全球"冷战"结束及建立社会主义市场经济体制前，基本形成传统经济地理的城市发展格局与改革开放初期的城市发展格局。从时代特征看，自1960年到1990

起步酝酿	市场转型	制造腾飞	五化协同	创新驱动
• 凭借传统经济地理条件下的资源禀赋 • 依赖计划经济条件下重大生产力布局 • 依靠行政权力配置资源的中心化发展 • 国家改革开放政策叠加红利释放	核心的发展动力是市场化改革，哪个城市率先从计划经济到市场经济，进而提高了资源配置效率，谁就逐步在中国的城市版图上加速崛起	哪些城市能够抓住中国入世的历史性机遇，在贸易部门带动下将农村剩余劳动力转移到生产制造部门，进而将中国制造输送到全球，就能在中国的城市版图上异军突起	哪些城市脱离要素驱动、投资驱动、路径依赖，进入以激发创业创新活力的创新驱动，就能在中国的城市版图上傲视群雄	强者越强、弱者越弱，但总有一批"办法总比困难多"的城市脱颖而出，成为传统经济地理的挑战者、破坏者以及新经济地理上的佼佼者与引领者
改革开放 1978年	市场经济 1992年	中国入世 2001年	金融危机 2008年	新时代 2017年

图：改革开放以来我国城市一般发展阶段

年国际产业梯度转移加速，一大批实施出口导向型战略的发展中国家、地区或新兴市场实现了经济腾飞和经济崛起。从经济社会特征来看，我国总体上处于一个计划经济条件下的农业国，呈现出明显的城乡二元经济结构。从改革开放进程来看，我国开启了从农村改革到城市开放、从沿海到内陆、从局部到整体，从体制外增量培育到体制内存量改革的初步探索，处于以解放思想带动改革开放的重要孕育期、起步期。

在这一发展阶段，伴随农村实行家庭联产承包责任制取得突破，一些城市率先将农村剩余劳动力转移到工业、制造业、加工业领域，产生了以集体经济和民营经济为代表的中小企业为主、加工制造业为主的乡镇工业与块状经济，促进了早期的工业化、城市化发展，其中以苏南、浙南、珠三角等地区的城市最为典型。此后，伴随城市改革，尤其是沿海开放城市、沿海开放区等布局及其相应的开放政策，一些东南地区、沿海城市率先加快吸引外资，大力发展出口加工业、"三来一补"贸易等，促进了内向经济向外向经济发展。

这其中，出现了两类功能平台，对日后的发展起到了重要的作用。一类是面向开放，即不少城市出现以吸引外资等为主的经济技术开发区；一类是围绕改革，打破经济与科技"两张皮"，即不少城市出现面向高新技术产业发展的高新技术产业开发区。在农村改革与城市开放条件下，以及在体制外增量培育盘活体制内存量改革的逻辑下，经由"农转工、内转外、块转园"的发育，不仅为后来"制造＋贸易"的外向型工业经济提供了发育基础，还决定了未来几十年的城市发展格局。即具有"农转工、内转外、块转园"充分发育的城市一般都具有充足的发展后劲，而没有历经"农转工、内转外、块转园"充分发育的城市往往发展后劲不足、活力不强。

换言之，并不是所有的城市都历经了当时这种"可歌可泣"的发育过程。整体上有如下几种城市类型：一是凭借传统经济地理条件下的资源禀赋，如依靠煤炭、钢铁等资源或港口、沿江等区位条件发展起来的资源型城市；二是依赖计划经济条件下重大生产力布局，如东北老工业基地相关城市；三是依靠行政权力配置资源的中心化发展，如省市统筹资源发展起来的、具有较高首位度的省会城市；四是国家改革开放政策叠加红利释放，如沿海开放城市、经济特区、沿海开放经济区等；五是在当时人口较多、面积较大、土地肥沃的农业城市，也曾一度辉煌。总之，在不同的城市发展逻辑、发展动力与发展机制下，呈现出市场化改革前的城市发展结构与发展格局。

1.1.2 双轨体制转型期

这一发展阶段自1992年党的十四大明确提出建立和完善社会主义市场经济体制，到2000年中国互联网元年以及中国加入世界贸易组织前，出现了改革开放后城市格局的新一轮洗礼。从时代特征来看，"冷战"后全球经济加快制造业全球化，尤其以大规模制造为代表的全球重工业中心加快向发展中国家沿海城市布局和转移，很多东南沿海城市借此建立完善工业体系；与此同时，知识经济、互联网经济率先在全球发达经济体兴起，并在这一阶段的后期对以中国为代表的新兴市场、转轨经济体产生重要触动和影响。从社会特征来看，我国加快从计划经济向市场经济转型，不仅通过建立完善现代产权制度建立现代市场经济的微观基础，还逐步突出市场在资源配置中的基础性作用，并加大与社会主义市场经济体制相匹配的经济法治改革。从改革开放进程来看，这一发展阶段对后来影响较大的是以民营经济为目标模式的产权改革、国有企业改革以及房地产从分配到商品化的改革，其中工业园区、科技园区获得了长足的发展，并自下而上地接触了互联网经济的脉搏。

在这一发展阶段，围绕建立和完善社会主义市场经济体制的伟大号召，加快从计划经济运行体制机制向现代市场经济体制机制方向转型，不仅通过乡镇企业产权制度改革、国企改革等建立了微观经营机制，还在双轨制过程中逐步提升了市场资源配置的效率，加快了多种所有制与分配制度等政治经济法律关系的建立，更是彻底打破了"姓资"与"姓社"思想障碍。在市场化改革带动下，不少城市工业发展进一步从出口加工、初级制造业、轻工业走向重工业、高技术；发达地区从园区经济走向集群经济，并以园区形态开发与功能开发提升了县域经济发展地位；其他城市也加速向园区经济、工业经济、外向经济方向发展。在"公转私、轻变重、园变群、镇变城"的推动下，很多城市不仅加快初步建立完备的工业体系，还建立初步的市场化基础，亦初步拉开城市化发展框架，为中国"入世"后全面经济腾飞打下了坚定基础。

在这个发展阶段，核心的发展动力是市场化改革，哪个城市率先从计划经济转向市场经济，进而提高资源配置效率，就能率先在中国城市版图上加速崛起。在此过程中，尤其是江浙沪、珠三角等一些城市抓住了国际产业梯度转移历史机遇，不仅建立完善了以民营经济、私有产权为基础的微观机制，还逐步从轻工业到重工业建立完善工业体系，亦强调市场配置资源的基础作用，促成中国产业资源、创新资源、人才资源"孔雀东南飞"的现象，为长三角城市群、珠三角城市群逐步成为世界级城市群奠定了发展基础。

1.1.3 制造贸易爆发期

这一发展阶段自2001年中国加入世界贸易组织，到2008年国际金融危机爆发，基本确立了中国城市以制造业、国际贸易为主导的外向型工业经济发展模式，也决定了改革开放城市格局的新一轮洗礼。从时代特征来看，一方面是制造业全球化、服务业全球化进一步加快，全球经济活动方式及游戏规则初步从低成本制造、大宗商品流进流出以及最惠国待遇、出口贸易等，转向跨区域创业、跨国技术并购、自由贸易协定等方向发展；另一方面以互联网经济为代表的新经济加快发展，发达国家进一步在高科技带动下加快产业结构调整。从社会特征来看，中国经济社会发展进入"工业化、城镇化、市场化、国际化"科学发展新阶段，尤其在贸易部门的带动下进一步将农村剩余劳动力转移到生产制造部门，将中国制造输送到全球，形成"制造大国+贸易大国"发展结构。从改革开放进程来看，这一发展阶段基本上以开放促改革、以改革促发展，形成了特定城市发展模式、产业发展模式与创新发展模式。

具体而言，这个城市发展模式的基本逻辑是政府既抓产业组织又直接参与经济发展，通过土地资源的一次性开发为基础设施与公共服务融资，通过经济开发区招商引资、承接产业梯度转移等做大制造业，通过高新区创新创业、高新技术产业化等培育高科技，一旦招商、就业、营收具备条件，再通过房地产等来实现财富转移、平衡公共服务等投入。这个产业发展模式就是将"大产业、大企业、大平台、大项目"产业组织模式与"划地成园、围海造田、招商引资、规模制造、出口拉动"园区发展模式相结合，建立外向型工业经济发展模式。这个创新发展模式，就是在跟随式创新、适应性创新、集成性创新条件下，形成"要素驱动、投资驱动、外生增长、外延发展"发展方式。当然，在此发展阶段有一批城市抓住互联网经济等新经济模式、新经济形态的新兴产业发展机遇，不但带动了产业业态创新，还带动了城市发展。

站在改革开放三十年的尺度上，哪个城市能够彻底打破计划经济走向市场经济、打破内向经济走向外向经济、打破农业经济走向工业经济、打破县域经济走向城市经济，就能在经济地理上异军突起。尤其在这一发展阶段，哪些城市能抓住中国"入世"历史性机遇，在贸易部门带动下将农村剩余劳动力转移到生产制造部门，进而将中国制造输送到全球，就能在中国的城市版图上快速崛起。在此过程中，不仅仅是东南地区一些城市，还包括其他中心城市、内陆城市等，积极承接国际产业梯度转移与服务外包等，从国际产业价值链低端向高端不断攀升。这种发展模式，在此后的发展阶段中日益成熟。

1.1.4 "五化协同"加速期

这一发展阶段从2009年国家加快自主创新战略布局，到2017年改革开放近40年以及进入高质量发展新时代前，决定了改革开放城市格局新一轮洗礼。从时代特征来看，新科技革命与产业变革蓄势待发，全球经济进一步从工业经济加快向创新经济方向转变，全球经济中心与经济重心加快向以中国为代表的新兴市场双重位移，中国不仅成为全球第二大经济体，还成为国际政治经济新秩序建立完善的重要推动者。从社会特征来看，我国加速从要素驱动、投资驱动向创新驱动方向发展，从工业化中期步入工业化后期，局部地区步入后工业时代；与此同时，长期累积的结构性矛盾逐步显现，制约可持续发展。从改革开放进程看，这一发展阶段是改革红利、开放红利重要释放期与外向型工业经济发展模式成型期，最大发展动力是工业化、信息化、城镇化、市场化、国际化"五化协同"。

在"五化协同"组织发展模式之中，"工业化"不是单纯地指工业发展，其本质是一个国家的经济发展和现代化进程推进，没有工业化就没有现代化，没有强大工业就没有强大生产力、供应能力、装备水平、国防能力等。"信息化"往往被定义为"培育、发展以智能化工具为代表的新的生产力，并使之造福于社会的历史过程"，代表了信息技术被高度应用，信息资源被高度共享，从而使得人的智能潜力以及社会物质资源潜力被充分发挥，系统性降低生产成本、社会交易成本。"城镇化"作为人类历史上史无前例的社会结构变革，孕育着巨大的市场需求。正如诺贝尔经济学奖获得者斯蒂格利茨曾公开宣称，中国的城市化和美国的高科技是影响21世纪人类发展进程的两大关键因素。"市场化"取决于政府行为的规范性、企业行为的自由度、生产要素的市场化水平、贸易条件的便利性、经济参数尤其是金融参数的合理性，背后还有很多"体制性障碍"有待突破。"国际化"不但要历经商品国际化、资本国际化、生产国际化、金融国际化，还包括从商品输出、资本输出、产能输出到技术输出、模式输出、文化输出。

站在改革开放四十年尺度上，哪个城市能够从强调资源配置效率的市场经济到强调创业创新活力的活力经济、从工业经济走向创新经济、从城市经济走向都市经济、从外向经济走向开放经济、从投资城市走向消费城市，就能在经济地理上异军突起。尤其步入后危机时代，哪些城市脱离要素驱动、投资驱动路径依赖，进入以激发创业创新活力为目标的创新驱动，将产品技术创新、商业模式创新、产业业态创新、产业组织创新、体制机制创新、思想文化创新有机结合在一起，就能在中国城市版图上傲视群雄。这其中，进入新世纪第二个十年初，中国工业总产值超过美国，此后一批城市继续工业路径依赖，出现了发展增速边际递减趋势；而另一批完成资本原始积累、完成工业化后期任务的创新型城市，将人的价值驱动与产业创新、科技创新有机结合，走向了发展新经济之路。

1.1.5 高质量发展时期

进入高质量发展新时代，城市发展最大的创新价值是在政策收紧、银根收紧、土地收紧、要素约束、环保约束、机制约束等条件下，如何将科技革命、产业变革与开放创新、民生福祉有机结合，将产业发展模式、城市发展模式、创新发展模式与开放发展模式相结合，走出可持续高速度增长、集约型高质量发展之路。这将决定着改革开放城市格局新一轮洗礼。在新一轮城市洗礼中，一般规律是强者越强、弱者越弱，但总有一批"办法总比困难多"的城市，在这个发展阶段脱颖而出，成为传统经济地理的挑战者、破坏者以及新经济地理上的佼佼者与引领者。核心是强调经济发展模式转换、城市发展模式转换、创新发展模式转换、开放发展模式的协同演进模式，以及集合产业功能、城市功能、创新功能、开放功能的"科产城港融合"发展理念，具体是优化空间布局引导规划，解决空间布局、产业导向、生态发育、基础设施、文化包容、组织方式等关键问题。

整体而言，实现四个方面战略转变：一是产业发展模式转变。从承接产业转移的发展逻辑到以产业跨界融合带动业态创新，产业大脑、平台企业、产业共同体成为重要产业组织力量。二是城市发展模式转变。打破土地财政与地产经济，强调创新功能、产业功能、城市功能在空间上的结合，建立吸引人才宜居宜业、创业创新的环境，促进生产力布局、城市框架与城市功能有机结合。三是创新发展模式转变。从跟随式创新、适应性创新、集成性创新向原始性创新、引领性创新方向转变，建立自组织自成长、闭环循环、共生共荣、开放创新的新经济创新生态赋能型发展格局。四是开放发展模式转变。从"引进来"到"走出去、走进去、走下去、走上来、走回来"，从大进大出到优进优出，从内向国际化为主到内向国际化和外向国际化并重，从商品输出、产能输出到资本输出、技术输出以及模式输出、文化输出。

1.2 城市发展总体形态演变

如今我们需要从一个城市发展的经济形态、发展形态、组织形态、运行形态、地理形态之演变，展现城市发展的基本脉络。这里不同的形态，是指当时处于先导、主导或主体地位的形态。而在不同形态演变的过程中，可以看出一个城市到底是在哪个发展阶段领先一步，又在哪个发展阶段徘徊不前。

1.2.1 经济形态之演变

自改革开放以来，大多数城市发展经济形态在无农不稳、无商不活、无工不富、无科不强逻辑下，往往会历经农业经济、商贸经济、工业经济、创新经济的演变。改革开放前，中国作为一个农业国，很多城市经济形态自然以农业经济为主，大量城市呈现出明显的农业经济色彩。伴随1984年《中共中央关于经济体制改革的决定》提出"有计划商品经济"，以农业商品化等为代表的商品经济快速发展，尤其是在苏南农业经济发达地区、浙南商品经济发达地区等出现了很多专业化市场，随之产生了一批商贸城市。彼时的商贸城市，往往以内贸为主，商业经济始终处于附属地位，这一点在京津冀与长三角、珠三角的差距中表现得较为明显。在这里，商贸经济单独作为一种重要的经济孕育形态来看，主要原因是没有充分商业化，商业经济孕育的城市，都不具备来自民间的充足的发展活力。伴随各城市工业化进程加快，除了一部分老工业基地城市，大量城市第二产业处于主导、主体地位，很多生产性服务业也仅仅是工业的延伸，呈现出明显的工业经济色彩。此后，伴随制造业与服务业分离、再融合，尤其是以知识经济、网络经济、信息经济、社交经济、数字经济、智能经济、体验经济、平台经济、分享经济、生态经济等新经济模式、新经济业态的出现，并在较大程度上带动了产业发展、城市发展，涌现出一批具有明显创新经济色彩的创新型城市，如杭州、深圳、北京等。

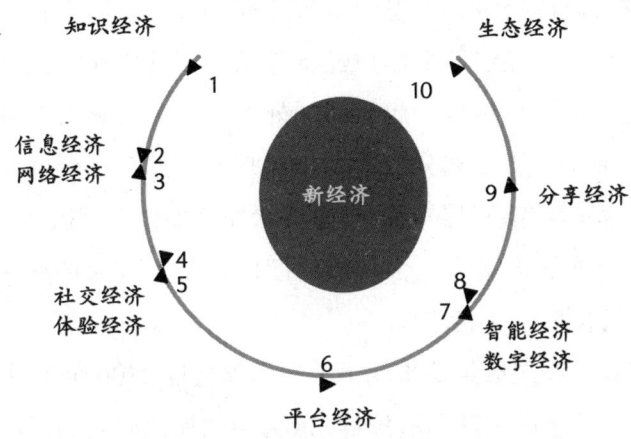

图：新经济主要形态及呈现

1.2.2 发展形态之演变

自改革开放以来，大多数城市发展形态，从内部到外部经济关系来看，往往会历经封闭经济、内向经济、外向经济、开放经济的演变。在以农业经济为主、商业经济与工业经济发展不充分的条件下，很多城市经济往往是封闭经济，尤其在1978—1984年尚未加速城市开放这段时间内，即使一些乡镇企业、乡镇经济较为发达地区，仍然以内向经济为主。伴随商业经济、工业经济的崛起，首批沿海开放城市、开放经济区等政策实施，尤其中国"入世"以后，大量城市大力发展出口导向型的"三来一补"贸易、出口加工业等，涌现出大量以外向型经济为主的城市，往往是"制造大市+贸易大市"。尽管很多城市将自身外向经济称之为"开放经济"，但还停留在单向的开放。2008年国际金融危机爆发前后，伴随资本、技术等从"引进来"到"走出去""走进去""走下去""走上来""走回来"，出现了以"内向国际化+外向国际化"、进出口贸易相结合的开放型经济体。如深圳依托大企业的大进大出和优进优出，成为典型的开放型经济体；宁波民间资本加快全球资源配置，呈现出一定的开放经济色彩。

1.2.3 组织形态之演变

自改革开放以来，除了一批老工业基地依托工厂经济外，很多新兴工业城市，尤其是日后较为活跃的城市呈现出明显的块状经济特征，此后便朝向园区经济、集群经济、生态经济等方向发展。伴随农村改革而来的乡镇企业发展，在集体经济、个体户经济等条件下的中小企业、加工制造企业以及专业化市场有机结合，成为体制外增量培育的重要推动力量，也是东南沿海地区率先经历和充分发育的组织形态。此后，伴随国家级、省级经开区、高新区布局建设的带动，很多块状经济加快向园区经济方向发展，逐步形成了多层次、多形态、多功能的园区体系，成为带动区域经济增长与创新发展的增长极。

几乎可以说，在园区经济带动下，在中国接近2800余个县（市）区内，涌现出至少两三千个区域性产业集群，成为中国加速崛起的区域基础。其中，园区经济与集群经济最大的不同在于，有的园区有产业而无集群，或有制造规模而无产业优势。如果说块状经济使得一个城市进入了规模经济，那么园区经济就是使其逐步进入范围经济。再往后就到了体现产业跨界融合、超脱物理空间的生态经济。这种生态经济，重点体现为一个城市或地区的产业创新生态。产业生态更多的是侧重产业链、上中下游、大中小企业之间的关系，以链接一切、平台型企业、网络化生产、去中心化为代表，各次产业、各类企业、各类资源共生共荣、竞合发展、开放创新；创新生态更多的是侧重政、产、学、研、金、介、用之间的关系，让创新主体、创新资源、创新机制、创新环境更加开放、协同、融合。

1.2.4 运行形态之演变

自改革开放以来，大多数城市发展历经了计划经济、市场经济、混合经济、活力经济的演变。在中国加快建立社会主义市场经济体制以前，绝大部分城市在经济运行上具有计划经济色彩，哪个城市率先发展商品经济，就为后续的市场化改革、民营经济发展打下良好的发展基础。伴随社会主义市场经济体制建立完善，尽管很多城市市场化程度不够，尤其是国有经济占比过高，但市场机制在资源配置中起到了较大的基础作用。应该说，从计划经济到市场经济，核心是提高了资源配置效率。正是因为资源配置效率的高低，决定了不同资源禀赋、资源集聚程度的城市出现了分化。

伴随着民营经济发展、外资经济发展以及国有企业壮大，此后混合经济事实上成了一个城市经济运行发展的主流形态，但这种混合经济更多的是在经济结构中体现出来的。譬如，苏州产业大而不强，以及通过重金投入加大人才引进培育带动产业成效不如预期，其源头在于20世纪90年代初集体经济改制不彻底，从源头上制约了民营科技企业发展以及不同代际演化。此后，伴随从计划经济向市场经济转型、公有制向混合所有制转型，推动中国区域经济发展的微观机制、市场机制乃至上层建筑逐步生成。近年来，经济转型不再完全拘泥于体制、所有制之争，而是上升为以创业创新活力为核心的经济组织形态之争。如今，越是能够实现人的价值驱动的经济体，越能够在新经济地理上异军突起。

1.2.5 地理形态之演变

自改革开放以来，大多数城市发展历经了二元经济、县域经济、城市经济、都市经济的演变。整体而言，二元经济结构在发达国家早期发展阶段存在过，在发展中国家和新兴市场表现尤其突出。中国在一个农业国基础上加速工业化，通过工农业"剪刀差"完成了工业化资本原始积累，并逐步形成区域发展的城乡二元经济结构。伴随乡镇企业、园区经济及中小城镇化过程中的农民向非农民转化、农业向非农产业转化、农村向城镇转化，以中小城镇化为支撑的县域经济随后成为带动区域发展的主体。到2011年中国制造业总产值超过美国成为全球第一，以县域经济为主导的城市经济发展达到顶峰。

而从2013年始，我国城市经济发展出现了一些新的变化，主要是大城市对中小城市的反超、消费型城市对投资型城市的反超、服务型城市对制造型城市的反超，意味着城市经济的到来。城市经济某种意义上是以城市化为代表的消费经济，以工业化为代表的产业经济成为经济和社会发展的主要动力。此后，以服务和消费为基本特征的大城市，已经取代以投资和制造为基本特征的中小城市,成为经济发展的主战场。伴随中国城市的发展,尤其是一些富可敌国的中心城市替代国家参与全球竞争、中心城市向都市圈与城市群方向发展,具有更大量级、更多能级以及更大腹地的都市经济出现。

1.3 中国城市发展基本格局

历经不同发展阶段、发展形态的发育,参照地区生产总值(GDP)规模、人均GDP水平,中国城市发展不仅呈现出"三个世界"的发展格局,还出现了六个具体的发展层级,可以形象地划分为头部城市、颈部城市、腰部城市、臀部城市、腿部城市、脚部城市,并对科教型城市、制造型城市、资源型城市、商贸型城市、文旅型城市、枢纽型城市、农业型城市等不同类型的城市提出了新的发展要求。

1.3.1 "三个世界"之格局

纵观中国改革开放发展历程,更多的是借助外部需求的拉手与政府强大组织动员的推手,成就了东南沿海地区主要城市以及区域中心城市的发展。这些城市的率先开发、快速建设、优先发展、改革创新,进一步带动了其他地区与城市的建设发展,最终支撑和带动了中国经济社会的发展与进

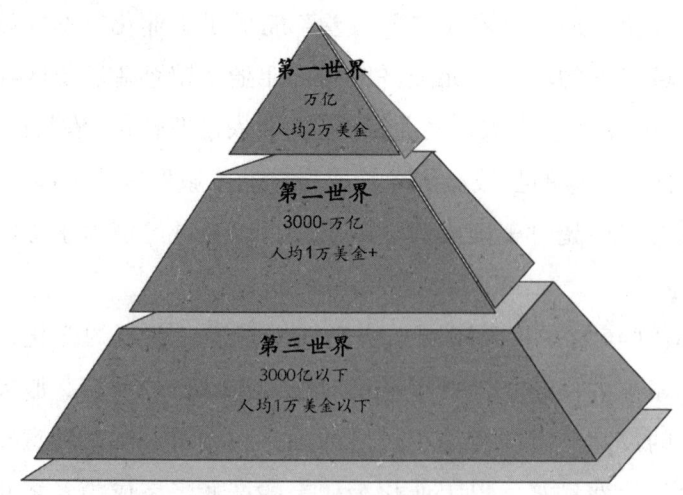

图:中国城市格局的三个世界

步。当前及未来的一段时期内,中国的城市发展存在"三个世界",而这"三个世界"则需要结合不同发展阶段,采用差异化发展战略,以完成不同的战略任务。

"第一世界"为 GDP 过万亿、人均 GDP 在两万美元左右的城市,未来 30 余家"第一世界"城市将占全国 GDP 的 40%-45% 左右。在 2018 年中国改革开放四十年之际,有 16 个城市进入"万亿城市俱乐部"[1]。这些"富可敌国"的城市在不同发展阶段,历经了不同程度、不同水平、不同路径的经济社会发育,除深圳、杭州等城市基本进入开放型创新经济和北京等城市进入创新经济发展阶段外,大量城市仍然处于外向型工业经济发展阶段。在未来发展过程中,这些城市都需要逐步成为国家中心城市,基本进入或完成后工业化阶段发展任务,着力提升全球资源配置能力,成为扩大内需、抢占战略制高点的高地,作为国内高端市场对冲外部需求拉力不足,并代表国家成为国际竞争、国别竞合的主体,率先全面实现高质量发展,加快走上创新驱动发展之路,全面打造开放型创新经济体。

"第二世界"为 GDP 在 3000 亿到 1 万亿之间、人均 GDP 在一万美元以上的城市,总量约占全国 GDP 的 35% 左右。这些城市在不同发展阶段的发育层级、发育层次参差不齐。一般而言,GDP 超过 1000 亿美金(7000 亿人民币左右)城市,基本接近和紧随"万亿俱乐部"城市的步伐;其他城市仍可以在借鉴发达城市前四十年发展模式与发展经验的基础上,开展模式创新与战略赶超。在未来发展过程中,这些城市都需要成为改革开放第二个四十年大调整、大开放、大开发的主体,并与国家中心城市形成超级城市群,大力承接国际国内产业梯度转移、全面加速工业化进程,成为高质量与高增长并举的战略增长极。

"第三世界"为 GDP 在 3000 亿以下、人均 GDP 一万美元以下的城市,总量约占全国 GDP 的 25% 左右。这些城市有的要积极发展,有的要维持发展,有的要限制发展;与此同时,有的完全可以继续保持高速度增长,有

---

[1] 2020 年中国万亿 GDP 城市 23 座。本文以前四十年为尺度,故采用了 2018 年数据。

的以高质量发展带动高速度增长，有的维持可持续发展。总体来说就是需要在工业化、信息化、市场化、城市化、国际化等各方面充足发育的基础上实现跨越发展。

更进一步而言，中国改革开放第一个四十年所成就的东南沿海主要城市以及区域中心城市，以后需要成为强大消费市场和创新引擎。同时，在一个大国内，各地区发展不平衡是由来已久的，这意味着处于"第二世界""第三世界"的城市将有较大发展空间，需要历经外向型工业经济发展模式、开放型创新经济运行体制的发育与释放，以此支持自身在改革开放第二个四十年的高速增长与高质量发展，最终与"第一世界"一同打破新兴经济体之发展受外部需求影响较大的发展结构与发展格局，加快从外向型工业经济发展模式向开放型创新经济运行体制全面转型，进而支持中国改革开放第二个四十年的高质量发展与高速增长，全面形成高质量发展的新结构与新格局。

1.3.2 城市发展之层级

许久以来，中国之所以自己认为是发展中国家，是由于存在着不同区域经济社会发展不平衡的基本国情。具体而言，在 300 多个地级市及以上城市中，不仅涌现出诸多"富可敌国"的城市，还拥有大量欠发达城市，尤其是年人均收入低于 5000 美元的城市不在少数。所以我们在"三个世界"划分的基础上，进一步将中国的城市分为头部城市（GDP ≥ 10000 亿元）、颈部城市（8000 亿元 ≤ GDP < 10000 亿元）、腰部城市（5000 亿元 ≤ GDP < 8000 亿元）、臀部城市（3000 亿元 ≤ GDP < 5000 亿元）、腿部城市（1000 亿元 ≤ GDP < 3000 亿元）、脚部城市（GDP < 1000 亿元）。

截至 2018 年末，头部城市共 16 家，尽管除少数几个城市人均产出低，但基本上从工业化后期向后工业阶段方向发展，也能够从城市到都市圈、城市群，产生更大的辐射带动能力。颈部城市有 7 家，近五年进入头部城市的可能性较大，这些城市只要在工业化、信息化、城镇化、市场化、国际化中有两项以上的突破和协同，就可以获得长足的发展。腰部城市有 19 家，包括 7000 亿级、6000 亿级、5000 亿级等城市。这些城市只要在工业化、信息化、城镇化、市场化、国际化中有三项以上的突破和协同，就可以获得长足的发展。臀部城市有39家，包括4000亿级以及3000亿级的相关城市。这些城市还有较大的发展潜力。此外，还有一大批腿部城市、脚部城市，除去一些需要限制发展的城市外，尚有巨大的经济增长与发展空间。

表：六阶城市2018年GDP情况

排名	城市	GDP（亿）	排名	城市	GDP（亿）
1	上海	32680	41	淄博	5068
2	北京	30320	42	济宁	4931
3	深圳	24222	43	台州	4875
4	广州	22859	44	嘉兴	4872
5	重庆	20364	45	厦门	4791
6	天津	18810	46	临沂	4718
7	苏州	18597	47	洛阳	4641
8	成都	15343	48	襄阳	4310
9	武汉	14847	49	东营	4152
10	杭州	13509	50	惠州	4103
11	南京	12820	51	金华	4100
12	青岛	12002	52	宜昌	4064
13	无锡	11439	53	镇江	4050
14	长沙	11003	54	南宁	4027
15	宁波	10746	55	漳州	3948
16	郑州	10143	56	太原	3884
17	佛山	9936	57	榆林	3849
18	济南	8862	58	贵阳	3798
19	泉州	8468	59	鄂尔多斯	3763
20	南通	8427	60	沧州	3676
21	西安	8350	61	泰安	3651
22	东莞	8279	62	威海	3641
23	福州	7857	63	中山	3633
24	烟台	7833	64	淮安	3601

排名	城市	GDP（亿）	排名	城市	GDP（亿）
25	合肥	7823	65	保定	3590
26	大连	7669	66	南阳	3567
27	长春	7176	67	邯郸	3455
28	常州	7050	68	岳阳	3411
29	唐山	6955	69	常德	3394
30	徐州	6755	70	德州	3380
31	哈尔滨	6301	71	芜湖	3279
32	沈阳	6292	72	聊城	3152
33	潍坊	6157	73	廊坊	3108
34	石家庄	6083	74	乌鲁木齐	3100
35	温州	6006	75	茂名	3092
36	盐城	5487	76	柳州	3084
37	绍兴	5417	77	菏泽	3079
38	南昌	5275	78	衡阳	3046
39	昆明	5207	79	湛江	3008
40	泰州	5108	80	遵义	3000

注：单位（亿元）。

1.3.3 六种类型之方位

伴随全球经济分工演变与城市格局演化，不论科教型城市、制造型城市、资源型城市、商贸型城市，还是文旅型城市、枢纽型城市、农业型城市等不同类型城市，都需要找到适宜自身发展的创新模式或创新发展道路：一是对于很多科教型城市，需要立足科教智力资源优势加快创业式创新，跳出局限在中间件、半成品的技术锁定，破除知识分子的顽疾与体制机制的羁绊，以产业为导向、以市场为牵引、以企业为主体、以商业为手段，将硬科技与软创新相结合，率先实现创新范式转变，加快建设科技创新中心与高技术产业基地。二是对于很多制造型城市，需要立足实体经济强化科技赋能，跳出生产决定消费的工业路径依赖，发挥企业家主导作用及创新精神，以产业跨界带动新旧动能转换，加快形成软硬结合、数智兼备、器网结合发展结构，促进一维产业向二维产业、三维产业迈进，为实体经济插上科技创新的翅膀，率先实现产业发展模式转变，打造产业创新中心及高端制造基地。三是对于很多资源型城市，需要通过生产力提升与财富转换将资源优势转换为投资优势、产业优势、创新优势，打破"有资源无创新"的资源魔咒，加快产业链向中下游延伸、向逆向穿透，促进价值链从低端向高端攀升，着力推进泛工业化发展水平，打造资源型产业创新中心以及创新资源配置中心。四是对于很多商贸型城市，这些城市一般是沿海沿边城市、港口城市或商业城市等，需要在内外贸以及大小商品流进流出的过程中，带动实体经济发展与科技兴贸，在国际科技合作中加速开放式创新，从大进大出到优进优出，从"中间在内、两头在外"到"两头在内、高端在内"，率先实现开放模式转变，打造开放创新中心。五是对于很多枢纽型城市，需要将交通优势、区位优势、流动优势、门户优势转化为产业优势、创新优势，将人流、物流、商品流、信息流、资金流转化为数据流，进而转化为价值流，打造数字经济创新中心。六是对于很多文旅型城市，需要将内容优势、流量优势转换为数字优势、产业优势、创新优势，打破"富文化 穷经济"或"富生态 穷经济"发展循环，打造场景创新中心。

1.4 中国城市建设发展得失

在改革开放第一个四十年，通过自下而上的探索与自上而下的布局，中国城市经济社会建设发展逐步形成特有的全面发展模式——"工业化、信息化、城镇化、市场化、国际化"五化协同，不论城市发展模式如何创新，都没有跳出这一发展模式。在整个发展过程中，就单个城市建设发展的角度而言，既拥有诸多成熟的经验，也存在诸多教训，为新一轮城市建设发展提供了经验借鉴。

1.4.1 前四十年之模式

如今对于中国改革开放四十年，尤其是中国凭什么能取得全球经济增长史上少有的长期增长及发展，更多地需要从国家战略以及发展模式上研究中国、区域的增长与发展。应该说，过去改革开放第一个四十年的发展战略及其发展模式，对于很多"第二世界""第三世界"的城市在未来相当长的一段时间内还仍然适用，但对于"第一世界"城市而言，需要率先审时度势、因地制宜、系统转换和创新迭代。从发展战略而言，在过去第一个改革开放四十年，中国及主要城市取得快速经济增长以及社会巨大发展，在某种意义上是取决于"一个中心、两个基本点"基本国策条件下的工业化、信息化、城镇化、市场化、国际化"五化协同"。如今"一个中心、两个基本点"的含义，是指人类经济增长史上没有一个国家或民族，除了改革开放以来的中国，是在一个极其落后的初始条件下，凭借强大的组织动员能力，通过将自身的勤劳、智慧、简朴等全部投入到高度紧张的生产建设之中，倾举国之力加强经济建设，从而实现了改革、稳定与发展的协调。几乎可以说，中国以往的飞速发展是这"五化"发展红利的叠加，哪个城市率先重视并协同推进"五化"，哪个城市就能得到更好的改革、创新、开放与发展。

如前所述，在"五化协同"的组织发展模式之中，工业化视为生产力跃升、信息化视为成本降低、城镇化视为消费升级、市场化视为激发民间活力、国际化视为走向全面开放。目前，中国头部城市进入后工业时代、主体进入工业化后期，尾部处于工业化初中期，而从制造大国到制造强国、从产业大国再到产业强国还有相当长的时间和距离。中国的城市信息化是指借助互联网经济弯道超车，从改变消费模式入手即发展消费互联网，加快改变生活方式即发展社交互联网，进而改变生产方式即发展工业互联网，最终改变治理方式即发展数字大脑等。中国的城镇化逐步从"钢筋混凝土"到城市公共服务，从产城融合到科产城融合，为国民经济发展提供了庞大的内需。尽管中国的市场化改革的某些方面备受诟病，但市场逐步在全社会资源配置中发挥着基础作用，为改革开放进程的不断延伸创造了条件。中国的国际化逐步历经商品国际化、资本国际化、生产国际化、金融国际化，从商品输出、资本输出、产能输出到技术输出、模式输出、文化输出。

1.4.2 主要经验及共识

一般而言，很多城市发展受大环境、大周期影响，大环境、大周期有利因素多，其经济发展形势就加速上行；一旦大环境、大环境不利因素多，其经济形势随之下行。但也有一些城市能够超周期、超环境，实现异军突起，总结其发展经验，一般都是做好了如下十个结合、处理好了如下十大关系。同时，也告诉了我们在新的历史发展时期更应该相信什么、坚持什么、践行什么。

一是将解放思想与实事求是相结合，处理好仰望星空与脚踏实地的关系。中国改革开放四十余年完成了很多国家或地区几百年的发展任务，从第一个十年的农村改革与城市开放到第二个十年的市场化改革（企业改制、国企改革、金融改革、房地产改革等）、再到第三个十年的制造业走向世界（中国"入世"后的工业经济、园区经济、外向经济）、再到第四个十年的五化协同，这不仅是"因为相信所以看见"，还是"因为看见而更加相信"。很多发达地区之所以能够迅速崛起，在于在每个战略机遇期、历史节点上，通过解放思想与实事求是相结合，把准了向、卡上了位、踩到了点，进而实现新的发展和超越。

二是将市场机制与政府作用相结合，处理好无形的手和有形的手的关系。很多城市在推动地方经济发展过程中，将计划与市场、公有与私有、效率与公平有机结合，既依赖市场资源配置的效率与民营经济的活力，也同样需要"有所为有所不为"的政府调控以解决市场失灵及培育市场。很多市场经济发达的城市或地区，其政府服务水平、营商环境也处于全国前列；越是经济欠发达的城市或地区，其政府服务水平、营商环境以及居民满意度越低。

三是将深化改革与扩大开放相结合，处理好破旧立新与兼容并包的关系。从目前看来，发展最快的地区往往都是体制机制改革活跃、开放创新发展充足的地区，越改革越促进开放，越开放越倒逼改革。当前的扩大改革，需要自上而下与自下而上相结合；当前的扩大开放，就是要加强高端链接与高端辐射。以开放倒逼改革、以改革促进开放，进而推动创新发展，形成开放式创新发展格局。

四是将城市发展与经济发展相结合，处理好城市形态与产业结构的关系。核心是通过城市经营，促进城市功能、产业功能、创新功能与开放功能耦合发展，促进城市空间、产业空间与创新空间有机结合，促进城市形态、产业结构、城市形象协同进阶，促进城市更新与产业更新有机结合，促进城市经营与产业组织协同发展，促进产业生态与创新生态相结合。

五是将资源禀赋与人择优势相结合，处理好长板优势与短板瓶颈的关系。伴随传统经济地理发展到新经济地理阶段，发展依靠资源禀赋的比较优势逐步让位于无中生有的人择优势。一般而言，发展较快的区域往往不是善于弥补短板的地方，而是找到自身区域个性，把自身的长板拉长或者将优势无限地放大，进而抓住更大机会、搭建更高平台、配置更多资源，最终通过发展解决或转移问题和矛盾、弥补短板、突破瓶颈。

六是将增量提升与存量培育相结合，处理好增长空间与发展时间的关系。增量培育与存量提升之间的关系，不仅体现在发展路径上的承前启后，这并非完全无中生有，而是先从产业化到创新创业，再从创新创业到产业化；还体现在体制外增量培育带动体制内存量提升；有些时候还体现在"用空间换时间"。主要是借助具有市场潜力大、产业规模大、带动系数高、利税效益高的平台企业、龙头企业满足一般增长要求，进而培育新兴企业、新兴产业。

七是将要素量变与创新质变相结合，处理好经济增长与经济发展的关系。在培育发展战略新兴产业过程中，要打破要素驱动、投资驱动发展阶段"人跟着要素走""人跟着投资走"的机制，加快形成"技术跟着人走""资本跟着人走"机制，确立以人为本的创新驱动发展机制，形成以创新创业人才为核心的资源配置机制、激励机制、体制机制创新及文化氛围环境。

八是将短期动力与长效活力相结合系，处理好外生增长与内生发展的关系。一般而言，短效动力往往是围绕传统产业、传统业态的招商引资，长效活力就是针对新兴产业、新兴业态的创业创新，前者同样代表了外生增长、存量提升，后者同样体现了内生增长、增量培育。在经济活跃地区往往是两者相互结合、互为促进、互为补充，而不是顾此失彼。

九是将大众创业与自主创新相结合，处理好产业放大与科技图强的关系。要更相信企业家而非局限在科学家，更相信创业带动创新而不是创新带动创业，更相信产业企业的创新而不是高校院所的科研。同时，要将创新经济与开放经济相结合，从工业经济转向创新经济，抢占新一轮产业技术革命制高点、主动权、主导权；从外向型经济转向开放型经济，加快在全球范围配置资源、创造财富、分配财富。

十是将内需扩容与外部需求相结合，处理好消费驱动与外需带动的关系。内需主要靠城市化推动，外需主要靠出口贸易拉动。只有在国际市场上完成了资本原始积累，才有更多城市化的资本，政府才有充分地方财力以城市化建设发展带动经济社会发展；只有生产效率提高，才有更大的城市消费能力，居民才能有足够的购买力。

1.4.3 主要不足及问题

不论发达城市还是欠发达城市，在城市发展理念上、方向上、战略上、路径上、组织上、行动上、政策上等都存在方方面面的问题。比较典型的，具有如下表现：

一是想象力不够，视野成障碍、经验成包袱。除却计划经济时代的制造业基地，很多城市尤其是一些率先在改革开放前三十年获得长足发育与发展的制造业城市，在工业经济向创新经济转型过程中，往往出现知道深浅后便失去激情，或者上一轮的发展经验成为新一轮的发展包袱。正是因为过于务实、过于现实、过于世故而失去了想象力，城市的发展观念难以领先、发展愿景难以超前，进而导致在新一轮发展中先后被赶超。

二是感知度不够，战胜了对手、输掉了时代。目前的机会基本来在于全球化、城市化和科技革命与产业变革。新一轮全球化已从制造业全球化、服务业全球化到了创新全球化，新一轮城市化已经不再是钢筋混凝土，新一轮科技革命与产业变革彻底颠覆了工业经济、现代服务业的经营业态与经济形态。但是，很多城市依然局限在短浅的目光，继续路径依赖，尽管在传统产业格局、行业赛道上战胜了行业对手，但贻误了战略机遇，在新一轮全球化、新一轮都市化、新兴产业培育等方面徘徊不前。

三是自控力不足，机会主义多、长期主义少。一个城市的快速发展取决于能否抓到特定的历史机遇，但这种机遇不能是"短平快"的机会，也不是一天一个花样,而是要保持城市发展的战略定力,即"一张蓝图绘到底"。机会主义并不是不可以抓,但不能过度依赖机会主义,核心是坚持长期主义,实现可持续发展。

四是行动力不够,起早赶晚集、形式对形式。很多城市国内每一次号召、国际上每一波机遇都能赶上"风口",但往往是形式主义落实形式主义、文件落实文件、会议落实会议,最终都是起了个大早、赶了个晚集。南方发达地区"不让干什么就不干什么",北方很多地区"让干什么就干什么",更有个别北方城市"集中精力研究如何干不成"。

五是方位感不够,一直在跟随、从未能超越。很多城市无法实现赶超、跨越和引领,很大程度上在于战略源头上缺乏独立思考以及方位感。其城市发展战略、组织方式等,永远是追随者、跟随者的逻辑,在整个骨子里就不是"第一个吃螃蟹"的战略文化,很难成为一个具有创造力的城市。

六是谋划感不足,战术上勤劳、战略上懒惰。很多城市自上而下看上去很忙,很多时候都是打工的、挣血汗钱的。善于在制造业全球化时代,通过承接产业梯度转移和招商引资,一个个钢镚挣小钱、辛苦钱和血汗钱,做事精细、做局不足。很多勤劳、务实、低调等优点反而成了不抬头看路、黄牛拉车、闭门造车的缺点,战术上的勤奋难以掩盖战略上的懒惰。

七是使命感不够,温水煮青蛙、好牌打乱了。很多自然环境优越、幸福感指数高、城市生活安逸舒适,尤其是在特定发展阶段取得一定成绩的城市等,很容易出现自鸣得意、安于现状、小富即安、安贫乐道以及封闭保守的特点。在温水煮青蛙的环境条件下,将一副好牌打乱。

八是存在感不足,抱金碗要饭、自上随大溜。任何城市都有自己的资源禀赋、区位条件、区域个性,其发展的好与不好并不在于自上而下的生产力布局与政策倾斜,而在于自身发展能否将自己的优势、长板无限地放大,将资源优势转化为投资优势、产业优势、创新优势,将区域个性转化为区域硬核、地理标志。需要打破"等靠要"以及"抱着金饭碗要饭",找到适合自身发展的独特之路。

九是辨识度不高,四面多开花、无重磅炸弹。很多城市一届政府提一个口号、布一个战略、划一个园区，看起来很美，实则是"四面多开花却无重磅炸弹"。尤其是对于城市空间战略与空间布局而言，分而治之、各自发力，不如发挥城市主体功能区、重点产业功能区的带动作用。

十是首创度不高，人有我也有、独创没多少。尤其是在政策创新上，往往都是一堆普遍性的政策集成，与本地结合的、具有地域针对性的有效政策较少。有些地方发展起来没有道理，有些地方发展不起来亦没道理。思想贫困、人文缺失等是制约很多地方发展的顽疾，解放思想依然比解放和发展生产力更重要。

1.5 未来城市建设发展前瞻

站在从改革开放第一个四十年到改革开放第二个四十年的起点上，城市发展逻辑加速系统转化，需要系统地加速城市发展模式迭代。同时，需要围绕"三极（京津冀、粤港澳、长三角）、多群（近20个国家级都市圈）、四带（长江经济带、黄河经济带、丝路经济带、沿海经济带）、百城、千市"的空间结构，突出超级城市的引领作用，强化腰部城市的中场作用，形成全新的城市发展景图。

1.5.1 发展模式之迭代

对于诸多发达城市而言，在改革开放上一个四十年基本都赶上了"五化"的发展红利，这对于后发地区仍然具有一定借鉴。但对于发达城市而言，需要从经济社会发展的长远大局出发，开展模式迭代。这其中，"工业化"需走向"智能化"，也就是从2.0、3.0加快进入4.0，升级产业结构；"信息化"需走向"数字化"，将碎片的信息变为数据资产，并与制造业、服务业跨界融合，优化经济形态；"城镇化"需走向"都市化"，很多城市发展模式长期滞后于经济发展模式，只有从自娱自乐的城镇化到区域中心城市、国家中心城市意义上的都市化，才有更大的前途；"市场化"需走向"做市化"，不仅仅局限在市场化配置资源，还要具有强大的平台思维、流量思维，进而产生更大的流水；"国际化"需走向"全球化"，从大小宗商品流转中心到全球资源配置中心，全面强化全球配置资源的能力。

基于以上分析及判断，未来四十年的城市建设发展将取决于"一条主线"条件下的"新五化协同"。具体而言，这一条主线便是从高速度增长的外向型工业经济到高质量发展的开放型创新经济。这种"开放型创新经济"需要以结构改革促进扩大开放、以扩大开放强化协同创新、以协同创新激励产业原创，全面提升全球资源配置能力与国际竞争力，营造开放式协同创新格局。在这个发展主线下，将"新五化"作为重要的发展动力、主攻方向以及战略支撑。一是"泛工业化"，就是打破一、二、三产的产业分解与产业细分，在数智技术带动下，以新经济产业跨界融合把产业重新做一遍，从一维产业、二维产业到三维产业；二是"再城市化"，不是按户籍人口与基建形态加速城镇化，而是借助现代的生活方式与治理方式、都市的生活方式与消费方式，重构城市形态与都市框架；三是"超智能化"，就是将代表"物"的数据、代表"事"的信息、代表"人"的需求有机整合、泛在连接，有效利用信息与通信技术的共享平台，构建万物互联、数据驱动、智能使然的三维世界或高维世界；四是"深生态化"，就是优化产业链、价值链、供应链、创新链之间的关系，形成一个自演化、自组织、自生长、自调节有机生命体、社会综合体、命运共同体；五是"再全球化"，就是在创新全球化与逆全球化之间，走出重商主义下的"制造大国+贸易大国"，以新的产业结构、活动方式形成新的贸易方式、贸易结构、投资结构。

1.5.2 腰部城市成关键

在城市发展过程中，腰部城市将成为中国城市中长期发展的主战场、战略增长极。表面的原因是，头部城市因为体量较大、发展阶段高而发展速度边际递减，颈部城市稍微一努力就进入了头部城市；腿部城市、脚部城市虽有较大发展空间，但基数小、带动性弱；还有近40个臀部城市在短期内发展成为腰部城市；而腰部城市具有一定发展基础，是最容易取得长足发展的空间。但就根本原因而言，腰部城市是国家城市发展序列中承前启后的中场力量。中场力量弱，就没有发展后劲；中场力量强，就能够将头部前端城市与欠发达地区充分连接在一起，最终实现各类城市的协同发展。譬如，假定一个5000亿元GDP体量的城市，如果按照9.5%到10%的增速，到 2025 年就可以发展成为万亿级城市；如果按照 6% 左右的常规增速，到 2030 年才能成为亿万级城市。

在一般的语境下，第一产业对 GDP 贡献较低，占比越低越能体现产业结构高级化；第二产业以前是大量城市 GDP 增长的首要动力，很多城市二产与 GDP 的其相关系数为在 0.95 到 1 之间，工业城市一般在 0.98 左右；如今第三产业对 GDP 增长的贡献率正逐步提升，以前很多城市三产与 GDP 的其相关系数为在 0.9 到 0.95 之间，工业城市一般在 0.92 左右。对于很多城市而言，市场化、国际化是系统性的和区域性的，甚至取决于自身的工业化、信息化、城镇化发展水平。而在某种意义上，工业化、信息化、城镇化又分别代表了产业发展模式、创新发展模式与城市发展模式。产业发展模式代表的一个重要的相关性，就是很多城市经济增长与固定资产投资间的相关系数高达 0.95 到 1 之间，工业城市一般在 0.97 左右；城市发展模式代表的一个重要的相关性，就是很多城市第三产业占 GDP 比重与城镇化率相关系数达高达 0.95 到 1 之间，工业城市一般在 0.96 左右；创新发展模式代表的一个重要的相关性，就是越是信息产业发达的城市越容易走向产业创新、越容易出现高新技术企业以及上市公司、越容易走向新经济。

1.5.3 构筑新发展格局

在新时代高质量发展条件下，以高质量发展带动高速度增长是必要的也是可能的。一是结合时代际遇与区位特点，迫切需要谋划城市发展的方位感。这种方位感，就是面临新一轮时代发展际遇的可能性、立足空间区位条件的可行性，抢国际的位、站国家的位、卡区域的位，谋划面向未来、面向发展的方向、方略、方法。不仅包含城市的定位与框架，还包括产业的定位与架构；不仅包含经济建设的顶层设计，还包括社会发展的顶层设计等。二是结合城市类型与区域个性，运作城市发展的突破口。这种突破口，就是结合科教型城市、制造型城市、资源型城市、商贸型城市、农业型城市、枢纽型城市等城市类型，以及特定商业文化、创新能力以及发展氛围，立足区域个性拉长自身长板，建立独树一帜的新经济地理标志。核心是在全球产业版图、创新地图上，具有更加突出的个性与地标，探索出新的爆发点与全新的增长方式。三是结合发展阶段与发展要求，打好城市发展的组合拳。这种组合拳，以往是工业化、信息化、城镇化、市场化、国际化，对于很多未经充分工业化发育、城市化发育的城市而言，仍然是需要的；但对于一些发达城市而言，需要加速发展模式的新一轮迭代，推动泛工业化、再城市化、超智能化、深生态化、再全球化等，在新发展理念下形成新的组合拳。

总而言之，在不同发展阶段，各城市或地区结合全球发展机遇挑战、国家改革开放部署要求、本地区情诉求等，加快推进从农业文明、商业文明、工业文明到创新文明的现代化发育，以经济发展带动社会发展，最终呈现出中国城市发展的"三个世界"，形成了中国城市建设发展的一般模式和经验。进入高质量发展新时代，迫切需要以高水平发育带动高质量发展、以高质量发展带动高效能循环、以高效能循环带动高速度增长，转变城市发展理念、发展战略以及组织模式，加快城市发展模式迭代，形成"三极、多群、四带、百城、千市"的空间结构以及"世界城市—国家中心城市（国际城市）—地区国际中心城市—地区中心城市—中小城市"的发展图景，更好地服务于中国改革开放双百目标的实现和大国崛起！

02
畅想未来城市形态：拥抱智能社会的来袭

一言以蔽之，当前及未来最大的时代变化，是新一轮科技革命与产业变革与经济社会系统转换历史性交汇；当前及未来最大的世界变化，是新一轮全球化与逆全球化与国际政治经济秩序重构历史性交汇；当前及未来最大的国情变化，是从高速度增长的低收入国家、工业化中后期、贸易型大国向高质量发展的中高等收入国家、后工业社会、消费强国转变；当前及未来最大的增长点，是伴随新基建的建设发展带动经济社会全面、快速、高质量发展。尤其是在疫情条件下，很多新场景已然显现，我国加速从半工业半信息社会向智能社会转型，对经济、城市、社会的建设与发展产生了重要影响与冲击。需要重新认识面向未来的社会形态、社会结构与社会运行，更好地将经济建设与社会建设、城市建设与社会建设有机结合，创新经济发展模式、城市发展模式与社会发展模式，迎接和拥抱智能社会的到来。

2.1 疫情加速智能社会来袭

智能技术的出现及推广应用，不仅提升了新一代信息技术的发展段位，还促进了新科技革命与产业变革，最终将一般信息技术带动的二维世界带向了万物互联、数据驱动、智能使然的三维世界或高维世界。在从二维世界走向高维世界过程中，难免存在产业发展以及生产生活方式等的路径依赖。新冠疫情的出现，进一步把原来的场景假设变成现实，倒逼了智能社会加速来临。

2.1.1 智能技术引爆新产业技术革命

近年来信息技术取得了突飞猛进发展，使得全球经济社会迎来了大变革时代。新一代信息技术之所以与众不同，核心是以人为中心。伴随着计算机技术与通信技术的发展，不仅使得生产生活方式进入信息时代，还让人与人的距离越来越短、世界越来越小。譬如，互联网技术的崛起，彻底地将人类活动空间从物理空间延伸到虚拟空间，打破了时空的距离；以云计算、大数据、移动互联网、物联网为代表的新一代信息技术，更是体现了人人互联、随时随地、数据为王、体验为王特点的社交化属性，通过影响人类生活方式、生活行为模式颠覆以往的生产方式及其制度结构。

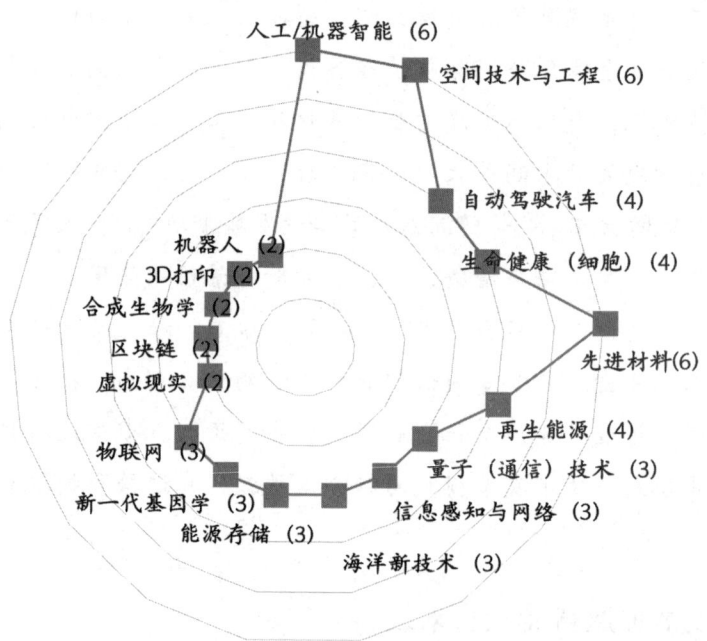

图：主流技术预测机构预测

如今，人工智能技术、新一代通信技术的出现及推广应用，不仅与云计算、大数据、移动互联网、物联网、脑科学等深度融合，加速了智能科技的崛起、智能时代的来临，将半工业社会半信息社会推向了智能社会，体现为万物互联、数据驱动、智能使然的三维世界或高维世界；还与先进制造技术等其他前沿技术相结合，进一步重新定义了消费模式、生产方式、生活方式、治理方式，成为倒逼传统业态转型升级的变革力量，以及孕育原创新兴业态的革命性因素。与此同时，人工智能也成为实现智能社会的核心，越来越多的企业、单位、机构，在智能科技、数字科技以及平台运营条件下，借助云计算把撷取、处理、整理好的大数据，通过移动设备传输到能创造价值的智能终端，在社交商务、企业商务等情景中把这些数据的价值发挥出来，并实现智能化使能运用，形成全新的生活生产方式。

更进一步而言，伴随知识经济、信息社会的纵向深化，迈入智能社会的进程就是"人"的智能化过程。伴随人工智能技术与脑科学、机器人、基因编辑、仿生学等新技术的进一步发展和应用，人的大脑和身体将进一步"深化"。人们为了追求提高生活质量而选择与机器人共存，以机器人为核心的科学技术不仅需要满足用户显现的多种需求和服务，还要满足人们潜在的需求和服务，促进机械能力与人类需求融合的需要越来越接近。

2.1.2 抗疫防疫中到底有何场景变化

在抗疫防疫中，原来的场景假设进一步变成了现实场景：一是从事实说话到数据说话，大数据、平台公司在洞见、预见以及资源调度上起到了积极的作用，数字治理能力成为现代治理的重要能力；二是高触高感到无触无感，打破人的高接触、有感应、有传播，到少接触、无接触、无感；三是从现场实施到远程操控，诸多行业进一步打破了时空限制，远程、协同办公快速发展，如线下教育培训逐步被在线教育培训所替代；四是从虚拟现实到智能实现，在虚拟空间上实现功能替代、技术实现与智能应用等，智能终端、智能硬件、智能设备、智能服务等加速应用；五是从多人工厂到无人工场，云制造、智能制造、产业互联网将进一步加速推广应用，有的城市对产业工人的依赖性加强，也有的城市对产业工人的依赖性在下降；六是从官管民理到群民共治，科层组织加速发展为自组织，上中下的关系被左中右的关系所取代；七是从生态掠夺到见朴抱素，从对自然、生态的掠夺性开发，到追求人与自然的和谐。伴随这些变化，对未来社会的消费方式、生活方式、生产方式、治理方式以及经济活动形式、社会活动形式等等，发生了较大的冲击及深远影响。

2.1.3 智慧城市的二维世界已经过时

在某种意义上，很多城市在此次防疫抗疫中的城市管理与治理，恰恰在很大程度上表明了以往传统智慧城市建设的失败。更进一步说，以上场景的变化主要体现了科技革命与产业变革、经济增长与社会发展得更为实质性的变化：一是从碎片信息到数据驱动，数据成为重要的生产要素、基础设施和驱动力；二是从智慧感知到智能感用，不局限在感觉、认知上，关键是感而有智、应而可用；三是从前台思维到后台思维，前台越来越强调路由器、敏捷供应，后台则是重要的储存器、处理器；四是从物理线下到虚拟线上，通过虚拟空间打破地域空间的空间距离、通过线上平台打破物理世界的时间距离；五是从工业工厂到智能工场，不再是工业化的车间、设备、工人、原材料模式，而是云平台、数字装备、智能制造、智能终端与居家办公、远程办公、线上办公等模式；六是从科层行政到扁平治理，不是以管的方式达到理的目的，而是以理的方式达到管的目的；七是从科技求富到科技向善，不再仅仅强调科技创造生产力和财富的经济功能，而是逐步将科技的经济功能与社会功能并重。更进一步而言，以往的智慧城市之所以失败，源自重在从城市信息化基础设施与硬件出发，强化智慧感知、智慧管控，仍然停留在从物理空间到虚拟空间的过渡上。那么，未来如何将新一代数智技术与经济社会发展的消费方式、生产方式、生活方式、社交方式、治理方式等进行结合，需要得到充分的回答。

2.2 步入智能社会高维世界

伴随万物互联、数据驱动、智能使然的智能社会来袭，呈现出2C（个人）的消费模式场景化、2F（家庭）的生活方式社交化、2B（企业）的生产方式智能化、2G（政府）的治理方式数字化特点。互联网下半场的重要落脚点，就是促进"场景消费 + 社交生活 + 智能生产 + 数字治理"，促进智能社会建设发展，进而放大人的需求和价值。

2.2.1 智能社会是社会形态高维世界

如果说狩猎社会是通过向自然界索取而生，农耕社会是围绕土地"靠天吃饭",工业社会是在物理空间、物理硬件上进行生产经营发展,信息社会是在虚拟空间带动下进行生产生活,那么智能社会则是将虚拟空间与物理空间高度融合的社会形态。伴随云端云台、智能硬件、移动终端、物联场景的有机结合,很多"物"将在虚拟空间的带动下被数字化、系统化、生态化,逐步形成自组织自成长、闭环循环的生态圈,在经济社会各个方面产生新的价值,进而改变人类社会的消费方式、生活方式、生产方式与治理方式。

从生产力角度来看,1.0的机械化是用机械代替人工劳动完成生产作业,2.0的电气化是用电力应用解决动力问题,3.0的自动化解决的是按照人所约定的、结构化的做法自动去做,4.0的智能化则是按照人的想法和随时随刻的、非结构化的要求完成任务或提出行动建议。一方面人的价值在不断被解放,但另一方面工具的智能化将会导致人的可替代化。从生产关系来看,数字治理、智能监管被加速推广应用,不仅在于互联网企业利用大数据实现了监管随处可见,国家治理理念、治理体系、治理模式逐步随之改变或被改变;还在于科层化的行政管理、树状式的社会结构将加速进入平台化的自组织、扁平化社会结构,市场将从多级消费渠道加快向零级销售渠道转变,社会交易成本将逐步降低。一方面使得社会更加民主,但另一方面中间层、管理层的人会被智能系统、扁平组织所替代或淘汰。

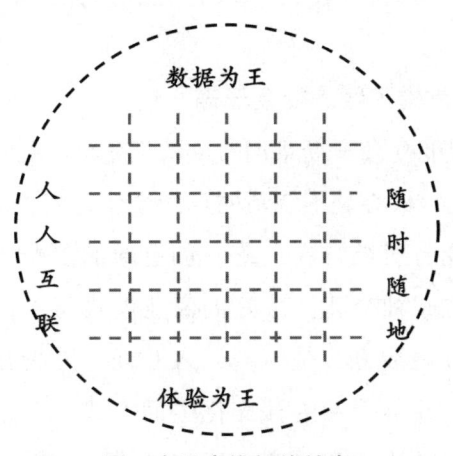

图:走进高维智能社会

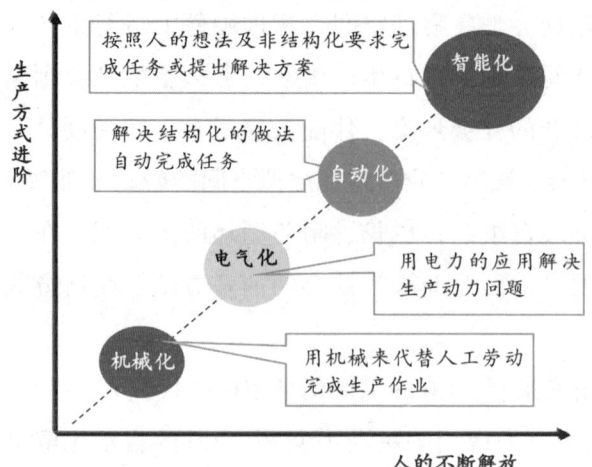

图：工业生产方式演进

简而言之，智能社会就是以人为中心，在虚拟空间与物理空间万物互联的"高维世界"里，借助移动传感与算力算法随时随地掌握生产生活的需求需要，并通过数字平台、智能硬件、智能系统、无人终端等实现智能使然或定制服务，从而使每个人最大程度享受高质量服务和便捷生活，并实现经济发展与社会发展相协调的社会形态。其特点如下：一是万物互联，社会各组成部分可以实现万物万联，只有互联在一起才能和谐高效运转；二是数据驱动，随时随地掌握不同的信息，从信息不对称到信息高度对称；三是智能使然，充分利用人工智能、数字平台、智能终端、智能系统等。

2.2.2 智能社会重构了经济社会形态

更进一步说，智能社会 = 场景消费 + 社交生活 + 智能生产 + 数字治理。一是消费模式场景化。核心是围绕新的场景变化，将产品服务、数字内容、数据算法、敏捷供应有机结合在一起，创造新的消费体验、消费景图与市场空间。二是生活方式社交化。最好的商业模式与工作方式是嵌入到人们生活方式之中，这种生活方式是体现人人互联、万物互联、随时随地且高接触（非物理接触）、高情感的社交化生活方式。三是生产方式智能化。生产部门将打破企业的边界与形态，逐步形成"数据驱动 + 平台赋能 + 智能制造+场景服务"的生产方式，并与敏捷供应、社交生活有机结合在一起。四是治理方式数字化。伴随治理数字化带动治理现代化，平台企业、社会企业等多元主体将参与社会治理，政府唯有打破边界加大数字设施、数字平台、数字大脑等架构，才能更好地适应未来、迎接未来、引领未来。在智能社会条件下，经济发展与社会发展将打破以物质基础支撑社会发展的初级阶段，进入经济建设与社会建设协同一体发展的新阶段，并进一步呈现出产业发展的经济功能与社会功能并重、科技创新的经济功能与社会功能并重等发展态势。

2.2.3 互联网下半场落脚在智能社会

"互联网上半场"更多的是借助以互联网技术为代表的信息技术从物理空间向虚拟空间上走，打破人们生活方式、企业经营发展、产业组织发展的时空局限，产生更大的、直接或间接的经济社会效益以及消费体验。在这个发展过程中，人的生活更加便利和泛在，甚至有些产品和终端成为人的"第六感官"；企业从区域小市场到全国大市场，在一个细分的"长尾市场"就可以做得足够大；产业组织发展从大企业的中心化，到平台企业的去中心化然后再中心化。更进一步而言，在"互联网上半场"更多是借助"互联网+行业"的模式，出现了很多B2B、B2C、B2B2C型平台企业。这些平台企业改变了人们的消费方式、生活方式、生产方式。在此过程中，越是那些没有行业经验、产业基础、市场惯性的人或企业，越容易成为互联网上半场的佼佼者。

"互联网下半场"更多的是借助大数据、云计算、物联网、移动互联网、5G，尤其是人工智能等新一代信息技术，从虚拟空间向智能终端嵌入、从智慧感知到智能运用，最终用供需两边通吃、跨界融合的产业思维打通生产方式与生活方式，形成一种新的经济形态、产业结构、组织方式与增长方式。如果说"互联网上半场"是通过2B、2F最终2C，从信息经济到平台经济；那么"互联网下半场"既可以通过2F、2B搞工业物联网、产业互联网来改变生产方式，也可以通过2C从改变消费方式到改变生活方式，最终实现生产方式与生活方式的贯通。这其中智能科技、生态经济成为平台型企业的重要发展能力。在此过程中，只有底盘强大的"行业＋互联网"，以及借助"互联网 ×"（人工智能等技术），才能成为新一轮业态创新与产业变革的佼佼者。

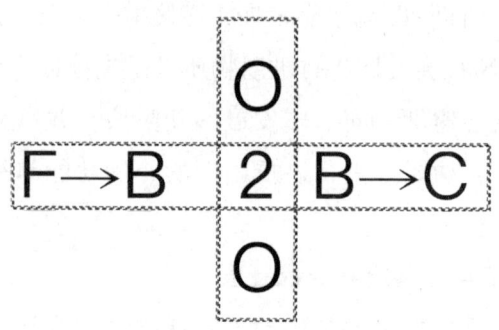

图：重构线上线下与生产生活方式的关系

当前，尽管"互联网下半场"难以全面涵盖新科技革命与产业变革，但在加速"互联网下半场"的过程中，最终落脚点将是智能社会。"互联网下半场"，不是单纯地搞改变生产方式的局域网、封闭的工业 4.0，也不是单纯地进行制造方式的智能化升级改造，而是在消费反向决定生产的基础上，形成"需求反导＋数据驱动＋平台运营＋智能终端＋服务场景＋社交生活＋敏捷供应"的生产生活组织方式。

2.3 智能社会的意义与价值

智能社会最大的现代意义是对人文传统的回归，最大的价值是实现社会建设、经济建设与城市建设有机统一和协同发展。这其中，智能经济成为主要推手，以智能经济将经济建设带入高维世界；数字治理成为重要拉手，以数字治理将社会发展带入扁平架构；智能城市成为平台载体，以数字孪生颠覆智慧城市。

2.3.1 以人为本成为智能社会核心价值

智能社会是新经济不断创新、发展进而带动社会建设的重要结果。如果说，新经济的本质是人本经济，是将人的价值转化为创新价值、商业价值和社会价值；那么，在智能社会条件下，经济社会发展也来自人的需求拉动和价值驱动，不仅人的价值得到充分尊重、挖掘、释放、延展和挥发，还在于最大程度上以最便捷的方式优化服务供给、满足需求。在智能社会发育中，由于技术的突破与应用，促进了生活生产方式的演化，触发了生产力、生产关系与治理结构的改变，最终实现了以人为本。互联网技术的兴起与发展应用，营造了更加开放、透明、互信的虚拟环境、公共空间以及平台化组织结构。云计算、大数据、移动互联网等技术发展，则促进了社交化的出现。在社交化条件下，"去中心化"就是社会结构或企业结构扁平化，"体验为王"就是以人的需求为中心，"人人互联"就是拆除人与人之间、人与圈子之间、圈子与圈子之间的"柏林墙"，更加平等、自由、博爱。人工智能、智能制造等技术的突破与应用，更是在生产力上解放了人的束缚，在生产方式上放大了人的能量，在治理方式上强化了以人为本。

2.3.2 智能经济将成为智能社会推手

智能经济以云计算、大数据、物联网、移动互联网等新一代信息技术为基础，以人工智能（AI）、虚拟现实（VR）等为代表的智能技术与经济社会各领域的深度融合和深入应用为主要内容，以智能产业化和产业智能化为主要形式，推动生产方式、生活方式和社会治理方式智能化革新的一种新型经济形态。形象地说，智能经济主要涉及人的元素、软（件）的元素、硬（件）的元素，核心是将人的智慧和需求需要转变为电脑软件系统，再通过电脑网络下达指令给物理设备，由物理设备按照指令完成相应动作，

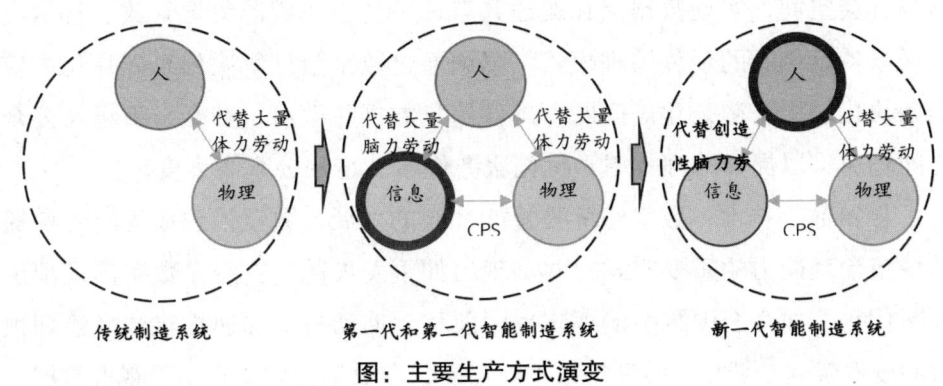

图：主要生产方式演变

而衍生出的新的经济形态。其核心是借助新一代信息技术将人们在生活、生产过程中非结构化的需求、需要、诉求、价值，通过智能硬件、智能设施、智能服务以及社交网络等去执行、表达、满足、生成的全新生活(产)方式，及其由以产生的经济形态，并具有集成性、融合性、渗透性、可持续性等特点。

当今世界以智能化为特征的新一轮工业革命正在蓬勃兴起，以智能科技为代表的新技术、新产业正在融合发展、集群兴起、爆发增长，发展前景广阔。智能经济具有知识密集爆发的引领性、高新技术集成应用的融合性、科技创新融合发展的泛在性、传统产业智能化改造的变革性，必将深刻改变人们的生产生活方式，成为全球经济下一轮增长的主引擎。智能经济发展动能将突破虚拟现实、人工智能、超级计算、机器深度学习、区块链等一批核心智能技术，培育智能制造、无人机、智能汽车、工业机器人、可穿戴设备、智能电网、智能交通、远程智能医疗等一批新业态，打造有影响力的新科技产业，实现从微观企业创新延伸至中观的产业创新，最后形成区域的全方位创新。

2.3.3 数字治理将成为智能社会拉手

数字治理的兴起与数字时代、智能社会的发展密不可分，既来源于数字时代重塑经济社会形态后对社会治理提出新需求，也来源于智能技术对社会治理能力显著提升的新驱力。数字治理绝不等于"数字"与"治理"的简单叠加，而是用数字化思维、理念、战略、资源、工具和规则等治理信息社会空间，实现数据泛在融通共享、平台服务资源集聚开放、技术应用场景持续创新的新型治理模式，强调通过数字治理解决信息碎片化、应用条块化、服务割裂化等问题，确保信息数据在政府、社会、市场及公众之间畅通，以提升治理效率、优化服务供给、增加公众满意度。

伴随数字技术、数字经济与智能社会的发展，数字治理成为新时期提升城市治理能力的重要模式，并呈现出如下发展趋势：一是数字治理顶层不断优化，如今全国数字治理阵地大前移，催动各地加速构建数字治理顶层制度框架。二是数字治理场景不断拓展，在数字治理探索中重视大数据、人工智能、区块链、5G等信息技术的自身升级和场景应用，强化治理创新与技术创新结合。三是数字治理平台不断涌现，联合政府、互联网企业、第三方平台等多主体，统筹整合各类信息系统打造新型数字平台。四是数字治理走向智能治理，随着互联网、大数据、人工智能等技术不断由低级到高级、由简单到复杂、由宏观至微观、由经验性向科学性发展，数字治理将从数字平台发展至智能生态。

2.3.4 智能城市成为智能社会主战场

以人工智能、5G（新一代通信）、物联网、云计算、大数据、认知科学、3D打印、自动驾驶等为代表的智能化技术图谱对城市构建、运行和管理模式产生重大影响。传统以政府投入运营为主、数据封闭管理、数据规模不够的智慧化管理设施，已无法承载新一代智能（信息）技术的大规模场景应用。建设智能社会不仅需要城市交通智能化、能源价值链最优化、制造体系全新化等智能应用系统的开发，也需要跨区域的医疗健康系统、食品产业链、生态环境治理等智能价值网络的创造，以及地理信息技术、导航卫星系统、数据综合解析系统、公共基础设施认证等方面的支持。

建设智能城市，需要加大新一代智能（信息）技术在城市管理、社会治理、公共服务、居民生活等领域的全面深入应用，以一批高效运行的智能应用系统提升整个城市的智能化水平。智能城市主要可以分为三大类场景：一是城市智能管理，是指新一代智能（信息）技术在城市管理、生态保护、能源管理、危险品管理、基层社会治理、政务协同等领域的应用，动态监测包括城市人口、城市活动、城市建成环境系统、城市运行系统等在内的各项城市运行体征，促进城市精细化管理。二是智能民生服务，是指新一代智能（信息）技术在医疗健康、公共交通、社区楼宇、养老服务、文化教育、旅游休闲、消费娱乐等领域的应用，强调以云平台架构智能应用解决方案提高居民生活便捷性和体验感。三是城市智能生产，是指新一代智能（信息）在现代制造、港口航运、商贸物流、金融、农业等领域的深度融合和集成应用，形成智能制造、智能工场、工业大脑、智能港航、智能物流、电子商务、智能金融、智能农业等智能应用系统和服务平台。

2.4 社会建设带动经济建设

当前对投入产出效益不高的公共事业、对资源配置效率不高的社会固投、对公共服务效能不高的行政管理、对居民福祉体验不高的民生服务，需要用商业手段解决社会问题、用数智技术加强基础设施、用共享经济释放资产泡沫、用平台企业参与城市管理，以用社会建设带动经济建设、城市建设，实现经济发展和社会发展的有机协调。

2.4.1 加快用商业手段解决社会问题

一般而言，社会建设或者社会问题的解决是在社会事业、公共事业的范畴，公众性、公用性、公益性和非营利性是其最主要的特征。这其中，有的是纯公共事业——如气象、基础科学研究、农业技术的研究和推广、大型水利设施、社会科学研究等，基本上依赖政府财政投入；有的是准公共事业——如教育、医疗、卫生、体育、出版、广播、影视、文化等，有一部分已经实现了产业化，但很多领域依然需要政府财力的大力扶持。在以往条件下，很多具有外部性较强、盈利性较低、垄断性较高的领域，在事业单位与公共事业管理体制下，或多或少地由政府掌控和买单，整体上呈现出市场配置资源效率低下、地方财力投入"包袱"沉重等问题。

伴随科技进步、生产力提升以及企业边界的放大，在很多社会治理、公共服务、环境治理、公益事业乃至城市管理等领域，出现了众多用商业手段、市场原则解决社会问题、发展社会事业的社会企业，如平台型企业，在减少搜寻成本、促进社会就业、加强信用建设、降低资源消耗、提高资源配置等方面上产生了正向的生态价值。这些兼具商业性和社会性的社会企业的出现，在一定程度上替代了事业单位、非盈利机构、NGO 组织等的功能与作用，但在国内很多时候还没有赋予其足够的地位与功能。伴随新技术、新模式、新业态、新组织、新产业不断涌现和推广应用，在诸多领域出现了边际成本递减、边际收益递增的新型"投入—产出"结构，在一定程度上打破了公众性、公用性、公益性和非营利性的边界，为用产业化方式做公共事业、用商业化方式解决社会问题、用市场化方式促进社会建设等拓展了重要空间。

2.4.2 加快用数智技术加强基础设施

在以往条件下，基础设施主要包括交通、邮电、供水供电、商业服务、科研与技术服务、园林绿化、环境保护、文化教育、卫生事业等市政公用工程设施和公共生活服务设施，是企事业单位、居民个人生产生活的物质基础，是城市正常运行的物理保证，更是拉动内需、提升服务供给的重要条件。这其中，最具有代表性、最具带动作用的，便是"铁公机"——铁路、公路、机场等。

进入万物互联的智能社会建设新阶段，需要打破"钢筋混凝土"元素以及要素驱动、投资驱动等色彩，围绕产业数字化、数字产业化以及数字孪生城市建设等，全面加强数字基础设施建设，加大人工智能、5G、大数据中心、云计算、物联网、工业互联网、车联网、移动出行、轨道交通等新一代信息基础设施建设力度，不断提升宽带接入能力、网络服务质量和应用水平。核心要强化以城市算力为核心、以城市大脑为平台的新型基础设施布局建设，深化"城市大脑"在医疗、旅游、政务、城管、安监、消防、环保等领域的开发部署和普及应用。推进大数据开放共享，试行政府及公共服务领域国企数据资源面向社会开放，注重发挥互联网企业的大数据平台作用。如抗疫过程中腾讯等科技企业助力各地政府搭建数字化顶层抗疫平台，丁香医生、百度地图、12306等利用自身优势采集、整合、分析疫情相关数据，为抗疫精准实施提供数据支撑。

2.4.3 加快用平台企业参与城市管理

广义的城市管理往往是指对城市一切活动进行管理，包括政治的、经济的、社会的和市政的管理。狭义的城市管理通常就是指市政管理，即与城市规划、城市建设及城市运行相关联的城市基础设施、公共服务设施、社会公共事务、城市公共安全的管理。我们这里所说的城市管理，主要是指包括具有一定城市治理属性的市政管理。新冠疫情出现后，阿里云、腾讯云、百度研究院等国家新一代人工智能开放平台重点企业主动开放 AI 算力和算法、开放云服务基础设施、App 移动开发平台等，促进社会广泛参与共同抵抗疫情；饿了么、滴滴出行、美团买菜、盒马生鲜以及丁香医生等各类互联网平台、移动互联网平台在传统公共服务体系被迫停摆时，发挥其自主化配置社会资源的优势为居民基本生活提供保障。"平台共治"还促进了"数字治理"的进一步发展，有效支撑了各地政府在疫情防控中的统筹调度、科学施策、有序引导及精准服务，为公众提供更精细化的服务成为可能。

这其中，平台企业作为链接上下游、供需端或买卖方的第三方或第四方服务，是从撮合交易、资源配置、开源创新等过程的交易费用降低、价值增值中分享收益的经营实体。平台经济之所以重要，不仅在于它是一种游戏规则的制定者，让大家按照新的游戏规则共同成长，成为颠覆传统经济形态、产业格局、市场结构的重要力量；还在于扮演创新生态建设者、新兴产业组织者乃至社会治理参与者，在去中心化、再中心化、再去中心化过程中营造共生共荣的社会创新生态与发展生态，成为智能社会建设的基础设施与组织者，为智能社会构建创造良好的条件。

2.4.4 加快用共享经济释放资产泡沫

到目前为止，以全社会固定资产投资为代表的投资驱动依然是带动国民经济社会发展的重要动力。这些固定资产投资按照国有、集体、个体、联营、股份制、外商、港澳台商等登记注册类型，形成了不同的产权形式；还在基本建设、更新改造、房地产开发和其他固定资产投资等管理渠道下，对经济建设、产业发展、社会建设、城市建设等起到不同的作用。在以往条件下，强调不同固定投资条件下的产权，就是强调现代市场经济的微观基础，只有在产权明晰的条件下，各类市场主体、创新主体才能通过专业化分工与市场化交易实现资源的优化配置、财富的创造与分配。在一定的社会关系与商业关系中，不同利益主体、产权主体或者个人因自愿交往、彼此合作达成交易所支付的成本，就会产生"交易成本"或"交易费用"。

伴随新经济发展，经济运行的产权基础发生了重要变化，带来分析经济发展的理论视角也随之发生变化。这其中，最重要的是共享经济应运而生。共享经济一般指将社会海量、分散、闲置资源，通过平台化、协同化地集聚、复用与供需匹配，从而实现经济与社会价值创新的新形态。其核心理念是"使用而不占有"和"不使用即浪费",在某种程度上突破了科斯"交易费用"的经典理论,转而强调"交互价值"。人们可以通过对产权的分割与处置,以闲置资源衍生消费剩余,打破了"资源是稀缺的"经济学假设。在共享经济条件下,资产泡沫将加快释放,将在全社会范围内充分配置资源、提高资源配置效率。目前,共享经济已在国内交通出行共享、文体设施共享、教育资源共享、医疗服务资源共享、制造资源共享等领域形成一批成熟商业模式。

2.5 推进智能社会建设发展

在加快智能社会建设发展过程中,不仅要颠覆智慧城市建设顶层设计,还要创新智能社会建设发展思路,不仅要探索新的技术路线与发展路径,还要建立完善适宜智能社会建设发展的政策体系与发展环境。

2.5.1 颠覆智慧城市建设的顶层设计

智能社会的顶层设计需要突破智慧城市的某些藩篱和认知,需要基于智慧城市的一般范畴又跳出智慧城市的条条框框,从而进行颠覆性、创新性的重构和诠释。智能社会的顶层设计不仅是对技术系统的设计,更需要有城市管理制度和管理理论的配合,不仅需要设计先进的智慧工具,更需要设计适应城市运行的智慧机制。主要原则包含以下四个方面:

一是从思维上,需要从强调技术应用转向重视制度适用。当前几乎所有的智慧城市顶层设计,更多的是在强调技术层面,包括5G、大数据、人工智能、物联网的应用,以及数据安全、视觉识别、动态感知等技术的实现。但新技术在城市管理中的应用和运转,更多需要依靠与之相适应的体制机制的创新和制度上的空间。

二是从框架上,需要从打造条块工具转向构建生态协作。智慧城市的顶层设计更注重政务、生活、财政、安防、交通、口岸、教育、医疗、房产、环保、养老等各细分领域的上下贯通,但在横向打通方面却几乎很少涉及。智能社会需要的是将城市视为一个统一体,需要进行综合统筹与调配。

三是从对象上,需要从单纯政务系统转向复杂市民生活。以往将智慧化政务服务作为首要和关键,智慧城市的建设目标也主要以服务政府行政为主。但智能城市服务的对象从政府机关转变为市民社会,这就大大增加了整个系统对载荷的需求,以往的顶层设计无法满足纷繁复杂、变化多样的市民生活需求,需要更加开放、多元、多重的顶层设计思路。

四是从方式上,需要从依靠行政命令转向依托市场运营。在智慧城市的建设过程中,要打通政府各个平行部门的数据壁垒,需要贯通上下级政府部门之间的行政级别,所以更多的是依靠上级主管部门的行政命令来推进。但要想达成智能社会自演化、自生长、自调节的目标,就更加需要依托于市场化的力量来进行建设和运营,尤其是日常的运营。在正常的商业化社会,一个服务于市民生活的系统如果只依靠财政拨款进行运转,那一定不是一个成熟、成功的体系。

2.5.2 创新智能社会建设的发展思路

围绕消费方式场景化、生活方式社交化、生产方式智能化、治理方式数字化等发展趋势,坚持以人为本核心价值,以智能经济为主攻方向、以智能治理搭建舞台、以智能城市开放赛道、以新基建为突破口,提升数字设施、数字平台、数字政务支撑水平,统筹经济发展模式、社会发展模式、城市发展模式耦合发展,加快建成以新经济为引领、"个人－家庭－生产－政府"有机结合的智能社会。

一是前瞻布局,市场试错。充分发挥市场优化配置资源的决定性作用,围绕市场需求建设智能社会,强化需求侧引领;充分发挥政府对智能社会的推动作用,强化政府规划引导和优化环境的服务功能,创新政策支持方式,推动智能社会快速发展。二是创新驱动,生态包容。重点突破一批共性技术和关键技术,开发一批具有国际市场竞争力的重大集成创新产品,推进商业模式和组织模式创新,抢占智能社会发展的制高点;加快建设开放、多元、活力、共赢的创新生态圈、经济共同体、命运共同体。三是软硬结合,数智兼备。强化数字基础设施与其他基础设施融合,促进线下物理空间与线上虚拟空间有机结合,提升智能社会建设物质基础;加快数字科技、智能科技与数字服务、智能终端等有机结合。四是重点突破,示范带动。准确把握智能社会由低级阶段向高级阶段逐步提升发展的客观规律与发展时序，聚焦重点领域，加快突破提升；建立试点示范机制，发挥重点领域试点项目引领示范作用。五是推拉并举，协同推进。围绕供给侧，促进智能装备、智能终端、社交服务、系统集成等强化关键技术攻关、集成及推广应用，支持生产商、制造商、运营商、服务商加快向智能工场、智能服务、数字产品转型；围绕需求侧，强化生产方式意义上的、生活方式意义上以及公共服务意义上的推广应用。

2.5.3 智能社会建设发展的技术路线

智能社会的实现，不仅需要"物"的链接，更需要实现"事"的联通，而核心是"人"的社交。因此，建设智能社会需要将代表"物"的数据、代表"事"的信息、代表"人"的情绪进行有机地整合，通过各种技术手段和机制引导，充分实现泛在物联网的高效连接，有效利用信息与通信技术的共享平台，促进跨领域、跨系统、跨条块的服务应用，不断催生新价值和新服务。

一是创新城市治理体系和治理机构。通过技术与文化、法制与社会的碰撞与融合，根植于城市实际需求和应用，核心是市民诉求的有效表达和反馈机制和渠道的建立，最终形成一套能够催生新服务、诞生新业态的开明管理理念、一种能够适应智能化城市产生生活的创新管理制度和一类能够有效顺应社会发展趋势的新型城市管理机构。诸多智慧城市建设之所以失败，在于政府对重点领域的掌控，难以用市场化、企业化、平台化、商业化的方式运作运营。

二是构筑泛在互联的城市感知网络。物联网及其相关技术，包括数字通信网络（神经）、嵌入式智能（大脑）、传感器和标记（感觉器官）和软件（知识和认知能力）等在城市中的全面落地和应用，最终将形成一张无处不在、无时不在的城市感知网络，让城市真正"活"起来，而其核心在于城市生产生活的时空关系不仅局限于现实的物理维度，更存在于虚拟的数据维度，而这也正是智能城市的技术基础。

三是组装通（共）用基础信息平台。智能社会的建设离不开诸如城市三维地图、GIS 数据、测位数据、气象数据、人口迁徙数据等公共大数据的支撑,而这类数据的获取与收集已经具备了较为完备的信息化手段与工具,需要在原有基础上进行进一步集成与应用;而更重要的是将城市的企业、科研机构、中介服务机构的生产数据、创新数据如何进行有效集成;打造高效便捷的"城市-居民实时交互界面"。

四是强化智能社会各项场景应用。与智慧城市中设计的一系列条块化政务服务系统不同,智能社会更加强调以场景为核心,通过在城市数据湖中提炼出能相关的数据与信息资源,面向政务服务、市场运作、居民生活等的不同场景需求,研究开发海量的场景应用,并通过场景应用的交互与反馈,再次形成新的数据资源,形成良性循环,加速社会的智能化运转。

五是培养培育专业运营人才和机构。智能社会的高效运行,最终还需要落实在其背后的建设、管理、运营人员及团队上。除了当前各大技术公司已经锻炼出的智慧城市建设团队之外,还需要在智能社会建设之初,就要考虑同步培养有利于构筑超智能社会服务平台的研究开发人才和机构,以及灵活应用智能社会服务平台创造新价值和新服务的人才和机构。

2.5.4 加快智能社会建设的行动计划

围绕市场需求、技术创新、新兴产业、生产方式、企业主体、产业协作、供应链条、贸易方式、数字基建、治理方式等方面,加快场景业态变革、数智技术跨界、新兴赛道培育、数智工场升级、平台企业赋能、企业互联融通、敏捷供应强基、数字贸易带动、城市大脑建设、数字治理创新。

一是场景业态变革。把握疫情加速数字经济发展、智能社会未来场景到来的机遇,梳理不同数字场景对各类解决方案的应用需求,在消费娱乐、时尚创意、文化旅游、城市管理、民生保障等领域,发布城市机会场景清单,支持互联网医疗、机器人智能服务、人工智能识别、自动化物流网络、企业云办公、互联网教育、数字文创等新业态企业发展,重点推广应用一批具有带动消费、提高体验、服务升级、市场扩容的新场景,支持中小企业创业创新和业务转型。

二是数智技术跨界。围绕前沿技术、高新技术领域交叉融合、颠覆性技术突破催生等未来领域，紧盯全球未来产业发展趋势，形成一批具有领先优势的原创新技术、新产业、新业态。加快支持以智能经济与实体经济融合发展为导向，培育发展人工智能产业，加快智能技术与先进制造等产业深度融合。积极支持以数字经济和新制造为发展导向，加快布局数字经济核心产业，发展云计算和大数据、区块链、信息安全、5G集成应用等前沿细分领域。

三是新兴赛道培育。用经济手段促进城市管理、社会建设，用新型城市管理、社会建设为新经济、新兴产业搭建平台、开放赛道，培育新模式新业态新产业。不仅需要抢占互联网医疗及AI检测、机器人智能服务、多模态智能识别、企业云办公、"无接触"新零售、互联网教育、智慧城市、数字娱乐生活等防疫抗疫制高点，重点关注人工智能垂直应用、大数据行业新应用等新赛道；还需要在互联网下半场，着力培育流量商务、智能制造、社群服务、企业商务、智能终端、物联生态、垂直应用、场景体验、平台运营等创新最新领域。

四是数智工场升级。面向实体制造业、线下服务业，支持鼓励传统企业应用云计算、人工智能、大数据等技术开展业务创新、智能制造、无人服务等。加快推进实施生产线和生产关键环节的智能化与数字化改造，提高企业自动化、数字化生产水平，开展智能工厂/数字车间、云制造、个性化定制、服务型制造等智能协同制造，示范建设一批云制造工场、无人工厂，探索"数据驱动+云平台赋能+智能制造+智能终端+敏捷供应"生产方式。

五是平台企业赋能。进一步大力培育能够链接上下游、供需端、买卖方并能够提供第三方或第四方服务的平台型企业，发展平台经济。积极支持多元主体联合搭建产业互联网平台，促进商业、服务业、研发、生产制造业、金融业、物流、原材料采购等融合，通过数据驱动，实现企业在地理空间和网络空间的集聚和融合，在产业组织、公共治理、资源配置、敏捷供应等方面赋予更大的功能与发展空间。

六是企业互联融通。突出大中型企业在终端市场、技术集成、资本运作、产业整合等产业组织、生态中枢作用，支持大企业进行平台化转型，构建形成以大企业为核心,客户、合作伙伴、员工、创客等共同参与、高效协作的生态圈,通过资源开放、战略投资、供应链整合、技术转移等方式,促进中小企业加快融入产业链、价值链、创新链、资本链、服务链、供应链,促进大中小企业互联融通。

七是敏捷供应强基。围绕供应链,强化生产与消费、需求与供给之间的敏捷供应能力,加快将现代物流作为基础设施,促进第一代生产主权物流、第二代消费主权物流加快向第三代产业主权物流方向发展,强化供应链掌控能力;在强调关键基础材料、核心基础零部件(元器件)、先进基础工艺和产业技术基础的基础上,突出信息安全、数字设施等基础设施建设布局,建立完善自主可控、敏捷供应的供应体系。

八是数字贸易带动。探索以数字贸易带动服务贸易、服务贸易带动货物贸易的发展机制,大力发展跨境电商、软件贸易、社交媒体、通讯、云计算、大数据、人工智能、区块链、物联网、卫星定位等信息技术服务贸易,突出数字传媒、数字娱乐、数字学习、数字出版数字内容服务贸易优势,探索互联网交付的离岸服务外包、数字医疗、数字金融、跨境的软件外包等新业态,促进货物贸易、服务贸易、数字贸易协同发展。

九是城市大脑建设。伴随人类城市从马力时代、电力时代到算力时代,加速建设以数字基础设施为代表的"城市大脑",将过去的智慧转化为智能,让数据从中自动发生作用,实现万物互联,核心是完善5G、下一代互联网、窄带物联网等网络基础设施,建设园区数据资源平台、算法服务平台等大数据平台和综合治理平台,让数据指挥系统运行,推动"城市大脑"等在交通、医疗、政务、安防、城管等领域示范应用。

十是数字治理创新。数字治理创新在于充分运用数字化思维、理念、战略、资源、工具和规则等新模式来治理信息社会空间,实现数据泛在融通共享、平台服务资源集聚开放、新技术应用场景持续创新,解决信息碎片化、应用条块化、服务割裂化等问题,提升治理效率、优化服务供给、增加公众满意度。

智能社会并非智慧城市升级版,而是在新科技革命与产业变革条件下重建美好生活、和美家园、宜居城市的新理念、新方位、新愿景。核心是从人的需求需要出发，将智能经济发展、智能城市建设、智能治理推进有机结合，优化服务供给与消费体验，转变生产与生活方式。在加快智能社会建设过程中，迫切需要顺应消费模式场景化、生活方式社交化、生产方式智能化、治理方式数字化发展趋势，通过强化顶层设计、优化技术路线、创新发展机制，提高效率效益、优化资源配置、创新产业业态、提高服务效能、增进居民福祉，形成一个自演化、自组织、自生长、自调节有机生命体、社会综合体、命运共同体。

03 打开全球方位视野：放眼再全球化新格局

在经济全球化从制造业全球化、服务业全球化走向创新全球化之时，贸易保护主义等逆全球化趋势显现，新冠肺炎疫情成为全球化发展的重要变量，预示着再全球化新时代的到来。在新一轮科技革命与产业变革条件下，不仅出现了产业链、价值链、供应链、创新链重组，还出现了产业版图、创新版图、财富版图、人口版图重构；不仅货物贸易进一步走向服务贸易、数字贸易，还出现了国际经济活动形式的变化、全球经济产业分工的调整以及世界政治经济秩序与治理结构的变迁，对国家、地区或城市均产生了深远的影响。在疫后再全球化的新时期，如何重新审视城市定位、城市战略、城市形态、城市发展，成为地区或城市发展重要的视角与外部条件，并决定着城市能否在新一轮发展中抢占先机和异军突起。

3.1 步入疫后再全球化时代

尽管新冠肺炎疫情打破了全球化最薄弱的一环，但全球化终究难以阻挡，逆全球化的阻力终究赶不上全球化的内生动力，而国际社会将进入再全球化新时代。在此背景下，一个地区或城市只有进一步拥抱新一轮改革开放，才能抢占新一轮发展先机，更好地利用"两种资源、两个市场"。

3.1.1 全球化终究是不可阻挡的

整体而言，无论从贸易到货币、从政治到军事等，上一轮经济全球化基本上是美国主导的，并得以坐享其成全球化的红利。美国所推广的全球化是掠夺性的、以牺牲其他国家利益为代价的，但其依然对既得利益不满意。

伴随中国和平崛起，美国认为中国"成为全球化最大的获利者"，尤其伴随美国前总统特朗普上台，便推广保守主义的逆全球化政策。与之相反，中国主张更加包容性增长的构建人类命运共同体的全球化。此后中美贸易摩擦对全球产业分工与供应链重组等产生了较为深远的影响。正当中美贸易摩擦进入相持阶段，新冠肺炎疫情突然出现，并呈现出疫情全球化、长期化发展趋势，更是为新一轮全球化增加了很多不确定性。以至于出现了如下观点：有的观点认为，逆全球化是必然趋势，全球化会受到很大程度上的抑制；有的观点认为，新冠肺炎疫情将重塑世界秩序，既需要防控危机，又需要重建未来；有的观点认为，中美关系将回不到过去了，甚至加速脱钩。在这里，主要有如下基本判断：

第一，全球化在短期会受到影响，但在长期是不可阻挡的。全球化并不会由于一些国家通过再工业化实现产业链回笼，或者通过贸易保护主义切断国际供应链就受到实质上的影响，而是更多的具有内生因素。这种内生因素，一是资本主义作为一种生产方式本身具有强大的开放性与扩张性，资本主义世界体系并非能够被人为地切割；二是如果不在国际市场与全球范围配置资源和创造财富，全球经济繁荣将难以保持；三是以美国为代表的超级大国需要在全球化条件下实现美元、军事、经济等有机结合，以实现自身对全球的影响力。

第二，中美关系的关键不在于回到过去，而是重建新的中美关系。真正的中美冲突与竞争，并非在于意识形态，而在于发展模式与力量对比。美国凭借强大的科技水平、产业能力以及军事实力，通过美元的剪刀差在全球掠夺财富、分配财富；中国依靠牺牲生态环境等，通过自身勤劳不断从产业价值链低端走向高端、从跟跑到并跑和领跑。一旦中国的科技、产业、军事等综合国力真正支撑起人民币国际化，美国和美元的衰落是必然的，美中力量的此消彼长也是必然的。

第三，新冠肺炎疫情看似将加速对全球各国之间联系的撕裂，实则更加需要突出国际合作。国际分工、自由贸易、平等互利为人类社会带来财富与和平，而不同形式的对抗与纷争只会带来动荡和不安；同样，人类财富增长的核心是分工与交易，摩擦、争端与战乱等永远只会毁灭财富。而疫情的出现在短期内容易引起纷争，但在长期依然会促进国际合作新模式的出现。

3.1.2 新冠肺炎疫情打破最薄弱一环

如果说美国贸易保护主义是近年来逆全球化最具标志性和影响力的节点，那么新冠肺炎疫情就是在更大程度与范围上成了催化全球化走向新阶段的拐点。在新冠肺炎疫情条件下，全球化呈现出如下态势：一是除了少数几个与国际联系不紧密的国家或地区，新冠疫情基本波及了全球绝大部分国家和地区；二是经济社会基本都"断片"，停工停产成为常规化防疫措施，全球股市由牛转熊，全球性的人流、物流、商流严重受限，全球供应链加速"屏住呼吸"；三是很多国家或地区内外纷争加剧，地缘政治的不稳定因素浮现、不确定性加大，民粹主义与社会冲突撕裂风险加大；四是主要国家和地区加快实施经济刺激计划，力图在尽快复工复产的基础上，提振经济发展、刺激市场需求。

普遍认为，新冠肺炎疫情条件下全球经济衰退和下行是必然的，对于全球化是重要冲击。短期来看，一些出口导向型的贸易国家将面临出口下行、内需萎靡、投资不振、税收不足等风险，迫切需要扩大内需、刺激消费、加强基建、促进社会建设等。中期来看，一些过度依赖工业和贸易的外向型工业经济体将难以为继，很多遮羞布被揭开、乱象浮出水面；而伴随新技术、新产业、新业态、新基建、新消费、新场景、新治理、新赛道的涌现，一批开放型创新经济体将异军突起。长期来看，主要国家或地区将加快从半工业半信息社会进入智能社会，全球化将逐步从传统工业经济为核心的全球化进入以新经济为核心的再全球化，全球经济分工与供应链加速重构重组，全球经济社会秩序的结构性重塑是必然的。

在后疫情时代，对于很多新兴经济体与新兴市场而言，需要处理好如下几个方面的关系：一是外需与内需的关系，需要从外部需求拉动转变到内外需结合，需要转变出口导向型的经济发展模式，打破新兴市场与新兴经济的发展往往由外部市场决定的路径依赖；二是新旧经济的关系，需要从工业经济到创新经济，在新兴产业发展的带动下，找到产业结构调整的新动能，以产业结构转变支撑贸易方式与贸易结构的转变；三是增量与存量的关系，需要从承接产业梯度转移到加快产业跨界融合，重点用新经济的方式将产业重新"做一遍"，在传统产业中培育和挖掘新兴产业爆发点，优化经济形态、产业结构、基础设施；四是经济建设与社会建设的关系，需要加强统筹，以平台企业社会化与社会企业平台化，促进社会资源配置、优化生产组织方式、提高数字治理能力。

3.1.3 再全球化到底"再"什么

当前，创新全球化的加深与逆全球化的加速蔓延并存，尤其新冠肺炎疫情为全球经济社会发展带来更多的不确定性，但在全球化不可阻挡的历史潮流下，将进入"再全球化"新时代。一方面，伴随制造业全球化、服务业全球化走向创新全球化，高端人才、专利技术、产业资本、数据信息等创新要素在全球范围内优化配置，创新创业成为资源链接、产业组织以及内生增长、内涵发展的主要途径。一个国家或地区的创新创业活力决定着全球创新资源配置和流动的方向，新兴经济体有望在"平坦的世界"上加快形成创新尖峰。另一方面，以美国贸易保护主义为代表的逆全球化加速演进，以科技实力为核心的国际竞争趋向白热化，技术的局部甚至是全面脱钩将会成为我国未来国际科技合作所面临的常态，强化自身科技创新实力、加快实现关键技术自主可控成为区域科技创新的重要导向。

尽管新冠肺炎疫情全球化是创新全球化与逆全球化过程中的变量，却不是继续走向逆全球化的决定性因素；与之相反的是，全球共同防疫抗疫的过程，反而充分说明了进一步加强国际合作是重要的。正如很多人认为，疫情并不是加速世界各国与地区的隔离和不信任，反而只有进一步加强国家经济、贸易、投资、文化等合作，才能保持全球经济的繁荣。也正如中国政府提出构建人类命运共同体迎接新一轮全球化的到来，未来人类社会需要的全球化，不是你死我活、掠夺与被掠夺、剥削与被剥削、主导与被主导、中心与非中心的全球化，而是共生共荣、包容增长、和平共处、竞合发展、开放创新的全球化。

这种新型的"再全球化"，主要有如下五个方面的趋势与转变：一是从弱肉强食的丛林法则到普度众生的包容增长。无论是以"鸦片战争"为代表的撬开国门,还是以"门罗主义"为代表的霸权主义,抑或以"马歇尔计划"为代表的经济渗透,将逐步让位于以"一带一路"为代表的共同繁荣。二是从一超多强的发展结构到两超多极的发展结构。此前,以美国为唯一的超级大国,加上其他地区性大国为主的"一超多强"发展结构,加快向以美、中两国为超级大国,加上其他地区经济强国为主的"两超多强"发展结构转变。三是从物理空间的经济地理到虚拟空间的数字地理。新一轮全球化不完全是建立在地理空间、地缘政治基础之上,而是在数字经济、数字贸易与虚拟空间的带动下,数字地理将成为再全球化的重要舞台。四是从西方文明的主导中心到东方文明的主导中心。不光是全球经济中心与经济重心加速向以中国为代表的新兴经济体位移,更多的是东方的"和"文化比西方的"争"文化更具有世界价值和现代意义,促进各国关系从竞争到竞合。五是从经贸投资的全球化到开放创新的全球化。不再是以往的货物流、商品流、资金流、信息流,更多的是人才流、数据流、服务流,从大宗商品流转与经贸投资加快向全球资源配置方向发展。

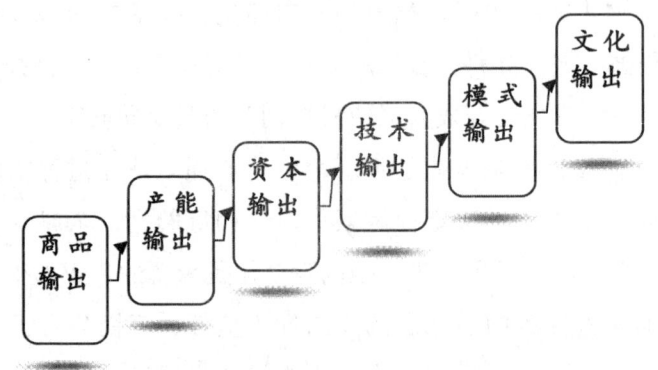

图:"一带一路"经贸合作层级

3.1.4 全面拥抱新一轮改革开放

某种意义上,中国在近代史上之所以饱受屈辱,是因为农业文明的刚性、惯性扼杀了商业文明的发育,进而在工业革命时期难以产生新的生产方式,不但没有在海洋文明条件下成为世界经济体系的受益者,还成为被掠夺者、被压迫者。纵观历史上葡萄牙、西班牙、荷兰、英国、法国、德国、俄罗斯、美国等世界性大国的崛起与兴衰，必须具有体现海权思维的强大冲击力、爆发性，以及具有鲜明陆权思维的长效发展活力、稳定的大后方。相对而言，中国具有强大的陆权思维传统，但是海权思维色彩不足。伴随中国发展阶段、发展位势的升级与提高，更应该从陆权思维到海权思维，推动中国从地区性大国向全球性超级大国转变。

在新一轮改革开放面前，过去是用开放倒逼改革，甚至是被动的改革开放；而现在开放的本质就是最大的改革，也就是说改革与开放成为一个问题的两个方面。过去我们讲深化改革、扩大开放，现在应该是讲结构改革与纵深开放，彻底走出改而不革、开而不放。用近四十年的眼光来看，"开放"就是敞开心扉与高手过招，兼收并蓄他人最优秀的东西，让自己更强大；核心是面向全球配置资源、创造财富、分配财富。对于很多国家或地区而言，不仅需要"开放"的精神，从心态的开放、产权的开放、用人的开放到管理的开放等；还需要"开放"的发展格局，打破出口导向型的外向型工业经济发展模式，进入开放型创新经济发展之路，充分利用"两个市场、两种资源"；更需要开放的经济体制，建立促进人才、资本、技术、贸易双向流进流出的体制机制，实现从大进大出到优进优出。"改革"就是打破既定格局让创造财富的新动能快速成长放大，以新的驱动力产生新的能量，带动增长与发展，核心是提升现代治理能力。不仅要处理好政府与市场的关系，优化资源配置机制；还要处理好政策与产业的关系，通过创新产业组织方式、优化政商关系等营造良好创新生态；更是要处理好经济与社会的关系，建立更加快速发展、协调发展、包容增长的发展环境。

3.2 国际经济活动形式重组

整体而言，不同经济形态决定着国际经济活动形式。伴随商品输出、产能输出、资本输出、技术输出、模式输出、文化输出等，全球资源配置成为一个国家或地区参与全球化着力点，高端链接与高端辐射成为参与全球资源配置基本方式。在贸易保护主义条件下，全球供应链重构暗流涌动，为创新国际经济活动形式提供了倒逼压力与创新空间。

3.2.1 经济形态决定全球化形式

自 2008 年金融危机爆发后，经济全球化从制造业全球化、服务业全球化加快走向创新全球化。过去以跨国公司为主体、追逐价格红利，遵循梯度转移的制造业全球化逐渐式微，以物质资本、低成本制造、大宗商品贸易、超国民待遇为主的全球化，逐步转向以人的流动、创新思想和商业模式的传播为核心，体现高端辐射的创新全球化转变。这其中，伴随人脉网络、创业资本、专利技术、创意想法、经验知识等创新资源的全球流动及优化配置，新兴经济体从拘泥于制造业全球化条件下的港口经济及其与临港工业互动发展阶段，到了以全球链接、高技术服务、跨区域创业、国际科技合作、国际资本流动等经济活动形式为主的开放创新经济发展阶段。尤其是在数字经济条件下，以数字经济带动数字贸易、以数字贸易带动服务贸易、以服务贸易带动货物贸易将逐步实现，打破以货物贸易为主的国际经济秩序与贸易规则。

无论是新兴城市的崛起还是新兴经济体的转型跨越发展，核心不再是通过承接国际产业转移嵌入全球产业价值链、成为"大脑"及"躯干"的"四肢"，而是基于全球高端链接基础上的资源整合，打造全球创新版图上的创新尖峰或区域性创新中心，成为创新网络的重要节点。在新一轮全球化条件下，"平坦世界"的"创新尖峰"与区域一体化中"去中心化"两大趋势并存。这种"去中心化"，去的就是工业中心城市与港口城市；而这种"创新尖峰"，就是立足良好的创新创业环境，不断出现新兴业态及原创产业的创新之城。真正的国际竞争新优势不在于贸易本身，而在于产业发展层级和发展段位。只有在工贸一体、产贸一体的视角下，突出产业的内核，才能找到开放经济的新优势。

在上一轮全球化条件下，很多新兴市场与新兴经济体主要以大宗资源、工业制品等进出口为推手，对于技术设备、大宗商品等产业要素的跨区域、全球资源配置能力较强，但对于高端人才、创业资本、专利技术、创意想法、经验知识等创新资源的全球配置能力不足，尚未在高科技带动下展开结构改革，实现转型跨越发展。在新一轮全球化条件下，迫切需要将以往在国际市场上赚的辛苦钱转化为产业资本，通过跨国（技术）并购、绿地投资等方式"走出去、走进去、走下去、走上来"，最后把一些专利技术、质优资产"拿回来"形成闭环，最终在全球范围配置资源和创造财富。

3.2.2 全球资源配置成为着力点

在制造业全球化条件下，国际重要城市往往是全球大/小宗商品流转中心；在服务业全球化条件下，国际重要城市往往是全球贸易/金融中心；在创新全球化时代，国际重要城市则需要成为全球创新资源配置中心。譬如，我国很多外向型工业经济体就是通过港口贸易带动临港经济成为世界范围内重要的大/小宗商品的流转中心之一。其发展机制就是通过进口贸易，将大宗商品等资源分销到地区内外，并将地区内外的出口加工企业的小宗商品通过出口贸易输送到全球市场，但在整个全球产业价值链与城市分工体系中是处于低段位的。

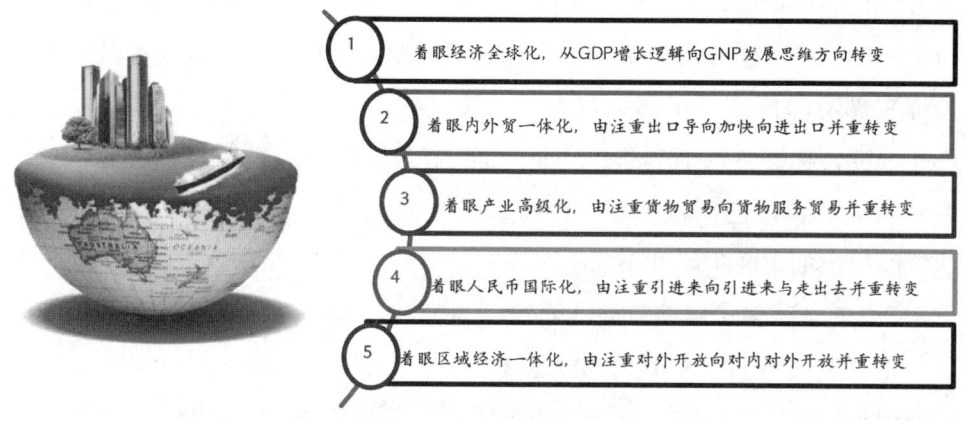

图：开放型经济的发展转变

很多城市的改革开放再出发，完全取决于在全球产业分工与城市分工中，如何从这个大/小宗商品的流转中心，到全球新兴的创新资源及产业要素配置中心。只有以全球资源配置能力跃升的眼光来审视和布局区域战略，不断围绕国际产业分工与全球城市分工站位、抢位、卡位，推进城市形态与产业结构向高端演进，才能抢占城市发展主动权与国际竞争的战略制高点。核心是从 GDP 增长逻辑向 GNP 发展思维方向转变。这其中，城市国际化是产业企业发展到一定阶段的必然产物，当中国企业完成资本原始积累，企业自然成为国际化发展的主体。

3.2.3 以高端链接带动高端辐射

以往新兴经济体发展逻辑是承接产业梯度转移与服务外包，但国际产业梯度转移是由跨国公司主导的，哪里最便宜往哪里布局，最终形成"大脑—躯干—四肢"的发展结构。在这个阶段，新兴经济体还谈不上配置全球资源，更多的是用"技术换市场"。在新的历史条件下，新的发展逻辑是促进内外部的"高端链接与高端辐射"。一方面是在全球范围的高端链接，通过与全球创新版图上的创新尖峰、创新高地持续不断地产生链接，把创新人才、专利技术、创业资本、经验知识等创新资源引进来，并转化为新兴产业发展、自主创新能力提升的动能。另一方面作为高端辐射的国际产能合作，与全球产业版图上的"洼地"或新兴市场相结合，作为产业要素配置中心及"大脑"，加速将相关产业链、资本链向国内外"躯干""四肢"梯度布局，做大体量。与此同时，在双循环发展格局下，打破空间距离、地域分割以及体制束缚，发挥东部沿海地区的市场、资本、品牌、技术、贸易、物流等优势，通过产业梯度转移等整合中西部制造业产能、资源能源，最终打造区域创新中心、创新高地或者特色创新中心、创新高地，或成为全球创新版图、全球要素配置网络上的重要尖峰和节点。

3.2.4 全球供应链演变暗流涌动

中国自"入世"后快速成为全球供应链的核心枢纽，但近年来美国的贸易保护主义通过扭曲全球要素市场价格、抑制各国比较优势，导致全球供应链体系出现重组与调整。受中美贸易摩擦影响，中低端生产制造环节已经出现了从中国向其他发展中国家转移的趋势。以埃塞俄比亚、越南、印度为代表的工业化前中期的发展中国家和以墨西哥、土耳其为代表的临近欧美市场的国家积极承接相关产业环节，并以此为契机加快产业发展的换挡提速。同时由于美国限制高端芯片、光刻机等一批关键核心零部件、生产设备向中国出口，这些产业的供应商由于丧失中国市场而面临全球市场萎缩、供应链脱节的风险和挑战。全球产业链原有的"原材料－零部件/中间品－终端产品－消费应用"前后关系与分布格局被部分打破，以生产环节为单位的产业功能模块面临重组与位移。同时全球贸易强度不断降低、跨境投资持续低迷，全球供应链规模日益"缩水"并出现局部的调整。新冠肺炎肺炎疫情强烈冲击全球供应链，加速、加剧其演变进程，使之呈现分散化、区域化趋势。国与国之间的产业关系将更多地从协同合作走向平行竞争，而企业的供应链战略将从单纯的成本导向走向更加注重供应链韧性的安全导向。

伴随全球经济加速从工业经济向创新经济转型，全球供应链也将加快从工业经济供应链向新经济供应链转型升级，其中仍然蕴含着中美两国的新旧供应链之争。在传统工业经济供应链中，美国处于"中心"及"上游"的有利地位，尤其是美国在跨国公司主导的全球供应链中仍然具有较大优势；但在新经济供应链的意义上，美国的绝对优势已不再明显，中国甚至已开始在局部范围实现赶超。从新经济供应链的要素资源来看，中国将越来越不再依赖低成本要素的比较优势，而是基于庞大的市场和众多新兴领域产生与使用的数据资源，将多年积累的新兴产业资本和创新资源投入到新技术、新产品、新模式的孕育上，催生出一大批原创新产业与新业态，并形成了全球领先的数字经济、平台经济、分享经济供应与消费方式，涌现出一批规模小但科技创新能力极强、能够向全球市场提供关键部件及产品，在所属产业价值链与供应链中占据重要环节的新产业新领域，以大规模制造为代表的出口加工、"三来一补""世界工厂"势微，高技术出口替代资源型、一般性货物贸易成为出口贸易主流。

3.3 全球经济产业分工重构

伴随全球经济形态转变，以及全球经济中心与经济重心加速双重位移，以往的"中心—外围"发展格局逐步被打破，全球经济失衡进一步加速。在此过程中，以往的国际产业价值链加速推倒重建。尽管国际产业梯度转移依然在优化全球产业分工中发挥着重要作用，但已呈现出边际效益递减发展趋势。对于一个国家或地区而言，产业主导权成为全球产业版图与创新版图上的核心。

3.3.1 "中心—外围"加速失衡

在资本主义"世界体系分析"中,最著名的理论之一便是"中心－外围"理论,这个理论由阿根廷经济学家劳尔·普雷维什提出。该理论提出,资本主义世界分为两个部分:一个是生产结构同质性和多样化的"中心";一个是生产结构异质性和专业化的"外围"。前者主要是由西方发达国家构成,后者则包括广大的发展中国家。"中心"与"外围"之间的这种结构性差异并不说明它们是彼此独立存在的体系,恰恰相反,它们作为相互联系、互为条件的两极存在,共同构成了一个统一的、动态的世界经济体系。整体而言,这个理论基本代表了工业时代条件下的全球经济分工、产业分工与城市分工的发展痕迹,但某种意义上到了新经济的今天显得不合时宜。

无论是全球经济形态转变,还是全球经济中心与经济重心位移,不仅打破了传统的"中心—外围"结构,还加速了全球的经济失衡。"全球经济失衡"主要指的是在全球经济体系中,美国以铸币投资和科技创新为主,中国以生产制造为主,其他发展中国家提供原材料,供应欧美的消费市场。与之相适应的,是美国实体经济虚拟化之后"再工业化",中国成为"世界工厂"但大而不强,很多资源型国家一直被"国际剪刀差"所困,欧美高福利政策限制了其生产性行为等。以中美贸易摩擦为例,并非是中国替代了美国的市场,而是美国的经济模式原本就是通过金融、科技等抢占产业价值链高端,高溢价掠夺其他国家的财富;也并非中国获得了更多的收益,中国看似有很大的贸易顺差,其实是用较低的制造成本以及微薄的利润换来的,而这种较低的制造业成本与微薄的利润又取决于低工资水平与对环境生态的掠夺性开发。从贸易结构来看,一方面是贸易顺差反映在中国,但利益顺差反映在美国;另一方面,在中美货物贸易中美国是逆差,而在中美服务贸易中中国是逆差。

3.3.2 国际产业价值链推倒重建

伴随新兴市场与新兴经济体的崛起,一批新型工业化国家或地区加速围绕国际产业价值链从低端向高端攀升,进而带动了国际产业价值链推倒重建。这其中，最具代表性与根本性的，便是中国制造正在从"Z"字型链向"L"型链、"C"字型链方向转化。所谓"Z"字型链，就是资源型城市将生产资料初加工以后出口到国外，国外在予以深加工并进口国内关键零部件，再经过国内出口加工制成品后输送到国外。所谓"L"字型链，就是作为国际先进制造业基地，将国内资源型城市的矿产或初加工生产资料予以深加工，通过出口贸易向全球输送中国的商品。而"C"字型链，就是通过进口贸易将大宗资源及初加工生产资料等分销到省市内外出口加工型企业，然后再通过产品制造以及出口贸易把"中国制造"由以形成的商品输出到国际市场。在以上过程中，国际产业分工格局或城市分工主要由跨国公司、大型企业集团等主导，世界城市或产业高地往往是大量跨国公司、企业集团总部的集聚地。跨国公司、大型企业集团按照价值链高端走向价值链低端，向全球其他地区或城市进行制造业布局，形成"大脑""躯干"与"四肢"的城市分工体系。很多沿海开放城市、港口贸易城市或者临港产业城市，在既定的国际产业分工格局下，要么不过是一个运输港，要么是一个大而不强的制造业基地。

伴随中国整体上从工业化后期到后工业阶段，产业周期、创新周期、经济周期、政策周期乃至创业周期多重迭加更替，迫切需要在新兴产业的带动下展开结构性改革，打破新兴经济体由外部需求决定的格局。在新经济条件下，有三大驱动力对"中国制造"或者"临港经济""临港产业"的战略提升至关重要。一是"互联网+"，将信息技术与先进制造相结合，提高制造业的网络化、智能化、柔性化、绿色化与服务化，实现"中国智造"；二是产业融合与制造业服务化，实现产品即服务、制造即服务，是业态升级创新，也是产业组织变革，实现"中国再造"；三是战略新兴产业，尤其是新材料、新装备、新一代信息技术、节能环保等产业对中国制造的根本提升，实现"中国创造"。

3.3.3 产业梯度转移的变与不变

产业梯度转移理论，源于雷蒙德·弗农提出的工业生产的产品生命周期理论，即工业各部门及各种工业产品都处于生命周期的不同发展阶段。区域经济学家将这一理论引入到区域经济学分析框架中，便产生了区域经济发展梯度转移理论，即一个国家或地区经济的发展取决于其产业结构的状况，而产业结构的状况又取决于地区经济部门，特别是其主导产业在工业生命周期中所处的阶段。如果其主导产业部门由处于创新阶段的专业部门所构成，则说明该区域具有发展潜力，因此将该区域列入高梯度区域。由此，创新活动是决定区域发展梯度层次的决定性因素，而创新活动大都发生在高梯度地区。随着时间的推移及生命周期阶段的变化，生产活动逐渐从高梯度地区向低梯度地区转移，这种梯度转移过程则主要通过多层次的城市系统扩展开来。

进一步而言，产业梯度转移是以企业为主导的经济活动，是由于资源供给或产品需求条件发生变化后，某些产业从某一国家或地区转移到另一国家或地区的经济行为和过程。具体可分为国家间产业梯度转移和区域内产业梯度转移，对某地区而言，同时包括承接区域外产业梯度转移和本地产业梯度转移到其他地区两个动态过程。某种意义上，产业梯度转移实质上是一种非均衡发展理论，主张发达地区应首先加快发展，把经济效率放在区域发展和生产力布局的首位，强调效率优先；然后通过产业和要素向较发达地区和欠发达地区转移，以带动整个经济的发展，兼顾公平。在产业梯度转移的"变"与"不变"之中，"不变"的是根据市场经济规律，经济技术优势往往是由高梯度地区向低梯度地区流动。也就是说，在全球化条件下，很多创新资源及产业要素最终都将流向成本最经济的国家或地区；"变"的是在"逆全球化"过程中，很多国家通过贸易保护主义与"再工业化"等，吸引制造业回归与产业价值链回笼。但不论如何，在新的历史条件下，国际产业梯度转移的机会依然存在但会越来越少。

当前，一个国家或地区的经济与产业发展逻辑，迫切需要从承接国际产业梯度转移，到加快产业跨界融合。如今产业转型升级的逻辑不再是通过承接产业梯度转移实现"外生增长、外延发展"，而是通过产业跨界融合实现"内生增长、内涵发展"，最终通过构筑产业新体系、营造创新新生态、培育企业新动能、搭建服务新平台、优化要素新供给，实现新旧动能转换，形成产业跨界融合、企业互联融通、资源高度聚合、服务空间耦合、开放协同创新的产业创新生态。

3.3.4 产业主导权决定产业版图

当前的国际竞争，往往都是发展权、定价权、分配权、收益权或领导权之争，最终体现为产业主导权之争。产业主导权决定全球产业分工体系的形成与不断演化，影响全球主导产业变迁、主导国家和地区及主导企业的更替。对于新兴经济体而言，掌握产业主导权的基本路径，主要是将过去通过进出口贸易在国际市场上赚的钱转化为产业资本，再通过跨国并购与资本运作等实现资本的"走出去"与技术或资源的"拿过来"。具体而言，是从商品价格定价权、制成品品牌影响力、渠道控制力等方面赢取市场主导权，通过对产业投资和资本市场投资两种途径掌控资本主导权，借助知识产业经营、技术转移两方面的技术路线图实现技术主导权。

纵观通过改革开放迅速实现崛起城市，往往是以市场化改革为先导、以全球化中的外向经济为契机，通过来自民间的、民营的创新创业所发展起来的活力经济，在特定科教智力资源、陆域资源条件下，实现了从无到有、从小到大、从大到强的发展。只有强调从计划到市场的资源配置效率，只有强调"两个市场、两种资源"，才能实现长效、健康及可持续发展。当前，我国整体发展阶段从工业化后期向后工业社会转变，国内的发展空间、政策空间边际递减，迫切需要通过"一带一路"等全球战略来拓展发展空间。对于很多城市而言，就是围绕企业的创业创新及产业化，在金融资本与产业资本融合的杠杆下，通过资本的"走出去"实现创新资源的"拿过来"，进而带动更多的东西输出，实现在全球范围配置资源和创造财富。

3.4 国际经贸规则秩序重建

在新的历史条件下，"三零规则"逐步成为自由贸易圭臬，数字贸易再造经贸新规则，中国成全球治理最大变量，迫切需要世界各个国家与地区携手促进全球经济再平衡。在此背景下，一个地区或城市的发展，更加需要在新规则、新秩序、新治理、新结构中占有一席之地，重塑区域个性。

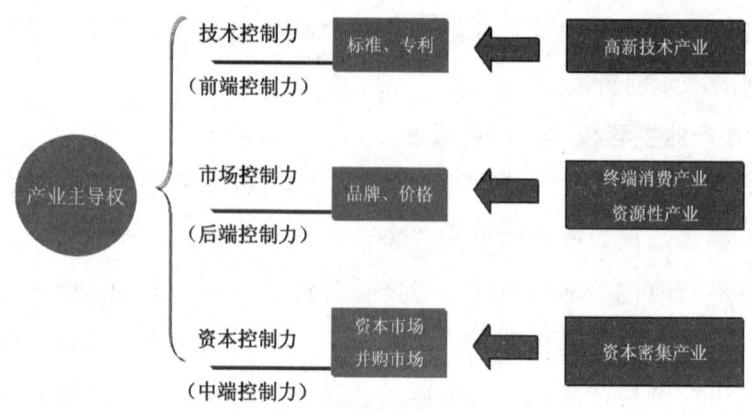

图：产业主导权关键要素

3.4.1 "三零"规则成自由贸易圭臬

在新一轮经济全球化条件下,同一产品呈现出由一国生产变成多国生产的特征,而对全球产业链、供应链和价值链的控制力和全球化运作能力成为一国竞争力的重要标志,"产业链集群化、供应链系统化、价值链枢纽化"已经成为现代国际化大产业的重要特征。随着"三链"发展,在同一产品的全球生产过程中产生了大量的中间品贸易,由于中间品的生产分布在不同国家且需要进行多次贸易,因此要求各国实行"三零"(即"零关税、零壁垒、零补贴")规则以降低中间品贸易成本,从而为"三链"创造有利的制度环境。如果产业链上的每一个国家都实行不同程度的关税、补贴和非关税壁垒,那么同一产品的贸易成本效应将被放大若干倍,即便这些贸易壁垒很低,累积到最终产品时也将大幅提高成本。因此,一些以"三零"为基本框架的自由贸易区往往被作为国际贸易、投资、结算的重要节点,成为全球价值链的枢纽。

"三零"规则作为当前国际经贸规则变革的重要趋势,目前已经成为区域自由贸易协定谈判的重要内容,既是未来WTO改革的重要议题,也是中美贸易摩擦的焦点问题。在创新全球化与逆全球化并存格局下,更需要坚持主动开放战略,把应对"三零"挑战与对接高标准贸易投资规则、打造国际一流营商环境相结合,不断完善开放型经济新体制;通过大幅度减让关税、减少非关税壁垒、改革市场补贴方式，进一步促进贸易投资自由化和便利化。未来需要以"三零"规则为导向率先各个谈判进程，并分阶段、分领域、有步骤地率先在自贸试验区和自由贸易港试点"三零"规则，促进货物、服务及资本、人才等要素跨境自由流动，构建与国际高标准自贸区相一致的知识产权保护、劳工保护、环境保护、国有企业竞争中性等规则。

3.4.2 数字贸易再造经贸新规则

伴随5G、大数据、云计算、物联网、区块链、人工智能等技术创新与应用，以数字化为引领的新一轮技术革命蓬勃发展，深刻改变世界贸易模式、贸易主体和贸易对象，数字贸易、服务贸易等高附加值的新型贸易加快发展。《2018年世界贸易报告》指出目前超过一半的全球服务贸易已实现数字化，超过12%的跨境货物贸易通过数字化平台实现。特别是在新冠肺炎疫情影响下，基于互联网、大数据等技术的数字贸易、云服务、远程医疗、远程教育等蓬勃发展，以货物贸易为核心的国际贸易体系将逐步被货物贸易、服务贸易、数字贸易协同发展的国际贸易体系所替代。在数字技术推动下，国际贸易日益呈现出以互联网为传输通道、以数据跨境流动为交换手段、以电子支付为主要结算方式的新特征，这对经贸规则提出新要求。但长期以来现行多边贸易规则体系以传统货物和服务贸易为基础，对于跨境数据流动的国际通行规则基本处于空白状态，同时基于数字技术衍生的产品和基于数据分析的附加服务的边界日趋模糊，这类数字产品难以套用货物贸易总协定（GATT1994）、服务贸易总协定（GATS）等规则。

整体而言，数字技术的广泛应用对国际经贸体系的影响日益深化，以数字贸易为基础的国际经贸新规则构建仍处于探索阶段。我国需要将数字贸易规则作为参与国际贸易规则制定的重要内容，主动参与并引导制定全球数字贸易规则。建设性参与世贸组织与贸易有关的电子商务议题谈判，进一步扩大与"一带一路"沿线国家数字贸易合作。同时可在条件成熟的特定区域内，推动增值电信服务、数字内容产业、数字金融、互联网等数字贸易服务领域对外开放先行先试，探索制定与数字贸易规则相对应的监管制度和数据保护机制。

3.4.3 中国成全球治理最大变量

历史上欧美西方强国用了几百年完成的资本主义与工业化，养活了十几亿人的福利社会，但在短短的几十年内逐步被新兴经济体所冲击。但在相当一段时期内，发达国家相对于发展中国家依然具有明显的优势。一方面是贸易顺差反映在新兴市场，但利益顺差反映在发达国家。不仅是因为发达国家出口给新兴市场的产品附加值高、利润率高，而新兴市场出口给发达国家的产品附加值低、利润率低；还因为新兴市场出口发达国家的企业以外资企业为主，欧美跨国公司获得了国际贸易中的绝大部分利润。另一方面，在全球货物贸易中，发达国家是逆差；而在全球服务贸易中，新兴市场是逆差。中国自改革开放以来，虽然从低端生产制造逐步向国际产业价值链高端攀升，从游戏规则接受者逐步转变为参与者、制定者，却是以自身吃苦耐劳、福利牺牲、生态恶化、环境污染、资源能耗为成本的。

在再全球化过程中，全球治理的变化主要反映在"东西""南北"力量对比的此消彼长和"多极化"乃至"无极化"的全球秩序演变上，中国在其中发挥了主要推动作用。过去几十年的世界是一个以美国为霸权的西方主导、北方主导的单极化的大国政治体系。由于现在美国及其盟友无心、无力继续主导全球化，并且从以往的"长臂管辖"戏剧性地转变为"自顾不暇"，其对国际事务的抽身而出留下了巨大的力量真空和不确定性。以往的"中心－外围"世界格局出现"去中心"趋势，单极化的国际秩序趋于瓦解，而新兴的国际政治经济力量迅速崛起。其中，最重要的因素还是中国凭借巨大的经济体量和快速提升的科技创新能力成为世界经济持续发展的重要动力源。随着以中国为代表的"东方""南方"国家快速崛起，不仅世界当下的经济格局被深刻改变，而且面向未来的创新格局也面临重大洗牌，国际力量的分布与对比趋于更为均衡，预示着新型全球化体系与范式的到来。

3.4.4 携手共进全球经济再平衡

当今人类社会"你中有我我中有你"状态根深蒂固。尽管一些发达国家加速逆全球化，不但影响到传统经济，也已影响到新经济发展，但其发挥破坏性的途径仍旧是通过关税、制裁、监管等传统管控方式及行政手段。

在全球化纵深发展、流动性不断增强，特别是新经济的虚拟化数字化社群化分布化的趋势下，保护主义措施的影响在时效、规模、程度上都将大打折扣，并将带来其发起者并不乐见的反向衍生效应，加快全球化的结构性调整及世界格局的根本性转换。与此同时，突发性的新冠肺炎疫情虽然对全球经济和政治造成毁灭性冲击，并将在较长一段时间内持续释放负面效应，但从更长远来看一定会加快原本就已经存在的世界演变趋势和进程，推动迟早要来的变革提早到来。某种意义上，近半个多世纪以来，全世界赖以发展繁荣的平衡和秩序就来自两次大战的剧烈变革。那么，二十一世纪的当下人类社会又将何去何从、是否会重蹈百年前的战争覆辙？从当前的国际局势来看，继贸易战、科技战、媒体战之后，疫情还可能带来产业战等更多争端，争而不伤、斗而不破依然是常态。

在此过程中，中国仍然有充分的机会和空间促进和平合作、确保再全球化平稳推进，带动全球化高质量转变：一是促进国际经贸机制更为灵活，基于WTO"一刀切"的全球性贸易协调机制将越来越多地被双边及多边自由贸易协定所补充甚至替代；二是促进经济增长动力更为稳定，透过市场培育、产业延伸、技术创新和效率提升带动经济增长，加速人民币国际化；三是促进要素资源配置更加优化，促进全球不同国家、产业部门、企业主体获得更为充足的要素供给，打破过去以工业中心城市为牵引的世界城市体系及其相配套的以传统跨国公司为媒介的资源组织方式；四是促进创新驱动发展更为泛在，比较优势不再是要素资源意义上的"减成本"，而是人才发展与技术创新意义上的"增收益"；五是促进商事制度环境更为优良，加速从局部的、被动的融入转变为全面的、主动的配置，加速市场主体创新过程，进而推动产业变革和增强经济内生活力，降低制度成本将超越降低关税成本。

3.5 全球城市发展格局重塑

当前，城市替代国家成为参与全球竞争与国际竞合的主体。伴随全球城市格局"去工业城市中心化与立创新尖峰城市并存"发展，一方面区域一体化成为主要城市抢占新一轮全球化的前提条件，另一方面开放式创新成为赢得新一轮全球化的基本途径。

3.5.1 城市成为国际竞合的主体

伴随全球化的竞合发展与纵深发展，以世界城市、国际都市、国家中心城市、地区中心城市等为代表的主要城市成为参与国际竞争的独立单元，替代国家成为全球竞争、国际合作的主体。在全球化背景下，无论是一个城市能否在全球经济分工与产业分工中占有一席之地，还是一个地区能否在激烈的国际及区际竞争中率先突围，取决于自身的个性是否突出。在全球化以前，生产要素难以自由流动，各国由于产业同构难以发挥比较优势，国际竞争更多地表现为商品竞争及其背后的企业价值链之争，而企业创新是竞争的核心；在制造业全球化、服务业全球化过程中，贸易自由化、生产国际化、金融全球化以及科技全球化推动生产要素加速在全球范围内自由流动和优化配置，出现"平坦世界"，跨国公司凭借较强的控制能力及资源配置能力成为国际竞争的主体，引起了产业级竞争及产业价值链之争。进入创新全球化新时代，世界处于高度开放状态，单打独斗的竞争路线及封闭式的创新难以适应激烈的国际竞争，一些注重区域个性的地区凭借其专业化和相对竞争优势，率先在扁平世界上创造出一个个创新"尖峰"、产业"高地"。核心是建设世界级产业集群，主线是拥抱创新全球化发展，打造创新创业生态，积极探索开放型创新经济体系。

从全球范围来看，具有国际影响力、个性鲜明区域的崛起，往往是因为抓住了新兴产业的分解、融合和跨界的发展机遇。在此过程中，城市与城市的关系亦将发生相应变化：一是从竞争段位到竞合层级。在城市"竞合"过程中，区域的生态化是基础，要素循环流动呈现开放、自组织的特征，由企业或企业联盟组成的生态圈系统成为参与市场竞争的主要形式，规模经济让位于范围经济、生态经济。二是从单维联系到多维互动。城市与其他城市的联系，需要不断打破传统产业链、供应链所带来的垂直化分工，而迈入产业跨界融合、地域文化认同、生态环境联防联治、交通互联互通、资源要素共享开放的多维互动新阶段。三是从虹吸效应到辐射带动。迈入区域城市网络新阶段，中心城市的功能更多是发挥其作为资源配置中心、产业创新中心和资本流转中心等辐射带动作用，以提升自身的功能枢纽能级作为基础，引领区域的协同发展。

3.5.2 去工业中心化立创新尖峰

经济全球化所带来的经济活动地域分工，促进了城市形态及城市功能的形成。一个城市在全球城市分工体系中的地位，主要体现是全球性技术、资本和服务流动的出发点与归结点。伴随贸易投资自由化、金融国际化的不断发展，工业经济时代以"中心地"等级体系为主要架构的旧世界城市体系被打破，而建立起"尖峰-尖峰"垂直联系的全球城市网络体系。全球经济形态加速从工业经济向创新经济方向转变，直接决定了国际产业分工及全球城市分工体系结构变迁。这背后的核心是工业经济、创新经济在资源配置、产业结构、组织分工、分配规则方面的全面差异化。在此背景下，全球产业版图及创新地图发生了重大变化。如今一些工业城市的中心地位趋降，一批创新型城市成为全球产业版图的新兴尖峰。哪些城市或者城市群，能够突出自身区域个性，整合聚合最优秀的创业人才、产业资本、先进技术、经验知识等创新资源以及土地、项目、资源等产业要素，并通过创业创新及产业化在这里落地、生根、发芽、开花、结果，就能在新经济的地理意义上迅速崛起。

在"去工业城市中心化"与"立创新尖峰"并存中，核心问题不是谁是中心、谁是外围，而是一个城市如何提升前台、中台、后台的能力，多个城市如何体现前台、中台、后台有机结合的水平。就一个城市而言，前台就是流量的流进流出与资源的配置与分配，核心是产业主导权；中台就是不断出现新思想、新模式、新技术、新业态、新产业，核心是创新及产业化能力；后台就是制造根基与资源禀赋，核心是实体经济基础条件与产能。只有将一个城市、都市圈、城市群前台、中台、后台型城市紧密结合、有机结合，才能发展成为具有较大规模体量以及影响力的创新尖峰、都市圈、城市群。

3.5.3 地区一体化成为重要基础

当前，一个地区内部的统筹协调发展张力与外部的战略围堵压力较大，各地区必须打破空间距离、地域分割以及体制束缚，以狼群效应实现群体突围。单纯经济一体化越来越难，没有强大的腹地或者后台作支撑，难以更多的抢占国际市场、成为国际竞争的前台。只有强大的跨区域一体化，才能支撑一个都市圈和城市群抢占全球化发展先机。无论是国际竞争，还是国际竞合，已经不取决于单一企业、单一产业、单一城市量级与能级，而是取决于都市圈与城市群的量级与能级。自从中美贸易摩擦以来，我国加强"超大规模市场"建设，核心就是以区域协同发展加速内需放大。尤其是新冠肺炎疫情后，更加需要发挥区域一体化强化城市化的作用。在此过程中，主要有三方面认识：一是在区域发展阶段上从"合久必分"到"分久必合"，以前是"县际竞争"，现在是"城际竞合"；二是发展动力上从城镇化到都市圈再到城市群，以前是房地产带动城市化，现在是新基建带动新一轮城市化；三是在发展模式上从注重拉开城市框架到打通城市藩篱，从强调"产城融合"到注重"科产城人"融合。其中，区域一体化、市域一体化、城市同城化、城乡一体化、产城一体化等相互交织、环环相扣。

在新一轮区域发展与城市竞合过程中，跨区域一体化需要历经去中心化——去工业城市中心化，再中心化——强化前中后台，再去中心化——避免中心城市过渡虹吸的过程。其基本特征是空间范围纵横交织、产业分工优势互补、创新生态共生共荣、基础设施互联互通、条件平台共建共享、思想文化开放包容、体制机制相互弥合。目前很多地方的跨区域一体化探索，基本停留在基础设施一体化，主要原因是基建既是基础性的、看得见的，又容易推进。在传统行政管理体制与传统资源配置条件下，区域一体化存在不同方面、层面的结构性矛盾及问题，涉及基建城建、产业分工、资源配置、体制机制、文化观念等。需要以基建一体化为前提，缩短空间距离放大发展空间，从"铁公基"到"新基建"；以发展同城化为主线，强化跨行政系统配置资源，加快重点领域、重点平台的共建共享；以产城融合化为着力点，优化产业规划布局引导与城市空间规划布局相结合，促进生产力布局与城镇化协同发展与空间耦合；以开放全域化为标志，在全域范围内优化资源配置、优化组织方式，将产权的开放、管理的开放、资源的开放、心态的开放有机结合；以创新生态化为落脚点，促进地区产业生态与创新生态、营商环境相结合，营造同频共振发展氛围；以改革协同化为保障，为处于不同发展阶段、发展模式的城市形成"1+1>2"的效应建立协同推进机制、先行先试制度安排等。

3.5.4 开放式创新再造城市优势

在新一轮创新全球化与逆全球化形势下，产业转型升级的目标模式是从"外向型工业经济发展模式"到"开放型创新经济运行体制"。以往很多新兴市场与新兴经济体的发展往往是外需带动的，尤其是中国"入世"后，很多城市将这一模式无限地放大。但是在贸易保护主义条件下，一旦全球供应链受到影响，将借助进出口贸易对产业经济的传导，影响经济社会的健康、可持续发展。某种意义上，外向型工业经济是一种经济发展模式，只要是有限利润空间的制造业就需要广阔的国际市场，就需要形成强大的外需依赖；但开放型创新经济则是一种经济运行体制机制，不仅强调以产业形态与产业结构转变带动贸易结构、贸易方式转变，还强调从"引进来"到"走出去、走下去、走进去、走上来、拿回来"，最终在全球范围配置资源、创造财富与分配财富。

从"外向型工业经济发展模式"到"开放型创新经济运行体制"，一方面是探索开放式创新之路，就是在金融资本与产业资本融合的杠杆下，通过跨国并购、绿地投资等资本的走出去方式实现创新资源拿过来，变大宗商品输入、商品输出为创新资源输入、民间资本输出，实现在全球范围配置资源，加快构建开放型创新经济。另一方面，是加快构建优进优出的开放型经济格局。在"出"的方面，不仅是商品输出，还有服务输出、资本输出、技术输出以及文化输出；在"进"的方面，不再是原来的大宗商品、小宗商品、技术装备以及外资，还有创业创新人才、专利技术、经验知识以及创业资本。在"进""出"关系方面，是进（口）与出（口）并重而非更多的出（口），是内外贸并重而非以外为主；"进""出"背后的核心，不再是传统工业经济，而是以信息经济、知识经济、创业经济、服务经济等为基础和元素的创新经济。从大进大出贸易格局向优进优出贸易格局转变，就是由注重货物贸易向货物、服务、数字贸易并重转变。

3.6 抢占新一轮战略制高点

在"再全球化"条件下,区域竞合与城市发展的核心是加快以抢占全球产业主导权为途径,巩固国际贸易竞争力;以提升全球资源配置力为核心,强化高端资源聚合力;以国际产业价值链跃升为目标,扩大经贸合作辐射力;以国际大都市建设发展为载体,增强国际交流传播力;以开放式创新全面改革为保障,优化营商环境吸引力。

3.6.1 加快抢占全球产业主导权

以"抢占新市场、根植新产业、培育新业态、推广新模式"加快外经贸转型升级,培育开放经济新优势。一是抢占新空间。采用"发达市场的传统优势产品、新兴市场的高新科技产品、短缺市场的廉价过剩产品"的市场竞争策略,逐步打造具有地区特色、适应地区需要的全球市场体系,不断提升各行业市场主导权、资本主导权、技术主导权。二是根植新产业。实施科技兴贸战略,从中国制造到中国智造——优化生产方式、到中国再造——转变经营形态、再到中国创造——提高创新能力,以新兴产业发展带动国际产业链与全球供应链建设,以产业结构转变加快贸易结构转变、以产业业态升级加快贸易方式转变。三是培育新业态。借助"点—线—面"工作机制,突出数字贸易引领,强化贸易物流、大宗商品、跨境电商、保税贸易、口岸服务、涉外平台等涉外生产性服务业,培育文化贸易、旅游休闲等涉外生活性服务业态发展,重点强化金融贸易、大数据云计算外包以及融资租赁、工程总包等服务贸易,探索数字贸易带动服务贸易、服务贸易带动货物贸易机制。四是推广新模式。推广应用并创新发展市场采购模式、跨境出口模式等,在"互联网+贸易"模式下探索完善"敏捷供应链"模式,加快形成传统贸易、加工贸易、跨境电商协同发展结构。

3.6.2 着力提升全球资源配置力

依托内外部平台,促进人才、资本、技术等创新资源优化配置,将产业要素流转中心转变为创新资源配置中心。一是培育本土跨国公司。加快本土大型企业集团、高技术大公司加快实施国际化战略,培育一批具有全球视野、品牌形象好、带动系数大、综合效益好的跨国公司。核心是引导具有一定经营规模和综合发展优势、拥有自主知识产权和自主品牌的企业树立国际化经营理念,支持企业引进国际化经营人才,提升国际经营发展能力,促进企业跨行业、跨地区、跨国别实施兼并重组与资本运作,发挥跨国公司产业组织作用,带动上中下游大中小企业抱团开拓国际市场等。二是培育国际交易平台。整合各类行业性、地区性交易平台资源,布局打造国际性或者具有国际竞争力的交易市场,全力打造地区权益体系。如以天然气、电力、铁矿石等战略资源为目标要素,建立国际化期货交易市场和大宗商品交易市场;整合区域知识产权交易、文化产权交易、存量房权交易、土地流转等权益类的要素交易平台资源;搭建专业化的进口装备交易市场,如机电设备交易市场等;以国际消费中心城市为契机,布局建设若干进口商品展示交易中心。三是促进跨国技术并购。全面推进企业技术并购、品牌并购、资产并购等,尤其是跨国技术并购,积极谋求市场主动权、资本主导权和技术制高点。在强化跨国技术转移基础上,全面推进企业技术并购、品牌并购、资产并购等,尤其是跨国技术并购,积极谋求市场主动权、资本主导权和技术制高点,建立事前引导服务支持、事中综合服务协调、事后跟踪服务促进的服务机制,促进民营企业加快跨国技术并购。四是加快绿地相关投资。瞄准经济自由度较高、管制较为宽松的欧盟、美国等国家及地区,通过创建国外分公司、国外子公司、国外避税地公司等国际独资企业,或设立股权式合资、契约式合资等国际合资企业实现多种形式的投资;针对新兴市场及发展中国家,重点围绕在基础设施建设、资源能源等领域扩大投资力度。五是吸引培育跨国创业。积极引进和支持频繁来往于两个以上国家或地区,从事跨国创业的创业行为模式,及时把握最新技术热点和趋势,了解最新商业模式和理念,与两地/多地各类创新资源建立密切联系。六是加快布局境外园区。鼓励支持民间资本强化与国外高科技园区、重点行业协会、重点客商合作,借助PPP等模式以租用、独立运行、自建等方式分批建立境外生产制造、贸易营销和资源开发基地或境外产业园区,促进国内产业梯度转移,大力发展跨境经济。

3.6.3 促进国际产业价值链跃升

打破以往单向承接国际产业梯度转移发展的逻辑，围绕四个层面从内到外强化合作平台建设，开展高端链接与高端辐射，形成"两头在内、高端在内、低端在外"的发展格局，核心是以跨区域一体化抢占经济全球化先机。一是搭建国际经贸合作平台。以全球资源配置能力提升为核心，重点通过发展商务服务、机构服务、会展服务，以高端商务服务业为代表的生产性服务业成为提升国际竞争力、国际影响力的战略手段，加快变被动为主动、变国际游戏规则接受者到制定者。二是推进都市圈跨区域合作。以区域协调及区域合作为支撑，通过核心区、辐射区、影响区及其内部紧密的功能串联、创新并联，将产业链、价值链、创新链、资本链、供应链、服务链以及人流、物流、数据流等创新资源、产业要素为主要内容的关系网络高度集成，打造地区创新发展共同体，从企业级国际竞争、产业级国际竞争走向城市竞争与区域竞合。三是拥抱城市群发展。结合工业化发展不同阶段的不同地区，打破空间距离、地域分割以及体制束缚，加快产业梯度转移，将发达地区在市场、资本、品牌、技术、贸易、物流等优势与欠发达地区制造业产能、资源能源相结合，实现高附加值与产业梯度分工，在更大范围优化产业分工与资源配置，以跨区域一体化抢占经济全球化先机。四是推进国际产能合作。重点透过海外仓建设、绿地投资以及境外园区等方式，尤其注重国际产能合

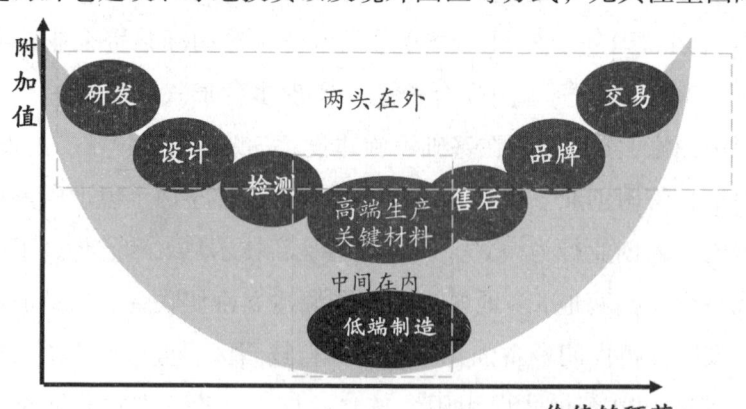

图：微笑曲线上的"中间在内两头在外"

作，率先布局发展境外经济，加快从"中间在内，两头在外"走向"两头在内，高端在内，低端在外"的发展结构。

3.6.4 加快国际大都市建设发展

以国际现代都市功能区建设为龙头，以移民型城市建设为根本活力，根植区域文化强化内核，以重大赛事和国际会议倒逼城市形象提升。一是加快建设国际化移民城市。坚持以人的全球化带动创新全球化，吸引全球各类创业创新前来淘金、创业创新，既是最大的开放，也是最佳的传播。只有把移民型城市建设与创业原生动力相结合，才能产生移民城市开放、包容、融合的创新文化。二是布局发展一批国际化创新示范载体。立足优势国际创新园、综合保税区等开发区现有基础，打造一批具有创业创新、产业发展、商住休闲、文化承载、国际交流于一体、与城市形象相吻合的国际化功能载体，强化城市国际化与开放创新承载能力。三是加强国际文化交流传播。强化国际性赛事、国际高端峰会论坛、国际文化交流活动的举办，大力发展文化旅游、文化贸易、文化产品、文化传播等，着力增强国际交流传播力。

3.6.5 推进开放式创新全面改革

以贸易便利化、投资自由化、营商法制化、规则国际化为核心，优化内外部发展环境，着力提升营商环境吸引力。一是加快贸易便利化。进一步提升海关、海事、港务、口岸等单位监管、服务效能，加大查验监管环节优化融合，减单证、优流程、提时效和降成本，推进更高水平的贸易便利化，建设更高水平的国际贸易"单一窗口"；推动不同关区内的数据互联互通，加快通关效率；通过贸易商品负面清单动态更新等，提升管理智能化水平；探索和鼓励支持地区加强与国际同类地区、城市建立双边、多边或"小多边"国际经贸合作协议。二是加快投资自由化。尤其是对于具有自贸区的城市，积极探索资金流进流出安全可控机制，通过国际新业态招商、国际产业链招商、国际平台型招商强化质优外资引入；出台境外投资产业导向政策，搭建对外投资合作促进平台、"走出去"信息化服务管理平台，及时发布国别投资合作指南、投资产业指引、投资障碍或风险分析报告等信息；建立对外投资合作重点地区的风险预警机制，引进和培育一批境外投资中介机构，及时化解对外投资和跨国并购潜在的法律风险。三是促进营商法制化。加强市场公平准入和事中事后监管，构筑源头追溯、检验检疫、监管、执法、处罚、先行赔付等全流程市场监管体系；探索建立知识产权快速维权中心，完善知识产权保护机制；加快发展法律、审计、设计、会展、人力资源等商务服务业，培育一批高端中介服务机构和商务服务机构，打造国际商务服务网络重要节点；充分发挥各行业协会、民间商会在提供政策咨询、加强行业自律、促进行业发展、维护企业合法权益等方面积极作用，共同解决业内共性问题。四是促进规则国际化。完善国际贸易摩擦有效应对机制，支持企业积极应对反倾销、反补贴调查等，做好大案要案的防范和应对；健全贸易摩擦预警网络体系，提高预警示范点的能力和水平；加强进出口动态监测，及时开展贸易救济措施，完善全市产业安全体系建设；指导协调市级部门、中介组织和企业贸易救济、产业安全等宣传，取得国际经济活动的主动权。

在"再全球化"条件下，国际经济活动形式、全球经济产业分工、世界经济政治秩序将发生重大变化。地区和城市作为国家参与全球竞合发展的核心载体将面临新的机遇与挑战。尤其是对于国家中心城市、地区中心城市而言，迫切需要从再全球化的新形势出发重新审视城市定位、城市战略、城市形态、城市发展，以市域一体化、城市都市化、地区一体化加快都市圈、城市群建设发展，加快新一轮改革开放、提升国际化发展水平、抢占再全球化战略制高点。

04
突破传统认识局限：我们更需经济发展学

伴随我国整体发展从低收入国家向中高收入国家迈进、从工业化后期逐步向后工业时代转变，我国加快从高速度增长向高质量发展。在以往发展模式与发展条件下，往往出现"转方式、调结构、稳增长"的三元悖论，也就是三个政策目标中往往只能同时实现两个。在新时代条件下，能否打破"转方式、调结构、稳增长"三元悖论，转而通过"转方式、调结构、稳增长"三位一体，进而以高质量发展带动高速度增长，需要追寻新的可能、达成新的共识、探索新的路径。这其中，我们不仅需要站在新经济地理格局上，还需要重识发展的含义与价值，并在把向高质量发展风向标、根植高质量发展新逻辑以及探索高质量发展带动高速度增长之路的基础上，从发展经济学到经济发展学。

4.1 站在新经济地理格局上

新经济地理不是新的经济地理学，而是新经济意义上的新地理。这种"新地理"不仅包括经济地理和地理经济，还包括人文地理与地理人文，亦包括创新地理与产业地理等。当前，经济社会发展加快步入新经济地理时代，只有充分认识新经济地理（学）的转变，才能更加充分认识新的发展规律，更好地站在新经济地理格局上抢占战略制高点、发展主导权与发展主动权。

4.1.1 进一步走进新经济地理时代

以往的"经济地理"主要是以地域为单元研究世界各国、各地区经济活动的系统和它的发展过程，包括经济活动的区位、空间组合类型和发展过程。伴随信息技术的出现、生产力不断提升、人的价值的放大以及全球化不断延展,尤其是在新经济条件下,人们的经济活动或者一个地区的发展空间、发展战略、资源配置、发展条件发生了重大变化,20世纪出现的新的经济地理,让位于如今新经济意义上的地理[1]。这个"新",一是发展空间上的"新",由于信息技术的出现,新经济地理的发展空间从立足物理空间到借助虚拟空间,具有游戏规则制定权、定价权、分配权以及主导权的平台经济成为制高点;二是战略条件上的"新",由于生产力不断提升,新经济地理的区域战略从注重资源禀赋到注重人择优势,依靠资源禀赋的"天赋"、自上而下的"他赋"让位于人择优势的"自赋";三是组织方式上的"新",由于人的价值的放大,新经济地理中的资源配置从资本驱动到愈加跟着人走,而非要素驱动、投资驱动;四是资源配置上的"新",由于全球化不断延展,新经济地理的发展条件从优化自然环境到营造创新生态。"新经济地理"不是传统意义上"新的"经济地理学,而是在"新经济"条件下研究经济地理与地理经济、人文地理与地理人文等的总和。

在新经济地理条件下,一方面城市(区域)发展结构将发生重要变化。需要用新兴产业、创新资源、金融资本以及人口结构的视角来去审视。一是新兴产业的视角。一个城市发展的层级主要取决于这个城市在全国、全球的产业分工、价值环节与规模体量。一个城市的发展不是满足于产业经济体量的壮大,而在于抢占新兴产业的制高点、主动权与主导权。二是创新资源的视角。这种资源不是自然资源,主要是科教智力资源,创新驱动的核心是实现对人的价值驱动。三是金融资本的视角。如今金融资本流到哪里越多,哪里就发展得越快。而一个城市金融资本的发展模式并不依赖资源禀赋。四是人口结构的视角。谁掌握了青年才俊谁就能够具有长久的发展活力与后劲,不仅要争抢青年才俊,还要优化创业者、企业家、科学家、工程师、产业工人等人才结构配比。某种意义上,一个地方的人口版图、创新版图、产业版图、财富版图将构成新经济地理的城市发展结构。这其中,

---

[1] 本章节的研究源自作者专著《中国新经济变革》。

人口是价值与财富创造的主体，创新资源是各种能量的源泉，产业是财富创造的主体和载体，金融则是创造财富的血液与分配财富的利器。

另一方面，新经济地理在推动城市（区域）发展结构的变迁。在新经济地理中，决定全球或者一个国家与地区的新坐标新方位的核心，取决于四个方面：一是文化地理。文化决定一个地区经济社会发展的厚度，当前任何一个国家或地区最缺的永远不是新产业、新技术、新业态、新模式，而是新思想、新观念。很多时候正是由于思想文化的贫瘠造成了经济社会发展的矛盾丛生。二是创业地理。"创业犹如荷尔蒙及其由以产生的不安分的心与不平凡的事"，核心是将创新转化为一种持续经营的事业；而且哪里的创业最活跃，就越容易在海量的创业试错中涌现出一批企业、产生一批产业。三是创新地理。这里所说的创新地理，不单纯是创新资源的概念，而是将创新要素、创新能力、创新机制、创新环境融为一体的概念。在新一轮创新地理重构过程中，创新地理的重构将从源头上影响产业地理重构。四是产业地理。在全球化背景下，一个城市或地区能否在全球经济分工与产业分工中占有一席之地，以及能否在激烈的国际及区际竞争中率先突围，取决于自身的个性是否突出。这个区域个性反映在经济层面就是产业地理；产业地理越突出，在全球经济分工与产业分工就越有竞争力、影响力。这其中，创业地理、创新地理、产业地理与文化地理是环环相扣的，决定着经济地理版图的演变与变迁。一方面，文化地理带动创业地理、创业地理带动创新地理、创新地理带动产业地理；另一方面，创业地理犹如"叶"，创新地理犹如"茎"，产业地理犹如"干"，而文化地理犹如"根"。

4.1.2 把握新经济地理的几个转变

在新经济地理条件下，新一代信息技术对一个国家或地区发展带来了重要改变，不仅重新定义了新经济地理学，还重新定义了经济发展学，使得一个城市和区域的发展发生了代际变化，体现在如下方面：

一是从新经济地理学到新经济的地理。过去所讲的"经济地理"，主要是以地域为单元研究世界各国、各地区经济活动的系统和它的发展过程，包括经济活动的区位、空间组合类型和发展过程等。在新经济条件下，伴随信息技术的出现、生产力不断提升、人的价值的放大以及全球化不断延展,人们的经济活动或者一个地区的发展空间、发展战略、资源配置、发展条件发生了重大变化,使得20世纪而出现的新的经济地理,让位于如今新经济意义上的地理。

二是从资源禀赋优势到人择自赋理论。任何一个城市的发展,离不开"天赋、自赋、他赋",也离不开"卡位、抢位、站位"。"天赋"的往往是资源禀赋,也可以理解为区域个性,需要找到真实的本我,让自身长板更长;"他赋"的往往是自上而下赋予,或外来因素、外生因素、外部压力,来得快去得也快,需要紧抓机遇;"自赋"往往是人择优势,需要自我塑造与不断超我,进而无中生有。"卡位"就是本来就应该能有的位卡上了;"抢位"就是这个位给谁都一样,但被有备而来的人给抢去了;"站位"就是自身基础不怎么样,但格局、视野不一样出现的势能就不一样。以往城市发展主要是基于天赋、他赋资源禀赋的比较优势,但如今以"卡位、抢位、站位"的人择优势,深度影响城市发展的轨迹与命运,进而产生城市发展的差异。

三是从注重经济地理到注重人文地理。以往研究一个城市的发展,更重视经济与地理的关系,主要是将地理条件、自然资源、人口与劳动力、科技资源、资本等相结合,研究特定地域息息相关的地理环境条件等。伴随城市发展纵向深化,一个地方的发展更需要追本溯源,与人类活动相关的软环境条件越来越在城市战略、区域战略中地位更加突出,包括历史、文化、人文、经济、位势、产业等。真正能够成为改变人文地理与经济地理拐点的,是政治改革家的改革创新精神、产业企业家的企业家精神、战略思想家的价值主张与远见。

四是从中心外围分化到前中后台协作。当前,全球经济形态加速从工业经济向创新经济方向转变,这也直接决定了国际产业分工及全球城市分工体系结构变迁,出现了"去工业城市中心化"与"立创新尖峰"并存的发展趋势。在此发展过程中,核心的发展问题,不是谁是中心、谁是外围的问题,而是一个城市如何提升前台、中台、后台的能力,多个城市如何体现前台、中台、后台有机结合的水平。

五是从强调区位优势到强调区域个性。以往的区位理论，主要解释了地球上某一事物的空间几何位置，还研究自然界的各种地理要素和人类经济社会活动之间的相互联系和相互作用在空间位置上的反映。在区位优势理论下，只有自然地理区位、经济地理区位和交通地理区位在空间地域上有机结合在一起，才有更大的发展优势。但在全球化背景下，无论是一个城市能否在全球经济分工与产业分工中占有一席之地，还是一个地区能否在激烈的国际及区际竞争中率先突围，取决于自身的个性是否突出。

六是从县际竞争增长到城际竞合发展。当前新一轮城市化加快从以县域发展的中小城市发展格局，向以都市圈、城市群为代表的国家中心城市、地区中心城市方向发展。在这个背景下，以县际竞争加快资源配置、推动经济社会发展，逐步让位于城际竞合发展。重点是围绕空间范围纵横交织、产业分工优势互补、创新生态共生共荣、基础设施互联互通、思想文化开放包容、体制机制相互弥合的基本特点，打造圈层联动、几何辐射、创新驱动、生态包容、产业引领的区域创新发展共同体。

七是从园区局部创新到城市全域创新。近年来我国产业地图与创新版图上，逐步出现了创新从园区走向城市、产业从城市走向城市圈、开放从城市群走向经济带的发展态势。高新区、自创区作为"小生境"已成为经济发达与经济发展水平适中的"城市"，对于一批经济发达城市迫切需要逐步成为全域创新之城；而以超级城市群为极点，以经济带为辐射面，以创新型城市为主要单元，以园区为节点，将成为我国城市创新版图的新结构。

八是从产城融合发展到科产城人融合。在新经济地理视角与规律下，打造一个新型都市圈或者超级城市群，核心是强调经济发展模式转换、城市发展模式转换、创新发展模式转换的"三螺旋"协同演进模式，以及集合产业功能、城市功能、创新功能的"科产城融合"发展理念。"科"就是科教资源、科技成果、科技服务，从资源、环境、机制到成效；"产"就是新兴产业、新兴企业、新兴业态；"城"就是从城市环境到城市生态，使城市功能、产业功能、创新功能在空间上结合。

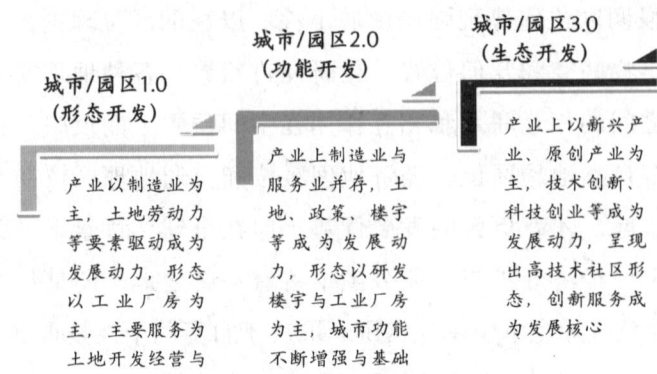

图：不同发展阶段的不同形态

4.1.3 经济发展比发展经济更重要

某种意义上，"发展经济学"有些名不副实，更应该研究的是"经济发展学"。很多时候发展经济学对发展谋划、发展运作、发展行动几乎没有多少解释力、判断力和指导性，只有研究经济发展学才具有应有的价值。如果说，发展经济学是一门研究经济的学问，强调的是如何看待经济发展、如何发展经济，属于经济管理范畴。那么，经济发展学是促进经济发展的领导艺术、方法与技术，突出的是如何通过发展经济实现经济发展，属于发展战略范畴。

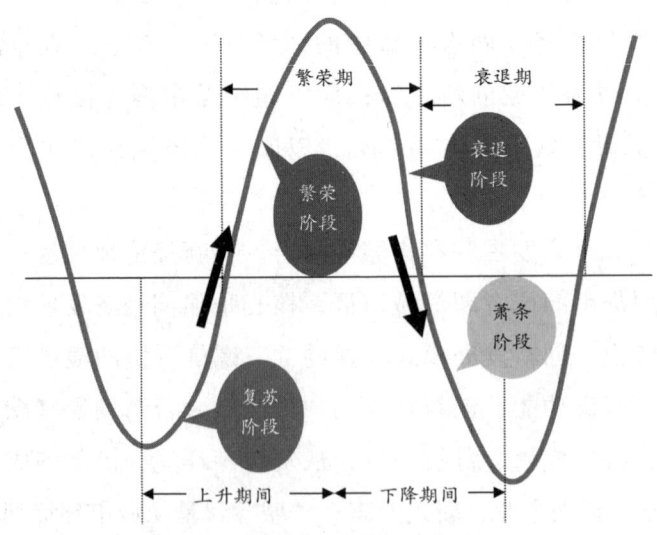

图：传统经济发展周期模型

具体来说，经济发展学的基本逻辑有四方面：一是有多大不足就有多大发展空间。有多大的落后差距、贫穷困难、不均衡不协调，就有多大的发展空间；只要抓住机会、不走弯路、集中精力、激发活力，就不可能发展不起来。二是发展导向相比问题导向更重要。并非"头疼医头脚痛医脚"地一个个解决问题、化解冲突与矛盾来寻求发展，而是通过系统性、结构性、全面性的发展来标本兼治地转移矛盾、化解冲突、解决问题。三是结构性矛盾就需要结构性变革。通过对经济的智力条件、技术构成、组织方式、资源配置、制度结构五个方面进行结构性优化，提高生产效率效益，进而解决相应的经济社会问题。四是创业创新的行动力胜于理论模型的解释力。能够创造历史的永远是创业者型的、企业家型的，单纯做研究分析和经验解释的不过是"躲进小楼成一统"的跟班或"事后诸葛亮"；同时，相对于量化的预测，更需要有战略感方向感的预判。对于中国长期增长的预期并非是过于乐观，而是有若干简而易懂、显而易见的事实摆在眼前。譬如，我们还有很多地区、很多人口的月均工资不到 2000 元人民币；各种现代化的发展阶段还比较初级；改革、开放、创新带来"破旧"的红利虽已经有了，但"立新"的红利还远远没有释放；后发的新兴大国长期投资、空间换时间的优势有增无减等等。

4.2 重识发展的含义与价值

"发展才是硬道理，增长亦是硬任务"。某种意义上，发展是出发点、着力点、落脚点的统一。在从"发展经济学"到"经济发展学"的系统转变上，需要全新的认识方法论，核心是谋划性、方位感与行动力的"组合拳"。

4.2.1 发展是硬道理增长是硬任务

在经济学发展早期阶段，"经济增长"和"经济发展"经常作为同一个概念混用。随着经济社会日益复杂与国民经济管理实践加深，尤其是 20 世纪 70 年代，两者之间的联系和区别一度成为经济学界激烈争论的焦点，经济发展才由经济增长概念逐步扩展，成为一个重要的概念与政策目标。此后，变资源消费、规模扩张、环境破坏型的"经济增长方式"，为资源节约型、内涵扩张型、环境友好型的可持续"经济发展道路",逐步成为全球各界共识。

简而言之,增长与发展的关系,类同于量变与质变、量级与能级的关系。一般而言,只有量变到一定程度才能有质变,而一旦有了质变才能将量级上升为能级。这其中,没有速度就没有规模,没有数量就很难有进一步的质量,没有质量就没有能量。在经济学语境中,经济增长未必就能带来经济发展,但没有经济增长肯定不会有经济发展;与此同时,经济发展往往呈现"马太效应",即发展得快的地区和领域,反而发展得更快,发展得慢的地区和领域,反而发展得更慢。

在中国改革开放初期,产生了一个意味深长的著名论断,那就是"发展才是硬道理"。"发展才是硬道理"就是要通过发展来转移矛盾、化解冲突、解决问题。尽管在不同时代形成了不同的发展理念、发展思想,但对于一个地区、城市等方面的具体化要求,表现为国民生产总值(或国内生产总值)的增加,再具体化则为人均国民生产总值(或人均国内生产总值)的增加。时至今日,我们要强调"发展才是硬道理,增长亦是硬任务"。没有足够的、充分的国民财富增加,就难以支撑经济社会的发展。

4.2.2 出发点着力点落脚点相统一

在政治语境中,很多时候讲发展理念、发展方式、发展目标;在商业语境中,很多时候讲想法、打法、目标;在其他语境中,很多时候讲出发点、着力点、落脚点。如果说"增长"更像个目标的概念,那么"发展"既是想法、导向或出发点,也是目标、结果、落脚点,更是打法、过程和着力点。

一是用"发展导向"更好地理解"发展的出发点"。很多现实主义者认为问题导向最重要,很多现实的理想主义者认为发展导向更重要。中国改革开放第一个四十年的实践证明,只有系统性地发展谋划、发展运作与发展行动,而非搭上系统性增长的便车或者一个个解决剪不断理还乱的实际问题,才能实现长期可持续的发展,或引领发展。发展导向就是抓住最新机会、把握最新趋势、掌握最新方式、瞄准最新方向、激发最新动力,解决最新问题、破解新旧矛盾、完成时代任务。

二是用"发展过程"更好地理解"发展的着力点"。如果说经济增长是依赖于生产函数的"投入-产出",那么经济发展则是生态系统的"输入-输出"。这个生态系统,核心强调的是经济的智力条件、技术构成、组织方式、资源配置、制度结构五者的有机结合、循环闭环、自组织自成长。这个发展的"黑匣子"已不是技术、人力、土地、资本等要素之间的数学函数关系,而是智力、技术、组织、资源、制度之间的生态演化关系。

三是用"发展结构"更好地理解"发展的落脚点"。只有产生结构性变化的增长才能称之为发展;同样,经济发展还需体现出经济内在结构的重构和演进。在农业社会,通过物质资源要素投入、劳动力要素投入就能创造出更多物质财富,土地资源开发利用加上人口资源增长,就可以带来农业产量增加;在商业社会,农产品有了剩余之后,劳动力资源有了转移可能,货币资本随之产生并发挥作用;在工业社会,伴随机器大工业资本投入发挥了作用,工业的地位和作用越来越大;再后来,随着技术进步、创新能力提高,产业结构、专业领域逐步被拓展。

对于广大发展中国家或新兴经济体而言,所谓"中等收入陷阱",就是历经一定初级的工业化之后,由于没有产生新结构(产业结构、动力结构、技术构成、治理结构等)及新动能(新思想、新技术、新模式、新产业等),以往的要素驱动、投资驱动呈现出边际收益递减,进而产生缺口。从这个意义上,发展就是通过结构性谋划、结构性变革产生结构性重构,就是出发点、着力点、落脚点的高度统一。

4.2.3 建立完善全新的认识方法论

很多时候、很多人无论对一个国家、地区,还是对一个产业、企业等,往往会出现如下不同的现状:一是没有数据就没法做出研究判断,并不知道我们所需要的是战略直感的逻辑表达;二是不全面了解就没法得出判断,并不知道战略研究的核心是在有限信息中得出合理判断;三是除了大判断之外都是不可知论,缺乏在系统研究之下到底如何实现历史联系与发展逻辑的拼图;四是是否所有判断都需要历史或时间来检验,事实上很多事物的发展或事态的进展,不是靠试错出现的而是注定的。

简而言之,任何事物发展的大方向,一定不是"面"上的大数据决定的，而是"根"上的大硬核、"行"上的大历史、"知"上的大趋势决定的。尽管大数据思维即是战略方向感的数据化表达，能够从碎片中找到体系中没有的需求、从非结构化中找到结构中没有的灵感、从长尾中找到鳌头中没有的鲜活、从分布/众式中找到中心化没有的海量。但任何数据都是表征、结果或生产要素，而不是结论、原因或生产方式。过度依赖数据、实证、逻辑、案例等的研究，尤其是战略研究，几乎都是没有思想引领、战略直感、超然洞见、拼图推演的典型体现。

也就是说，事物的发展往往是在一定的内核条件下，由大历史大趋势所决定使然。这种"内核"就是任何事物的基因、个性或特殊性，有什么样的基因、个性或特殊性，决定能做多大、走多远、跳多高、跑多快，但也注定有什么"病"。这种"大历史"，也就是任何事物的过去式、现在式以及未来式，只有看他走过了什么路、到了什么发展阶段、出现了什么病，才能知道究竟应该破什么题、下一步走什么样的路。这种"大趋势"，也就是在事物发展内在规律与外部形势中的方向感，只有通晓迎来了什么风向，才能决定走向何方。

从以上意义上，在认识方法论上可有如下创新：一是定性问题的数量表达，不是依赖数据得出结论，而是先有了独立思考的结论后寻找数据支撑；二是理论导向的实证研究，既不总是"少谈主义多解决问题"，也不是通过理论的理论、文献的文献，而是带有理论思考的实证研究；三是战略直感的逻辑表达，不是通过逻辑推理与演绎得出方向及结论，而是带着预演与直感做出应有的选择，进而予以逻辑化结构化的支撑与表达；四是系统研究的逻辑拼图，综合考虑这个事物具有什么特殊性、走过了什么路、迎来了什么风、究竟有什么病、到底破什么题，最后形成具有解释力的逻辑与操作性的解决方案；五是发展导向的逆向推演，正如"不谋全局者，不足以谋一域；不谋万世者，不足以谋一时"一样，但并非单纯用全局与万世的视角来谋划一域或一时，而是用全局与万世可能的格局、态势、结果、阶段等来谋划一域或一时，也就是用未来的答案来解决当前的问题，而不是解决当前的问题以期待有好的答案。

4.3 把握高质量发展风向标

当前"推动高质量发展"成为新时代重要的发展目标和发展导向,但仍存在诸多理论上、实践上误区或盲区,需要有新认识新路径。整体而言,高质量发展核心是发展模式系统转换,发展动力的新旧动能转换,发展主线是生产方式转变,发展结构是组织方式转变。

4.3.1 加快区域发展模式系统转换

在改革开放第一个四十年,我国创造了世界经济增长史上最大跨度、最大体量、最大影响的高速增长,不仅通过市场化改革提升了资源配置效率,还通过全球化开放融入了世界经济体系。在这个发展历程中,我国主要依靠廉价劳动力形成人口红利和城镇化进程中的土地红利等"要素驱动"以及宽松货币和财政政策所形成的"投资驱动",在贸易部门的带动下将农村剩余劳动力转移到生产制造部门,完成了外向型工业经济体系的建立以及原始积累,形成了传统工业化模式。尽管中国在短时间内发展成为世界第二大经济体,但付出了巨大代价,不仅是经济发展大而不强、快而不优以及核心技术受制于人、全球价值链受制于人,还存在特大城市房价高企、土地资源严重浪费、"三留人口"及农村空心化问题,亦存在产能过剩、房市泡沫、政府债务风险、低效投资、过高环境成本和大量货币投放等诸多负面效应,

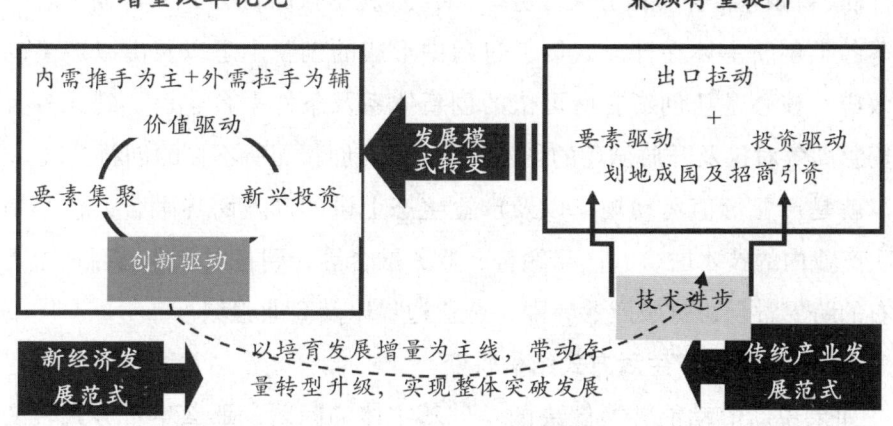

图:从工业化发展模式向新经济发展模式转变

迫切要从依赖廉价要素投入和货币财政刺激转为依赖创新和技术进步取胜。而这种发展模式系统转换的目标模式，就是从以往的传统工业化向新经济道路方向转变，并在全球经济分工与产业格局中抢占制高点、把握主导权、掌握主动权。从这个意义上，"高质量发展"的核心，是从要素驱动、投资驱动意义上的外延增长、外生增长向创新驱动意义上的内生发展、内涵发展层级跃升，就是从外向型工业经济发展模式向开放型创新经济发展体制方向转变。

4.3.2 着力推进产业新旧动能转换

现在大家都在讲"新旧动能转换"，一个问题是究竟为什么讲新旧动能转换。就如同传统产业转型升级一样，因为在原来的发展基因、产业边界、技术锁定及路径依赖条件下，在既定的技术生命周期上是很难转、很难升的。只有通过开放性的链接、嫁接、对接，才有可能在下一代或全新的生命周期上实现基因突变、弯道超车、奇点爆发，以增量培育盘活带动存量提升。一个问题是究竟如何新旧动能转换。核心是"加、减、乘、除"。"加法"是新企业梯队与新的产业结构，核心是推进创业高端化、企业高新化、大企业平台化；就是从抓高新技术产业、战略新兴产业到抓未来产业、抓三维产业，核心是通过增量培育抢占产业发展制高点、主导权与主动权。"减法"就是供给侧结构改革中的"三去一降一补"政策，即去产能、去库存、去杠杆、降成本、补短板五大任务。"乘法"就是强调政、产、学、研、金、介、用等各类创新主体在开放式创新过程中形成的创新生态以及由以产生的赋能效应，核心是从创新有所可依的创新体系及条件平台建设、到让各类创新资源高效对接及开放循环的创新网络、再到创新无所不在的创新空气。"除法"就是产业价值运动规律以及产业生态上讲的产业跨界融合，核心是从各次产业内的技术融合、产品融合、业务融合等，到各次产业前后、上下、左右的跨界融合，打破产业界限、企业边界以及商业疆域。

4.3.3 推动生产生活方式结构转变

如果说新旧动能转换解决的是创新主体的问题，那么生产方式转变则是发展方式转换的根本的发展主线。过去发展方式转变之所以效果还不好，主要是没有从微观的生产方式来看待发展方式的转变。所谓"发展"，其本质就是通过生产方式优化提高了利润空间、生产效率所产生的创新增值。当前，全球科技革命与产业变革同中国的产业优化升级历史性交汇，对于新时代的生产方式，要从两个层面去认识。过去的产业技术革命都是生产方式从供给端向需求端正向决定生活方式，这一轮的产业技术革命则是生活方式从消费端反向决定生产方式，以及新一代信息技术、其他前沿技术与先进制造的结合；工业经济时代的生产方式以生产、供给为本位的"以产定销"，而新经济时代的生产方式是"以销定产"、强调消费端、市场端、需求端、应用端的反向资源配置。如前所述，未来主流的生产方式几乎可以用"需求反导 + 数据驱动 + 平台赋能 + 智能终端 + 服务场景 + 敏捷供应"。"需求反导"就是要打破企业封闭的 IT 系统，将外部的生态环境、伙伴的共同成长与内部的资源配置充分结合；"数据驱动"在生产方式重构中作为"神经"的地位基本都形成共识，核心是数据资产的沉淀累积、数据技术的运用以及数据能量的发酵发力；"平台赋能"强调的是平台企业、平台经济在整个生产方式转变过程中成为创新生态的枢纽，代表的是去大企业中心化（大规模制造）与再平台经济中心化（链接上下游、买卖方、供需端）的过程；"智能终端"强调的是智能化嵌入到各类工具性、应用性的终端，并将这种智能终端与后台紧密结合；"服务场景"不仅体现的是制造业服务化、服务业制造化以及产品即服务、制造即服务，还体现了从产品到服务及其在不同应用场景的结合；"敏捷供应"则是生产供应快、销售渠道端、交易成本低，现在新技术、新业态、新产业层出不穷，唯一不变的就是越变越快。

4.3.4 建立完善生态赋能组织方式

组织方式不仅仅是涉及政府、市场与企业在治理结构、治理能力上的关系与水平，还涉及从有组织到自组织的层级跨越。在过去发展过程中，我们都讲选手、推手和拉手，这其中企业是经济发展的选手，市场是经济发展的拉手，政府是经济发展的推手。但在新经济新时代的今天，更需要是搭建平台、开放赛道、产生赛手。这其中，政府这个以往的推手更多的要去搭建平台、去做局，市场的这个拉手要更加放开、充满无数可能的成功渠道，而企业这个以往的被动性选手要成为主动性的赛手。应该说,高质量的发展一定是自组织、自成长的爆发式成长。

在高质量发展过程中,一是要强化新经济生态的"永动机",就是要强调经济发展、产业发展、增量经济是内生自生的、自组织自成长的、闭环的循环的、自动发展自动修复的;二是提升海量流量转化为奇点爆发的能力,核心将真正具有创新资源及产业要素的创新源头、创业源头、产业源头转化为平台化的创新生态建设者,进而将海量的流量,也就是创业、企业转化为爆发式成长,也就是我们常说的自上而下的服务与自下而上的企业相结合;三是建设创新型服务政府,从事第二方公共服务的服务型政府已经过时了,更加需要从第二方精准公共服务提供商、到第三方创新服务集成商、再到第四方新兴产业组织者,乃至第五的法治与法制。

4.4 高质量发展的逻辑结构

整体而言,没有新的发展逻辑就没有新的行动逻辑,没有新的行动逻辑就没有新的组织逻辑,没有新的组织逻辑就没有新的政策逻辑。这其中,新的发展逻辑面向战略转变、新的行动逻辑面向全面发展、新的组织逻辑面向现代治理、新的政策逻辑面向创新生态。

4.4.1 新的发展逻辑面向战略转变

如前所述,自 21 世纪以来的上一个发展周期,很多城市、园区迅速崛起,核心是抓住了工业化、信息化、城镇化、市场化、国际化"五化协同"。在特定的市场化、国际化、信息化条件下,工业化、城镇化成为区域发展的分水岭。在工业化方面,尤其伴随中国"入世",很多城市或园区,通过承接国际产业梯度转移,加快建立出口导向型的外向型工业经济,围绕国际产业价值链从低端向高端环节攀升。在城市化方面,将政府的土地财政、平台公司的基础设施与服务配套、房地产公司的大兴土木与钢筋混凝土有机结合,加速了要素驱动与投资驱动,并让土地价格成为全社会产业要素与创新资源的基准。与此同时,信息化降低了社会交易成本、提高了生产效率;市场化提高了资源配置效率、激发了民营发展活力;国际化则是内向的市场换技术、外向的中国制造走向全球。

在此逻辑条件下,很多城市的重要发展模式是城市发展模式与经济发展模式协同,尤其对于很多园区而言则叫作"产城融合发展",逐步从空间形态开发走向功能开发,促进城市功能与产业功能相结合。伴随很多园区、城市的城市功能日益突出,城市管理与社会事务逐步增加,开发园区与行政区趋同,城市发展走向都市圈与城市群,甚至还出现了全域创新城市。与此同时,产业功能则是伴随城市功能提升,不仅要走向中高端,还要形成"两头在内,中间在外"的发展模式。于是,就出现了速度与质量、效率与效益、量级与能级之间的问题及矛盾。

这其中,产业规律、企业规律、创新规律、城市规律以及开放形式等发生了变化,而相应的发展逻辑也要随之改变。从产业发展规律来看,产业价值运动从产业分解融合到产业跨界融合,以往可以通过承接其中的产业梯度转移的"拿来主义"打造产业集群,实现产业价值链攀升,但在各次产业跨界融合下,更多地需要通过高端链接与高手过招,再通过高端辐射整合资源在本地实现高附加值,最终的全球产业价值网上配置资源、创造财富、分配财富。从企业规律来看,在以往的技术生命周期上企业呈现出滚动发展的逻辑,但在如今的技术生命周期上呈现出爆发增长的发展逻辑,线性增长让位于非线性增长。从创新规律来看,以往是从生产决定消费的逻辑下,是正向的、链式的创新,如今在消费决定生产的逻辑下,是反向资源配置的逆向创新、产业化研发创业一体化的垂直创新。从城市发展规律来看,以往是城市发展模式与经济发展模式协同,强调产城融合;但如今则是城市发展模式、产业发展模式、创新发展模式的协同,强调城市功能、产业功能、创新功能在空间上有机结合。从开放形式上来看,以往可以市场换技术,现在则需要创新拿技术。

从以上意义上来看,在新的发展逻辑下,只有出现如下的新发展,才能引领新时代高质量发展:第一,最根本的是产生全新的生活生产方式。这一轮的新科技革命与产业变革相对于以往产业技术革命,在于以往的是生产方式决定生活方式,如今则是生活方式决定生产方式,而且生产方式与生活方式紧密结合在一起。当前及未来我们要打破生产方式决定生活方式的逻辑，将生产方式与生活方式紧密结合在一起。第二，最直接的是生产新经济的产业创新体系。原来的经济体系是一、二、三产泾渭分明，产业体系都是僵化的统计学意义上的，未来的经济体系、产业体系不仅要打破一、二、三产的界限、产业与产业之间的界限，还要体现出新的经济形态与新的经济模式，更要形成自组织自成长、闭环循环、共生共荣、开放创新的产业生态。第三，产生新型的创新发展范式。也就是打破"基础设施－基础研究－应用研究－商业研究－转移转化－产业化"从生产到消费的正向链式创新，从市场、产业、消费的反向配置资源与逆向创新，将产业、商业、研究、开发于一体的垂直型的创业式创新。第四，形成新的治理结构。打破以往政府是推手、市场是拉手、企业是选手，而是政府搭建平台、开放市场赛道，让更多的企业成为自组织自成长的赛手，最终形成能够产生爆发增长的创新生态。第五，产生独具一格的区域创新文化。

4.4.2 新的行动逻辑面向全面发展

对于很多城市的双高发展，在发展导向上需要结合城市发展趋势反映测度重点。一是在经济发展上，从外向型工业经济向开放型工业经济转变。不该再满足于在制造业全球化条件下，通过进口贸易进口大宗商品分销到市内外加工企业，再通过出口贸易把加工好的商品输送到全球；而是以高水平创业带动自主创新、以自主创新带动新兴产业发展、以开放经济带动创新经济，变民间资本优势为产业资本优势，变商品输出为资本输出，充分利用"两个市场 两种资源"，在全球范围配置资源和创造财富。二是在社会发展上，从"金字塔型"社会结构向"橄榄型"以及老龄化发展阶段转变。核心是如何通过优质多样的公共服务，以及公正和谐稳定的社会，促进人民社会福祉的提升。三是在城乡发展上，从块状经济、县域经济格局向城乡一体、城市经济方向转变。打破以往条件下的城市空间格局与城市形态，在城市群、都市圈上以更大的空间尺度促进市域一体、城乡一体以及跨区域发展、城市群发展、都市圈发展。四是在生态发展上，从原来传统工业化的生态破坏到绿色低碳塑造未来。回答如何让自然生态重现秀美、如何共建宜居绿色家园、如何营造清新城市环境等,解决城市生态环境建设的结构性矛盾。五是在政府服务上,从服务型政府到创新型服务政府方向转变。在"小政府、大服务"基础上,从服务型政府到创新性服务政府,从第二方公共行政到第三方服务集成、第四方产业组织。

在此背景下,"五化协同"逐步转化为五大发展理念的战略指引。以往的工业化、信息化,基本上体现为产业数字化,与"创新"相呼应;以往的城镇化,加速向城建都市化方向发展,主要与"协调"相呼应;以往的市场化,也就是政府、企业、市场、社会的关系,逐步向治理现代化方向发展,与"共享"相呼应;以往的国际化,逐步走向发展国际化,与"开放"相呼应;再加上生态绿色化,体现"绿色"发展理念。与此同时,在以往发展过程中,从国家到地方、从政府到企业,大家都在寻求从"推拉并举"型的发展结构及其发展机制,向"生态赋能"型的发展结构及其发展机制系统转换。

各种发展或增长,最终要取决于"指挥棒"的问题。重视GDP考核,其结果自然是经济高速增长;但如果强调全面发展,就要强调一个国家与地区的全面质量管理。党的十八大以来,党和国家加快以"四个全面"战略布局统筹改革开放经济社会发展,并提出了"创新、协调、绿色、开放、共享"的五大发展理念,全面促进物质文明、社会文明、生态文明、政治文明、精神文明"五位一体"有机发展。五大发展理念与五个文明建设几乎是一一对应或者环环相扣。在新时代条件下,在经济建设领域要强调创新,在社会发展方面要强调共享,在生态文明建设方面要强调绿色,在城乡发展方面要强调协调,在公共治理等方面要强调开放。强调时代要求与社会需求相结合、问题导向与发展导向相结合、绩效评价与政策评价相结合、普适指标与特色指标相结合、小数据与大数据相结合;在评价方面上,强调经济、社会、城乡、生态和政府服务"五位一体"的综合考量。

4.4.3 新的组织逻辑面向现代治理

在高增长发展阶段,很多城市或园区产业战略导向及组织动员机制往往是"大产业、大企业、大平台、大项目"。因为只有大才能快,只有速度才有规模。所以,很多地方政府把"集聚大产业、构筑大平台、培育大企业、招引大项目"作为推进经济社会发展的中心工作。在此背景下，很多城市或园区不仅形成了传统工业化产业发展模式，还形成了"出口拉动、划地成园、招商引资、规模制造"的园区发展模式，以及要素驱动、投资驱动、外生发展、外延增长的创新发展范式。

在此发展过程中，政府也出现了自身的困惑，主要体现在如下方面：第一，无限的权力导致无限的责任，各种社会矛盾和问题最终都和政府算账；第二，政商关系处于两难困境，在一个体制杂交的新兴经济体、转型经济体中，企业往往感到与政府越来越有隔阂、有距离，而实际上处于经济高速发展、矛盾临界发展阶段的政府亦有自身的困惑、困境；第三，产业大破大立但政府的统计体系还在沿用计划经济时代工业经济的统计，以至于很多时候产业企业的群众都过河了，政府还在摸石头；第四，产业跨界融合了但政府还在条块分割，跨地域、跨行政系统配置资源、整合资源具有较大的难度；第五，政绩考核周期与创新周期不适配。如今，一个国家或地区的发展，越来越强调经济发展、产业发展的内生性与自生性、自组织与自成长、闭环与循环的，则是"政府搭建平台、开放市场赛道、产生企业赛手"。这种转变核心是对新经济创新生态及新时代组织动员机制的共识。

这种新经济创新生态不是看不见、摸不着，其基本特征如下：一是产业跨界融合，只有多个产业之间的跨界才能不断衍生全新的业态、发育全新的产业，突破产业界限、商业疆域、企业边界与技术锁定。二是企业互联融通，伴随产业链、创新链、资本链、服务链的互联互通，企业加速平台化、生态化，逐步形成你中有我、我中有你、共生共荣的竞合发展态势。三是资源要素聚合，更加强调这些创新资源及产业要素，在政、产、学、研、金、介、用等创新主体之间的高效对接及双向循环。四是空间服务耦合，如今更加强调产业功能、城市功能、创新功能在空间的耦合，以及在科、产、城等元素的有机结合。五是开放协同合作，不仅是"政产学研金介用"六位一体的开放式创新，还在于区域一体化、跨区域一体化、创新全球化背景下的高水平开放式协同创新。六是统分结合治理。在此背景下，以产业新体系、企业新梯队、要素新源头、服务新供给、开放新格局、发展新治理为代表的"新逻辑",则成为重要的组织动员机制,体现了生态的开放、多元、活力、共赢、高效特点。

4.4.4 新的政策逻辑面向创新生态

在新的政策逻辑下,到底是摸着石头过河,还是需要有顶层设计?到底是问题导向为主,还是以发展导向为主?到底是扶持性政策多,还是探索制度性政策?到底是坚持公共行政,还是趋向于公共治理?到底是锦上添花加持,还是雪中送炭地培育?到底是直接自己动手,还是第四方加第三方?到底是追求野蛮成长,还是机会加长期主义?在这些方面,需要有如下方面的抉择:一是加快建立完善新经济制度。不是拘泥在一、二、三产之间,强调农业现代化、工业现代化以及现代服务业,而是在产业跨界融合之间寻找爆发点。探索建立完善"点、线、面"结合的新经济制度,破除制约自主创新与新兴产业发展的体制机制障碍,建立完善促进自主创新与新兴产业发展的政策体系,符合新经济形态与新经济模式发展规律的制度安排,带动以制度创新全面走向新经济。二是坚持发展导向而非问题导向。强调发展是硬道理,不是"头疼医头、脚痛医脚"地一个个解决问题,而是抓住新的发展机会让长板更长地发展,通过发展系统性的解决相应的问题、转移有关矛盾。整个政策着力点,不仅仅满足于当前,更是要顺应未来、适应未来、引领未来。三是建立符合创新规律的资源配置方式。以公共财政建设为核心,强化财政资本对产业资本、金融资本、社会资本的引导作用与杠杆作用。进一步将企业主导的市场资源配置、产业主导的全球资源配置、政府主导的跨行政系统配置资源相结合,提升自主创新资源配置能力。四是形成新的社会治理结构。政府加快从经济建设型政府向创新建设政府方向转变、从公共行政型政府向从公共服务型政府方向转变,从社会控制到公共治理方向转变、从单向的管理到双向的互动转变,全面强化服务意识与创新能力。政府加快成为创新生态顶层设计者、建设者、维护者,加快从第二方科技行政服务向第三方创新服务集成、第四方新兴产业组织方向发展。

总而言之,"发展"与"增长"具有不同的含义。如果说"增长"更像个目标的概念,那么"发展"既是想法、导向或出发点,也是目标、结果、落脚点，更是打法、过程和着力点。从发展经济学到经济发展学，就是强调有多大的差距、困难以及不均衡不协调就有多大的发展空间，就是坚持发展导向对冲问题导向，就是坚持用发展的方式解决问题、转移矛盾，这也就为高质量发展带动高速度增长提供了依据、可能和条件。无论从新经济地理学意义上，还是从经济发展学意义上，进入高质量发展新时代，不仅要实现发展模式、发展动能、生产方式、组织方式的转变，还需要以新的发展逻辑优化组织逻辑、政策逻辑，实现以高质量发展带动高速度增长。

05

根植城市区域个性：步入城际竞合新时代

任何地方的发展都需要遵循市场规律、创新规律和发展规律。这个发展规律就是区域经济发展中的"简易、变易与不易"。而这个"不易"，或者最不易、最难易的，是一个地区的思想观念和意识形态，即区域文化，以及由以产生的个人的思想文化观念。我们称之为城市的"区域个性"。这种区域个性，往往更多地体现为文化个性与产业个性。在新的历史条件下，不仅需要通过"拿来主义"补位跟跑，充实本我；还需要"因势利导"站位并跑，放飞自我；更需要通过"人择优势"抢位领跑，实现超我。最终通过新经济创新生态"之根"的开放创新与跨区域融合，重塑区域个性。

5.1 区域发展的烙印与突变

新发展的本质是资源配置方式与组织动员机制重构，具体而言是把握好区域经济发展的简易、变易与不易。这个"简易"，就是"万变不离其宗"，核心是有市场、有人才、有技术、有资本；"变易"就是"时移世易变法宜矣"，这些市场需求、有人才创业、有资本杠杆、有技术源头发生了变化，必然要求资源配置方式与组织动员机制发生变化；"不易"就是"思想不是外生变量而是内生基因"。

5.1.1 简易：地区发展"万变不离其宗"

在传统经济地理上，很多国家或地区的发展往往"靠山吃山、靠水吃水"，其生产力布局根据资源禀赋、区位交通而发展，从而产生了一批资源型城市、港口型城市、旅游型城市、枢纽型城市等等。但往往正是由于这种路径依赖、资源魔咒与技术锁定，在产业结构与城市形态上往往难以实现协同演进。而在新经济地理上，很多创新型城市异军突起，往往是偶然中带有必然。这种"偶然"便是不遵循传统经济地理的发展逻辑，更多的依赖"天赋""他赋"；这种"必然"便是遵循新经济地理的发展逻辑，更多的是强调"自赋"。几乎可以说，近年来绝大部分异军突起的地方，都需要回归本源，核心是有市场、有人才、有技术、有资本。更准确地说，是有市场需求、有人才创业、有技术源头、有资本杠杆。反过来则是很多企业所主张的，也就是"没有市场不干、没有人才不干、没有技术不干、没有资金不干"。

譬如，北京的软件产业在很大程度上得益于国家部委推进的电子政务化，在"近水楼台先得月"的条件下发展起来，充分体现了"有市场"需求拉动是至关重要的；但对于北京新经济发展，到底是政府与管委会发挥的产业组织作用大，还是创投机构发挥的作用大，很大程度上是后者的作用更显著。再譬如，科教智力资源多的地方往往研发能力强，产业工人多的地方往往是制造业强，企业家多的地方往往产业根基深、创新能力强，商人多的地方市场活力大，充分证明了人口结构、人才结构与产业结构、发展结构的相关性。此外，没有技术含量的，永远是低小散弱的"小作坊"或"小买卖"。

以往在市场需求上，主要是外需和内需。这其中，外需主要靠出口，沿海城市更有优势；内需主要靠城市化，中心城市更有优势。在人才创业上，主要是科技人员和草根。这其中，科技人员创业带有技术感和高起点；草根创业需要市场逆袭和跌打滚爬。在技术门槛上，主要是高技术和新技术。这其中，高技术侧重高精尖创新，新技术侧重产品技术与工艺创新。在资本杠杆上，往往是个体的原始积累和财政的社会引导。只要一个地区具有必要的市场、人才、资本、技术，在一定的资源配置方式与组织动员机制下，就容易创造更大的生产力和财富。

5.1.2 变易：如今"时移世易变法宜矣"

如今，有市场、有人才、有技术、有资本对于带动一个国家或地区发展的逻辑依然是不变的。但这些市场需求、有人才创业、有资本杠杆、有技术源头发生了变化，必然要求资源配置方式与组织动员机制发生变化。从市场需求来看，需要从内需、外需走向小市场、大市场。小市场就是基于物理空间与消费半径的区域市场，大市场就是基于虚拟空间与物流张力的全国市场、全球市场。很多商业逻辑在小市场条件下成立，但在大市场条件下并非成立。从人才创业来看，需要从科技人员和草根到创业人才、创新人才、创意人才。从技术供给来看，需要从高技术、新技术到硬科技、深科技等。从资本杠杆来看，需要从个体的原始积累、财政的社会引导到产业资本、社会资本。

背后的这种变化，不仅仅在于地区发育阶段、社会发展阶段从工业化中后期逐步到后工业时代，还在于经济形态、产业形态从工业经济走向新经济，更在于产业规律与经济运行模式发生了变化。从市场需求来看，逐步从需求拉动到场景拉动，从满足市场到创造需求；从人才创业来看，逐步从单一或少数人员角色转化到和而不同的人合伙创业，从人人为我的"金字塔"结构到"我为人人"的扁平化结构；从技术供给来看，从科研源头的正向创新逐步到产业导向、市场需求的逆向创新；从资本杠杆来看，从政府财政资金引导逐步到社会资本起基础作用。

也就是说，如今在培育市场过程中不仅要支持供给、刺激出口，更重要的是将支持供给与引导需求并重、将内需与外需并重，最终从生产决定消费的"以产定销"到消费决定生产的"以销定产"。在人才创业上，不要按照"圣斗士"发展要求，把科学家变成创业者、再变成企业家，而是促进企业家、科学家、投资人的有机结合，形成新的创业治理结构，以及技术、资本跟着人，尤其是创业者企业家走的机制。在资本资金上，更重要的是将金融资本与产业资本相结合、将财政资本与社会资本相结合、将直接融资与间接融资相结合，更好地配置资源、创造财富、分配财富。在技术供给上，不再是从基础设施、基础研究、应用研究到转移转化、产业化的正向的链式创新，而是反向资源配置的逆向创新。

5.1.3 不易：思想是内在基因非外生变量

在经济地理与地理经济中，一个国家、地域或城市的此起彼伏与结构变迁，很大程度上取决于特定的人文地理与地理人文。为什么很多有市场、有人才、有技术、有资本的地方，难免有发展不好、甚至发展不够好的现象？核心是这些市场需求、人才创业、技术供给、资本资源，在一个什么样的思想文化土壤上落地、生根、开花、发芽、结果。这譬如为什么北方经济发展与社会文明落后于南方，为什么经济活跃、产业发达的地区都是商业氛围浓厚的地区，为什么很多落后的地区都热衷于农业文明等等，都是非常值得反思的。

某种意义上，思想贫困、人文缺失、商业缺乏是制约很多地方发展的顽疾，解放思想依然比解放和发展生产力更重要。一个地区的思想文化，并非经济社会发展的外生变量，而是长效、稳定的内在基因。而真正能够成为改变人文地理与经济地理拐点的，是政治改革家的改革创新精神、产业企业家的企业家精神、战略思想家的价值主张与远见。如前所述，很多异军突起的地区、城市都有一个共同点，有一位在特殊历史时期走出一小步迈出一大步的行政主官，有一批将机会主义与长期主义相结合的企业家，还有些许历史文化先知或者思想家在闪闪发光发亮。

5.2 新春秋战国究竟新在哪

如今在区域发展上，正从合久必分的"县际竞争"走向分久必合的"城际竞合"。在城际竞合背景下，不仅需要重塑区域文化——传承、创新与融合，还需要将文化、经济、科学相结合，最终产生新经济、新科技和新文化。

5.2.1 城际竞合的文化谱系

整体而言，很多地方的发展可以用"一大生态、两化互动、三位一体、四阶文明、五种能力"去阐述去认识。所谓"一大生态"，就是在跨区域这种更大尺度、更大范围的地区创新生态，回答的是各类城市、创新主体、资源要素等如何开放创新、共生共荣、跨界融合、包容增长、协同发展；"两化互动"就是经济全球化进入创新全球化、区域经济一体化进入跨区域一体化，而在抢占创新全球化制高点、主动权、主导权过程中，一个城市、地区或国家必须强调跨区域一体化的后台支撑作用;"三位一体"就是工商是活力、科技是高度、人文是厚度,最高段位的区域创新共同体一定是新经济、新科技、新文化的结合;"四阶文明"核心是强调这个地区是否经历了完整的文明发育,从农业文明、商业文明、工业文明到创新文明,经历的越完整就能够走得更远,但要避免包袱过重或惯性过大;"五种能力"就是思想原创能力、创新迭代能力、资源配置能力、产业生成能力、制度演化能力,以及这五种能力的有机结合与匹配。这其中,"生态"就是"土壤","土壤"决定基因;"人文"的厚度决定能否走得更远;"文明的发育"强调不同发展阶段留下来的动力;"思想原创能力"讲的是思想的市场。其中,不同地区的文化则在春秋战国时代已然生成或形成。

某种意义上,历经夏商周的发育,尤其是伴随商朝以来的分封制以及周朝的文化发育,先秦文化得以充分发展,与之相适应的则是地域文化的生成。如果说,周朝决定了中华文明的成型与内核;那么,各地域文化的形成则是春秋战国。尤其是在"春秋五霸"与"战国七雄"政治疆域的分分合合、军事版图的此起彼伏以及大开大合的民族融合下,区域文化内核不仅更加凸显,还作为命运共同体促进了不同地区文化的融合。某种意义上,每个人、不同的区域都是一定文化条件下的产物,甚至代表了不同的文化符号,如今依然在不同程度上决定着人们的思考方式、生活方式、行为模式。

一般而言,周秦文化、齐鲁文化、荆楚文化、吴越文化是最具影响力的四大地域文化;这其中,齐鲁能出圣人,吴越能出商业巨子,荆楚能出乱世英雄,源头的周秦则文韬武略。这里重点通过分析黄河下游、长江下游的文化演变,审视创新版图上的文化族谱与结构演变。某种意义上,黄河下游、长江下游的进步文化都是从周秦、中原带过去的。这其中,齐国作为姜尚的封地逐步从"东夷"转变为后起的文明中心,其重要的标志事件则是齐桓公在管仲的辅佐下成为春秋霸主。齐文化则经世致用、经世济民、经略韬谋和革故鼎新,具有浓厚的商业文化基因,是黄河下游最具有时代穿越性的进步文化。鲁国更多的是"克己复礼"及"重农抑商",并没有对周文化有多少创新。尽管齐鲁两国没有什么战乱,但伴随着儒学成为"大一统"

的正统，齐文化的光辉几近毁于一旦。而对于吴越之地，太伯从中原到了"南蛮"之地，逐步产生了吴越文化。吴越两国自古以来具有浓厚的商业底蕴和传统，但一个是因为经济地理条件优越且剩余产品较丰富，一个则是因为地理条件恶劣只有能通过分工交易才能安身立命。尽管吴越两国战乱不断，但却是商业文明与农业文明有机结合，最终成为中国经济中心南移的首要承接地。

应该说，伴随周秦文化以及中原文化走向黄河下游、长江中下游，这些地区都因地制宜地产生了新文化，甚至都有商业文明的雏形乃至实用主义的基因。改革开放的核心是实用主义在整体主义条件下发挥了作用。应该说，黄河下游最具有时代穿越性的文化是齐文化，而长江下游最具有代表性的文化高峰则是心学。但遗憾的是黄河下游的齐鲁没有用好齐文化，反而是长江下游的吴越发挥了文化底蕴。这也是为什么中国经济区域差异从东西差异转为南北差异的根本原因。

5.2.2 新春秋战国从县际竞争到区际竞合

区域发展、城市发展、县域发展走向"新春秋战国时代"，核心是从县际竞争走向区际竞合。所谓"分久必合，合久必分"，很多地方的不好"统"以及统分结合之难，在于决心、魄力和共识，以至于"剪不断理还乱"。如今在城市空间战略及城市发展上，已经不再是从县域经济到城市经济和都市经济，而是从区域经济一体化到跨区域一体化，通过更大更全面的合力适应创新全球化。无论是国际竞争，还是国际竞合，已经不取决于单一企业、单一产业、单一城市量级与能级，而是取决于都市圈与城市群的量级与能级。在此背景下，很多城市空间战略以及新区的布局、园区的布局等等往往呈现出"四面开花却无重磅炸弹"，不仅需要走出"穿着马甲"的县域经济、条块分割，还要打破分久必合、合久必分的周期律，形成统分结合、跨地域互联互通、跨系统配置资源的发展结构与发展格局。某种意义上，目前很多地方的跨区域一体化，更多的是基础设施的一体化，因为基建既是基础性的、看得见的，又容易推进；但尤其是在传统行政管理体制与传统资源配置条件下，区域一体化存在不同方面、层面的结构性矛盾及问题，涉及基建城建、产业分工、资源配置、体制机制、文化观念等。

未来需要以基建一体化为前提,以缩短空间距离放大发展空间,从"铁公基"到"新基建";以发展同城化为主线,强跨行政系统配置资源,加快重点领域、重点平台的共建共享;以产城融合化为手段,优化产业规划布局引导与城市空间规划布局相结合,促进生产力布局与城镇化协同发展与空间耦合;以开放全域化为标志,在全域范围内优化资源配置、优化组织方式,将产权的开放、管理的开放、资源的开放、心态的开放有机结合;以创新生态化为着力点,促进地区产业生态与创新生态、营商环境相结合,营造同频共振发展氛围;以改革协同化为保障,为处于不同发展阶段、发展模式的城市形成"1+1大于2"的协同效应建立协同推进机制、先行先试制度安排等。

5.2.3 思想文化融合成为区际竞合的要冲

如果说,改革开放以来中国最大的成功经验在于体制外增量培育盘活带动体制内存量改革,那么在从计划经济向市场经济转型过程中,很多地区率先通过市场化改革提高了资源配置效率而"先富起来"。核心一是强调个人、企业家的主体地位(独立人格),通过产权改革形成具有自生能力的微观基础;二是强调"经世致用"的商业伦理,也就是利用市场手段解决发展问题。而在工业经济向新经济发展过程中,通过提升创业层级、创新段位进一步激发活力。核心是强调个体、激发个性、以人为本、知行合一的价值观念及伦理体系,能够灵敏地把握商机、具有较强的洞见能力,边想、边看、边干。

如前所述,一个地方只有完整经历了农业文明、商业文明、工业文明以及创新文明的发育,尤其是在人文的厚度激发了工商的活力,才有望完成资本积累,进而在科技上达到新高度。以长三角环杭州湾主要城市为例,上海近似代表的是东西方文化融合的产物,其代表性的便是海派文化,将陆权国家的保守与海权国家的开放相结合,尽管有点"哈"的倾向;杭州近似代表的是中国南北方文化融合的产物,其代表性的便是平台经济的出现,将北方的做局与南方的做事相结合;宁波近似代表的是古今文化融合的产物，其代表性的便是承前启后的心学，从强调整体到强调个体；而如果把绍兴看成是越文化的源头与代表，苏州是吴文化的源头和代表，那么嘉兴几乎就可以理解成吴越文化的要冲。正是吴越文化在这几个城市内，历经这种东西、南北、古今、中外的文化碰撞与融合，才不仅出现了浙东学派，还有心学这么一个高峰，后来衍生出了海派文化。

也正是独特的区域文化根基更加适应市场经济、工商经济与创新经济的发展，决定了长三角地区在改革开放以后，形成了特定的经济社会发展模式，才确保了自身活力、高度与厚度，使得长三角最有希望和前途。这其中，民营强调的是个体，创业强调的是个人价值的实现；市场经济强调的是资源配置效率，生态强调的是政、产、学、研等共生共荣而不是自上而下；外向经济强调的是出口导向，开放经济强调的是全球资源配置。当前，全球进入创新全球化发展新阶段，中国进入创新驱动发展新时期，无论是中国的创新发展还是全球的新增长方式，都需要新模式新机制新文化的引领。在这个过程中，各地区各城市要更加志高存远，进一步把新经济、新科技和新文化结合，从工商活力、科技高度、文化厚度到新经济活力、新科技高度、新文化厚度，以更大的格局、空间、希望和未来全面探索发展开放创新之路，成为全球新经济新文化的引领者。

5.3 把握未来发展主轴主线

伴随农业文明、商业文明、工业文明、创新文明的发育，如今部分发达城市更多的是从工业文明走向创新文明，大量城市还处于工业文明不足、商业文明不足的发展阶段。只有把握城市经济社会发展趋势，才能更好地适应未来发展趋势，在全球城市格局与全国城市版图上占有一席之地。

5.3.1 工业化是城市经济社会不可逾越的

如前所述，钱纳里在《工业化和经济增长的比较研究》中，按照人均GDP以及三次产业结构，将一个国家或地区经济增长划分为三个阶段，也就是前工业化、工业化实践阶段、后工业化，其中在工业化实践阶段又分为初期阶段、中期阶段、后期阶段。后来，也出现了很多新概念，先是很多发达国家或地区掀起了"去工业化",形成以现代服务业、生产性服务业为主导的经济结构与产业结构。后来由于虚拟经济过大、实体经济萎缩,导致美国等加速"再工业化",以制造业重振恢复实体经济。中国则提出"新型工业化",也就是坚持以信息化带动工业化,以工业化促进信息化,走出一条科技含量高、经济效益好、资源消耗低、环境污染少、人力资源优势得到充分发挥的两化融合发展道路。某种意义上,很多地方产业发展之所以发展的不好,在于混淆了"工业""制造业"与"工业化"之间的关系,进而在产业战略、产业政策、产业组织上出现了很多迷雾、迷失和迷途。

"工业"是伴随近现代史而出现的名字,有的人将时代变迁划分为农业时代、工业时代、信息时代,有的人将社会演进划分为农业社会、工业社会、后工业社会,我们也经常将文明发育划分为农业文明、商业文明、工业文明、创新文明。一般而言,工业包括重工业和轻工业,重工业偏重生产资料与工业消费品的生产供给,轻工业偏生活消费品的生产供给。按照"产业价值链"理论,工业具有不同的价值链条,其中无论高端制造还是一般制造,仅仅是工业的组成部分。也就是说,制造业主要是指单纯从事各种生产行业的制造,是工业中的加工业。那么"工业化",更是与制造业、加工业有较大的差异,并伴随科学技术不断进步与产业业态不断迭代创新,在不同历史时期具有不同内涵。一般而言,"工业化"被定义为工业(特别是制造业)在一个国家或地区的国民生产总值或国民收入中比重不断上升的过程,以及工业就业人数在总就业人数中比重不断上升的过程。但工业化既不能狭隘地理解为工业发展,也不能局限地理解为工业成为主导产业,更多地需要将"工业化"理解为社会化的生产方式、体系化的工业门类、工程化的技术构成、企业化的经营方式、资本化的经济体系的总和。

为什么说很多地方产业发展之所以发展的不好,在于混淆了"工业""制造业"与"工业化"之间的关系,进而在产业战略、产业政策、产业组织上出现了很多迷雾、迷失和迷途。一是很多地方在产业战略上,不仅将产业战略狭义地理解为工业战略,造成工业与商业、工业与服务业的对立,还进一步将工业战略拙劣地理解为加工业、制造业,其他具有高端、高效、高附加值的生产性服务价值环节被屏蔽；二是很多地方在产业结构上，按照传统统计方法非常机械地统计三次产业，在国民经济发展结构上要么是一度突出工业，要么是一度突出服务业，而没有产业融合的思维与逻辑；三是更多地把工业化看成数据的结构比例增长，而忽略了工业化作为社会化的生产方式、体系化的工业门类、工程化的技术构成、企业化的经营方式、资本化的经济体系之总和的本质。

5.3.2 未经充分发育城市还有机会吗

在中国"入世"前，不同城市的工业化具有不同的发育水平，但自中国"入世"后，有的城市在贸易部门带动下，将农业部门剩余劳动力转移到生产制造部门，将工业化、信息化、城镇化、市场化、国际化有机结合在一起，实现了长足的发展。有的城市在做到一定产业规模、经济体量并完成资本原始积累、积蓄一定地方财力之后，进而加大创新力度、研发投入，就进入创新驱动发展阶段。但很多资源型城市、商贸型城市、旅游型城市、农业型城市、科教型城市乃至制造业基地，要么因为资源魔咒，要么因为忙于买卖，要么因为限制发展，要么缺乏商业基因，要么因为技术锁定，要么因为路径依赖，而没有历经完整的工业化发育，建立相应的产业体系、形成合理的产业结构，进而影响了未来的发展。

几乎可以说，在中国"入世"第一个十年、第二个十年，很多城市由于种种原因，错过了出口拉动、围海造田、划地成园、规模制造、出口加工的野蛮生长，没有形成一定的产业基础和工业化发育。如今在新经济地理上，产业版图、创新地图、财富版图结构性重构，全球经济分工与城市格局此起彼伏，"马太效应"愈发明显。在此背景下，缺乏产业发展基础以及工业化充分发育的城市，往往在新一轮城市洗牌、科技革命、产业变革与国际竞争中，被落得越来越远。尤其是伴随信贷供应收紧、土地供应收紧、环保约束加大、商务成本攀升，很多欠发达地区更是难上加难与雪上加霜。但这是否意味着，很多未经充分工业化发育的城市，就毫无机会、毫无希望了呢？

在工业经济时代，很多实体企业从价值链低端向高端攀升，很多产业在产业分解融合规律下不断出现产业集群，很多地区在产业模块化条件下承接产业梯度转移，形成"企业价值链-产业价值链-区域价值链"的发展结构。哪个地区、产业、企业掌握产业链、价值链、生态链、供应链的制高点与主动权，就掌握了产业发展的主导权。后发地区、欠发达地区就越没有机会。但伴随新一轮科技革命与产业变革，伴随产业价值运动从分解融合向跨界融合方向转变，产业链、价值链、生态链、供应链将发生重组、重构、重建、重塑。在产业跨界融合下，不仅出现了制造业服务化、服务业制造化、产品即服务、制造即服务、硬软件即服务等新型业态形态，还出现了去中心化、再中心化、再去中心化的新型组织规律；不仅出现了新的技术构成突围了传统生产方式、经营方式，还出现了新的组织方式颠覆了传统的交易模式、盈利模式、分配方式。最终在新科技革命与产业变革条件下，为"工业化"赋予了新的内涵——社会化生产方式转变为社交化生产方式、体系化工业门类转变为生态化产业族群、工程化技术构成转化为硬科技技术构成、企业化经营方式转变为平台化经营方式，即"泛工业化"的到来。

5.3.3 拥抱未来城市经济社会发展新趋势

尽管中国推行新型工业化发展之路，但长期难以走出传统工业化模式。以往的工业化，更多的是在一定技术构成、制度结构与组织方式基础上，如何"多快好省"地产生更高的效率与更大的效益，也就是人才、土地、

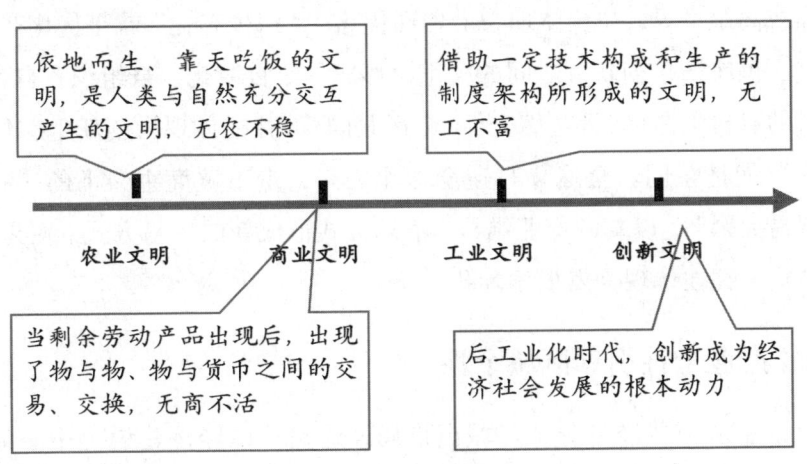

图：主要文明演进

资本、技术与企业家才能之间的关系。如今，相对于人才、土地、资本、技术等生产要素及其机械化的组合或结合，场景、智能、数字、平台、生态、流量更具动态感、活力感以及无限的想象力及爆发力。只有以场景拉动加快业态创新、以智能引领再造生产方式、以数字驱动加快互联融通、以平台带动创新产业组织、以生态赋能激发市场活力、以流量聚合优化资源配置，才能形成全新的增长方式、发展方式，才能产生全新的生产方式与产业结构，才能形成低成本、低物耗、低能耗、低污染、低排放与高端、高效、高附加值、高价值链环节的发展模式。在新产业运动规律下，未经充分工业化发育的地区或城市，不仅走向产业创新之路，还能走出产业创新之路，关键是能否全面拥抱未来城市经济社会发展新趋势。

如前所述，未来的新趋势是"新五化协同"。"泛工业化"不仅是打破一、二、三产的产业分解与产业细分，而是在数智技术带动下，以新经济产业跨界融合把产业重新做一遍，从一维产业、二维产业到三维产业，往往体现为产业数字化；"再城市化"就是不是按户籍人口与基建形态加速城镇化，而是借助现代的生活方式与治理方式、都市的生活方式与消费方式，重构城市形态与都市框架，往往体现为城市都市化；"超智能化"就是将代表"物"的数据、代表"事"的信息、代表"人"的需求有机整合、泛在连接，有效利用信息与通信技术的共享平台，构建万物互联、数据驱动、智能使然的三维世界或高维世界，往往体现为治理现代化；"深生态化"就是优化产业链、价值链、供应链、创新链之间的关系，形成一个自演化、自组织、自生长、自调节的有机生命体、社会综合体、命运共同体，往往体现为创新生态化；"再全球化"就是在创新全球化与逆全球化之间，走出重商主义下的"制造大国＋贸易大国"，以新的产业结构、活动方式形成新的贸易方式、贸易结构、投资结构，往往体现为发展国际化。

5.4 产业个性引领区域个性

无论是从全球经济分工与城市格局，还是从以经济建设为中心的发展要求而言，城市的产业个性往往成为区域个性的核心。伴随新科技革命和产业变革与中国产业转型升级历史性交汇，中国产业发展阶段整体上从跟随发展、适应创新到了跟随发展与引领发展并重、适应创新与原始创新并重的发展阶段，产业技术创新逐步从"跟跑""并跑"与"领跑"方向发展，城市产业布局中的竞争战略、区域分工、选择机制、生成方式发生了重大变化，为新一轮产业战略、产业规划带来新的思考与抉择。

5.4.1 产业竞争战略成为城市战略着力点

在区域产业竞争战略上，越来越多的城市从适应发展型、跟随追赶型向换道超车型、引领领跑型方向发展。"适应发展型"就是结合城市工业化发展进程与地区资源禀赋制定适应当前阶段的产业战略，从工业化初期、中期、后期阶段实际出发不断提升技术构成、优化产业结构、优化组织方式等。"跟随追赶型"就是在具备一定产业发展基础上，对标国内外同类城市或领先城市，充分学习其发展经验、遵循其产业发展模式或路径，在产业跟随的过程中实现战略追赶或战略赶超。"换道超车型"就是结合科技革命、产业变革新趋势以及区域发展新愿景，通过打破传统产业发展路径依赖、创新产业技术路线、形成新的产业组织方式等加速产业高端化，走出一条换道超车的产业发展之路。"引领领跑型"就是在产业发展到一定阶段，尤其是完成工业化中后期任务进入后工业时代，并在全球创新地图及产业版图上具有一席之地时，以技术变革、业态创新等打造全球引领的新兴产业，打造创新经济策源地，成为全球的"创新尖峰"。不同的产业竞争战略适应不同的发展阶段与发展条件，并出现相互组合的产业竞争策略。

5.4.2 区域产业分工从二维走向三维世界

在区域产业分工协作上，逐步从"中心－外围"的工业城市产业布局思维向"前台城市、中台城市、后台城市"方向发展，进而在此条件下，塑造城市产业发展的区域个性。这个理论不仅对于城市战略、城市空间战略产生了重要影响，还在较大程度上影响了城市产业布局及区域产业分工。但在"去工业城市中心化"与"立创新尖峰"并存发展过程中，核心是一个或多个城市前台、中台、后台的能力。在当前情况下，不同城市群、城市、功能平台具有不同的使命、资源禀赋、发展结构、发展方式与组织分工，更重要的是突破"中心–外围"发展逻辑，在突出前、中、后其一的同时，加强链接方面的能力。

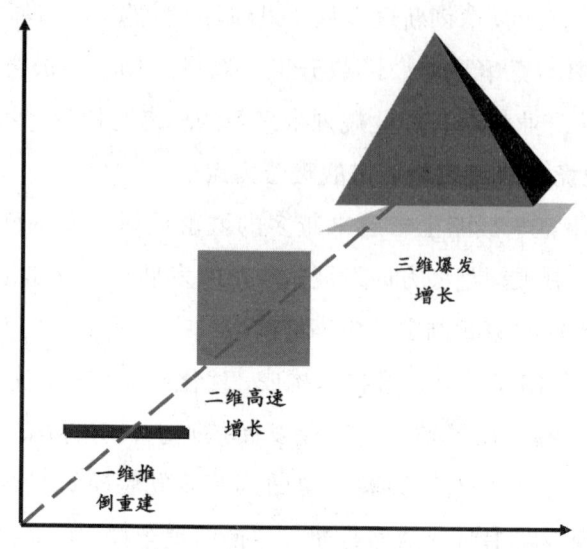

图：产业发展格局重构

5.4.3 产业选择前瞻布局与市场选择并重

在新经济产业选择机制上，走出产业价值链分解、融合及新业态出现的基本逻辑，更加突出硬科技、跨界别、数字化、场景化四大属性。当前，硬科技属性、跨界别属性、数字化属性、场景化属性成为新兴产业及其细分业态的基本属性，四大属性环环相扣、密不可分，把握了这四大属性及其发展规律，就抓住了产业选择以及新兴产业发展的关键。这其中，硬科技属性是新一轮产业的技术门槛，没有硬科技属性，就没有新兴产业发展的根基与屏障；跨界别属性是新一轮产业的基本特征，只有跨界才能产生新技术新产品、新市场新服务、新业态新产业，才能产生更大的经济社会效益；数字化属性是新一轮产业的经济形态，只有"数据驱动＋平台赋能＋智能终端＋场景应用＋敏捷供应"才能产生全新的生产生活方式；场景化属性是新一轮产业发展的基本模式，不是为了科研、为了创新、为了不计成本而投入，而是为了产业、市场、应用、需求而做反向资源配置的逆向创新。

5.4.4 产业生成方式打破传统经济地理学

在产业生成方式上,更多的是把自然资源与科教智力密集地区的源头依赖型、商业及民营经济发达地区的市场原生型、国家生产力布局地区的战略布局型、外向型经济发达地区的外生嵌入型,相融合形成综合发展型等产业生成方式。"源头依赖型"就是结合资源禀赋、产业要素、科教智力资源等富集优势,发展资源密集型产业、劳动密集型产业、资本密集型产业、智力密集型产业等,基本上遵循的是基于资源禀赋的比较优势发展逻辑。"市场原生型"就是结合当地的商业氛围、创业环境、市场机制、制度环境,通过创业创新、市场化机制以及产业试错发展起来的经济体或产业共同体。"战略布局型"就是指结合国家重大生产力布局、重点项目布局等形成,并带动了相关产业发展,进而形成的经济体或产业共同体。"外生嵌入型"就是指通过国际合作、招商引资等承接国际梯度转移,通过嵌入全球产业价值链进而形成的经济体或产业共同体。"综合发展型"就是综合以上两种及以上生成方式形成的产业生成方式,目前这种类型及趋势更加突出。

5.5 突出产业创新生态硬核

从新经济地理上来看,产业创新生态成为一个城市发展的核心价值。这种新经济生态核心是产业生态与创新生态的有机组合,决定着一个城市发展的核心竞争力与环境建设。在新的历史条件下,只有抓住城市产业创新生态发育与迭代的基本逻辑,才能进一步做好全面开放协同创新的策略组合。

5.5.1 地区产业创新生态是城市核心价值

在新经济地理上,一个城市、地区或者国家到底怎样才能崛起,不仅要遵循新经济地理发展结构与空间变迁的规律,而且关键是形成了怎样的新经济生态。这种"生态",既不是以往的以政府加快向服务型政府、创新型服务政府转型而带来的营商环境,也不是"政府是经济发展的推手+企业是经济发展的选手+市场是经济发展的拉手"的组织方式与结构,而是促进一个城市、地区、国家能够共生共荣、内生自生、闭环循环、自组织自成长"开放创新、协同发展"的"永动机"。在这个新经济"永动机"下,各类市场主体、创新主体能够把创新资源及产业要素流向产业、实业、企业、创业，并通过创业创新、转移转化及产业化等方式，转化为生产力和财富，并形成新的财富创造与分配机制。更进一步而言，新经济生态的核心是"产业生态"与"创新生态"，以及这两个生态有机结合的总和，也可以称之为"产业创新生态"，体现"世界是湿的"。

一般而言，"产业生态"更多的是侧重产业链、上中下游、大中小企业之间的关系，主要从"块状经济－产业集群－产业生态"演变而来。块状经济本质是规模经济，主要是围绕大企业生产配套而聚集在某一特定区域，或由于产品相似出现在某一区域产业集聚，也就是产业空间集聚与专业空间集聚；产业集群本质是范围经济，主要是在某一特定领域内，在地理位置上邻近、有交互关联性的企业和相关机构，并以彼此的共通性和互补性联结，呈现出产业高度集聚、价值链条完善、企业协同发展、服务体系完备、产城融合发展等特点；产业生态本质是网络经济，以链接一切、平台型企业、网络化生产、去中心化为代表，各次产业、各类企业、各类资源共生共荣、竞合发展、开放创新。与此同时，"创新生态"更多的是侧重政、产、学、研、金、介、用之间的关系，主要是从"创新体系－创新网络－创新生态"演变而来。在推进国家与地方的创新发展来看，主要历经了创新体系、创新网络、创新生态三代路数；与之相适应的，便是从形态开发、功能开发向生态开发。

5.5.2 质优产业创新生态究竟体现在哪里

当前，区域竞合往往需要历经去中心化——去工业城市中心化，再中心化——强化前中后台，再去中心化——避免中心城市过渡虹吸的过程。在区域竞合发展过程中,任何城市都既需要避免被"虹吸"，又需要避免成为"黑寡妇"；而每个城市都需要扬长避短、趋利避害，更好地参与地区分工与协同发展，核心是在新经济地理上形成更加具有全球范围内区域个性与创新生态。

纵观具有国际影响的产业高地和创新尖峰，或者说是拥有良好创新生态、能够引领未来全球发展趋势的国际重要城市，往往有五个方面的条件。一是在源头上有大量高端创业。这种创业往往不是一般的草根创业或草根转型创业,而是产业组织者创业、系列创业者创业、职业经理人创业、跨区域创业者创业、创客极客变革式创业、科技人员团队创业,以及青年大学生创业、集团内部创业。二是在基因上有信息产业的基础。只有新一代信息技术才能打破时空的局限,从小市场到大市场,为创业、企业创造爆发成长的空间及条件。"信息产业基因"就是由软的操控硬的、线上的驱动线下的、用互联网打破打碎封闭的,还包括在新的历史条件下为先进制造等产业插上智能科技乃至数据驱动的翅膀。三是在杠杆上具有发达的科技金融。科技金融中最核心的是创业投资,创业投资中最核心的是天使投资。天使投资在培育发展新经济、孕育创新生态中,起到了创意挖掘、创新循环、创业孵育、网络溢出的作用,没有金融资本与产业资本的融合、金融创新与技术创新的结合,就没有最新的生产力和财富。四是在组织上有发达的平台经济。平台企业或者平台经济具有较强的平台衍生、产业组织、产业整合、产业带动能力,成为抢占制高点、主导权、主动权的战略手段。在新经济条件下,平台企业本身已成为创新生态的中枢。五是在底蕴上有自成一派的区域创新文化。我们现在讲在新经济面前,"春秋战国依然存在",说的就是区域文化对创新生态发育的根植性。一个具有国际影响力、全国辐射力的一线城市,必须是工商、科技、文化的结合,工商是活力、科技是高度、人文是厚度。只有新经济、新科技、新文化结合在一起,才能形成面向新经济的创业格局或范式。

5.5.3 促进城市产业创新生态发育与迭代

无论是新经济生态还是产业创新生态,核心是产业组织能力与资源配置方式,及其相关的营商环境与制度安排。这其中,产业生态越来越强调平台型企业、平台化大企业、产业组织者作用,核心是产业组织的作用。因为平台型企业、平台化大企业、产业组织者本身最具有产业组织能力,以及一定的资源配置能力。创新生态越来越强调在创新型服务政府引导与支持下,提升产学研金介用之间的资源配置能力、开放创新水平。因为在自主创新及新兴产业发展面前,不仅要各类创新主体承担一定的创新成本和创新风险,还需要政府发挥解决市场失灵与培育市场的作用。以此分类,就会出现四类地区:第一种是产业生态质优、创新生态质优。在这种环境下,即使一些领域从"山寨"起步，也能逐步转型升级与逆袭发展，典型的城市譬如深圳。第二种是产业生态质优，但创新生态不良。也就是创新生态无法满足和适应产业生态的建设发展，也就是"群众都过河了，但他还在摸石头"。第三种是创新生态质优，但产业生态不良。也就是自身或周边产业生态与本身具有的创新生态不匹配、不相适应，典型的城市是北京与环首都经济圈的关系。第四种是产业生态不良、创新生态也不良。产业生态不良，要么是没有产业根基、要么是产业发展阶段初级、要么是大树底下不长草；创新生态不优，要么是营商环境较差、要么是缺乏创新型服务政府、要么是商业及创业创新氛围不足等等。

促进一个城市、地区的产业生态与创新生态协同，核心是促进产业链、创新链、资本链、数据链、供应链或者人流、物流、信息流的资源共享、互联融通、开放创新、优化配置以及快速生成，主线是营造新经济生态圈，或者产业创新生态圈。一是推动产业跨界融合，不仅用经济形态+产业业态的架构打破对现代产业体系、产业新体系的传统思维束缚，抢占未来发展制高点、主动权、主导权的经济形态与产业业态，还要用创新生态培育发展产业集群，更进一步是促进各次产业跨界、融合发展。二是促进企业协同发展，不仅是建设"新业态创业－高成长企业－独角兽企业－龙"等新型企业梯队，还要通过战略投资、兼并重组、供应链协同等新机制新模式新形式建立联动发展机制，更进一步是通过平台企业、战略联盟、枢纽组织等优化企业组织方式。三是加速资源高度聚合，建立各类创新资源要素跟着人走的机制与制度安排、工作抓手，促进人才、加快系列人才引培、加快技术转移转化、加快科技金融创新、传播交流双创文化。四是促进空间服务耦合，不仅要围绕"园"向"城"的核心转变优化空间格局，补足城市功能、强化城市特质、塑造城市魅力，还要强化空间资源供给，促进从空间分解到空间集聚融合，更进一步是立足物理空间引进相应科技服务平台等，加快从形态服务向功能服务方向转型。五是强化开放协同创新，重点通过加强周边统筹发展、强化区域分工合作、加强国际科技合作等，在周边、地区、区域以及国际化方面开展高水平开放式协同创新。

5.6 区域创新文化产业赋能

在新经济地理上,对于一个城市的经济社会发展而言,如果说创业是"叶"、企业是"茎"、产业是"干"、生态是"根",那么文化则是生态之"魂"。对于创新文化而言,这种"魂"又体现为企业家精神。而在新经济时代下,只有形成独特的创新文化,才有新的科技高度与新的工商活力。

5.6.1 区域创新文化的核心是企业家精神

如前所述"春秋战国依然存在",说的是不同地域文化的烙印,对不同地区当前经济社会发展的影响依然是深远的。不同地区具有不同的地域文化,进而影响人们赖以生存发展的意识形态、思想观念、行为模式、体制机制等。不同区域具有不同的创新文化或者文化格局,但无论差异如何,其内核都是企业家精神;尽管不同地区企业家精神具有共性,但也遵循着不同的人文精神、商业伦理、创新逻辑与道德情操。

但为什么说企业家精神还具有地域性?这是不同地域的人文精神、商业伦理、创新逻辑与道德情操相互结合使然。譬如,注重人与人之间关系的地方,往往更世故、难以遵循现代的游戏规则;注重人与自然之间关系的地方,往往更实用主义、更容易发展科技。商业氛围浓的地方,遵循经世致用的商业伦理,创新资源、产业要素更多地流向创业、企业、商业、产业、实业;商业氛围弱的地方,要么遵循"修身治国平天下"的儒家伦理,要么"等、靠、要",要么"抱着金饭碗要饭"。有科教智力资源的地方,其创新方式往往是从基础研究、应用研究、商业研究、转移转化到产业化;科教智力资源薄弱但商业发达的地方,往往是从贸易、销售、代理进入生产制造再进入研发创新。以往是强调"科技创造财富",以解放生产力和发展生产力为导向;如今是讲究"科技向善",突出科技发展与应用的道德情操。

5.6.2 新文化决定新科技进而决定新经济

如前所述,工商是活力、科技是高度、文化是厚度,任何地方只有将工商的活力、科技的高度、文化的厚度有机结合,才能在新的经济地理上占有一席之地。这其中,只有经济体量而没有科技含量的往往大而不强,只有经济体量而没有文化渊源的往往不可持续；只有科教资源而没有经济活力的往往死气沉沉，只有科教资源而没有文化渊源的往往价值迷失；只有文化沉淀而没有经济活力的往往是抱残守缺，只有文化沉淀而没有科学精神的往往走向虚无。

如今我们讲"新文化决定新科技进而决定新经济"，并不是陷入以往的"文化决定论"，而是从新的文化基因孕育和延展来看待科技创业创新与产业转移转化的关系，进而形成新经济的发展范式。这种"新文化"一定是带有充分人文关怀、商业伦理、创新脉搏和道德情操的文化。"人文关怀"就是以人为本，从人的需要需求产生新的生产方式、生活方式、组织方式、技术构成、制度结构；"商业伦理"就是更加强调不同利益主体、市场主体、创新主体的专业化分工与市场化交易，更加实用主义、更加经世致用、更加义利并举地创造生产力和财富；"创新脉搏"就是反向资源配置的逆向创新、创业创新及产业化于一体的垂直创新；"道德情操"就是在科技创造财富的同时走向"科技向善"。

如今当我们把改革开放初期GDP前50名的城市，与改革开放四十年GDP前50名的城市相比较，难免会有"触目惊心"的感觉。爆发成长与断崖式塌陷并存，节节攀升与节节败退并存，原地不动与独领风骚并存。尽管GDP不是经济、科技、人文衡量的标准，但从四十年的中远期变化来看，则是最佳体现。经济规模大了，如果科技创新能力薄弱，税收占比就低，如果财政科技投入低，那么新兴产业比重就低；科教智力资源再丰富，但思想文化观念陈旧、体制机制沉重，经济增速与体量基本上就上不去。

5.6.3 从北上深杭文化创新看其产业创新

一个城市或地区，如果能够在新经济地理上异军突起，在底蕴上需要自成一派的区域创新文化。但如今，更加觉得这种自成一派的区域创新文化，将为技术创新、商业模式创新、业态创新等产业创新提供内在的思维范式与行动逻辑。

北京是不可谓没有产生新创新文化，但由于北方天然的文化局限而限制了产业创新的城市。北京新经济的发展亮点在于电子信息产业，最早得益于国家推行电子政务，从贸易代理、贸工技、技工贸到"改变世界"等等，高技术服务大于高技术制造。创业者、企业家们能够站在北京看全国看全球，求发展、求变革的思维范式以及互联网的行动逻辑较为显著。但由于"政府周边的企业"太多、骨子里的商业基因不深，尽管出现了很多独角兽企业，但"山多峰少"，没有出现像华为、阿里一样的"国家企业"。

上海自以为产生了海派创新文化，但实际上文化算不上自成一派。上海长期以来是国企央企、外资外企、民营科技三分天下，凭借完整的产业体系、发达的资本市场与全球资源配置能力衍生出高水平创业、新业态企业以及一定新兴产业，创业者、企业家们能够立足上海做全球做全国，尽管自认为形成了"海派文化"，但本质上是没有自成一派、缺乏推陈出新，什么技术、产品、行业、产业都有，但很少有原创的、世界级的。

深圳是一个没有太多文化底蕴，却产生了新的创新文化进而支撑全域创新发展的典型城市。深圳从一个小渔村到一个全球创新之都，得益于国际化移民型创新城市，从"三来一补"到向高新技术产业进军、从山寨产业集群试错到智能硬件创新之都，不仅形成了开放、包容、融合的创新文化，还形成了突出智能硬件的行动逻辑。伴随着科技革命与产业变革，往虚拟空间上走与往智能硬件下落相结合，有望产生新的生产生活方式。

杭州是一个南北方文化融合，以商业文化驱动产生创新文化，并实现新经济崛起的典型城市。杭州在信息经济与互联网条件下，将平台经济与本地的小商品、制造业相结合，成为全球电子商务之都，并带动了其他新经济相关领域的发展，不仅以商业文化驱动产生新的创新文化，还体现出典型的"互联网+"行动逻辑。以往更多的是改变了消费方式，随着"新制造"与"新零售""新研发""新流通"等方面结合，将进一步改变和产生新的生产方式、新的生活方式。

5.6.4 让文化创新引领全域创新之城建设

如今我们重新看待改革开放第一个四十年，凡是强调自己是文化大省、文化大市的，几乎在地区发展格局、城市发展格局上都是不好的。比如，黄河中下游的山东、河南、陕西等以及相应的城市。反而是自江浙沪往东南沿海走的省份或城市，在经济社会发展上取得了重要突破。假设要真评估到底谁在真正传承传统文化，那一定是南方高于北方，长江中下游的要比黄河中下游的做得好。

为什么出现这些怪现象？是因为与其说"文化大省"，倒不如说都是"文化包袱"。如果说东西差异是区域条件、资源禀赋、产业结构以及城市化的差异，那么南北差异则是思想观念、组织方式、体制机制等方面的差异。这些"文化大省""文化大市"之所以发展的差强人意，不仅在于没有看到正是传统的思想文化包袱限制了自己的手脚，还在于不假思索地固守陈规。

文化创新不是为了创新而创新，一定是在推进经济社会发展的过程中，产生适宜现代化或后工业生产方式、生活方式、组织方式、技术构成、制度结构的新思想、新观念、新文化。正如很多城市最缺的不是新技术、新模式、新业态、新产业，而是新思想、新观念、新文化。正是由于思想市场的贫困与贫乏，不仅使得"矛盾丛生"，还使得"头痛医头脚痛医脚"。对于很多城市发展而言，只有观念领先、文化创新，才能加快全域创新之城建设。这就需要尊重创业者、企业家的奉献精神、首创精神、奋斗精神，在开放创新、协同发展中酝酿和产生新思想、新观念、新文化。

走进"新春秋战国"，城市发展不仅需要重塑区域个性——产业个性与文化个性，还需要将新文化、新科技、新经济有机结合，最终实现产业生态与创新生态的闭环。在新一轮发展过程中，不仅需要借助"他赋优势"，通过"拿来主义"补位跟跑；还需要发挥"天赋优势"，通过"因势利导"站位并跑；更需要强化"自赋优势"，通过"人择优势"抢位领跑。

06 构筑全新发展格局：优化内外部经济循环

改革开放第一个四十年，我国历经"Z"型、"L"型、"C"型经济循环与发展模式，逐步形成了外向型工业经济发展模式。伴随进入中国改革开放第二个四十年，尤其是中美贸易摩擦，中国加快进入"O"型的开放型创新经济运行体制。这其中，不同层级的城市，处在不同的经济循环结构之中，在中国改革开放大局中发挥着不同的作用。当前所面临的百年未有之大变局，包括世界形态、社会形态、社会发展、产业发展、经济形态、创新发展、价值创新、组织方式、企业格局、全球分工等诸多方面的变化，任何一个国家或地区的外部发展环境、内部发展条件都受到了巨大影响。尤其是对地方新一轮建设发展而言，不仅要从全球资源配置、创造财富到分配财富的角度审视新发展格局；还要从外向型工业经济走向开放型创新经济的主线践行新发展格局；更要以新经济、高技术、工业化的组合拳夯实新发展格局。围绕新发展格局构建，城市的新一轮高质量建设发展，不仅要提高战略位势，处理好抢位、站位、卡位、补位之间的关系，还要优化发展结构，处理好创业、企业、产业、生态之间的关系；不仅要加强建设统筹，处理好创新、产业、城市、开放之间的关系，还要增强开发能力，处理好市场、技术、资金、人才之间的关系，亦要实现长效增长，处理好加法、减法、乘法、除法之间的关系；不仅要提升地方政府经营发展能力，还要建立生态赋能型的发展结构；不仅要全面提升创新驱动发展能力，还要建立完善新型产业组织方式，更要打好发展阶段叠加的组合拳。

6.1 改革开放以来经济循环

改革开放以来，我国以强大的产业组织动员能力承接产业梯度转移、加速工业化进程，历经"Z"型、"L"型、"C"型经济循环与发展模式，形成了要素驱动、投资驱动、外生发展、外延增长的外向型工业经济发展范式。当前阶段，在创新全球化条件下，我国经济社会发展迫切需要从外向型工业经济到开放型创新经济的转变，经济发展模式由"C"型向"O"型转变。

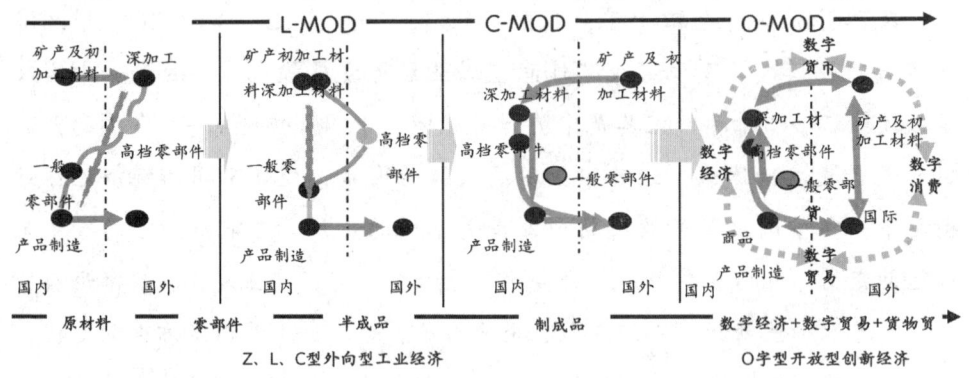

图：Z型、L型、C型及O型经济发展模式

6.1.1 Z字型经济循环与发展模式

我国启动改革开放后，尤其是第一批沿海开放城市的出现，标志着我国进入外向型工业经济发展早期起步阶段。这其中，我国加速从农业国向工业国方向发展，从内向经济走向外向经济，整体工业化发展阶段与发展水平处于早期阶段，并逐步向工业化中期的前半段方向发展。彼时，全球经济分工呈现出"美日欧研发创新与高端制造、新兴国家加快承接产业梯度转移并加速工业化、第三世界国家输出资源能源"的发展结构。同时，"三来一补"在我国东南沿海开放地区率先发展，具体表现为国内以矿产及初加工材料出口为主，材料经国外深加工后连同高端零部件进口，国内进行一般零部件加工配套以及产品制造后实现产品出口，形成"出口－进口－再出口"的"Z"型经济运行与发展模式。在此种全球经济循环与发展模式下，我国在全球经济分工中处于国际产业链低端环节，在全球财富分配上主要受发达国家"剪刀差"影响较大。

6.1.2 L 型经济循环与发展模式

冷战后，中国加快社会主义市场经济体制改革，标志着我国外向型工业经济发展进入中期孕育阶段。这其中，我国进一步从农业国向工业国方向发展，从计划经济体制走向市场经济体制，整体工业化发展阶段与发展水平处于工业化中期的中段。彼时，全球经济分工基本呈现出"美国铸币、投资、消费、科技，欧日等发达国家高端制造，中国等新兴经济体逐步走向大规模工业化和生产制造，其他国家提供资源能源"的发展格局。与此同时，承接国际产业梯度转移并形成出口导向型的产业发展模式成为新兴市场与经济体的重要选择。在我国伴随着加工制造业不断发展，国内规模化水平的不断提升，材料深加工环节向国内转移，除部分高档零部件仍需进口外，从矿产及原材料加工、材料深加工到一般零部件制造、产品制造环节均在国内市场实现，最终实现产品出口，形成"L"型经济运行与发展模式。在此种经济循环与发展模式下，我国在全球经济分工中仍然处于国际产业链低端环节，但产业技术水平在不断提高。

6.1.3 C 字型经济循环与发展模式

中国"入世"标志着外向型工业经济发展模式走向成熟阶段。此后，伴随全面推进工业化、信息化、城市化、市场化、国际化，中国不仅在 2010 年成为全球第二大经济体，还在 2011 年超越美国成为工业产值最大的国家，整体上进入工业化中后期阶段。此后，全球经济失衡加剧，美国以铸币投资和科技创新为主，欧日发达国家以高端产业、消费为主，中国以生产制造为主，其他发展中国家提供原材料，供应欧美的消费市场。同时，我国随着技术水平的提升，高档零部件加工等环节也转向国内，通过贸易部门将农村剩余劳动力转向生产制造部门，通过进口贸易将大宗资源等分销到国内出口加工型企业，后再通过出口贸易将"中国制造"商品输出到国际市场，全面形成"两头（资源、市场）在外、中间（制造）在内"的外向型工业经济"C"型经济运行与发展模式。在此种经济循环与发展模式下，我国在全球经济分工中，逐步沿着国际产业价值链不断攀升，产业技术水平在不断提高，但整体上缺乏产业主导权、新兴产业战略制高点。

6.1.4 O字型经济循环与发展模式

"Z"型、"L"型、"C"型经济循环与发展模式的本质，是出口导向型工业经济。其基本逻辑是，工业经济利润空间是有限的，为了攫取超额利润就需要扩大生产规模，国内市场不足就需要抢占全球市场。起初，新兴市场的发展往往受外部市场、外部需求决定，但无论是"四小龙"还是"四小虎"都难以对国际市场格局产生结构性影响。然而，中国四十年的改革开放与工业化全面挤压了西方发达国家几百年形成的市场空间，最终导致中美贸易摩擦的出现。此后，中国迫切需要从外向型工业经济走向开放型创新经济。这种经济运行体制，不仅强调双向的开放，还强调只有提升生产效率才能降低外需依赖、只有转变产业发展结构才能转变贸易结构、只有转变经济形态才能转变贸易方式。即在创新全球化条件下，实现从"引进来"内向国际化到"引进来、走出去、走下去、走上来、走（拿）回来"双向开放，从"以产定销"的生产决定消费到"以销定产"的消费决定生产，从商品输出到产能输出、资本输出、技术输出、模式输出、文化输出，从承接产业梯度转移到高端链接与高端辐射，从大进大出到优进优出，从大小宗商品流转到创新资源全球配置，从跟随适应创新到原创引领创新，形成开放式协同创新的"O"型发展模式。

6.2 不同城市不同经济循环

一般而言，不同层级的城市，处在不同的经济循环结构之中，有的主要服务自身城市发展、有的主要服务区域发展、有的主要服务国家发展、有的主要服务全球发展。不同城市经济循环主要有如下基本特点：

6.2.1 主要服务城市自身发展

这类城市一般是区域次中心城市、节点城市等，主要面向城市生活需求与生产需要，以城市自循环为主、以城市外循环为辅、以国际外部循环为补充。从产业发育路径来看，这类城市逐步从农业为主走向都市轻工业以及生活性服务业为主，再通过二、三产业分离进一步发育生产性服务业，与此同时在局部领域因地制宜或机会选择地发展重工业。从各次产业结构来看，这类城市主要有三个特点：一是尽管这类城市工业化发育不充分，但由于工业附加值高，工业占GDP比重较大；二是尽管农业占比低，但从业人员较多；三是根据不同城市类型，服务业占比高于或低于工业，如旅游型城市的服务业往往高于工业。从投资、消费、出口的结构来看，这类城市的进出口对GDP的贡献度较低；尽管城市消费带动性大，但由于城市量级能级有限，消费带动经济社会发展的层级和水平不高；投资成为带动经济社会发展的重要力量，但社会固定资产投资往往大于工业投资，即以城市化拉动工业化。

6.2.2 主要服务区域经济发展

这类城市一般是区域中心城市，如省会城市或具有较大辐射带动作用的经济发达城市，主要面向区域生活需求与生产需要，既发挥中心城市自身的量级能级，也辐射区域发展，更在全球范围配置资源、创造财富和分配财富，也就是市内循环、省内循环、国内循环、国际循环有机结合。从产业发育路径来看，这类城市逐步从都市工业、都市服务业起步，一方面借助重大生产力布局走向轻重结合、软硬结合的现代工业，另一方面借助城市化等大力发展生产性、生活性协同发展的现代服务业。从各次产业结构来看，这类城市主要有三个特点：一是具有完备的产业体系与产业结构高级化能力，能够为不同层级区域范围转变生产方式与产业结构；二是生产性服务业与生活性服务业协同发展，具有充足的人流、信息流、商贸流、货物流、资金流等；三是都市农业是补充。从投资、消费、出口的结构来看，三者的贡献度一般较为均衡，但对于不同类型的城市各有侧重，如外贸型城市出口拉动较大、省会型城市消费带动较大。

6.2.3 主要服务国家建设发展

这类城市一般是国家中心城市，面向国内生活需求与生产需要，尽管这类城市本身的消费量级与能级较大，但更多地面向全球服务全国，以国内循环、国际循环并举为主，以区域循环、市域自循环为支撑。具体而言，是以高端链接的国际循环带动高端辐射的国内循环，以市域一体化的市域循环、区域一体化的区域循环抢占新一轮全球化的外循环。从产业发育发展来看，不仅通过承接产业梯度转移、加快国产替代进口、嵌入全球产业价值链，更多的是在与高手过招、跟上时代的步伐、扣住时代发展的脉搏，产生新的产业体系、新的产业结构、新的产业技术、新的生产方式。从各次产业结构来看，真正能够服务国家发展的城市，往往是通过生产性服务业抢占国际产业主导权，通过科技服务业抢占产业发展制高点，通过数智科技抢占新一轮产业发展主动权，并带动先进制造业、生活性服务业的升级优化。对于这类型城市，不单纯是投资、消费、出口的关系，而是总需求、总投入、总人口等之间的关系。

6.2.4 主要服务全球经济发展

这类城市一般是世界城市、国际化大都市，主要面向全球生活需求与生产需要，能够进一步将国内循环、国际循环的双循环贯通起来、连接起来、组织起来——在全球范围配置资源、创造财富、分配财富，并在这两个循环之间带动市域循环、区域循环——带动超级都市圈发展，尤其是产生具有世界级影响的产业技术、新兴产业、生产方式、生活方式、商业模式、思想文化等。从产业发育发展来看，这类城市往往是全球性的科技创新源头、新兴产业策源地、文化创意源头、金融资本中心以及贸易中心等，有的城市甚至兼具多个方面，在全球科技创新、产业变革、时尚引领、资本运作、经贸交易中处于支配地位，但往往不是天生、天然的，而是城市功能、产业结构与全球分工达到一定程度的结果。从各次产业结构来看，就传统意义上的产业结构而言，具有资源配置、财富分配功能的生产性服务业占主导地位，以科技创新为动力的新兴产业、新经济成为战略增长点，并为全球创造财富、全球经济分工与产业分工提供基石。对于这类型城市，不一定是进出口的贸易大市，但很多是国际金融中心，基本上都是全球消费城市。

6.3 未来经济社会十大变化

伴随世界形态、社会形态、社会发展、产业发展、经济形态、创新发展、价值创新、组织方式、企业格局、全球分工等诸多方面的变化，任何一个国家或地区的外部发展环境、内部发展条件都受到了巨大影响。

6.3.1 世界形态之变：从世界凸的平的到世界湿的深的

伴随贸易保护主义蔓延，围绕产业链、价值链开展产业梯度转移以及从低端向高端攀升不再是最重要的，如何重塑全球供应链、优化创新生态链，进而建立完善自主可控的供应体系、开放创新的发展格局更为紧迫。"价值链"体现了世界是高低起伏凸凹不平的，只有掌握价值链高端环节才能掌握产业主导权；"产业链"体现了"世界是平的"，发达国家通过跨国公司开展国际产业梯度转移；"创新链"体现了"世界是湿的"，创新全球化、创业全球化、国际化经营、自由贸易及全球资源配置等；"供应链"体现了"世界是深的"，形成更加相互依存、共生共荣、开放创新的深入联系。

6.3.2 社会形态之变：从半工业半信息社会到智能社会

伴随半工业半信息社会走向智能社会，新经济发展从二维世界走向三维世界、高维世界，以智能社会为代表的新一轮建设与发展，最大的现代意义是对人文传统的回归，最大的价值是实现社会建设、经济建设与城市建设有机统一和协同发展，最终用社会建设带动经济建设、城市建设，实现经济发展和社会发展的有机结合。

6.3.3 社会发展之变：从生产决定生活到生活决定生产

以往产业技术革命是生产方式决定生活方式，如今产业技术革命是生活方式决定生产方式，并最终实现生产方式与生活方式的贯通；这种生产方式便是"数据驱动+平台赋能+智能终端+场景服务+敏捷供应+社交生活"。平台就是从物理空间向虚拟空间上走，从做事到做局，从第二方走向第三方、第四方；智能终端就是从虚拟空间上往智能硬件上落，成为云端云台的触角和终端；场景服务以市场需求反向配置生产资源与服务方式；敏捷供应就是短、平、轻、快地实现产品、服务的供给；社交生活就是将买卖、服务、生产嵌入到人的生活之中。

6.3.4 产业规律之变：从产业分解融合到产业跨界融合

伴随新科技革命与产业变革，产业发展从模块化下的分解融合到生态化下的跨界融合，从产业价值链到产业价值网，不仅仅是制造业服务化、服务业制造化、产品即服务、制造即服务、软件即服务,还出现了"互联网+""物联网+""智能+""区块链+""生物+"以及"大数据+""量子+""虚拟现实+""3D打印+"等新业态。如在"智能+"下,出现了无人驾驶、无人机、新零售、智能家居、智能机器人、智能医疗等;在"生物+"下,出现了生物识别、类脑智能、生物芯片、质子重离子医疗等。

6.3.5 经济形态之变:从四新经济发展到四尖经济发展

伴随人工智能技术的应用,大数据、云计算、物联网、移动互联网、新一代通信等新一代信息技术融为一体,智能时代已然来袭,并与空间技术与工程、自动驾驶、细胞研究、先进材料、再生能源、节能技术等相结合,将对全球经济产生深远影响。以"针尖产业、尖端技术、拔尖人才、尖峰平台"为代表的"四尖经济"将加速"新技术、新模式、新业态、新产业"为代表的"四新经济"发展。

6.3.6 创新范式之变:从正向链式创新到逆向垂直创新

以往工业经济条件下更多的是生产决定消费,但在新经济条件下、产业生态思维下则是消费决定生产,这其中,行业经营发展形态、市场供需发展结构等等发生了重要的变化,需要有充分的把握。譬如,从企业资源配置方式来看,需要从以往的以产定销到如今的以销定产;从市场供需发展结构来看,不仅要从生产的源头上推进供给侧结构改革,还要从外需拉动向内需拉动转变,打破以往新兴经济体的发展由外部需求决定的发展结构。

6.3.7 价值创新之变:从信息流量井喷到数字流动裂变

在新科技革命与产业变革条件下,伴随数智技术推广应用,未来最有前途的创业、企业和产业是将不同人流、资金流、信息流、商品流、货物流等在不同的产业链、价值链、供应链、创新链之中转化为数据流,最终转化为价值流。大量介于生产与消费、工业与商业、行业与行业之间的平台企业涌现,超越时空的局限、锁定技术的门槛、重塑产品的形态、穿透商业的疆域、走出企业的边界、跨越产业的界限,打破了以往的供应链关系,成为新型产业组织者、商业生态建设者、开放创新生态建设者。

6.3.8 组织方式之变：从传统生产函数到创新生态指数

新经济意义上的生产要素不再是劳动力、土地、资本、技术，而是场景、智能、数据、平台、生态、流量；新经济意义上的组织方式不再是工业化、信息化、市场化、资本化等等，而是场景拉动、智能引领、数据驱动、平台带动、生态赋能、流量聚合；迫切需要围绕开放、多元、活力、共赢的生态环境，打破传统生产函数、生产要素及组织方式，探索全新产业组织方式。

6.3.9 企业格局之变：从一维二维企业到三维高维企业

未来企业分为三种，一维的是产品企业，二维的是平台企业，三维的是生态企业；当前一维企业正在推倒重建，二维企业如雨后春笋，三维企业加速生成，高维企业成为换道超车的战略取向。产品企业主要是提供产品服务，往往是第二方的、前台思维；平台企业从做事到做局，往往是第三方的、后台思维；生态企业往往是第四方的、前中后台有机结合的。当前的世界500强、中国500强等等，在未来15年的留存率将不超过5%。

6.3.10 全球分工之变：从工业中心城市到创新尖峰城市

在全球经济分工与城市格局上，伴随"去工业经济中心"与"立新经济创新尖峰"并存发展，创业人才、风险资本、专利技术、创新资源流向哪里，哪里就成为新经济地理上的创新尖峰。以往跨国公司、大型企业集团按照价值链高端走向价值链低端，向全球其他地区或城市进行制造业布局，形成"大脑""躯干"与"四肢"的城市分工体系；一些工业城市的中心地位趋降，一批创新型城市有望成为全球产业版图的新兴尖峰。

6.4 新发展格局将向何处去

任何一个地区、城市或功能区，率先拥抱和引领新发展格局，着眼点是围绕"四个链"大力发展"四个经济"，在"两种资源、两个市场"上提升"三个能力"；着力点是围绕开放型创新经济体建设发展，通过"科产城人"融合促进创新发展模式、产业发展模式、城市发展模式系统迭代；着重点是打好3.0新经济发展道路、2.0高技术产业发展模式与1.0工业化组织方式的"组合拳"。

6.4.1 着眼点：如何从全球资源配置、创造财富到分配财富

整体而言，审视新发展格局的核心是一个国家或地区如何在全球范围配置资源、创造财富和分配财富；对于一般地区而言，核心是凭借"新技术、新模式、新业态、新产业"，优化提升产业链、价值链、创新链和供应链，对于发达地区则是强调"源头经济、针尖经济、平台经济、头部经济"。站在全球创新地图、产业地理与财富版图上，核心是着眼"四个链"大力发展"四个经济"，在"两种资源、两个市场"上提升"三个能力"。以杭州为例，从"价值链"来看，以往通过平台经济成为国内、国际财富分配的重要获利者，如今强调平台经济就是要进一步成为财富分配做市商；从"产业链"来看，杭州此前在担心依托信息经济发展的风险问题，但疫后杭州经济发展反而彰显了自身优势，需要进一步避免用传统经济发展模式看待自身发展，更多地适应"上云用数赋智"发展趋势，大力发展以数字经济为形态、以科技创新为硬核、以创业孵化为源头、以科技金融为杠杆的源头经济，建设新兴产业策源地；从"创新链"来看，杭州以往的"软创新"和"薄创新"较多，如今强化"硬科技""厚创新"，迫切需要大力发展针尖经济，抢占产业技术制高点；从"供应链"来看，杭州近二十年以消费互联网改变了全社会的消费方式以及一定的生活方式，未来需要借助"5G+产业互联网"等改变生产方式，通过大力发展以"一企一业"新物种企业为代表的头部经济，建设产业生态总枢纽。最终在"两个世界、两种资源"之上，形成具有全球影响力的创新资源配置能力、新兴产业生成能力、价值财富分配能力。

6.4.2 着力点：如何从外向型工业经济走向开放型创新经济

整体而言，构建新发展格局的主线是从改革开放第一个四十年的外向型工业经济走向第二个四十年的开放型创新经济。具体而言，是通过"科产城人"融合促进创新发展模式、产业发展模式、城市发展模式系统迭代。当前，只有转变经济形态、产业结构、运行模式，才能转变贸易方式、贸易结构和运行体制，迫切需要形成以数智科技带动数字经济、以数字经济带动数字贸易、以数字贸易带动服务贸易、以服务贸易带动货物贸易，最终走向开放型创新经济的发展格局。以杭州为例，杭州自21世纪以来强调"经济发

展模式与城市发展模式协同",率先在城市化、信息化、市场化以及国际化、工业化等领域突围。如今,我国加速从半工业半信息社会向数智社会转变,泛工业化、超智能化、再城市化、深生态化、再全球化成为重要发展趋势,迫切需要实现发展模式迭代创新与系统转换。就产业发展模式而言,核心是从"互联网上半场"由物理空间走向虚拟空间到"互联网下半场"由虚拟空间与智能硬件相结合,从半工业半信息社会的"两化融合"到数字社会的泛工业化与超智能化相结合;就创新发展模式而言,就是从"技术换市场"到"科技自立自强",就是从消费互联网意义上的商业模式软创新为主到产业互联网意义上的"硬科技+软创新",就是从产品工艺技术的"薄创新"到关键核心技术的"厚创新";就城市发展模式而言,就是从"钢筋水泥+户籍人口变更",到形成现代生产方式、现代生活方式、现代都市生活相结合地再城市化。最终以"人才战略"带动"人口战略",发展成为具有全球影响力的开放型创新经济体。

6.4.3 着重点:如何打好新经济、高技术、工业化的组合拳

整体而言,引领新发展格局的突破口是在不同层级经济循环之中,掌握产业主导权、抢占产业制高点、把握新一轮发展先机;基本路径是从1.0的工业化进程、2.0的高技术产业发展模式走向3.0的新经济发展道路。如今很多地区加快开发园区整合提升与行政区划调整,核心是在新经济地理上重建经济循环——基于每个县(市)区、功能区块的"活力",形成统分结合的"合力",借助"个体活力+整体合力"形成"内力",迎接地区一体化、全球化的"张力",率先适应和引领新发展格局。以杭州为例,每个县(市)区(行政区/功能区)在"小循环"上,都需要成为局部的创新生态圈;杭州作为省会城市在区域经济发展"中循环"上,需要打破"中心-外围"思维,转而将对外开放的前台、创业创新的中台、产业化的后台有机结合,发展成为新经济策源地,抢占新一轮发展先机;在长三角一体化区域"大循环"及我国"内循环"中,将进一步突出新经济策源地辨识度和首位度,掌控资源并在杭州实现高附加值,抢占产业发展制高点,发展成为国家中心城市;在全球化"外循环"条件下,将成为全球资源配置中心、新兴产业策源地

和财富分配中心,掌握产业主导权,发展成为国际化大都市。

6.5 城市建设发展基本逻辑

从经济社会变迁看区域创新的位势问题,核心是抢位、站位、卡位、补位之间的关系;从自然成长机制看区域创新的发展问题,核心是叶(创业)、茎(企业)、干(产业)、根(生态)之间的关系;从第三代开发区看区域创新的建设问题,核心是科(创新)、产(产业)、城(城市)、港(开放)之间的关系;从内外经济循环看区域创新的开发问题,核心是市场、技术、资金、人才之间的关系;从新旧动能转换看区域创新的增长问题,核心是加法、减法、乘法、除法之间的关系。

6.5.1 从经济社会变迁看区域创新的位势

从经济社会变迁看区域创新的位势,核心是在什么样的外部世界、时代际遇、发展阶段、政策导向下,如何抢位、站位、卡位、补位,以及究竟抢什么位、站何种位、卡哪的位、补谁的位。在这个判断下,对于很多地区、城市而言,所需要"抢"的是时代机遇——以产业个性塑造区域个性。核心是借助数智科技、生命科技、材料科技、能源科技、海洋科技、太空科技以及国防科技等科技发展制高点抢占产业发展主导权。数智科技产业核心是数智兼备、软硬结合、器网结合;生命科技产业核心是从"生老病死"到"衣食住行";材料科技产业核心是"料要成材,材要成器,器要有用";能源科技产业核心是绿色低碳;其他则是"上天下海入地"等尖端科技。所需要"站"的是国家战略——以服务国家提高战略位势。譬如以高质量、创新驱动、区域协同、自由贸易、军民融合等等为代表的发展战略、创新战略、区域战略、开放战略等,总有一"款"适宜一个地方的发展,核心是需要打好这些战略中心、战略重心、战略节点的组合拳。所需要"卡"的是区域协同——以区内循环抢占国际循环。如今从"县际竞争"走向"城际竞合",不同世界城市/国际化大都市、国家中心城市、地区中心城市、地区副中心城市、地区次中心城市、地区副中心城市须有不同的空间战略与经济循环。所需要"补"的是内生动力——以活力内力强化合力张力。任何地方的发展一个是个体的活力，整体的合力，合在一起就是内力，只有具有充分充足的内力才具有足够延展的张力，很多地方的发育不完整、发展不充分核心是活力不优、合力不够、内力不强、张力不足。

6.5.2 从自然成长机制看区域创新的发展

如前所述就生态学意义上，所有的地区、城市乃至园区几乎都可以归结于一句话，如何处理好创业的"叶"、企业的"茎"、产业的"干"、生态的"根"之间的关系。"创业之叶"核心是通过去中心化（边缘创新）、再中心化（平台化）、再去中心化（生态化）、非中心（跨界）、极化，打破传统中心化的发展结构（产业结构、企业结构）。"企业之茎"核心是五种企业能力：一是大企业的溢出能力，龙头企业发展到一定阶段，在高端人才、产业链、价值链、供应链等方面具有一定溢出效应；二是平台企业的衍生能力，很多平台型企业借助战略投资、开源创新、业务拆分等走出一批新锐的企业或品牌；三是源头企业的生成能力，很多源头企业、源头机构培养出一批企业，有的则是自己"倒了"但出现了一批企业；四是草根创业的逆袭能力，一个地方的创业是否活跃在于能够产生多少白手起家、丑小鸭变凤凰的案例；五是社会企业的保障能力。"产业之干"重点是四种产业组织与产业生成机制：一是市场自然生成，主要依靠民营经济、市场经济；二是招商引资植入，也就是拿来主义的承接产业梯度转移；三是政府前瞻培育，也就是政府培育市场；四是高效产业组织，也就是创投机构、平台企业、企业集团等起到产业组织作用。"生态之根"就是产生独具一格的创业创新精神、企业家精神的土壤。一方面是有源头、有平台、有流量、有能量，核心是处理政府与市场、政府与企业、政府与社会的关系；另一方面是"赋能"，就是储能、孕能、使能、释能的四步法，恰恰与有源头、有平台、有流量、有能量相呼应。

6.5.3 从第三代开发区看区域创新的建设

城市开发区的1.0，要么是做城市（房地产）、要么做产业园区；开发区的2.0就是"产城融合"；开发区的3.0就是"科产城融合"；开发区的4.0就是"科产城港融合"。从1.0到4.0，一是城市发展模式转变。以往地方政府的诀窍，在于通过大量城市土地功能的置换或者土地开发配置掌握了土地，然后利用级差地租以地生财，获得大量城市基础设施建设资金与资本原始积累，进而改善投资环境以及筑巢引凤。如今需要打破土地财政与地产经济，强调创新功能、产业功能、城市功能在空间上的结合，建立吸引人才宜居宜业、创业创新的环境，促进生产力布局、城市框架与城市功能的有机结合。核心是再城市化，不仅仅是钢筋混凝土的"房地产＋户籍人口"从乡镇转化为街道，而是新的生产方式与新的生活方式协同。二是产业发展模式转变。在以往外向型工业经济体系基础上，如今迫切需要从承接产业转移的发展逻辑到以产业跨界融合带动业态创新，以产业大脑、平台企业、产业共同体为重要的产业组织力量，形成新的产业结构、新的经济形态、新的经济模式。三是创新发展模式转变。以前的"科"更多的是"教"的延伸与"产"的附属，科技创新更多是从高校院所脱离出来、加上一定的高新企业适应产业的发展，而非引领产业发展，迫切需要从跟随式创新、适应性创新、集成性创新向原始性创新、引领性创新方向转变，建立自组织自成长、闭环循环、共生共荣、开放创新的新经济创新生态赋能型发展格局。四是开放发展模式转变。以往很多地方在贸易部门带动生产部门的经济发展机制带动下，通过"老三外"承接国际产业转移来输出物美价廉、高物质成本的商品，通过"新三外"承接服务外包并促进制造业的服务化，形成一种出口导向、工贸关联型经济发展模式。如今在创新全球化条件下，高端人才、风险资本、专利技术等创新资源配置，超越大宗资源、小宗商品等产业要素成为全球资源配置的核心，以自由贸易、绿地投资、跨国并购、技术转移、跨区域创业取代传统物质资本、低成本制造、大宗商品贸易、国民待遇等，成为国际经济活动主流形式或内容。

6.5.4 从内外经济循环看区域创新的开发

如前所述，近年来绝大部分异军突起的地方，都需要回归本源，核心是有市场、有人才、有技术、有资本，更准确地说，是有市场需求、有人才创业、有技术源头、有资本杠杆。在市场需求上，以往主要是外需和内需，如今需要从内需、外需走向小市场、大市场；逐步从需求拉动到场景拉动，从满足市场到创造需求。小市场就是基于物理空间与消费半径的区域市场，大市场就是基于虚拟空间与物流张力的全国市场、全球市场。很多商业逻辑在小市场条件下成立，但在大市场条件下并非成立或不值得一提。如今在培育市场过程中不仅要支持供给、刺激出口，更重要的是将支持供给与引导需求并重、将内需与外需并重。在人才创业上，以往主要是科技人员和草根，如今需要从科技人员和草根到创业人才、创新人才、创意人才；逐步从单一或少数人员角色转化到和而不同的人合伙创业。不再是把科学家变成创业者、再变成企业家，而是促进企业家、科学家、投资人的有机结合，形成新的创业治理结构，以及技术、资本跟着人走，尤其是创业者跟着企业家走的机制。在技术门槛上，以往主要是高技术和新技术，如今从高技术、新技术到硬科技、深科技等，从科研源头的正向创新逐步到产业导向、市场需求的逆向创新。不再是从基础设施、基础研究、应用研究、转移转化、产业化的正向的链式创新，而是反向资源配置的逆向创新。在资本杠杆上，需要从个体的原始积累、财政的社会引导到产业资本、社会资本；从政府财政资金引导逐步到社会资本起基础作用，最终将金融资本与产业资本相结合、将财政资本与社会资本相结合、将直接融资与间接融资相结合，更好地配置资源、创造财富、分配财富。

6.5.5 从新旧动能转换看区域创新的增长

"新旧动能转换"的原本，是在新的经济体系（新经济）与旧的经济体系（传统工业经济）之间，通过创业、企业、产业、区域等层面"动力"及其新思想、新技术、新模式、新业态等方面"能量"的结构性"转位"与系统性"换场"。一是做精益化的"加法"。"创业带动创新"本质上是高水平的无中生有，系列创业者创业、产业组织者创业、跨区域创业者创业、职业经理人创业、前沿科技创业、高端实用人才创业、创客极客创业等应成为主流。二是做供给侧的减法。"企业互联融通"本质上是高水平的开放创新，坚持多予少取放活，在打破产业规制、打破大企业中心化结构的同时，促进中小企业发展，最终实现大中小企业协同发展。三是做互联网的乘法。在传统产业挖掘爆发点，核心是通过穿透传统产业价值链形成打破企业边界、产业边界、商业疆域的"产业价值网",进而衍生出全新的产业业态、商业模式与产业爆发点。四是做生态化的"除法"。需要立足产业生态培育与创新生态建设,借助大企业平台化战略、平台经济战略、强化区域政策创新、第三方公共服务,营造全新的产业创新生态,形成创业高端化、企业高新化、瞪羚(高成长企业)公众化、大企业平台化的发展态势,提升产业能力。

6.6 新发展格局的组织方式

6.6.1 提升地方政府经营发展能力

近年来无论对于城市全域,还是对于功能区,很多区域(园区)的开发建设与运营经营,往往历经如下发展阶段:第一阶段是基于土地开发建设的城市功能与城市经营,地产经济成为支柱产业,具有明显的要素驱动色彩,地方政府主要原始积累与税收来源往往是土地的一次性出让收入以及房地产衍生税收收入;第二阶段是基于资源区位比较的产业功能与产业发展,实体经济属性不断加强,具有明显的投资驱动色彩,除了中央政府的关税收入,地方政府主要财税来源是各类生产性、消费性的产业税收收入;第三阶段是基于科技创新创业的创新功能与高新科技,高新产业成为主要支柱,具有明显的创新驱动色彩,地方政府主要财税收入来自高端、高效、高附加值的企业所得税、个人所得税等,打破土地财政依赖;第四阶段是基于资本运作交易交割的金融功能与财富分配,虚拟经济属性得以加强,具有明显的财富驱动色彩,政府财税收入来源主要为生产性服务业税收收入以及各类非生产性衍生税收收入。

表:城市不同发展阶段的不同发展结构

	基本特征	税收来源结构	阶段
城	基于土地开发建设的城市功能与城市经营:政府推手成关键,房地产经济成为支柱产业	土地一次性出让收入以及与房地产衍生税收收入	要素驱动
产	基于资源区位比较优势的产业功能与产业发展:内需拉手成关键,实体经济属性加强	各类生产性、消费性的产业税收收入	投资驱动

港	基于全球金及分工的开放功能与国际发展：外需拉手成为关键，外向经济属性不断加强	各类生产性、消费性的产业税收收入的升级版	要素驱动 投资驱动
科	基于科技创新创业的创新功能与高新科技：科技成为重要动力，高新产业成为重要支柱	企业、个人所得税为主，打破土地财政依赖	创新驱动
金	基于资本运作交易交割的金融功能与财富分配：虚拟经济属性得以加强，金融分配财富	生产性服务业及各类非生产性衍生税收收入	财富驱动

这个1.0往往是要么突出城市功能——城市经营与房地产经济，要么是突出产业功能——产业园区与实体经济；这个2.0就是"产城融合"，将产业功能与城市功能、经济发展与城市发展、经济事务与社会事务有机结合；这个3.0就是"科产城融合"，促进城市功能、产业功能、创新功能在空间上的耦合，将创新发展模式、产业发展模式、城市发展模式有机结合；这个4.0就是将人口版图、财富版图、产业版图、创新版图、开放地图聚合在一起，在新经济地理与新发展格局上占有一席之地。

6.6.2 建立完善新型产业组织方式

就产业组织创新而言，主要历经1.0的工业化产业发展模式：包括工业投资、招商引资、技术改造、税收返还、工业园区、土地指标等元素，形成以小微企业、规上企业、骨干企业、龙头企业、跨国公司为代表的企业梯队，以及大产业、大企业、大项目、大平台、大服务为代表的组织动员机制；2.0的高新技术产业发展模式，包括科技创业、创业孵化、风险投资、产业集群等元素，形成以科技初创企业、高新技术企业、高技术上市公司、高技术大公司为代表的企业梯队，以及产业新体系、城市新空间、企业新梯队、创新新生态、服务新供给、开放新格局为代表的组织动员机制；3.0的新经济发展道路，包括新场景、新研发、新赛道、新物种、新组织、新基建、新治理等元素，形成以哪吒企业、瞪羚企业、独角兽企业、龙企业为代表的企业梯队，以及高质量发展带动高速度增长，实现量级与能级提升、量变与质变并举的发展结构。

工业组织方式	高技术产业发展模式	新经济发展道路
工业投资、招商引资、技术改造、税收返还、工业园区、土地指标	科技创业、孵化器、大学科技园、风险投资、产业集群	新场景、新研发、新赛道、新物种、新组织、新枢纽、新基建、新治理
小微企业、规上企业、骨干企业、龙头企业、跨国公司	科技初创企业、高新技术企业、高技术大公司	哪吒企业、瞪羚企业、独角兽企业、龙企业
大产业、大企业、大项目、大平台、大服务	产业新体系、城市新空间、企业新梯队、创新新生态、服务新供给、开放新格局	高质量发展带动高速度增长，实现量级与能级提升，量变与质变并举

图：工业化、高科技发展模式与新经济发展道路

6.6.3 打好发展阶段叠加的组合拳

对于很多地区开发建设而言，在新经济循环与新发展格局下，核心是打好3.0新经济发展道路、2.0高技术产业发展模式与1.0工业化组织方式的组合拳，以3.0抢占未来、2.0壮大主体、1.0夯实根底，以3.0、2.0带动1.0。尤其是在3.0新经济发展道路面前，核心是实现四线并举：一是从新场景到新赛道，不再是从发达国家的外部需求出发形成出口导向型的产业发展模式，而是从市场需求、消费升级出发，重新定义产品、市场和服务，将数据、算法、内容、服务、产品相结合，形成新业态新产业；二是从新研发到新物种，不再是以劳动密集、资金密集、资源密集的传统企业结构，而是在智力密集、技术密集、资本密集的条件下，大力发展有创业的创新、有创新的创业，大力培育具有硬科技属性、平台属性、跨界属性及幂成长特征的新物种企业，形成以创业创新型企业、爆发式成长型企业梯队为主的新物种种群；三是从新平台到新生态，不再是满足于总部经济，更加强调平台企业在地区创新生态、产业创新生态中的中枢地位，以产业促进方式创新加快新经济创新生态圈建设、形成创新赋能型的发展结构；四是从新基建到新治理，新基建不仅仅是为了经济建设，更多的是在提升社会建设、政府建设的过程中，或者是在用经济手段解决社会问题、治理问题过程中，带动经济社会建设发展。

在百年未有之大变局下，全球经济循环结构性重构与我国经济循环周期性重构出现历史性交织，核心是继往开来、与时俱进、开拓创新，加快形成支撑改革开放第二个四十年的新发展格局。这其中，以新经济发展为根基的开放型创新经济将成为战略抉择，不同城市只有在新经济发展范式、组织方式、生态环境之中，才能谋得较大的战略突围空间，才能以高水平发育带动高质量发展、进而带动高速度增长。更需要围绕新一轮建设发展形成新的共识，优化思想保障、战略保障、组织保障、制度安排。

07 仰望创新尖峰星空：科创硬核成就新天地

从农业文明条件下的无农不稳、商业文明条件下的无商不活、工业文明条件下的无工不富到创新文明条件下的无科不强，对于一个地区或城市而言，其城市发展模式、产业发展模式、创新发展模式以及相应的资源配置方式、产业组织方式均发生了较大变化。站在改革开放第一个四十年到第二个四十年的历史起点、从高速度增长到高质量发展节点以及新冠疫情的历史拐点上，我们需要站在中国产业创新版图上重新审视城市发展格局，进而找到一个地区或城市的发展方位与突破口；并借助新经济地理发展范式，在科技创业创新的带动下，探索具有地区特色、新时代活力、高质量发展的创新之路，为城市战略转型与群体突围找到新的出口及出路。

7.1 新科技重塑新经济地理

伴随从无农不稳、无商不活、无工不富到无科不强，科技对区域发展的引领支撑作用将在第二个改革开放四十年充分释放，新经济发展范式将在新经济地理上大放异彩，谁掌握了科技创业创新的主动权，谁就掌握了新一轮发展先机。

7.1.1 时代变了，科技亦变

站在近、中、长期规划之交的历史节点与发展拐点上，相对于科技创新工作，一言以蔽之，则是"时代变了，科技亦变"。为什么当前及中长期是"时代变了"？主要有三层含义：一是伴随安全变局、科技革命与产业变革，当前最大的变化就是新一轮产业技术革命全面爆发，将成为人类社会、全球经济、国家繁荣、地区发展最大的变量与驱动力，提供了新的发展契机。与以往产业技术革命所不同的是，这一轮产业技术革命打破了生产方式决定生活方式的逻辑，转而以生活方式反向决定生产方式，呈现出科技革命日新月异、产业变革大破大立的发展态势，不仅涌现出大量前沿科技、黑科技、硬科技，还将促进全球经济加快进入新经济时代。二是对内而言，主要是中国的发展阶段从低收入国家向中高收入国家迈进、从工业化后期逐步向后工业时代转变，成为新时代新发展的客观条件，提出了新的需求。将逐步从最大的生产国、出口国以及制造大国到最大的消费国、进口国乃至科技大国，从全球最大的新兴经济体到全球最大的经济体，全球经济中心、经济重心将全面转移到中国，单靠跟随创新难以持续引领支撑科技强国建设。三是对外而言，主要是新一轮全球化变了，一方面制造业全球化、服务业全球化进一步走向创新全球化，打破了以往以制造业全球化为主导的全球经济活动方式，加速了开放式创新，创新了全球经济活动方式；另一方面伴随贸易保护主义，逆全球化、去全球化趋势加深，国际竞争走向体系对抗与体制深化，形成倒逼压力。"时代变了"，毫无疑问的则是"科技亦变"。

  这主要体现在如下几个方面：一是科技创新的内涵随功能地位而变。伴随人类社会从无农不稳的农业文明、无商不活的商业文明、无工不富的工业文明到无科不强的创新文明演进，科技成为带动国民经济社会发展的强大引擎。以往作为科教文卫工作之一部分的"小科技"逐步向引领经济社会高质量发展的"大科技"方向转变，以科研、科教、附属于产业的"科技工作"逐步成为以产业导向、体现创业创新、加速生态赋能、深化结构改革、扩大对外开放等属性的"科技创新"工作。二是科技创新的层级随战略导向而变。在中国改革开放第一个四十年，尤其是"入世"以来，我国在自主创新战略下，通过引进消化吸收再创新、合作创新以及独立研发等形成了以跟随式创新、适应性创新、集成型创新为主的创新范式。在第二个改革开放四十年，尤其是在中长期内，需要在局部领域引领创新、主体上自主创新的战略导向下，形成引领性创新、颠覆式创新、原始性创新与跟随式创新、适应性创新、集成型创新并重的创新范式。三是科技创新的重心随发展阶段而变。近年来，在我国产业地图与创新版图上，逐步出现了创新从园区走向城市、产业从城市走向城市圈、开放从城市群走向经济带的发展态势。以超级城市群为极点，以经济带为辐射面，以创新型城市为主要单元，以园区为节点，将成为国内科技创新工作的新结构。四是科技创新的路数随创新布局而变。在科技创新布局方面，基本上遵循了国家/区域创新体系、国家/区域创新网络、国家/区域创新生态三个代际。最早是按照创新区域、创新城市、创新平台、创新园区、创新项目来建立完善自上而下的创新体系，让创新有地可依；后来是促进政产学研多位一体的开放式创新格局，让创新成为集体行动；如今则需要以新经济生态圈构建为核心，以科技服务带动科技创业、以科技创业带动科技创新、以科技创新带动新兴产业。五是科技创新的范式随产业发展而变。伴随产业发展从工业是工业、商业是商业、消费是消费、供给是供给以及三产泾渭分明，逐步走向工商一体、产业跨界，尤其是消费反向决定生产，推动创新范式从正向的链式创新，走向反向资源配置的逆向创新。

7.1.2 制造变富，科技图强

自中国"入世"以来，伴随中国制造的"野蛮生长"而来的产业需求以及扩大开放"市场换技术"的红利，中国的科技对产业发展、经济建设以及社会发展，起到了重要的支撑作用，甚至在局部领域具有较强的引领作用，并呈现出如下现状及趋势：一是科技领域上从以跟跑为主到跟跑、并跑以及领跑并重。自上一轮国家科技中长期战略（2006—2020年）实施以来，伴随中国制造崛起，中国的科技创新由过去地跟跑为主，逐步地转向更多领域中并跑、领跑，有关统计表明科技进步贡献率由52.2%提高到57.5%，重大创新成果不断涌现，新技术、新业态、新模式逐步引领世界潮流。人工智能、大数据、云计算、物联网、移动互联网、新一代通信等新一代信息技术融为一体，并与空间技术与工程、自动驾驶、细胞研究、先进材料、再生能源、节能技术等相结合，将对中国产业转型升级与经济产生深远影响。二是创新层级上从软创新、薄创新加速转向厚创新、硬科技。在科技创新带动支撑下，产业技术创新从面向应用创新、实用新型、商业模式创新支撑为主的薄创新、软创新，加快向强化基础研究、自主可控与安全可靠、成系统成体系等特点的厚创新、硬科技方向发展。在新材料、集成电路、生物医药、高端装备等技术依赖型产业领域以及基础零部件、"核高基"等产业基础能力方面，先后取得系列突破。三是科技投入上加速两级政府、大中小企业以及社会共投。在科技投入方面，中央政府、地方政府自上而下财政科技投入成为科技创新的重要推手；大企业成为覆盖技术生命周期、全创新链投入的重要主体，并带动科技型中小企业的研发投入；产业投资、创业投资、天使投资等社会资本，在新研发、新科技方面不仅发挥了重要的资金杠杆作用，还起到了重要的产业组织作用。四是创新高地从高新区为主逐步走向创新城市与城市群。在以往发展阶段与体制机制下，推动科技创新、提升自主创新能力、建设创新体系的核心载体主要是国家高新区，近年来诸多创新型城市纷纷跳出高新区的政策覆盖范围、生态环境，形成全域创新之城。创新型城市或者全域创新之城，已然成为科技创新高地，并在局部范围内呈现出城市群协同发展态势。五是技术来源从市场换技术到自主研发与合作创新为主。改革开放第一个三十年，伴随全球产业转移与中国的对外开放，中国逐步通过"引进消化吸收再创新"以及"市场换技术"等方式，迅速实现了适应工业化发展的科技创新体系。近十年来伴随创新驱动战略深入实施，自主研发、

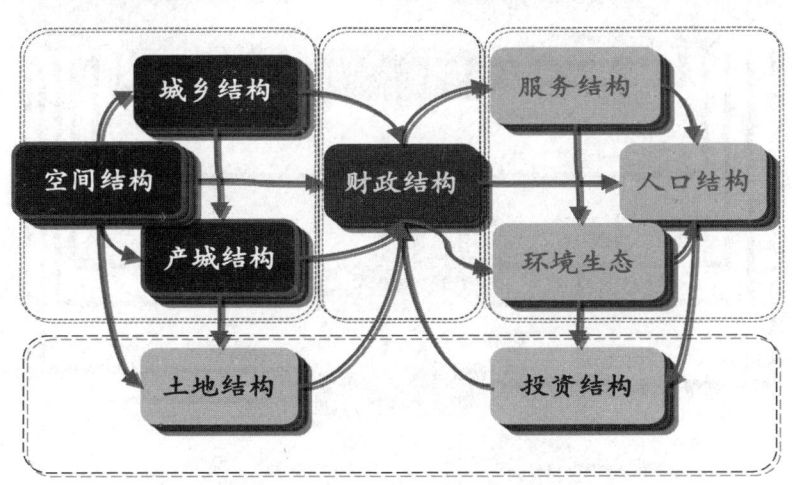

图：城市开发建设"商业模式"画布

合作创新逐步加大。伴随越来越多新兴产业技术领域处于同一起跑线，以及美国贸易保护主义等倒逼压力，以原始创新为核心的技术源头既具备条件，也具备一定基础。六是科技伦理逐步从科技创造财富到科技向善方向发展。在科学技术是第一生产力的论断下，科技主要用来创造生产力和财富；伴随前沿科技发展日新月异，科技不仅被用来创造生产力和财富，更重要的是带着道德情操给人类社会发展创造福祉。尤其是科技创新活动中人与社会、人与自然、人与人关系的思想与行为准则，即科技伦理越来越重要，规定了科技工作者及其共同体应恪守的价值观念、社会责任和行为规范。最受尊敬的企业，不仅仅是利用科技手段赚钱，更重要的是为全人类以及全世界发展谋求福祉。

7.1.3 新经济范式呼之欲出

如何认识科技对区域发展的引领支撑作用，核心是认识科技以及科技创新在新经济地理条件下，究竟发挥什么作用、如何发挥作用。这其中，以信息技术的突破及推广应用加速产业变革离不开科技，生产力的整体提升离不开科技含量与技术构成；与此同时，创新驱动的核心是对人的价值驱动，哪里的生态最好不是指自然生态，而是指创新生态。也就是说，脱离科技

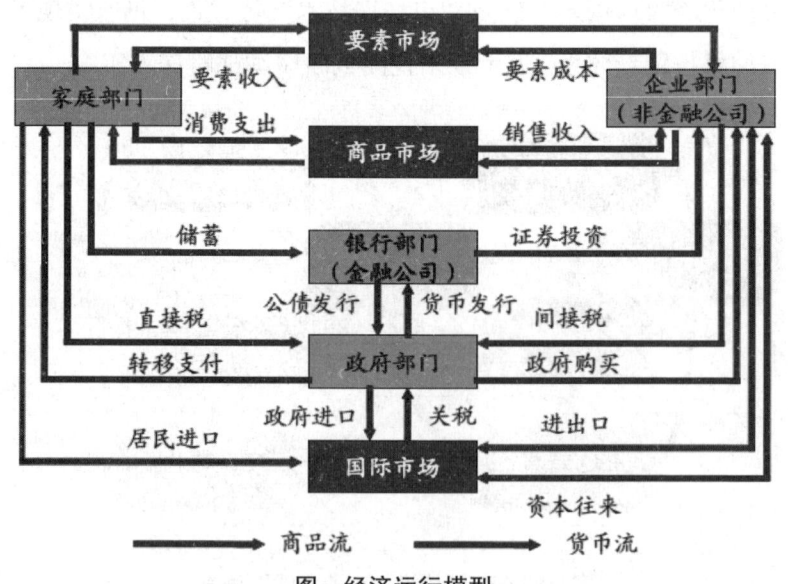

图：经济运行模型

和科技创新谈新经济地理毫无意义；更进一步而言，科技是新经济地理的推动者与组织者。在科技赋能区域、科技创新带动区域发展的实践中，也出现了如下现象：科教型城市不一定是创新能力最强的，但毫无科教智力资源的城市就没有创新能力；创新能力最强的往往不是科教型城市，但没有一个创新型城市不重视科教智力资源的布局及配置。其背后的规律在于，在创新面前：一是城市氛围比科技基础更重要——不是高新区成就了城市，而是城市成就了高新区；二是企业家比科学家更重要——企业家的天职是创新，科学家重在科研；三是创业比创新更重要——创业是最大的创新；四是市场机制比政府作用更重要——寻找政府作用的市场边界；五是开放创新比闭门造车更重要，其原因在于，创新不是一味"输血"的科研，而是能够"造血"、赚钱的技术经济。

中国"入世"后，我国通过贸易部门带动工业部门把农村剩余劳动力转化为产能，逐步形成了以"出口拉动、划地成园、招商引资、规模制造"为代表的外向型工业经济体系与传统工业化发展模式，实现了经济高速发展，但也积累了大量长期结构矛盾。进入高质量发展阶段，迫切需要向"创新驱动、内生增长、开放协同"的开放型创新经济方向转型，核心是大力发展"新经济"。在过去，"新经济"往往被简单地理解为互联网经济，甚至把"新经济"与"工业经济"对立起来。"新经济"不单纯是一种新的经济形态与新的经济范式，还是一种经济发展的段位与思维，其本质是一种消费反向决定生产的、生产消费两边通吃的、打破产业界限的经济形态与发展范式。它源自工业经济和现代服务业，是对工业经济、现代服务业的创新和超越，而不是其替代和对立。伴随中国改革开放长期结构性矛盾的"内忧"，中美贸易摩擦背景下的"外患"，以及新冠疫情以来的"天灾"，近年来新经济现象大量涌现，尤其是新冠疫情后出现全面迸发之势，主要反映在如下方面：

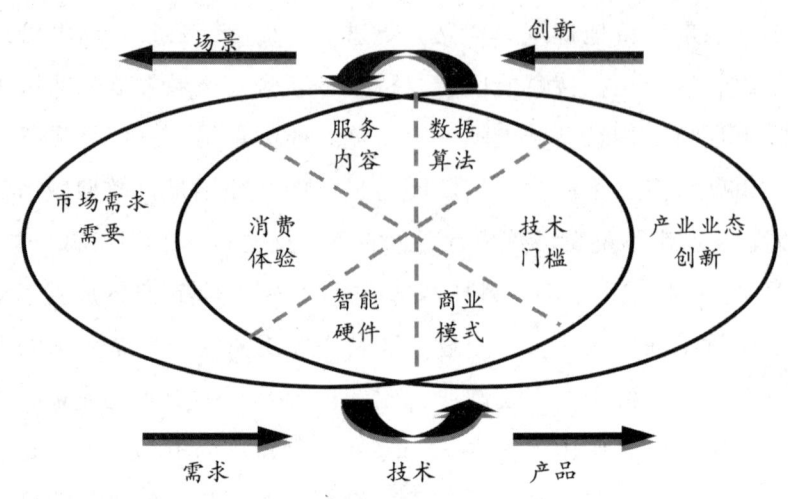

图：场景创新成为驱动力

一是新场景。"场景"就是以往需求拉动的升级版，是潜在市场、潜在需求与数据算法、数字内容、服务体验、智能硬件等方面的结合，最能代表各次产业之间的跨界业态创新。新冠疫情进一步倒逼生活方式社交化、生产方式智能化、治理方式数字化，为经济社会运行和发展提供了全新的场景，此后将在新兴经济逐步受到追捧。

二是新研发。"新研发"就是打破以往基础设施、基础研究、应用研究、商业研究、转移转化、产业化的正向的链式创新，转向反向资源配置的逆向创新，以及政产学研金介用的垂直创新，并呈现出适应大科学、面向新产业的特征。在中美贸易摩擦中对"卡脖子"技术的倒逼、对自主可控的要求下，地方政府大力布局新型研发机构，大企业通过高效率的创新组织与产业组织提高新研发效率效益。

三是新赛道。以往的赛道更多的源自同一产业价值链的分解融合，除了一些硬技术突破催生了新业态新产业，大部分是在信息技术条件下改造2C的生活方式、2F消费方式而产生。如今产业发展的新赛道更多的来自不同产业之间的跨界融合，不仅进一步改变和颠覆生活方式、消费方式，还进一步改变和颠覆2B的生产方式、2G的治理方式，并最终实现2C、2F、2C、2G的贯通。

四是新物种。伴随非线性增长企业梯队的涌现,以哪吒企业、瞪羚企业、独角兽企业、龙企业等以动物与神话传说为命名的企业越来越多,在科学、技术、商业、产业之间夹杂着浓厚的浪漫主义与现实主义。新物种的出现,不仅打破了从贸易销售或代理进入生产制造、再介入研发创新、最终形成"产供销人财物"一体化的传统发展逻辑,还打破了以往"小微企业–规上企业–骨干企业–龙头企业–跨国公司"的线性成长机制。

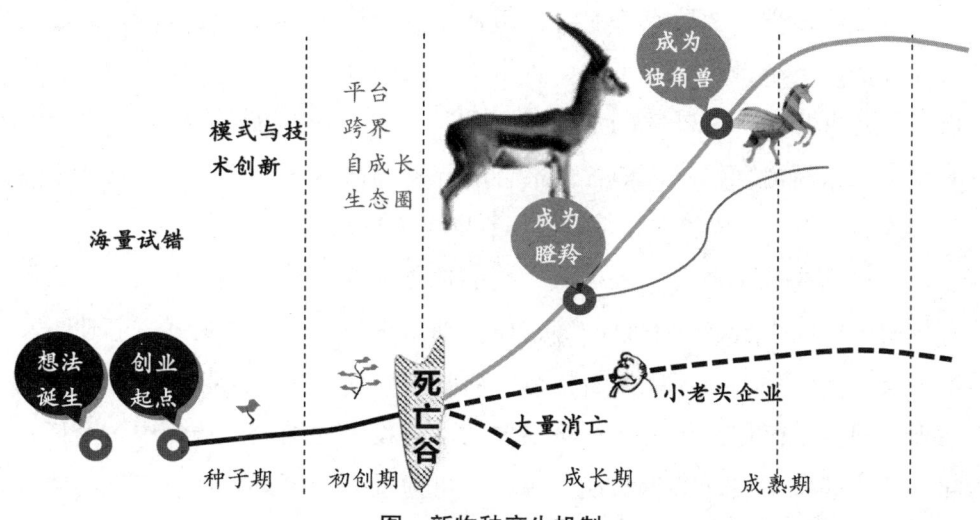

图:新物种产生机制

五是新组织。以往政府在产业促进中,更多的是借助技术改造升级优化技术构成,借助产业集群优化产业组织等,体现出浓厚的工业经济色彩。如今则采用以"上云用数赋智"为代表的组织方式,将创新经营业态、赋能技术构成、优化产业组织、转变生产方式等有机结合,助力新经济与传统工业经济的新旧动能转换进行有机结合。这其中,以产业互联网为代表的新组织,成为互联网下半场的主攻方向。

六是新枢纽。从最早的企业与市场的替代关系、到市场与集群的替代关系、再到集群与平台的替代关系、乃至中心化平台与去中心化生态的关系,生产组织方式、资源配置方式、产业组织方式、创新生态方式等不断地迭代成为产业创新发展的枢纽机制。如今逐步从传统的产品企业,走向具有产业组织与资源配置功能的平台企业,再到以数智驱动、高维世界的生态企业。

平台企业、大企业平台化以及产业组织者等成为新宠。

七是新基建。打破以往"铁公基"为代表的传统基础设施建设模式，转而以技术创新为驱动、以信息网络为基础、面向高质量发展需要，重点借助5G、大数据中心、人工智能、工业互联网、特高压、新能源汽车充电桩、城市轨道交通等领域突破，加快形成软硬结合、数智兼备、线上线下、低开高走的发展形态，为数字转型、智能升级、融合创新等提供数字基础设施。

八是新治理。从适应工业时代与官僚运作体系的科层化管理，到适应新经济条件下小微化、扁平化、自组织、无边界、平台化、生态圈、自成长等特点的组织模式，围绕上中下的"位"、左中右的"圈"、前中后的"台"涌现出若干新治理模式，如各地推行的开发园区管理体制改革、阿米巴企业经营模式等，加快建立完善新经济制度与治理结构。

以往的高技术产业发展模式，更多地体现在科技创业、孵化器、大学科技园、风险投资、产业集群等，如今则出现了更多的新场景、新研发、新赛道、新物种、新组织、新枢纽、新基建、新治理。这些新经济现象的系列出现，不仅仅是作为新经济发展的基础设施而绽放，还为中国全面走向新经济提供了发展共识与动力源泉，更为进一步探索新经济发展之路开辟了视野和空间。

7.2 中国城市创新版图重构

伴随新经济城市的异军突起，中国的创新版图将呈现出新的空间结构与竞争新格局。在新的历史条件下，不同城市需要反思自身发展模式，处理好科技创新与产业创新的关系，以创新驱动实现产业跨越，进而在新一轮城市格局重构过程中取得一席之地。

7.2.1 中国创新版图将重构

当前及未来相当长一段时期内，中国的创新版图将呈现出"三极四带百城多平台（节点）"的空间结构与竞争新格局：

"三极"就是立足京津冀、长三角、粤港澳三大城市群，创建具有全球影响力、国际引领性、地区带动性以及新时代特色的三大世界级创新高地与战略增长极。三大城市群围绕科技创新战略平台建设以及新经济生态构建加速区域一体化，加快构筑空间范围纵横交织、产业分工优势互补、创新生态共生共荣、基础设施互联互通、思想文化开放包容、体制机制相互弥合的创新共同体。具体而言，京津冀创新经济增长极需强化国家战略布局承载力，提升市场资源配置能力与产业创新协同能力，强化国际交流合作、全国技术辐射以及北方经济带动；长三角创新经济增长极需突出产业导向、市场机制、企业主体的创新优势，积极对接国家战略布局，提高科教智力密集度，全面激发创业创新活力，带动长江经济带开放创新，加速海上丝绸之路建设；粤港澳创新经济增长极需突出开放创新优势，进一步在全球范围配置资源、创造财富，抢占产业主导权，辐射华南西南、南亚东南亚等地区。

"四带"就是围绕长江经济带、黄河经济带、丝路经济带、沿海经济带，创建具有国家创新主体功能、形成开放创新格局、加速新一轮经济高质量发展的四大创新经济带。四大创新经济带着力提升自主创新能力、产业生成能力、科技服务能力、资源配置能力、生态赋能能力、制度创新能力，深度促进科技与经济、产业与金融、产业与产业深度、科技与地区四个深度融合，带动我国加速从外向型工业经济向开放型创新经济方向转变，探索具有地区特色、新时代活力、高质量发展的自主创新之路。具体而言，长江经济带重点面向南方创新经济共同体构建，黄河经济带重点面向北方创新经济共同体构建，丝路经济带重点面向陆上丝绸之路经济带建设，沿海经济重点面向海上丝绸之路经济带建设。

"百城"就是培育百座创新之城，包括10座具有全球影响力的全球创新之都、10座具有国际竞争力的国家全域创新之城、30座具有区域引领作用的创新型城市、50座具有区域特色的创新型创建城市。"创新之城"的核心是建立完善以硬科技创业为导向的新研发新转化、以新兴产业生成为目标的新梯队新高地、以创新生态赋能为核心的新服务新格局、以新治理为根本的新制度新机制，全面实现"新创业－新研发－新服务""高新企业－高新产业－高新园区"，"新要素－新生境－新格局"以及"创新治理－资源配置－制度安排"的高效循环。

"多平台（节点）"就是培育壮大发展一批以国家级创新功能区为主体、省级高新区（开发区）为后备、其他创新型战略平台为补充的多层次、多形态、多功能的创新功能平台（节点）。在"多平台（节点）"上，逐步形成产业跨界融合、企业协同发展、资源要素聚合、空间服务耦合、开放创新合作的局部开放创新生态圈，建成具有新时代活力的创新生态与新兴产业组织体系。

7.2.2 城市创新更加多样化

在不同的发展阶段，不同的经济部门先后成为经济运行的重要力量。譬如，在计划经济条件下，最早是计划委员会操纵经济部门；后来推进市场经济，民营经济部门带动增量改革；再后来在外向经济条件下，是贸易部门带动产业部门。伴随中国发展阶段的变化，创新驱动从一种名义上的口号逐步变成了很多地方的实际战略，科技创新成为支撑带动创新驱动发展的核心引擎，如今则需要科教部门引领产业发展。从国际范围来看，在不同国家或地区出现了不同的创新之都。如硅谷是自由竞争市场经济条件下的全球创新之都，中关村是政府周边市场经济条件下的中国创新之都，深圳是政府引导的市场经济条件下的国际创新之都。就国内而言，判断一个地方科技创新能力是否突出，取决于四个方面，一是科教智力有没有集聚，资源集聚是前提；二是创业创新活不活跃，科技创业是灵魂；三是高新产业发不发达，产业生成是主线；四是商业氛围浓不浓厚，文化氛围是根本。

在这个判断下，我国创新型城市主要有如下发展模式：一是科教智力资源相对薄弱，但民营科技迭代创新活跃，高新技术产业充分发育。最典型的城市就是深圳，"十二五"时期某些产业还处于"山寨"阶段，但如今成为公认的国际创新之都。二是科技智力资源并非绝对富集，但产业发展发育较为充足，科技创业创新加速溢出。比较典型的是上海，更多的是工业化发展到一定阶段，有很多高端人才溢出创业创新，带动了创新能力与创业活力的提升。三是科教智力资源较为富集，新兴产业发展发育不足，但政府组织动员能力突出。比较典型的是一些具有一定科教智力资源的省会城市，如成都等。四是科教智力资源较为富集，但民营科技创业创新不足，高新技术产业发育不足。最典型的就是西安,面向前沿技术的硬科技色彩浓厚,但面向商业模式的软创新不足不够,缺乏原创新兴产业集群。五是科教智力资源较为富集,但依靠海外高端人才回归,高新技术产业发育畸形。最典型的是北京,很多内生的资源服务于全国,很多高新技术产业是海外留学归国人员创业生成的,高技术服务与高技术制造错配。某种意义上,很多城市的创新模式都需要因地制宜和迭代超越,也都具有很大的改进空间,核心是把科技智力资源、创业创新活力、商业氛围生态以及新型产业组织有机结合在一起。

7.2.3 产业创新成为着力点

瞄准未来新兴产业、原创新兴产业、战略新兴产业、传统优势产业等发展的战略制高点、技术主导权与发展主动权,支撑面向现代产业新体系以及现代化经济体系构建,着力提升产业技术创新能力,加快创新范式从跟随创新、适应创新、集成创新向引领创新、颠覆创新、原始创新方向转变,强化优化前端基础研究、中端共性技术、后端应用技术的供给及供给结构。重点是面向产业谈技术,围绕技术讲创新,透过创新促产业,尤其是从注重技术生命周期后端的产业化逐步向中前端方向位移;不再是从单纯的技术预测到科技项目计划,而是通过新技术新业态反向预测、开放式配置有限的科研资源,引导社会资本加快产业技术创新。

一是面向现代产业新体系。未来支撑地区发展的现代产业新体系,将是由未来新兴产业、原创新兴产业、战略新兴产业、传统优势产业等有机构成。其中,未来新兴产业指的是依靠前沿技术创新、硬科技创业,当前尚未形成产业、未来将对产业变革以及经济社会发展起到关键作用的产业,从目前来看主要是由人工智能、数字技术、生物技术等带动的智能科技、数字科技、生命科技。原创新兴产业指的是某一产业或其细分领域在某一地域率先出现、形成规模,并对本地产业形成较大带动系数、对全球业态创新或产业创新起到重大影响的产业,主要依赖于区域创新、产业试错与体制机制创新等。战略新兴产业主要体现为战略性强、技术含量高、带动系数大,在地方经济发展中处于主导地位、发挥主体作用,并在国际上具有竞争力的产业。传统优势产业指在通过产业跨界融合、业态创新、新旧动能转换等出现新的爆发点的产业。

二是抢占产业技术制高点。重点加速前沿技术"抢跑",促进尖端技术"并跑",加强瓶颈技术"跟跑"。依靠前沿技术研发、硬科技创业、深科技应用等,在与国际相比具有局部优势的先进技术领域加快抢跑,进一步扩大领先优势;加快将厚创新与薄创新、硬科技与软创新相结合,在与国际处于同一起跑线的先进技术领域加快并跑,要找到突破点,加速形成领先优势;围绕国际上成熟、国内较为薄弱或落后的关键技术、瓶颈技术,以非对称战略创造机会加速换道超车。

三是优化技术创新新机制。伴随产业价值链的分解、融合以及跨界,全球经济形态由以规模经济和成本优势为特征的工业经济转向以创新驱动为特征的创新经济,迫切需要探索新的创新范式、组织方式、赋能模式,全面激活释放新型企业创业创新活力及产业竞争力。从创新范式来看,相较于正向配置资源的链式创新,以市场需求为导向、以企业家为主导、以产业发展为落脚点的逆向创新,能够从产品终端、行业场景、市场交易等后端反向配置及整合资源,将实现创业、研发和产业化的高度一体化,是短周期的、最经济的创新范式。

7.3 区域发展亟待科创引领

在新的历史条件下,突出科技创新在区域发展的创新驱动的作用,前提是政府处理好市场失灵与培育市场的作用发挥,两者不可偏废且需要互动发展;核心是优化科技创新工作的顶层设计,发挥政府地区或城市创新生态建设的顶层设计者、建设者和维护者的地位及作用;主线是探索科技创新新路数,实现"新创业-新研发-新服务""高新企业-高新产业-高新园区""新要素-新生境-新格局"以及"创新治理-资源配置-制度安排"的高效循环。

7.3.1 市场失灵和培育市场

如果从市场微观行为来看,美国政府看似没有直接插手;但很多方面政府却提供了强有力的支持。某种意义上,在中美科技政策上,在国家层面中国需要学习美国；但在地方层面，美国需要学习中国。实际上，正是由于美国历史政治传统中对中央政府的限制，美国在国家层面设立的科技部只有总统科技政策办公室、联邦科学工程和技术协调委员会等，但这不代表美国政府不重视科学。与之相反的是，美国国家层面的科技政策机构、协调机构等，更能够从立法、多元投入等方式优化顶层设计，"有所为，有所不为"，更多地让地方政府、工业科技界发挥应用的作用。

整体而言，政府在市场面前，不仅具有解决市场失灵，还有培育市场的职能，这一点对于发达国家还是发展中国家都适用。这里所说的在国家层面中国需要学习美国，就是通过法律、财政科技以及科技政策等手段优化顶层设计、建立完善科研创新体系、加大多元资助等以解决市场失灵。无论是美国自上而下的创新体系，还是市场化的创新生态，都具有较大的参考与学习价值。这里所说的在地方层面美国需要学习中国，就是地方政府如何通过科技创新、产业组织以及创新功能区发展等培育市场。中国地方政府在科技园区与新兴产业组织上，发挥的作用有目共睹。从这个意义上，在推进科技创新工作过程中，对于解决市场失灵与培育市场，以及发挥国家顶层设计与加强地方组织动员，需要"两手抓，两手都要硬"。

7.3.2 科技创新的顶层设计

当前，很多城市加快从工业经济走向创新经济、从外向经济走向开放经济、从集群经济走向生态经济、从县域经济走向都市经济、从市场经济走向活力经济，亟待提升科技对区域与城市发展的核心作用。科技不光是在创造生产力和财富的过程中"求富"，还要在经济社会建设发展过程中"向善"。一是强化科技对产业发展促进作用，依靠科技创新抢占产业技术制高点、新兴产业主导权以及新兴产业发展先机。二是强化科技对城市功能提升，以科产城人融合发展促进创新功能、产业功能、城市功能的有机结合。三是强化科技对开放合作加强作用，以高端链接带动高端辐射，从商品输出、产能输出到资本输出、技术输出。四是强化科技对营商环境影响，从注重加强法治营商环境建设到优化创新生态，从推拉并举到生态赋能。五是强化科技对社会治理优化作用，以数字治理、智能治理带动现代治理。

当前的科技创新工作，核心是成为地区或城市创新生态建设的顶层设计者、建设者和维护者。尤其对于经济建设与产业发展而言，科技创新的主线是围绕"创业之叶、企业之茎、产业之干、生态之根"，强化科技创新工作的四大发展属性——作为创新生态的圈子、作为条件平台的流量、作为科教源头的资源、作为科技服务的价值；突出科技创新四大作用机制——资源配置、产业促进、生态赋能、专业支撑。具体而言，在创业上，需要从创新资源到创业实体，作为科教资源的源头加强资源配置；在企业上，需要从创业实体到企业成活，作为科技服务的价值加强专业支撑；在产业上，需要从企业成活到产业生产，作为条件平台的流量加强产业组织；在生态上，需要从产业生成到产业生态，作为创新生态的圈子加强生态赋能。在解决市场失灵与培育市场方面，无论是国家科技部门抑或地方科技部门都需要避免行政化、职能化，真正成为"有所为，有所不为"的发展部门与服务部门。

7.3.3 科技创新工作新路数

站在改革开放的第一个四十年到第二个四十年的历史拐点上，地区或城市创新驱动发展的核心，是围绕新时代高质量发展指引及要求，将引领创新与自主创新相结合，突出"新源头、新动能、新生态、新治理"四大时代主题，建立完善以硬科技创业为导向的新研发新服务、以新兴产业生成为目标的新梯队新高地、以创新生态赋能为核心的新要素新格局、以新治理为根本的新制度新机制，深度促进科技与经济、产业与金融、产业与产业、科技与地区四个深度融合，实现"新创业－新研发－新服务""高新企业－高新产业－高新园区""新要素－新生境－新格局"以及"创新治理－资源配置－制度安排"的高效循环，加快形成产业跨界融合、企业协同发展、资源要素聚合、空间服务耦合、开放创新合作的新经济生态圈，加快建成全域创新之城，探索具有地区特色、新时代活力、高质量发展的创新之路。

一是新源头活力涌现。突出"新创业－新研发－新服务"三大源头，建立完善以高水平科技创业为导向的新研发新服务，突出研发创新转化一体化垂直创业、加速反向资源配置的逆向创新，不断提升创业源头、创新源头、服务源头"永动机"的作用。进一步将软创新与硬科技创业相结合、突出研发创新转化一体化的垂直创业，坚持以"产业导向的研发方向、市场运作的枢纽平台、企业主导的伙伴计划、政府引导的组织方式"为代表的逆向创新模式，加快形成以科技服务带动科技创业、科技创业带动自主创新、自主创新带动新兴产业发展的新路径。

二是新动能爆发成长。突出"高新企业－高新产业－高新园区"三大新动能，加快形成以"新业态创业－高新技术企业－瞪羚独角兽企业－高科技大公司"为代表的新经济企业梯队，不断提升企业协同发展、产业跨界融合、区域平台赋能水平，促进产业数字化、园区场景化、创新生态化相结合，打造具有世界影响、国际引领、国内辐射的创新高地、产业高地、区域地标，不断提升企业协同发展、产业跨界融合、区域平台赋能水平，促进产业发展模式、企业发展模式、园区发展模式协同演进。

三是新生态赋能加持。突出"新要素－新生境－新格局"循环，促进人才、资本、专利技术、经验知识等创新资源高效对接及循环，加快形成以创新生态赋能为核心的新资源新格局，不断提升资源配置能力、开放创新新格局、环境氛围新生境发展与服务水平，探索生态赋能型组织方式与发展结构。建立完善适宜自主创新及新兴产业发展的创新发展环境与文化氛围，以内向的国际化高端链接、外向的国际化高端辐射加快拓展开放创新新局面，探索生态赋能型组织方式与发展结构。

四是新治理结构优化。立足新经济生态构建与创新生态演化规律，推动面向新组织、新业态、新场景、新动能，"点、线、面"结合的新经济制度系统创新，不断提升治理能力现代化水平，建立完善促进自主创新与新兴产业发展的政策体系、符合新经济形态与新经济模式发展规律的制度安排。政府加快成为创新生态顶层设计者、建设者、维护者，加快从第二方科技行政服务向第三方创新服务集成、第四方新兴产业组织方向发展；将企业主导的市场资源配置、产业主导的全球资源配置、政府主导的跨行政系统配置资源相结合，完善资源配置体制机制；加快建立完善"点、线、面"结合的新经济制度，破除制约自主创新与新兴产业发展的体制机制障碍，建立完善促进自主创新与新兴产业发展的政策体系、符合新经济形态与新经济模式发展规律的制度安排。

7.4 以创新驱动走向新经济

在进一步探索新经济发展道路与新经济发展模式过程中，不仅需要从企业与市场、市场与集群、集群与平台、平台与生态交织嵌套中锻造高能级生态圈"顶天"；还需要通过新经济系列创新将产业、园区、供需、企业、产品、运营、市场重新做一遍，加速创新引爆点"立地"，最终以新经济带动经济社会轻盈地腾飞与高质量发展。

7.4.1 亟待高能生态圈顶天

无论是新经济发展，还是产业创新发展，核心是在创新生产方式、重构生产关系过程中解放和发展生产力，具体体现在形成怎样的发展结构与组织方式上。按照"二八原则"，尤其是在工业时代的产业结构、企业结构、市场结构，一般是中心化的发展结构，或者是"极化"的结构，也就是少数市场主体占有和掌握大量的财富和资源，体现以大企业大财团为主导。而新经济对工业经济的超越和发展，就是从中心化（极化）、去中心化、再中心化、再去中心化，最终形成非中心却有中心的发展结构。所谓"去中心化"，就是增量培育或增量改革，体现在边缘式创新，以增量培育带动存量提升。在经济发展实践中，往往是在市场竞争与产业集群上，优化产业链中上下游大中小企业之间的关系。"再中心化"就是借助信息技术在上下游、供需端、买卖方之间形成具有产业组织、资源配置、协同创新等作用的平台，平台企业则在一定程度上取代产业集群成为重要的产业组织者。"再去中心化"就是从中心化的平台经济到立足平台经济、去中心化的生态经济，最终在产业跨界融合中，全面打破产业的界限、商业的疆域、企业的边界、技术的锁定。伴随工业经济条件下的产品经济、到信息经济条件下的平台经济、再到数智经济下的生态经济，以"看不见"的开放创新生态圈大力发展"摸得着"生态经济，成为互联网进入下半场、新经济走向新阶段的核心。

在此过程中，任何创新主体在发展段位、成长方式、组织方式、协作方式上，需要实现如下四个方面的转变：一是从你死我活的低维竞争到共生共荣的高维竞合。从"非黑即白"的竞争思维到"对立统一"的竞合思维转变，是能否从低维、低段位到高维、降维打击的关键，需要打破窝里横、闭门造车、夜郎自大，进入越开放越创新、越创新越发展、越发展越开放的良性循环之中。二是从物理组合的滚动发展到化学反应的爆发成长。不是在机械地"政产学金介用"一体化条件下，实现从科技创新及产业化项目立项、科技创新攻关、产业化组织实施的线形发展；而是在顶层设计、产业组织、信任背书、股权纽带、战略投资、要素聚合、人才流动之下，形成创新迭代能力、产业生成能力以及爆发成长。三是从生产函数的投入产出到生态能场的输入输出。不再是基于一定技术条件，通过对土地、资本、资源以及劳动力的"投入－产出"形成要素驱动、投资驱动；而是在场景需求拉动、数字生产要素、智能技术条件、平台组织实施、创新生态赋能下，通过对圈子的流量、源头的资源、服务的价值等有机组合，产生新技术、新模式、新业态、新产业等能量。四是从有限的局部创新生态到高能级全面创新生态。"有限的局部创新生态"往往是"穿着生态圈马甲的供应商"或者"披着第三方平台外衣的第二方产品服务提供商"。高能级全面创新生态，就是将"第四方新兴产业组织＋第三方创新服务集成"，带动"第二方的生产制造商、服务运营商、产品供应商"等，最终以"平台的平台"发展高能级开放创新生态圈。

7.4.2 触发创新引爆点立地

伴随新经济的发展，不仅需要高能级创新生态圈建设的"顶天"，更需要触发创新引擎引爆点的"立地"，核心是通过新经济的产业创新、组织创新、生产创新、价值创新、产品创新、运营创新、市场创新，分别把产业、园区、供需、企业、产品、运营、市场重新做一遍，实现"下沉爆发"。

一是在产业创新上，从无中生有到有中生无，用新经济把产业重新做一遍。打破"体制外增量培育盘活带动体制内存量改革"的增量改革以及"以增量培育带动存量提升带动产业转型升级"的"无中生有""有无相生"的思维，更多的是在"有中生无"之中，坚持"没有传统的产业，只有传统的发展思维、商业模式与产业业态"发展理念，重点借助新经济条件、组织模式与业态形态等，打破产业界限、企业边界、商业疆域、技术高原，用新经济把产业重新做一遍。譬如，不仅可以通过产业互联网将渔业从低段位的一产、二产、三产贯通，还可以"5G+卫星互联网"将渔业上升为高维的海洋经济。

二是在组织创新上，从产业集群到产业族群，用新经济把园区重新做一遍。打破以往"空间专业集聚"与"专业空间集聚"条件下，形成具有产业高度集聚、价值链条完善、企业协同发展、服务体系完备、产城深度融合、综合效益突出特点的产业集群发展逻辑，大力发展具有产业跨界融合、企业互联融通、资源高度聚合、空间服务耦合、开放协同创新的产业族群，加快支持产业园区从物理集聚走向生态化、从物理空间走向高维世界。譬如，以往的"专业园"将重新定义，更多地需要同类经济模式与经济形态的创新主体实现聚合和衍生；以往基于物理空间的连片发展也毫无意义，虚拟园区、数字园区将颠覆以往的产业园区和产业集群。

三是在生产创新上，从以产定销到以销定产，用新经济把供需重做一遍。从工业时代、产品思维以及生产正向决定消费条件下的以产定销到新经济时代、用户思维以及消费反向决定生产条件下的以销定产，强化外部需求反向配置内部生产的配置机制，加快从互联网上半场的流量驱动到互联网下半场的数据驱动，以需求侧创新带动供给侧改革，最终用新经济把供需重做一遍。譬如，大众汽车在中国市场上的营销理念，从"唯大众"到"为大众"。

四是在价值创新上，从上云用数到下沉赋智，用新经济把企业重新做一遍。"上云"就是借助虚拟空间打破企业经营发展的时空局限；"用数"就是通过从死的信息到活的数据让企业打通经络更加富有灵感和动能；"赋智"不仅让企业拥有大脑储能孕能，还能借助很多行业级的"四肢"与产品级的"手脚"使能释能。"上云"是出发点，"用数"是立足点，"赋能"是落脚点，只有形成"上云用数赋智"环环相扣，尤其是注重智能的储能、孕能、使能、释能，才能用新经济把企业重新做一遍。

五是在产品创新上，从产业价值链到供应链，用新经济把产品重新做一遍。以往的产品创新更多的是在产业链、价值链视角下开展,从上中下游之中进行定位、围绕低中高端进行攀升;在当前条件下,迫切需要在以供应链数智化的带动下加速金融化、平台化、生态化,最终以供应链整合提升带动产业链、价值链、创新链、资金链、服务链、区块链整合提升。譬如,很多大企业加速推进平台化战略,以供应链整合为牵引,以中小企业创新创业平台为接口,以战略投资实施为股权纽带,不仅实施产业整合、产业组织、产业促进,还借助中小企业的融入,实现新产品构建与新产业板块重组。

六是在运营创新上,从前台后台到中台中场,用新经济把运营重新做一遍。在大数据、人工智能等新一代信息技术大规模应用以前,企业运营运作管理前台往往是市场、销售、拓展等交易合作,以及后台的生产、研发、制造、供应等职能产能。伴随制造即服务、产品即服务、软件即服务,生产与消费、需求与供应高度结合,迫切需要在新一代信息技术与平台思维的带动下搭建数字化的数据中台、产品化的业务中台、平台化的运营中台,更好地整合前台后台。譬如,很多平台企业在加速从消费互联网向产业互联网转型过程中,加快形成"大后台大后方、强中台硬中场、小前端轻前台"的运营结构。

七是在市场创新上,从发现蓝海到降维打击,用新经济把市场重做一

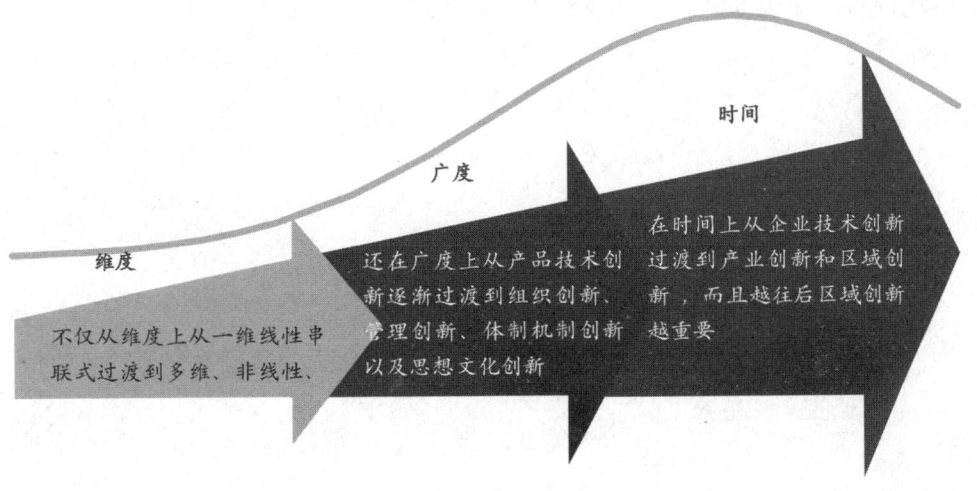

图:创新逐步成为无所不在的空气

遍。打破在以往低段位、低维度基础上,在产业链、价值链、区域链、供应链上寻找挖掘蓝海,更多的是借助高维世界的新产品、新技术、新模式、新业态通过"降维打击",穿透红海的产业价值链,进入新的产业价值网,设定行业景框、设定游戏规则、重构市场空间、创造市场需求,用新经济把市场重做一遍。譬如,在近似最普通的美发行业之中,嵌入基因检测等健康服务,不仅形成新的市场,还实现华丽转身。

当前,安全变局、科技革命与产业变革叠加来袭,并与我国创新驱动发展、产业转型升级、城市结构演变紧密交织。经济社会发展的基本逻辑,从无农不稳、无商不活、无工不富走向无科不强,对于一个地区的产业发展、创新发展、城市发展以及相应的资源配置方式、产业组织方式产生了较大影响。在新经济地理条件下,我国创新版图与城市格局加速重构,任何一个地区或城市的发展需要更加突出科技创新的引领支撑作用,而科技创新工作需要从支撑产业发展到引领产业发展方向发展。伴随顽疾"内忧"、摩擦"外患"以及新冠"天灾",以科技创新为引领的新经济成为高质量发展、新旧动能转换的重要突破口、着力点以及落脚点。在此过程中,不仅需要结构性转换发展段位、成长方式、组织方式、协作方式,还需要系统性加强产业创新、组织创新、生产创新、价值创新、产品创新、运营创新、市场创新,加快以创新驱动全面转向新经济。

08
脚踏城市发展实际：城市战略管理组合拳

"位、势、局、体、域、台、魂、圈、场、器"十大会意字，是国民经济社会发展战略研究与规划的出发点、着力点与落脚点。在战略研究与发展规划的语境中，以上十字不仅具有"微言大义"的原本，还有"见微知著"的逻辑，更有"危言耸听"的气场。只有把握好"竞存之位、发展之势、区域之局、产业之体、空间之域、园区之台、创新之魂、开放之圈、生态之场、组织之器"，才能找到千变万化之中不变的战略和同心多元之中变化万千的战术。下文提出"没有完整的发育就没有充分的发展、没有眼睛朝外看就只能黄牛式拉车、没有通古今与中外之变不足谋一域、没有系统突围只能累死累活单打一、没有虚拟思维就没有完整空间思维、没有3.0理念手段就不要3.0目标、没有工商文明难以走向于创新文明、没有定力内力合力活力就没有张力、没有文化超越基因突变就难处顽疾、没有新组织逻辑就没有新发展逻辑"等逻辑假设，系统性地审视当前及未来的发展要求、发展战略、突围之路、空间结构、战略平台、动力结构、开放格局、发展基因与组织方式[1]。

8.1 充分把握竞存战略之位

整体而言，没有完整的发育就没有充分的发展，需要从经济社会形态演进看当前及未来的发展要求，核心在于把握竞存战略之位。所谓"位"，

---

[1] 本章节主要内容是总论中的总结部分，部分内容可能与上文有一定重叠。

本身是一个会意字。"人"与"立"联合起来表示"一个人站立时候的专属空间"。通俗一点,"位"就是所处的地方,也就是位置、岗位、方位等。不仅对于区域发展,还是对于事物的发展,抑或对人的发展,既不能缺位,也不能越位,更不能德不配位,核心是抢位——抢占先机、站位——高举旗帜、卡位——跟上步伐、补位——查漏补缺。

自改革开放以来,我国大多数地区、区域、城市发展的经济形态在"无农不稳、无商不活、无工不富、无科不强"的逻辑下,往往会历经农业经济、商贸经济、工业经济、创新经济的演变;大多数城市发展形态,从内部到外部经济关系来看,往往会历经封闭经济、内向经济、外向经济、开放经济的演变;除了一批老工业基地依托工厂经济外,很多新兴的工业城市,尤其是日后较为活跃的城市呈现出明显的块状经济特征,此后便朝着园区经济、集群经济、生态经济等方向发展;从经济运行上来看,大多数城市发展历经了计划经济、市场经济、混合经济、活力经济的演变;与此同时,从地理形态上来看,大多数城市发展历经了二元经济、县域经济、城市经济、都市经济的演变。整体而言,只有少数地区、区域、城市"一点没落下",更多地区在不同阶段、不同方面、不同形态的转型中没有抓住应有的机会,这也决定了很多地区、区域、城市在新一轮建设发展、开放创新过程中,不断要补课,还要赶考,更要抢跑。

表:地区经济社会发展形态一般解构

形态/阶段	Step1	Step 2	Step 3	Step 4
经济形态	农业经济	商业经济	工业经济	创新经济
发展形态	自然经济	内向经济	外向经济	开放经济
组织形态	乡镇经济	园区经济	集群经济	生态经济
运行形态	计划经济	市场经济	混合经济	活力经济
地理形态	二元经济	县域经济	城市经济	都市经济

整体而言,无论是五年的短期规划、十年的中期规划以及二十年的长期规划、三十年的远期规划,很多地区、区域、城市发展的核心是围绕"高能级创新、高质量发展、高速度增长",不仅需要借助"他赋优势",通过"拿

来主义"补位跟跑；还需要发挥"天赋优势"，通过"因势利导"站位赶跑；更需要强化"自赋优势"，通过"人择优势"抢位领跑。具体而言，就需要分析其上一个发展周期到底错过了什么，应该对标什么如何补课，把量级补上去；在这一个周期到底应该主抓什么，应该凭借什么区域个性如何赶考，把质变做上去；面向下一个周期的竞存优势，如何在这个周期内培育，到底发挥什么长板或创意，把能级做上去。

表：地区经济社会发展不同段位的不同要求

段位	发展目标	发展基础	发展路径	竞存战略	竞合策略
能变	高能级创新	超我：自赋	人择优势	抢位领跑	科技创新，产业跨界
质变	高质量发展	自我：天赋	因势利导	站位赶跑	产业创新，产业融合
量变	高速度增长	本我：他赋	拿来主义	补位跟跑	要素投资，产业转移

从竞存发展的角度，其方法在于参考类似"田忌赛马"的逻辑，处理好哪些是必须"赢"的、哪些是可以"培育"的。这其中，对于国内外已经成熟的，就不能闭门造车，更多的是"拿来主义"；对于大家基本上处于同一起跑线的，就要坚持"长板论"，不仅让自身长板更长，还要以拉长板的方式补短板；而对于面向未来的，甚至大家都没有的，就要打破资源禀赋论，到"人择优势"——认准了就做、抢占发展先机、再造自我优势。

8.2 宽宏驾驭发展战略之势

整体而言，没有眼睛朝外看就只能黄牛式拉车，需要从外部面临发展形势看当前及未来的发展战略，核心是驾驭发展战略之势。"势"同样也是会意字，由"执"和"力"构成，"执"意为"从高到低滚球丸"，"执"与"力"联合起来表示"从高到低的球丸具有往低地滚动的力"。在任何事物发展过程中，都需要明晰形势、情势，提高位势，保持应有的声势、气势、架势，在不同段位、层级、形态的"势"之中发力。

无论是一个区域的经济社会发展，还是产业发展、科技创新发展，抑或其他专项领域战略或规划，都面临如下几组关系以及若干形势：一是关于外部世界，也就是全球化——新一轮经济全球化与新一轮区域一体化。一般而言，新一轮全球化是再全球化的过程，一方面是从制造业全球化、服务业全球化到创新全球化，决定着产业链、价值链；另一方面，伴随贸易保护主义从去全球化、逆全球化到半全球化，决定着供应链、生态链。新一轮区域一体化是从传统经济地理到新经济地理的过程，一方面全球经济分工与城市格局从去工业城市中心化到立新经济尖峰，城市替代国家参与全球竞争，中心城市走向城市圈、都市圈，尤其逐步呈现出"创新从园区走向城市，产业从城市走向城市圈，开放从城市群走向经济带"的发展态势；另一方面经济地理发展逻辑从"中心-外围"到"前中后台"，创业地理、创新地理、产业地理、人文地理通过人口版图、产业版图、创新版图、财富版图的作用，打破了原来资源型城市、港口型城市、工业型城市的经济地理发展逻辑。

　　二是关于时代际遇，也就是产业技术创新——新一轮科技变革与新一轮产业革命。一般而言，新一轮科技革命主要属性发生了重要变化，一是科技属性上从以往的高科技、高技术到了大科学、硬科技、黑科技、深科技；二是创新属性上从厚创新、薄创新到微创新、软创新；三是经济属性上从以往生产方式决定生活方式到生活方式决定生产方式；四是社会属性上从科技创富到科技向善。一方面有着巨大的想象空间、探索空间、研究空间，另一方面具有高投入、高风险的特点。新一轮产业革命同样出现了更加明显的新经济特征，一是产业规律上从产业分解融合到产业跨界融合；二是生产组织上从生产决定消费到消费决定生产；三是创新范式上从正向链式创新到逆向垂直创新；四是创新空间上从增量盘活存量到存量衍生增量。一方面为抢占新一轮产业发展制高点、产业主导权、产业主动权提供了契机，但另一方面路径依赖、产业规制、消费习惯等顽疾依然存在。

　　三是关于社会发展，也就是国内发展阶段与发展导向——新时代高质量发展与新一轮改革开放。当前我国经济社会进入高质量可持续发展新时代以及整体上从工业化中后期向后工业时代转变的关键发展阶段，政策收紧、银根收紧、土地收紧、要素约束、环保约束、机制约束成为重要的发展条件，以高质量发展带动高速度增长成为重要发展方向。一方面要求系统性切换产业发展模式、城市发展模式与创新发展模式，走出一条集约型高质量可持续发展之路；另一方面处理好创新、协调、绿色、开放、共享之间的关系，以及人口、资源、环境、生态之间的关系。进入改革开放第二个四十年，需要重新认识改革、开放、创新、发展之间的关系，打破改开不放、改而不革的局面。以往改革与开放是一体两面的战略组合，用开放形成倒逼机制，用开放促进新一轮改革，进而释放巨大的活力与红利；如今开放即改革，迫切形成越开放越改革、越改革越开放、越开放越创新、越创新越开放、越开放越发展、越发展越开放的发展态势。

四是关于治理结构，不仅是新一轮全球治理还有新一轮社会治理。从新一轮全球治理重构来看，当前及中未来长远期内全球经济中心与经济中心双重位移，一方面新兴经济体将通过进一步承接国际产业梯度转移加速工业化发展进程，涌现一批创新尖峰城市，有利于进一步建立和完善全球经济政治新秩序与优化全球治理结构；另一方面新兴经济体以及地区发展面临着较大的经济体制转轨与社会治理转型等发展任务，对新兴国家与地方的现代治理体系以及现代治理能力提出了更高的发展要求。当前我国社会主要矛盾已经转化为人民日益增长的美好生活需要和不平衡不充分的发展之间的矛盾。一方面有利于通过城乡一体化、现代都市建设打破二元经济结构，提升居民福利福祉，但另一方面长期累积的结构性矛盾依然突出、城市再平衡矛盾日益突出，尤其是发展动力失衡、空间结构失衡、产城结构失衡、城乡结构失衡、人口结构失衡、服务结构失衡、环境生态失衡日益突出，需要更大决心、更大勇气地攻坚破难与破冰试水。

此外，新冠疫情成为重要的变量。与此同时，新冠疫情的全球化与长期化，在更大程度与范围上成了全球政治经济格局大变局大调整的拐点。当前及未来，全球经济衰退成为大概率事件，全球经济分工与供应链加速重构重组，全球经济社会秩序结构性重塑，国际政治经济将逐步从传统工业经济为核心的全球化进入以新经济为核心的再全球化。尤其是一些出口导向型的贸易国家或地区将面临出口塌陷、内需萎靡、投资不振、税收不足等风险，迫切需要扩大内需、刺激消费、加强基建、促进社会建设等，在新技术、新产业、新业态、新基建、新消费、新场景、新治理、新赛道带动下，加快向开放型创新经济体方向发展。

从"十三五"到"十四五"已然发生如下变化和趋势：一是战略导向上，从高速度增长到高质量发展，需要以高质量发展带动高速度增长。原来就有一个三元悖论，也就是在"稳增长、转方式、调结构"三个政策目标之中只能实现两个。但如今传统的发展经济学需要让位于新的经济发展学，只要有很大的发展的不平衡、不协调、不成熟，就有多大的发展空间。二是发展空间上，从增量剧增到存量聚变，需要从无中生有到有种生无。以往的逻辑是通过体制外的增量培育带动体制内的存量提升，后来是增量培育盘活带动存量提升，如今所谓的"蓝海"基本上不存在。现在更多的是在所谓的红海之中重新发现自己的蓝海，需要用新经济把产业重新做一遍、用新基建把社会重新做一遍、用城市标把城市重新做一遍。三是发展结构上，从重宏观到重微观，迫切需要强化"创业－企业－产业"的发展。不再是从基本面上依靠财政政策"刺激"与货币政策"放水"，更不是借助要素驱动、投资驱动摊大饼，而是强调创业创新活力、企业发展质量。四是组织方式上，从推拉并举到生态赋能，需要以创新生态建设为主线。如今则需要生态赋能，并形成政府搭建赛场、市场开放赛道、企业成为赛手的发展结构。五是资源配置上，就是从海量试错到高效组织，需要强化产业组织与产业促进。不是不去试错，而是在试错的同时，以高水平的产业组织系统性地降低风险、提高效率。这种产业组织或产业促进，有的靠政府，有的靠投资机构，有的靠企业，有的靠其他产业组织者。六是从开放倒逼改革到开放即改革。迫切需要积极探索高质量发展带动高质量增长、旧动能重塑带动新动能培育、微观长效活力带动宏观根深叶茂、创新生态加持营商环境、深化改革带动扩大开放，为"十四五"良好开局打好良好基础。

结合"中长期"不同方面、层面、角度面临的形势，以及"十四五"国内经济社会发展主要形势，不仅从"一正一反"的角度把握相应的机遇挑战，还在千变万化的机遇挑战之中找到大趋势大机会，更多的不是让机会对冲挑战，而是抓住机会无限地放大，通过发展来规避风险和提高应对挑战的能力。对于省域、城市整体战略或国民经济社会综合规划等，重点是产业发展[1]、城建空间[2]、创新驱动[3]、开放格局[4]、社会民生、生态文明、现代治理等。这其中，对于产业发展，重点解决产业体系构建、产业空间布局、产业技术创新、产业组织方式等问题；对于科技创新，重点解决产业技术创新、创新空间机构、条件平台建设、创新主体培育、科教智力资源、科技服务赋能、场景驱动应用、创业创新生态、国际科技合作、科技管理改革等问题。

8.3 运筹帷幄区域战略之局

整体而言，"局"亦是会意字。"从尺从口"，"棋盘也"。所谓"不谋全局者，不足谋一域；还没有通古今与中外之变不足谋一域，需要从区域发展结构变迁看当前及未来的战略取向，核心是掌控区域战略之间。谋万世者，不足谋一时"。对于任何地方、区域、城市发展而言，洞悉局势、局面、时局、战局，顾全大局，放大格局，加快布局，突围破局，超越局限或局促，取得更好的结局。

如果把改革开放（1978）、市场化改革（1992）、中国"入世"（2001）、国际金融危机（2008）、步入新时代（2017）年作为很多地区、城市发展阶段划分的时间节点，除了第一个阶段的起步发展期，中间经历了几轮城市发展的"分水岭"，分别是市场化改革、制造业腾飞、"五化协同"[5]以及双高发展阶段。当前及未来，迫切需要在政策收紧、银根收紧、土地收紧、要素约束、环保约束、机制约束等条件下，将科技革命、产业变革与开放创新、民生福祉有机结合，将产业、城市与创新发展模式相结合，以高质量发展带动高速度增长。

在新经济地理结构变迁的视角与规律下，打造一个新型都市圈、超级

---

[1] 涉及产业体系、产业企业、产业组织。
[2] 涉及空间结构、基础设施、城市功能。
[3] 涉及创新平台、创新能力、创新生态。
[4] 涉及内部、城市圈、都市群、全球化。
[5] 即工业化、信息化、城镇化、市场化、国际化。

城市群、创新高地、产业高地，核心是强调经济发展模式、城市发展模式、创新发展模式、开放发展模式[1]的协同演进与系统转换，以及集合产业功能、城市功能、创新功能的"科产城港融合"发展理念，具体是优化空间布局引导规划，解决空间布局、产业导向、生态发育、基础设施、文化包容、组织方式等关键问题。在此过程中，核心是实现工业化、城镇化、信息化、市场化、国际化"五化协同"向泛工业化、再城市化、超智能化、深生态化、再全球化"新五化协同"方向转变。在此背景下，任何区域、城市等发展战略，要么是系统协同迭代——对于上一轮工业化、信息化、城镇化、市场化、国际化发育充足的，需要且能够围绕新五化协同，系统性转换经济发展模式；要么是主体超越联动——对于上一轮发育不充分的地区，往往是以产业发展与城市发展相结合，带动其他方面的有机结合与两栋发展；要么是单点突破带动——对于一些有制造业、信息科技、城市环境、沿边沿海区位等独特优势的，往往可以通过单点突破带动其他方面发展。

8.4 有破有立产业战略之体

整体而言，"体"亦是会意字，人之本也。"体"既可以分为大脑、躯干、手脚，也可以分为没有系统突围只能累死累活单打一，需要从现代产业体系构建看当前及未来的突围之路，核心是夯实产业战略之体。头部、颈部、腰部、臀部、腿部、脚部，亦可以分为本体、主体、客体，还可以分为固体（类工业）、液体（类流量经济）、气体（类虚拟经济），皆对产业发展具有较大的借鉴意义。

对于产业发展，不论是以工业为主体，还是以新经济为主导，都需要建立在对工业化的理解基础上。如前所述，按照人均GDP以及三次产业结构，将一个国家或地区经济增长划分为三个阶段，也就是前工业化、工业化实践阶段、后工业化，其中在工业化实践阶段又分为初期阶段、中期阶段、后期阶段。某种意义上，如今很多地方产业发展之所以发展的不好，不仅在

---

[1] 前文亦有专门论述，本章就不再赘述。

于混淆了"工业""制造业"与"工业化"之间的关系,还将新经济与工业经济对立起来,进而在产业战略、产业政策、产业组织上出现了很多迷雾、迷失和迷途。实际上,工业化与制造业、加工业有较大的差异,并伴随科学技术不断进步与产业业态创新不断迭代,在不同历史时代具有不同内涵。

如前所述,"工业化"被定义为工业在一个国家或地区在国民生产总值或国民收入中比重不断上升的过程,以及工业就业人数在总就业人数中比重不断上升的过程。但工业化既不能狭隘地理解为工业发展,也不能局限地理解为工业成为主导产业,更多地需要将"工业化"理解为社会化的生产方式、体系化的工业门类、工程化的技术构成、企业化的经营方式、资本化的经济体系的总和。如今在新科技革命与产业变革条件下,为"工业化"赋予了新的内涵——社会化生产方式转变为社交化生产方式、体系化工业门类转变为生态化产业族群、工程化技术构成转化为硬科技技术构成、企业化经营方式转变为平台化经营方式。这种新内涵,几乎可以称之为"立足工业,跳出工业"或者"立足工业,走出工业",也便是"泛工业化"的到来。与此同时,新经济的本质是一种消费反向决定生产的、生产消费两边通吃的、打破产业界限的经济形态及其发展范式,具有鲜明的人本经济、服务经济、生态经济色彩。

在系列战略研究与发展规划上,对于产业发展现状的判断,一般少不了如下方面的分析:一是对产业体量或产业体系(过万亿的可以研究产业体系)的判断,核心是究竟怎样的规模、增速以及综合实力,能达到什么水平或什么发展阶段,很多地方往往是"有体系,无规模";二是关于产业结构,不再是一、二、三的三次产业之间的结构,更在于未来新兴产业、原创新兴产业、战略新兴产业、传统优势产业之间的关系,以及按产业领域之间的关系,很多地方往往是"有制造、无服务";三是关于产业空间,核心是在什么样的产业空间条件下看形成多层次开发园区平台载体以及产业集群的情况,很多地方往往是"有产业,无集群";四是关于企业结构,核心是分析大中小(规模)、新老旧(领域)、高中低(技术)企业之间的结构,很多地方往往是"有地产,无企业""有高原、无高峰"或"有大树,无小草";五是资源结构,核心是人才、技术、经验知识等创新资源与土地、资本、原料、能耗等产业要素的富集程度与聚合程度,包括产业财政、产业投资与产业金融等,很多地方往往是"有产业,无科教"或"有科教,无产业"等;六是创新能力,产业技术在硬科技与软创新、厚创新与薄创新之间的关系,科学、技术、商业、产业之间的关系,很多地方往往是"有源头,无活水""有商业,无硬核"或"有资本,无良菜";七是关于产业生态,产业生态是产业链上中下游大中小企业之间的关系,尤其是制造业在怎样的生产性服务业、科技服务业技术上与服务业态发展;其他则是营商环境、体制机制等。

表:不同产业发展重点及其策略

产业类型	趋势重点	策略及路径
资源依赖性产业	往下走怎么走、如何做大做强	逆向产业链与纵向产业链结合
先进制造型产业	产业高端化、数字化、智能化	借助新的生产方式跃升价值链
科教融合型产业	科技成果转移转化、产业承载	强调反向资源配置的逆向创新
产业转移型产业	带动本地产业嵌入高端价值链	以供应链带动产业根植发展
都市轻工型产业	新旧动能转换及业态创新等	以场景业态创新带动生态链
军民融合型产业	军转民、民参军、军民融合	

不同的区域、城市、园区,很多产业都少不了资源依赖性产业、先进制造型产业、军民融合型产业、科教融合型产业、产业转移型产业、都市轻工型产业以及新经济跨界融合型产业。但不同类型的产业存在不同的发展方向及重点,不同的发展方向及重点则决定了不同的产业发展路径及策略。譬如,资源型产业核心是如何往中下游走的问题,也就是产业链的问题;先进制造业核心是往高端化、高级化以及数字化、智能化方向走,核心是价值链的问题;科教融合型产业更多的是如何加速科技成果转移转化,是创新链的问题;产业转移型产业重在本地根植扎根或带着本地进入国际产业价值链,核心是供应链的问题;都市轻工型产业或文科融合型产业往往具有较强的消费属性,核心是新旧动能转换、业态创新、产品创新以及文化科技融合等,核心是生态链的问题;军民融合型产业有的地方是解决军转民、

有的地方时民参军，核心是系统性打破墙体等等。某种意义上，产业发展策略往往从产业链、价值链、创新链、供应链、资金链、生态链上做文章。

无论是按照"大脑、躯干、手脚"的思维，还是按照"头部、颈部、腰部、臀部、腿部、脚部"的逻辑，产业之体不是机械的拼凑，而是不同机体的有机组合。当前及未来，现代产业新体系需要将过去以战略新兴产业、高技术产业、现代服务业为先导和主体的产业体系，向以未来新兴产业、原创新兴产业、战略新兴产业、现代基础产业为主体的现代化产业体系方向发展。其中，未来新兴产业是抢占未来发展制高点；原创新兴产业是做别人没有、或领先别人的产业。亦可以如下划分：第一层级是科技创新引领的产业，也就是未来产业、先导产业；第二层级的是产业创新引领的产业，也就是战略产业、主导产业；第三层级的是产业跨界融合的产业，也就是优势产业、现代服务；第四层级的就是其他的新模式新形态。

8.5 超然穿越空间战略之域

整体而言，没有虚拟思维就没有完整空间思维，需要从新经济的地理规律看当前及未来的空间结构，核心是穿越空间战略之域。"域"亦是会意字。"域"的古文写作"或（yù）"，左像一区域，右为用于守卫的"戈"，本义指一定疆界内的地方。从国家的"疆域"、到跨省的"区域"、到一个省的"省域"、到一个城市的"市域"、再到一个县的"县域"，从文化域、政治域、经济域、科技域等等，"域"的边界、内涵、外延不断拓展。

某种意义上，当前及未来的空间结构不再是基于物理空间的"集聚—分散"与"中心—外围"；而是在新经济地理条件下，从中心化、去中心化、再中心化、再去中心化。按照"二八原则"，尤其是在传统经济地理条件下，无论是城市空间结构，还是城市产业结构、企业结构、市场结构，一般是中心化的发展结构，或者是"极化"的结构，往往体现为大集聚、小分散的结构。伴随中心化或极化到一定程度，遵循"分就必合"以及"合久必分"的逻辑，往往形成"去中心化"的发展结构。这种"去中心化"就是增量培育带动存量提升，往往借助"卫星城""小城镇"等方式拓展发展空间、促进城市更新。

伴随着新经济地理的作用,尤其是"去工业城市中心化与立新经济创新尖峰并存",很多城市加速"再中心化",形成基于物理空间、虚拟空间上新的中心。但新经济意义上的空间格局,不再是中心城市的虹吸与副中心、次中心,以及节点城市的边缘化,而是产业链、价值链、供应链、创新链、生态链、服务链、生态链的互联互通与众生共荣——即所谓的"再去中心化"。

表:不同城市创新发展路径及建设目标比较

城市类型	创新路径	发展目标
科教型城市	立足科教智力资源优势加快创业式创新,跳出局限在中间件、半成品的技术锁定,破除知识分子的酸气、体制机制的羁绊,以产业为导向、以市场为牵引、以企业为主体、以商业为手段,将硬科技与软创新相结合	加快建设科技创新中心与高技术产业基地
制造型城市	立足实体经济强化科技赋能,跳出生产决定消费的工业路径依赖,发挥企业家主导作用及创新精神,以产业跨界带动新旧动能转换,促进一维产业向二维产业、三维产业迈进,为实体经济插上科技创新的翅膀	打造产业创新中心及高端制造基地
资源型城市	通过生产力提升与财富转换将资源优势转换为产业优势、创新优势,打破"有资源无创新"的资源魔咒,加快产业链向中下游延伸、向逆向穿透,促进价值链从低端向高端攀升	打造资源型产业创新中心以及资源要素配置中心
商贸型城市	一般是沿海沿边城市、港口城市或商业城市等,往往是在内外贸以及大小商品流进流出的过程中,带动实体经济发展与科技兴贸,在国际科技合作中加速开放式创新,从大进大出到优进优出	打造开放创新中心
枢纽型城市	将交通优势、区位优势、流动优势、门户优势转化为产业优势、创新优势,将人流、物流、商品流、信息流、资金流转化为数据流,进而转化为价值流	打造数字经济创新中心
文旅型城市	将内容优势、流量优势转换为数字优势、产业优势、创新优势,打破"富文化 穷经济"或"富生态 穷经济"发展循环	打造场景创新中心

当前,很多区域、地区、城市在空间战略上往往存在"四面开花却无重磅炸弹"的局面。没有中心化的"龙头"是难以发展的,完全依赖"黑寡妇"式的中心不是万能的,在空间战略上不仅需要从中心化、去中心化、

再中心化、再去中心化，还需要从物理空间到虚拟空间，借助虚拟空间打卡体制机制的藩篱、打开地域发展空间、打开时空的局限，从传统新经济地理到新经济地理。以一个省域产业空间战略为例，其思考与架构的模型一定不是基于一个城市的框架，而是在于对不同类型形态、不同资源禀赋、不同发展阶段、不同发展路径的系统性、综合性安排。譬如，在一个省域，往往由不同科教型城市、制造型城市、资源型城市、商贸型城市、文旅型城市、枢纽型城市、农业型城市等组成。不同类型城市都需要找到适宜自身发展的创新模式或创新发展道路，不论是抓住新一轮科技革命与产业变革找到自身的方位感，还是把握好自身的区位条件找到自身的突破口，抑或立足一定发展阶段及发展要求打出创新发展的组合拳。但在空间战略上，需要统筹发展，处理好不同发展阶段、不同地区的关系。

8.6 抢滩布局园区战略之台

整体而言，没有 3.0 理念手段就不要 3.0 目标，需要从开放园区代际变化看当前及未来的战略平台，核心是抢滩布局园区战略之台。"台"同样是会意字，原之形状高且平的建筑物，《说文》中解释为"观四方而高者"。不仅对于区域发展，还是对于事物的发展，抑或对人的发展，都需要不同的舞台、平台，不仅需要历经不同的台阶，还需要展现良好的台面、台风，亦要不同的站台。

所谓"发展是硬道理"，核心是地方的发展，地方的发展就是发展什么、怎么发展。也就是说，不论怎么发展一定是落在那个区域、城市、园区或平台。有什么"方位""位置"以及有什么"位势""势能"核心是落在战略平台上。改革开放以来，一个重要的经验就是通过"经开区"扩大开放——吸引外资等，通过"高新区"加快改革——解决科技经济两张皮。如今无论是经开区还是高新区，都成为带动国民经济社会发展、产业发展、自主创新以及改革开放的战略功能平台。如今，除了少数城市走向"全域创新"，大量城市、地区依然需要强化园区的发展，打造将城市功能、产业功能、创新功能于一体的高端功能区。

如今，很多开发园区强调"产城融合"，基本上都还处于开发园区 2.0 的段位和语境。在整个开发园区形态演变过程中，从最初纯粹的工业园区（1.0），发展为生产、生活、文化等功能逐步融合的科技园区 (2.0)，再到基于科技功能、产业功能、城市功能不断优化生态感更强的高科技社区 (3.0)，即"科产城融合"。这个"科"，就是科教资源、科技成果、科技服务，从资源、环境、机制到成效；这个"产"，就是新兴产业、新兴企业、新兴业态；这个"城"，就是从城市环境到城市生态，使城市功能、产业功能、创新功能在空间上结合。

表："科产城融合"的功能耦合

功能	发展逻辑
科（创新）	以科技服务业发展为支撑，以创新创业为灵魂，以科教智力资源聚合为突破口，坚持有创业的创新、有创新的创业、以创业带动创新，搭建创新创业平台，培育内生发展动力，优化资源要素配置，提高自主创新能力
产（产业）	创新产业组织方式与经济形态迭代，加快抢占战略产业、新兴产业、未来产业的制高点、主导权、主动权，聚集科技创新型企业，形成高新技术产业布局，大力发展战略性新兴产业，积极培育现代服务业和新兴业态，新兴产业的快速生成能力成为园区发展的核心
城（城市）	合理布局产业区、商住区、研发区、科教区等，聚集医院、学校、体育馆等相关城市要素，探索创新社会治理模式，为创业创新、产业化、生活发展提供万物互联、社交活跃、数据共享、高接触高情感的城市新空间，空间形态和功能不断演进，逐步实现空城 - 新城 - 社区的转换

"中心-外围理论"基本代表了工业经济时代的全球经济分工、产业分工与城市分工的发展痕迹。伴随全球经济形态加速从工业经济向创新经济方向转变，直接决定了国际产业分工及全球城市分工体系结构变迁，在此发展过程中是谁是中心、谁是外围的问题，而是一个区域、地区、城市或园区如何提升前台、中台、后台的能力，多个城市如何体现前台、中台、后台有机结合的水平。前台就是与外界发展联系、交易、合作的前场，主要体现为商品货物、资源要素、人流客流、数据内容、资金资本的分工交易、流进流出、流动配置等，往往分为流转中心（酒肉穿肠过）、数据中心（佛祖数中有）、配置中心（财富创造分配）等段位。后台就是根植地区发展、

提供后台支撑的后方，往往是与资源能源禀赋、国民经济动员、物资供应保障、数据后台支撑、基础教育研究等交织在一起，动员能力、供应能力、支撑能力、保障能力成为关键。中台就是把外部需求需要与内部生产组织有机结合的中场，面向新市场、新产业、新场景提供新思想、新技术、新产品、新服务、新业态，核心是组织实施能力、创业发展活力、自主创新能力、产业生成能力。

8.7 持续迭代创新战略之魂

整体而言，没有工商文明就难以走向于创新文明。从区域多阶文明演进看，当前及未来的动力结构，核心是锻造创新战略之魂。"魂"亦是会意字。"云"本义为"在天空中回旋团聚的气体"，"鬼"指逝者，那么"云"和"鬼"联合起来表示能离开人体而存在的精神。团队有团队的团魂，军队有军队的军魂，民族有民族的族魂，国家有国家的国魂。如今，创新则成为经济社会发展的灵魂。

如前所述，对于一个地区、城市、园区创新发展的审视，更需要用文明演进的视角去看待，只有历经农业文明、商业文明、工业文明以及创新文明并充分发育的国家和地区，才拥有一个完整的文明发育。一是农业文明。农业文明就是在生产力较为薄弱的情况下，依地而生、靠天吃饭的文明。这其中，土地是最核心生产资料，而土地所有制结构及生产力水平定了整个农业文明的高度和水平。二是商业文明。当剩余劳动产品出现后，出现了物与物、物与货币之间的交易、交换，也便有了商业文明的出现。商业文明本质是交易交换增加效用、创造财富，其背后的发展规律是社会分工以及不断扩大化的社会分工。古今中外越是商业文明发达的地区越发达、越有底蕴、越有后劲。三是工业文明。工业文明就是借助一定技术构成和生产的制度架构所形成的文明，不仅从电气化、机械化、自动化到智能化，还出现了公司制、科层制等，是社会化大生产、科技大力应用的文明。四是创新文明。就是依靠个人的、每个人的知识、创意、创业、创新形成的文明，人的价值驱动的文明——将人的价值转化为价值创新、使用价值、商业价值、社会价值。

当前很多地方，大部分属于农业文明为主，或者主流思想还停留在农业文明；商业文明发育不充分，且带有强大的"抑商"的色彩；工业文明发育不充分，拿来主义特点突出；创新驱动发展与新经济相对不足，迫切需要打破农业时代的意识形态与思想观念，工业时代的路径依赖，在一定的工商业基础上，以创新驱动加快走向新经济。

在不同发展层阶叠加下，对于经济社会发展动力结构的分析，往往是四个发展阶段的理论。其中，创新驱动最早由著名管理学家迈克尔·波特提出，他以钻石理论为研究工具，以竞争优势来考察经济表现，从竞争现象中分析经济的发展过程，从而提出国家经济发展的四个阶段：生产要素驱动、投资驱动、创新驱动和财富驱动阶段。前三个阶段是国家竞争优势的主要来源，一般伴随着经济上的繁荣，而第四个阶段则是个转折点，可能由此开始衰退。经过改革开放第一个四十年发展，我国廉价劳动力形成人口红利和城镇化进程中的土地红利等"要素驱动"，及宽松货币和财政政策所形成的"投资驱动"都已难以为继且付出了巨大代价，迫切要从依赖廉价要素投入和货币财政刺激转为依赖创新和技术进步取胜。

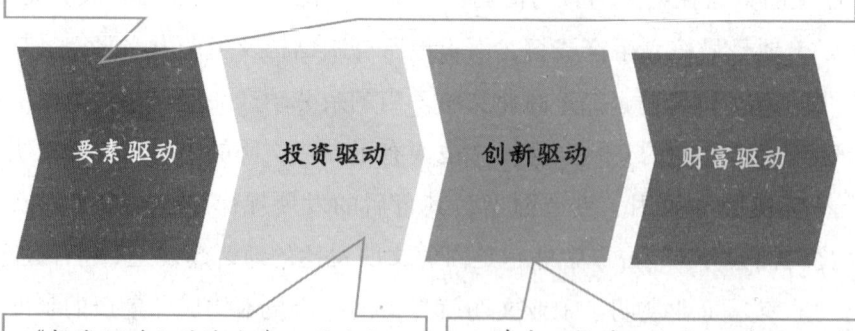

图：地区发展四大阶段

在推进创新发展方面，之所以从讲求"创新体系"、到注重"创新网络"、再到倡导"创新生态"，其根本原因在于"创新体系"侧重平台载体，主要是让创新能有所依托；"创新网络"侧重组织方式，让创新成为集体行动；只有"创新生态"侧重生态环境，让创新成为无所不在的空气。如今，我们所需要的是一个内生自生的、自组织自成长的、闭环循环的、自动发展自动修复的经济发展范式，基本上可以理解成新经济发展的"永动机"。当前及未来，迫切需要"以科技服务激发科技创业、以科技创业带动自主创新、以自主创新带动新兴产业、以全球链接强化资源聚合以结构改革加速协同创新"，从中小微企业到科技型中小企业、从科技人员创新到科技人员创业、从产业技术后端到产业技术中前端、从条块分割到开放式协同创新、从形态开发功能开发到生态开发，最终形成"挖掘科技人员创业潜力、强化产业技术创新能力、形成开放协同创新合力、构建创新生态系统张力、激活企业创新发展动力"五力汇聚。

表：创新驱动发展的逻辑结构

	内涵外延
创新范式	从1.0、一维的创新体系建设，到2.0、二维的创新网络建设，到3.0、三维创新生态建设
创新路数	以科技服务激发科技创业、以科技创业带动自主创新、以自主创新带动新兴产业、以全球链接强化资源聚合以结构改革加速协同创新
创新重点	挖掘科技人员创业潜力、强化产业技术创新能力、形成开放协同创新合力、构建创新生态系统张力、激活企业创新发展动力，从中小微企业到科技型中小企业、从科技人员创新到科技人员创业、从产业技术后端到产业技术中前端、从条块分割到开放式协同创新、从形态开发功能开发到生态开发
模式道路	从以往的科技创业、孵化器、大学科技园、风险投资、产业集群等高技术产业发展模式，到以新场景、新研发、新赛道、新物种、新组织、新枢纽、新基建、新治理为代表的新经济发展道路

如前所述，在加强创新驱动发展面前主要有如下重点：一是新场景，将潜在市场、潜在需求与数据算法、数字内容、服务体验、智能硬件等方面的结合，推动跨界业态创新与创造新市场；二是新研发，打破以往基础设施、基础研究、应用研究、商业研究、转移转化、产业化的正向的链式创新，

到反向资源配置的逆向创新，以及政产学研金介用的垂直创新；三是新赛道，从产业分解融合到产业跨界融合，进一步改变和颠覆2C的消费方式、2F的生活方式、2B的生产方式、2G的治理方式，并最终实现2C、2F、2C、2G的贯通；四是新物种，以哪吒企业、瞪羚企业、独角兽企业、龙企业等等以动物与神话传说为命名的企业越来越多，打破滚动发展逻辑进入非线性成长；五是新组织，以"上云用数赋智"为代表的组织方式，将创新经营业态、赋能技术构成、优化产业组织、转变生产方式等有机结合，助力新经济与传统工业经济的新旧动能转换与有机结合；六是新枢纽，从最早的企业与市场的替代关系、到市场与集群的替代关系、再到集群与平台的替代关系，乃至中心化平台与去中心化生态的关系，生产组织方式、资源配置方式、产业组织方式、创新生态方式等不断地迭代产业创新发展的枢纽机制；七是新基建，以技术创新为驱动、以信息网络为基础、面向高质量发展需要，借助重点领域突破，加快形成软硬结合、数智兼备、线上线下、低开高走的发展形态，为数字转型、智能升级、融合创新等提供数字基础设施；八是新治理，适应小微化、扁平化、自组织、无边界、平台化、生态圈、自成长等特点组织模式，围绕上中下的"位"、左中右的"圈"、前中后的"台"涌现出若干新治理模式。

8.8 融入嵌入开放战略之圈

整体而言，没有定力内力合力活力就没有张力，需要从开放式创新生态圈看当前及未来的开放格局，核心是编织开放战略之圈。"圈"同样有会意之意。"囗"与"卷"联合起来表示"弯曲（长竹条等）并合拢之"。如今的圈有经济圈、人脉圈、粉丝群、社交圈、生态圈等等，并从封闭的圈子走向开放的圈子。

如今的开放不仅仅是对外的开放，还有对内的开放；不仅仅经济的开放，还需要有产权的开放、做事的开放、用人的开放，尤其是心态的开放；也不仅仅是实现不同层面的开放而已，任何一个地区、城市、园区的空间战略，核心是在一定的定力之下，将内部的内力、合力、活力与外部的张力相结合。一般只有分布式的才有活力，如县际竞争的县域经济；只有统筹才有合力，如城市经济；只有内修才有内力，如创新驱动；只有外链才有张力——从竞争力、穿透力、影响力、辐射力到号召力。所以，空间战略不仅考虑的是如何在不同的区域、区块、城区、功能区内实施功能分区、空间组团，更多的是通过科技功能、产业功能、城市功能在空间上的有机结合，将修炼内力、汇聚合力、展现活力、释放张力得以最大的组织动员与挥发作用，将市域一体化、城乡一体化、区域一体化、经济全球化有机结合在一起。

当前及未来，伴随国际经济活动形式、全球经济产业分工、世界经济政治秩序将发生重大变化，地区和城市作为国家参与全球竞合发展的核心载体将面临新的机遇与挑战。迫切需要从再全球化的新形势出发重新审视城市定位、城市战略、城市形态、城市发展，以市域一体化、城市都市化、地区一体化加快都市圈、城市群建设发展，加快新一轮改革开放、提升国际化发展水平、抢占再全球化战略制高点。核心是加快以抢占全球产业主导权为途径，巩固国际贸易竞争力；以提升全球资源配置力为核心，强化高端资源聚合力；以国际产业价值链跃升为目标，扩大经贸合作辐射力；以国际大都市建设发展为载体，增强国际交流传播力；以开放式创新全面改革为保障，优化营商环境吸引力。

表：加快新一轮开放的立足点、着力点与落脚点

战略任务	发展策略	战略目标
抢占全球产业主导权	抢占新市场、根植新产业、培育新业态、推广新模式	巩固国际贸易竞争力
提升全球资源配置力	依托内外部平台，促进人才、资本、技术等创新资源优化配置，将产业要素流转中心转变为创新资源配置中心	强化高端资源聚合力
跃升国际产业价值链	从内到外强化合作平台建设，开展高端链接与高端辐射，以跨区域一体化抢占经济全球化先机	扩大经贸合作辐射力
建设发展开放大平台	以国际现代都市功能区建设为龙头，根植区域文化强化内核，以重大赛事和国际会议倒逼城市形象提升	增强国际交流传播力
推进开放式创新改革	以贸易便利化、投资自由化、营商法制化、规则国际化为核心，优化内外部发展环境	提升营商环境吸引力

8.9 全面拥抱生态战略之场

整体而言,没有文化超越基因突变就难处顽疾,需要从自身区域个性特质看当前及未来的发展基因,核心是放飞生态战略之场。"场"来自"土"和"易"。敞开是"易"之范式,土、易两范式叠加,意为"敞开空旷被使用的地方"。不仅需要有应有的气场、磁场、能场,还要积极拓展市场,不仅要做好的开场,还需要圆满的收场。

尽管 GDP 核算都是算产业,但产业能做多大,不是规划出来的,而是企业干出来的;企业能都走的多远、跳的多高、跑的多快,不单是招商引资、要靠创业创新,取决于创业源头上的数量、质量和层级;而根上则是生态。这种生态,就是内生自生的、自组织自成长的、闭环循环的、自动发展自动修复的经济发展范式的"永动机"。既可以理解成为产生独具一格的创业创新精神、企业家精神的土壤,亦可以体现为"产业创新生态 = 创新生态 + 产业生态",还可以体现为"科技创新生态 = 研发生态 + 创业生态 + 服务生态 + 产业生态 + 营商生态"。

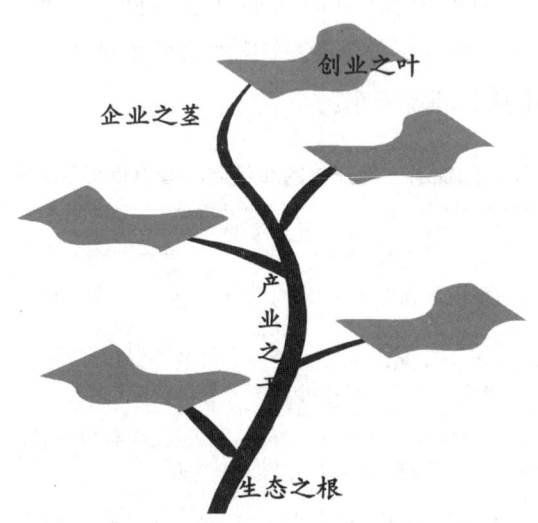

图:"叶、茎、干、根"之间的生态关系

更进一步而言,"生态"的本意是指一切生物的生存状态,以及它们之间和它与环境之间环环相扣的关系。如前所述,这种"永动机"往往具有以下五个基本特征：一是产业跨界融合、二是企业竞合发展、三是资源要素聚合、四是空间服务耦合、五是开放协同合作。更进一步而言，所谓"生态"就是有源头、有平台、有流量、有能量，核心是处理和政府与市场、政府与企业、政府与社会的关系，最终实现自组织自成长。这个"源头"，就是人才、资本、技术、思想的源头；这个"平台"，基本上都是科技服务业；这个"流量"，就是创业-企业-产业；这个"能量"，就是新思想、新模式、新技术、新业态。这个"政府与市场的关系"，就是从管道到赛道；这个"政府与企业的关系"，就是从选手到赛手；而这个"政府与社会的关系"，就是从暗箱到赛场。

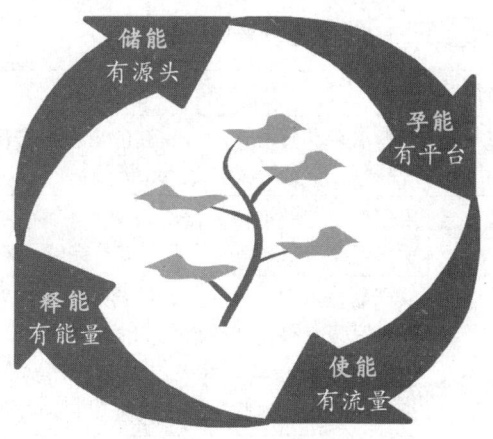

图：生态赋能四步法

那么在"生态赋能"的语境中，所谓"赋能"，就是储能、孕能、使能、释能的四步法，恰恰与有源头、有平台、有流量、有能量相呼应。所谓"储能"，就是依托源头聚合高端要素，形成人才、资本、技术、思想的"池子"；所谓"孕能"，就是依托平台布局造势，夯实科技服务业的"台子"；所谓"使能"，就是抓取创业、企业、产业的流量，从"茎"到"叶"再到"干"，产生新的动能；所谓"释能"，就是释放新思想、新模式、新技术、新业态，以新模式驾驭新模式、以新模式架构新技术、以新技术衍生新业态。简而言之，"生态赋能"就是资源要素的"池子"以及创新服务的"台子"，让更多创新创业的"种子"落地、生根、发芽、开花、结果，以创业、企业、产业意义上的新动能，产生带动经济增长与社会发展的新能量。

在生态建设面前，其目标模式具有如下内涵：一是"三个阶段"，也就是从形态开发（1.0）、功能开发（2.0）到生态开发（3.0）；二是"三个融合"，也就是从 2.0 的产城融合向 3.0 的科产城融合发展；三是"三个循环"，也就是人的循环强调创业者的专门化、职业经理人的专门化以及少数的跨界，资本的循环强调投资的专门化等等；四是"三个逻辑"，也就是兼容并蓄、开放合作与跨界融合；五是"三种能力"，也就是资源配置能力、产业生成能力、创新迭代能力；六是"三大结果"，也就是体量规模意义上从滚动发展爆发增长，产业更新意义上诞生原创产业、未来产业，以及其新旧动能转换意义上新物种。

表：生态发育的一般路径

基本特征	主要路径	具体策略
推动产业跨界融合	加快经济形态重构	前瞻培育具有跨界融合属性的全新经济形态，如智能经济、数字经济、平台经济、分享经济等
	培育新型产业集群	用创新生态的视角经营新兴产业集群，在原创新兴产业、战略新兴产业、未来新兴产业上取得突破
	促进产业融合发展	从产品技术的跨界融合、经营形态的跨界融合、产权纽带的跨界融合等方面促进各次产业的跨界融合、打破产业界限
促进企业互联融通	培育新型企业梯队	借助"创业高端化、企业高新化、瞪羚公众化、大企业平台化"等向"变革式创业－高成长企业－独角兽企业－龙"方向转变
	优化产业组织方式	借助平台企业、战略联盟、服务平台等创新型枢纽组织，以及战略投资、兼并重组、供应链协同等企业联动发展机制加速互联融通
	提升自主创新能力	以商业模式概念验证、产学研伙伴计划、专利技术标准战略等强化新思想、新模式、新技术、新品牌的涌现
加速资源高度聚合	实施人才引培计划	建立各类创新资源要素"跟着人走"的机制与制度安排、工作抓手
	加快技术转移转化	从创新源头前端、中介市场中端、产业应用后端分别入手，回答很多科技成果到底有没有成、结没结果、能不能转、好不好移、能不能化等问题
	加快科技金融创新	加快建立财政资本与社会资本、金融资本与产业资本、直接融资与间接融资相结合科技金融服务体系
	传播交流双创文化	加强创新创业与产业发展经验知识、文化传播与交流

促进空间服务耦合	优化完善城市空间	补足城市功能、强化城市特质、塑造城市魅力，促进城市更新
	提升产业承载层级	提供万物互联、社交活跃、数据共享、高接触高情感高技术空间，促进从空间分解到空间集聚融合
	引进培育功能服务	立足物理空间引进相应科技服务平台等，强化科技创新功能
强化开放协同合作	加强周边统筹发展	在周边、地区、区域以及国际化范畴内开展高水平开放式协同创新，构筑开放合作新格局
	强化区域分工合作	围绕人才、资本、技术、项目、园区、产能等优化资源配置，强化分工合作
	加强国际科技合作	开展一体化的、跨区域的、跨国的创新创业、科技金融、技术转移、产能合作、科技园区、人文交流等合作

8.10 着力锻造组织战略之器

整体而言，没有新组织逻辑就没有新发展逻辑，需要借助新型组织方式看当前及未来的组织方式，核心是强化组织战略之器。"器"同样是会意字。四"口"表示众器物的口，"犬"守护着，以防丢失，本义是"器具"。不仅对于区域发展，还是对于事物的发展，抑或对人的发展，都需要由材成器，有气度、器量、器局，值得器重、器用，最终成为神器、国之重器。

在工业经济条件下，经济增长与发展强调"生产函数"——在技术水

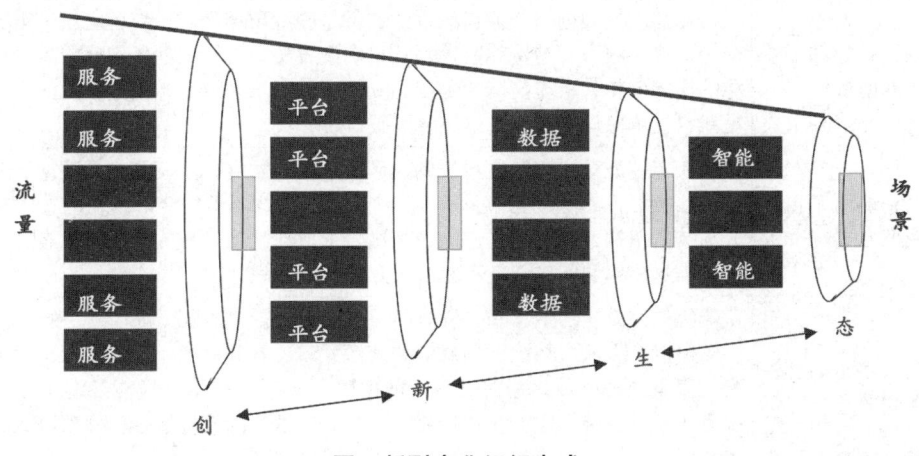

图：新型产业组织方式

平不变的情况下，生产中所使用的各种生产要素的数量与所能生产的最大产量之间的关系。在生产函数的逻辑下，这个投入主要是不同的生产要素，一般被划分为劳动、土地、资本和企业家才能这四种类型。在这个逻辑下，只要在一定技术水平与技术构成条件下，加大相应生产要素的投入就会出现特定的产出，"要素驱动""投资驱动"便是这种传统思维的产物。

进入创新驱动发展阶段，新经济意义上的生产函数不仅仅关注在一定技术条件下的投入与产出关系，而是在一定技术构成、制度结构与组织方式基础上，如何"好快好省"地产生更高的效率与更大的效益。新经济意义上的生产要素不再是人才、土地、资本、技术，而是场景、智能、数字、平台、生态、流量；新经济意义上的组织方式不再是工业化、信息化、市场化、资本化等等，而是场景拉动、智能引领、数字驱动、平台带动、生态赋能、流量聚合。在创新驱动与高质量发展新阶段，需要围绕开放、多元、活力、共赢的生态环境，打破传统生产函数、生产要素及组织方式，迫切需要探索全新的组织方式——以场景拉动加快业态创新、以智能引领再造生产方式、以数字驱动加快互联融通、以平台带动创新产业组织、以生态赋能激发市场活力以流量聚合优化资源配置。

表：新兴产业组织方式

主要方面	内涵外延
以场景拉动加快业态创新	从市场需求反向创新产业组织方式，就是围绕市场需求、市场应用、市场交易、终端服务、消费体验等，从正向配置资源的链式创新到反向配置资源的逆向创新，从支持行业供给到支持市场需求，进而产生全新的业态，是新科技革命与产业变革的重要突破口
以智能引领再造生产方式	伴随人工智能技术等智能科技的突破、应用与发展，不仅能与大数据、云计算、物联网、移动互联网、5G以及其他新技术相结合形成新的技术构成与技术架构，还能与先进制造相结合形成新的生产方式、经营业态，最终从信息化到智能化创新产业组织方式
以数字驱动加快互联融通	从传统的供应链到生态圈与价值网，促进产业链、创新链、资本链、数据链、供应链以及人流、物流、信息流的资源共享、互联融通、开放创新、优化配置以及快速生成，最终形成"数据驱动+平台赋能+智能终端+场景服务+敏捷供应"的全新生产组织方式，加快产业跨界融合，探索以数字驱动加快互联融通

以平台带动创新产业组织	在平台经济与企业平台化条件下，不仅打破企业边界、商业疆域、产业界限，最终成为产业创新生态的建设者、组织者与维护者，最终以平台带动创新产业组织
以生态赋能激发市场活力	促进各类市场主体、创新主体能够把创新资源及产业要素流向产业、实业、企业、创业，并通过创业创新、转移转化及产业化等方式，转化为生产力和财富，并形成新的财富创造与分配机制
以流量聚合优化资源配置	通过创业创业再创业、创新创新再创新，把高端创新创业人才、原创思想、先进技术、成熟经验知识等创新资源转化为生产力和财富；还通过外贸企业、跨国公司、平台企业、国际产业园区等通过跨区域创业、跨国经营、跨国技术并购、跨国技术转移、跨境经济等提升全球资源配置能力；还通过体制机制创新打破条块分割、多头管理的治理结构与治理机制，提升跨行政系统资源配置能力

更进一步而言，西方的"产业组织"多指一种组织形态或市场结构，是一个名词，是静态的、狭义的，是市场经济产物；而在国内"产业组织"多指一种实现方式或行动逻辑，是一个动词，是有机的、广义的，是转轨经济产物。前者遵循自由教旨，注重产业制度安排，重在加强规制；后者着眼经济建设，注重产业组织创新，重在破除规制。新型产业组织方式，核心是在资源储存器的"池子"上，借助服务处理器的"台子"，将创业孵化器上的"种子"，转化为企业加速器上的"柱子"，最终形成产业路由器上的"果子"。

表：新型产业组织的重要通道

生态要素	组织器物	主要形态	竞合策略
资源	资源储存器	科教智力资源等源头	池子
服务	服务处理器	科技服务业等平台	台子
创业	创业孵化器	各类新物种	种子
企业	企业加速器	大中小企业互联融通	柱子
产业	产业路由器	产业集群、产业共同体	果子

总而言之，"位、势、局、体、域、台、魂、圈、场、器"十大会意字是认识国民经济社会建设发展的视野、视角，"竞存之位、发展之势、区域之局、产业之体、空间之域、园区之台、创新之魂、开放之圈、生态之场、

组织之器"是系列发展战略规划的基本认识论和方法论，但却不是所有发展战略与发展规划的全部。无论对于"国家－跨区域－省域－市域－县域"各层级、"国民经济/产业发展/科技创新、开放经济/城市空间/营商环境/服务体系"各类型、"战略研究－发展规划－行动计划－实施方案"各形态的研究规划，都需要因地制宜、实事求是地去思考、审视、谋划、布局。本章论述仅希望就经济社会发展战略研究及发展规划的一般认识论与方法论做粗糙的探索，起到抛砖引玉之效，为新一轮发展贡献智慧和力量。

下篇

分论

09
突出华东示范引领：齐鲁两江鼎力定闽台

9.1 上海：如何在新经济面前"逆袭发展"？

当前，我们需要进一步研究和把握上海在新历史条件下的改革、开放、创新和发展，回答上海作为一个老牌的工业基地如何在科技日新月异、产业大破大立的新经济大潮中华丽转身，继续引领中国的新一轮改革开放，并在新经济面前实现逆袭发展与战略突围。尽管从独角兽企业分布来看，上海在一定程度上打破了传统工业经济形态，并在新经济发展上涌现出新的气象，但制约自主创新及新兴产业发展的深层次障碍依然存在，迫切需要扬长避短、守正出奇，率先构建开放型创新经济[1]。

9.1.1 独角兽印证了新经济崛起

自 2017 年，北京市长城企业战略研究所连续五年发布《中国独角兽企业发展/研究报告》。根据五年跟踪研究显示，上海 2016 年拥有 26 家独角兽企业；2017 年拥有 36 家独角兽企业；2018 年拥有 38 家独角兽企业；2019 年拥有 40 余家独角兽企业。按照国际创业创新领域的主流观点，普遍以为当一个城市拥有四家独角兽企业，就意味着这个城市具有良好的创新生态或者产业创新生态。正是由于独角兽企业的涌现，几乎打破了多年前很多人对上海一贯是传统老工业基地、新经济色彩不浓的认识。整体而言，

---

[1] 本文是作者主持《张江科技园区新经济发展战略研究》期间历次报告会补充发言的汇总。

上海涌现出较多的独角兽，从根本上取决于上海整体产业发展阶段全面进入后工业时代，尤其是从跨国公司、央企国企以及民营科技集团溢出的高端创业，成为独角兽企业大量涌现的直接原因。这些高端创业者不但一度站在国际产业价值链高端，还有充分的资源配置、产业组织能力，最终能够借助技术创新、模式创新、资本杠杆成为产业变革的引领者。

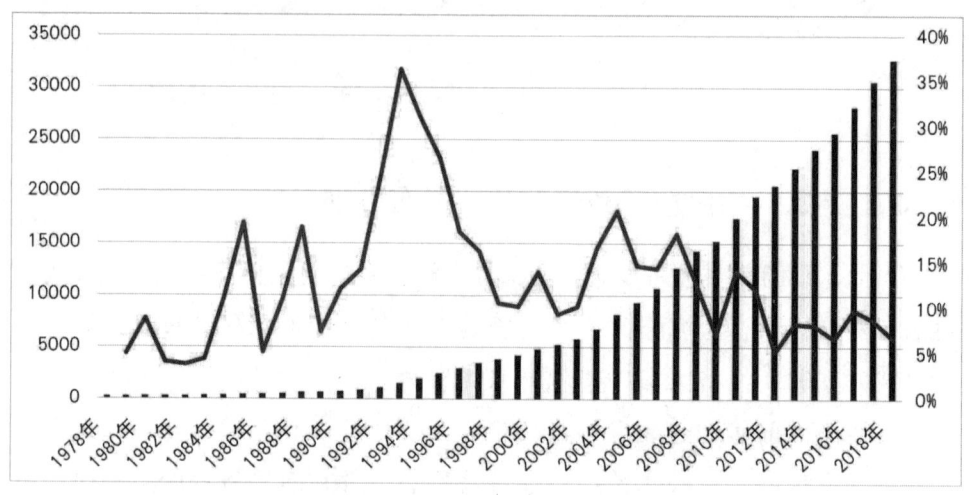

图：改革开放第一个四十年上海 GDP 规模及增速

以 2018 年为例，上海独角兽企业分布于 14 个行业，集中在电子商务、智慧物流、互联网教育、生物医药等领域，17 家新晋独角兽分布于新文娱、互联网教育、新能源汽车等领域。彼时北京独角兽企业分布于 19 个行业，集中在电子商务、人工智能、新文娱、大数据等领域；新晋独角兽企业 30 家的近一半是前沿科技领域独角兽，重点分布于人工智能、大数据、智能硬件、云服务、生物医药等领域。深圳独角兽企业分布于 9 个行业，集中在金融科技、智慧物流、人工智能、智能硬件等领域，5 家新晋独角兽分布于新文娱、人工智能、金融科技等领域。杭州独角兽企业共分布于 9 个行业，其中电子商务领域独角兽达到 5 家，7 家新晋独角兽主要分布于电子商务、智慧物流等领域。

从各城市所拥有的独角兽领域分布以及新晋独角兽领域分布来看，北京加快从互联网经济向以硬科技驱动的新场景新业态方向发展，是北京科教智力资源密集的特点决定的；杭州从电子商务、互联网金融向新物流等方向发展，是阿里系平台衍生能力决定的；深圳加快向智能科技为引领的方向发展，是深圳打造智能科技之都决定的；而上海呈现出多领域多创新中心并存发展趋势，更像是在一个制造业根基深厚的城市发挥商业灵活的优势。其背后的重要差异，主要是上海缺乏超级平台型企业，以及并没有形成独具一格的区域创新方式及创新文化，但根本原因是上海尚未彻底走出以制造业为主导的产业发展模式、组织模式以及创新方式。

9.1.2 上海自主创新的四大"魔咒"

整体而言，上海在自主创新面前存在如下四大"魔咒"：

一是缺乏文化根植的创新生态。上海从近代史上发展而来，无论是新中国成立还是改革开放以来都是民族工业发展的重镇，但在新经济面前不像北京、深圳、杭州的呼声高。钱文忠教授认为，上海在近代史上取代其他城市发展成为中国乃至东亚最重要的经济中心，不仅仅是资本、人才、经验的移植，最重要的是文化的转移式发展，也就是"浙东学派"的理念是利己利私、工商皆本、民富先于国富、利义观。在当时体现出鲜明的观念领先，决定着经济活力与城市层级。在新中国成立以后，大量国有资本进入，上海没产生独特的商业伦理与创新文化；在改革开放以后，伴随大量外资进入，产生了开放的海派文化。但整体上这些文化的根植性还不强。比如有人说，上海是三分天下，国有企业、外资经济以及民营经济。之所以"缺乏文化根植的创新生态"，就是说，来自区域个性的文化、来自民间的工商活力并没有和现代科技相结合、与新经济相结合，进而推动地区文化渊源上升到新高度，以至于在发展理念上难以领先、没有完整独立的创新生态以及创新文化。

二是高端制造主导的产业战略。上海工业基础非常雄厚，有利于吸引一些大项目在上海布局，不过，这也导致一些引领未来发展的、开始不起眼的新技术、新模式、新业态、新产业难以受到足够的重视、关注和支持。尽管上海不乏厚创新与硬科技，但在产业战略本身上就具有浓厚的高端制造色彩。如今是一个产业跨界融合的时代，是制造业服务化、服务业制造化以及产品即服务、制造即服务的时代。未来没有什么一、二、三产之分，只有层出不穷的产业形态和全新业态。作为老牌的工业基地，上海只有在齐备的工业体系基础上插上智能经济、智能科技的翅膀，促进高端制造与高技术服务相融合，才能以拉长板的方式补短板、变劣势为优势，诞生具有世界级影响的原创新兴产业。

三是传统工业经济的路径依赖。如今产业发展规律变了，从产业价值链分解融合到各次产业跨界融合，技术生命周期越来越短等，政府依然按照管理工业的方式管理新兴产业、管理现代服务业。很多时候，上海宁愿更相信、多抓商飞这种大项目，也没精力去多培育一些新经济企业；而很多科技园区、产业园区宁愿相信举国体制，也不愿意花太多的精力去"育苗造林"。

四是缺乏制度创新的组织动员。在中国产业跟随发展阶段，我们学习别人，照搬照抄别人的政策框架与产业组织方式是有用的。但当我们的产业发展到一定程度，尤其是在发展新经济、培育市场面前，需要加强制度创新能力。目前，我们与发达国家在产业技术上存在不同程度的"领跑、并跑、跟跑"，需要做更多的制度创新。上海有很多扶持性政策为主，但更需要制度创新。在产业政策与产业组织上，很多地方在制度创新的意识、意愿是有的，但制度创新能力并不足。

9.1.3 上海新经济希望在哪里？

在发展新经济或高新技术产业面前，就发展动力而言，要么是强调创新创业，要么是重大项目的招商引资及产业化，一种是内生的长效活力，一种是阶段性的权宜之计；就发展模式而言，要么是创新带动创业，要么是创业带动创新，前者要么是依赖一定发展阶段和条件甚至依赖举国体制，后者依然强调技术试错、市场试错、企业试错、产业试错、区域试错，在各种试错中找到真刀真枪的创新；就发展段位而言，要么是强调硬科技厚创新，要么是强调轻科技薄创新，这两种没有优劣之分，而在于相互结合。

简而言之，上海最大的机会不是别的，而是高端(科技)创业带动前沿(科技）创新。上海工业经济发展到一定程度，出现了一批高端创业者，这些高端创业者要么是从大国企中离开体制，要么是从外资辞职创业的，还有一些从民营科技走出来的，出现了大量跨区域创业者、系列创业者、产业组织者创业、精英创业、跨境创业、离岸创业等。只有抓住新一轮高端创业，上海才能从外生增长到内生增长，从以往的三分天下到现代的活力经济，从工业经济到创新经济。这其中，要强调一流的科技创新中心与开放的产业生态相辅相成，要强调有创业的创新、有创新的创业，要强调软硬科技与轻薄创新的结合。

与此同时，上海最大的特色是以金融资本撬动全球范围资源配置的国际化。在新一轮改革开放过程中，上海的重要使命，一方面是通过改革，激发创新创业活力，推动产业转型升级与新兴产业生态再造；另一方面，就是通过开放，用金融资本在全球范围配置资源和创造财富，成为中国抢占国际分工、价值链高端、资源配置的高地和前台。无论是科技园区条件下的高端创业，还是金融资本条件下的全球资源配置，只有虚实结合才能有张有弛、纵横捭阖，才能开创新一轮改革开放的新局面，才能在新经济面前实现逆袭发展。

9.1.4 全面拥抱开放型创新经济

如果说改革开放第一个四十年，中国致力于从计划经济到市场经济转变，核心是通过市场化改革提高资源配置效率；以及从农业国向现代工业国家转变，核心是建立完整的工业体系。上海在这两个转变中，都有着率先改革开放和加快发展的红利，并发挥了重要的角色。那么未来的四十年，将是中国从工业经济向创新经济转变，从出口导向的外向经济到全球资源配置的开放经济转变。上海需要走出制造业全球化、服务业全球化的段位及思维。

当前，中国国内的发展空间、政策空间呈现边际递减趋势，转型升级压力巨大，需要更多的开放型创新经济体的出现。正如上所言，上海未来的发展动力自然是高端创业带动前沿创新，发展途径则是"金融资本＋国际化"的开放经济，而这些元素充分结合在一起，便是上海最大的方向、最大的路径。简而言之，只有将高端创业引擎与前沿科技引领相结合，只有用国际化视野与金融资本杠杆强调全球资源配置能力，才能实现逆袭发展和战略突围。如果上海在新一轮发展过程中，难以通过工商、科技、人文跨界融合，形成开放型创新经济，依然在新经济大潮中遵循传统工业经济依赖，就难以引领新一轮改革开放。

总而言之，所谓上海的"上"就是"高大上"，这需要更加仰望星空、志高存远和高举高打；所谓上海的"海"就是国际化、全球化，这需要一种更加开放、包容、融合、宽广的文化。上海只有放下商业精明过犹不及的包袱，把对全球化、新经济的灵敏潜质爆发出来，从思想观念、发展战略、组织方式、政策体系上做全面的反思，探索全面发展开放型创新经济之路，才能有更大的格局、空间、希望和未来。

9.2 苏州：下一个改革开放四十年向何处去？

苏州站在继往开来、何去何从的历史节点、发展起点以及时代拐点上，需要重新反思苏州上一轮发展顽疾、追问苏州新一轮发展逻辑，进而找到苏州新时代高质量发展的方位感、突破口与组合拳[1]。

9.2.1 如何看待改革开放以来的来龙去脉

苏州自改革开放以来先后形成五个发展阶段：一是"苏南模式"发育期（1978-1991年），率先进行农村改革与城市开放，一方面着力在农业商品化基础上培育发展乡镇企业，另一方面积极承接国内国际产业梯度转移，历经"农转工、内转外、块转园"充分发育，形成以乡镇政府为主导、以集体经济为主体、以商品经济为手段以及农村剩余劳动力非农化为特征的"苏南模式"，以机械、纺织、食品加工、冶金、建材与电子、医药为代表的工业体系，在一个"历史文化名城和风景旅游城市"中一跃成为地区经济中心。二是园区经济抢滩期（1992-2000年），苏

---

[1] 本文是作者主持《苏州城市中长期发展战略研究——建设新时代高质量发展的开放型创新经济体》的简版《七问苏州改革开放再出发——苏州中长期率先打造开放型创新经济体的战略思考》。

州率先加速工业化、市场化、城镇化、国际化，不仅加快建立完备的工业体系——以出口加工为主的初级制造业、轻工业走向重工业与高技术，还建立初步的市场化微观基础——多种所有制属性企业协同发展，亦初步拉开城市化发展框架——在县域经济小城镇带动下加速城市化，更建立了以开发园区为主导的外向经济发展模式——多个国家级及省级经开区、高新区，最终在"公转私、轻变重、园变群、镇变城"推动下，形成以电子信息、装备制造、纺织、冶金、轻工和石化为主导的产业格局，在"历史文化名城和风景旅游城市"基础上正式被定位为"长三角区域的中心城市之一"。三是世界工厂成型期（2000-2008年），苏州率先抓住中国"入世"带来的制造业全球化、服务业全球化契机，进一步实施外向型经济战略、加快创新驱动发展，将"大产业、大企业、大平台、大项目"产业组织模式与"划地成园、招商引资、规模制造、出口拉动"园区发展模式相结合，形成"要素驱动、投资驱动、外生增长、外延发展"的外向型工业经济发展模式以及外资主导、国有平台、民营补充的混合经济，发展成为国内乃至全球的制造重镇、贸易大市，并新增"国家高新技术产业基地"城市定位。四是外向工业成熟期（2009-2017年），进一步在工业化、信息化、城镇化、市场化、国际化"五化协同"推动下，

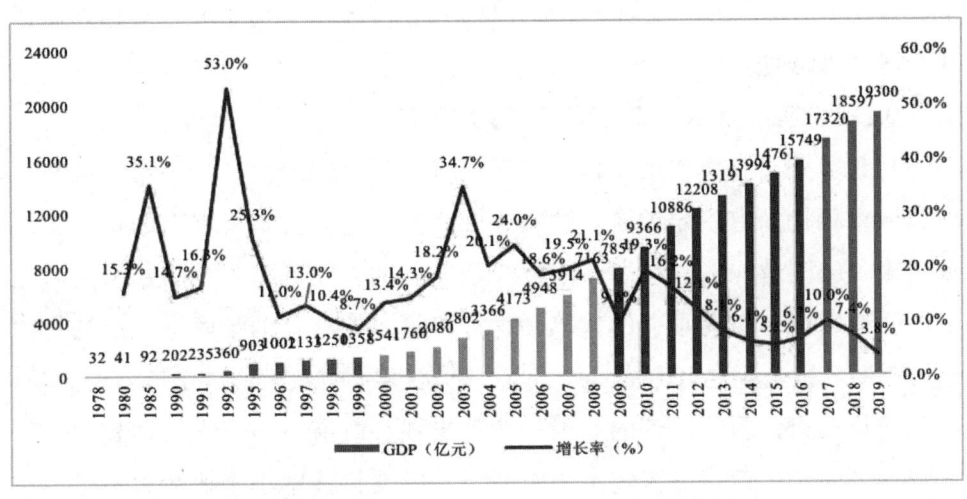

图：改革开放第一个四十年苏州GDP规模及增速

加快建设"国际化大城市",将外向型工业经济发展模式和优势无限放大,2011年工业总产值首次全国排名第二位,2015年第三产业占比首次超过第二产业,外向型工业经济走向成熟但同时呈现出发展红利边际递减趋势。五是开放创新转型期(2018-2030年),在新时代高质量发展战略指引下,苏州提出"思想再解放、开放再出发、目标再攀高",加快产业发展模式、城市发展模式与创新发展模式转变相结合,全面从外向型工业经济向"创新驱动、内生增长、内涵发展、开放合作"的开放型创新经济战略转型,并加快建设"现代国际大都市"。

整体而言,苏州自改革开放以来经济社会发展获得全面、充分发育,具有如下成功经验:一是立足精致典雅、崇文尚德的吴文化底蕴,塑造具有鲜明时代特征和苏州特色的"三大法宝",形成开放包容、争先创优、奋力拼搏的城市氛围,以文化厚德、精神内核激发工商活力。二是结合不同发展机遇与阶段特征推进发展模式迭代创新,实现从农业商品化到工业经济、从内向经济到外向经济、从乡镇园区经济到集群经济、从计划经济到市场经济、从县域到城市经济,当前迫切需要加速向开放经济、创新经济、活力经济、都市经济方向协同演进。三是处理好改革、开放、创新、发展之间的关系,坚持改革是先导、开放是途径、创新是引擎、发展是导向,以开放倒逼改革、以改革加快创新、以创新驱动发展,加速向促进产业结构、城市形态、社会建设协同演进。

9.2.2 究竟在什么节点上落下了落在了哪

尽管苏州在整体发展阶段、发育层级高于全国绝大部分城市,但与深圳等城市相比尚有一定差距。这是在20世纪90年代末就埋下的伏笔,以致后来"越陷越深"。在"苏南模式"发育期,在可歌可泣的成绩背后埋下了强势政府、市弱县强的伏笔,这种伏笔主要存在两个隐患:一是集体经济借助乡镇企业之名迅速发展,但与地方(乡镇)政府形成千丝万缕关联,埋下强势政府、弱势民营的基因,尤其当强势政府将注意力转移到"外商外资外经外贸"后,民营经济相对薄弱、民营科技中小企业活力不足,深圳则发展成为国际化移民型创业之城。二是在改革开放初期形成市弱县强的发展体制与财税体制，前期可借助县际竞争加快发展，但在中后期难以在更大范围配置资源、形成更大合力，深圳则发展成为"全市一盘棋"的全域特区。在园区经济抢滩期，已形成后续"外生增长、外延发展"的发展模式，该模式主要有三大痼疾：一是伴随园区开发、招商引资、税费减免"三板斧"，苏州抓住了国际产业梯度转移历史机遇，但事实上背离了"内生增长"的苏南模式，使得苏州民营经济至今在发达地区队伍中占比较低，深圳则是全国人、全球人来"淘金"创业的深圳。二是城市"硬核"不足，背傍上海、与新加坡共建、学习"台湾"都只是手段，但并非城市发展全部，彼时深圳下定决心结束"三来一补"加快向高技术产业进军，苏州满足于战略跟随，高新技术产业集群并不"高新"。三是由于集体经济产权制度改革不彻底，难以打破强势政府、弱势民营的结构，尽管强势政府可通过招商引资与外商经济掩盖民营经济不足，但一旦全球供应链受贸易保护主义影响弊端将凸显。在世界工厂成型期，苏州之所以后来难以和深圳相提并论，关键在于这一阶段出现了两大战略问题：一是对"拿来主义"的招商引资奉为圭臬，而深圳、杭州借助互联网等新经济优化新经济、高技术服务业、高技术制造业配比，苏州则以高技术制造为主，高技术服务特征不明显，尤其对新经济不敏锐不敏感。二是伴随2000年以后新一轮城市化与城市经济发展，苏州在县域经济主导、小城镇发展的长期格局下，外需大内需小、都市经济不足，与深圳、杭州等城市相比，难以实现产业结构与城市形态的协同演进。在外向工业成熟期，苏州依然没有痛定思痛和"脱胎换骨"，从而出现两个被动局面：一是在2011年工业总产值紧随上海，2011年中国工业总产值超越美国前后，苏州没有在从工业经济走向创新经济、从外向经济走向开放经济、从城市经济走向都市经济上做前瞻布局，难以用五到十年实现战略突围。二是苏州长期以来都是外商企业的制造车间，在"一带一路"背景下本土民营企业在整体实力、资本积累、跨国经营等方面的发育不够充分，甚至在民间资本"走出去、走进去、走上来、拿回来"上落后于宁波。

表：苏州在哪个时间节点上错过了什么机遇落在了哪里？

时间	问题	影响
20世纪70年代	依然披着乡镇企业"外衣"的集体经济	地方政府强势，民营活力不足
20世纪80年代	市县统分结合机制较弱、财税县强市弱	县域经济依赖，城市经济不足
1993年前后	集体企业改制不彻底，民营科技中小弱	民营科技不足，活力经济不足
1995年以后	抓住了外向经济、但没抓高新产业发育	产业跟随战略，捡芝麻丢西瓜
2000年前后	错过以互联网经济为代表的新经济	工业路径依赖，创新经济不足
2000年后	小城镇县域经济阻碍城市化与城市经济	外需大内需小，都市经济不足
2008年后	引进来有余，走出去走下去拿回来不足	资源配置不足，开放经济缺陷
2012年后	外向型工业经济路径依赖有增无减	战略转型不够，影响战略突围

整体而言，苏州自改革开放以来取得了举世瞩目的成就，但在观念、战略、路径、组织、政策等方面仍然存在一定顽疾，从而在深层次上制约苏州新时代高质量发展。主要表现在：一是战胜了行业，落下了时代——增长最快时是落下的开始。苏州虽然抓住了制造业全球化条件下的产业梯度转移机遇，但错过了2000年前后的互联网经济、2008年以后新科技革命酝酿期。二是过去的经验，如今的包袱——务实目光限制了国际视野。改革开放前三十年凭借外向型工业经济充分发育，但近十年来拘泥于路径依赖、没有展开创新迭代。三是战术上勤劳，战略上懒惰——看起来很能干都是打工的。做事精细但做局不足，长期是"一个个钢镚挣小钱、辛苦钱和血汗钱"，城市"硬核不强"。四是一直在跟随，从未能超越——温水煮青蛙限制了想象力。长期遵循追随者、跟随者的逻辑，缺乏"第一个吃螃蟹"的战略文化。五是自驱力不足——机会主义限制了内生根植的动力。由于模仿上海较多，并没有真正将内生增长的"苏南模式"发扬光大，民营经济占比不高、民营科技中小企业活力不足。

9.2.3 改革开放四十余年顽疾的症结何在

苏州自改革开放以来，尤其是"入世"以后，借助贸易部门将农业部门剩余劳动力转移到生产制造部门、将中国制造输送到全球的发展机制，不仅形成了传统工业化发展模式，"产量大、价格低、质量好、速度快"

的比较优势，最终还形成了要素驱动、投资驱动、外生发展、外延增长的"C"字形外向型工业经济发展范式。尽管这一发展模式是不可超越的，且带动了苏州经济社会发展，但也存在产业经济大而不强、快而不优，核心技术与全球价值分配受制于人，人才、资源、环境、生态结构性矛盾突出，对全球市场依赖大等问题。无论是近年来贸易保护主义带来的"外患"，抑或新冠疫情全球化带来的"天灾"，还是长期结构矛盾逐步浮现（已出现经济增速低于全国平均增速）的"内忧"，苏州只有转变产业结构、产业组织方式、产业发展模式，才能改变贸易结构、贸易发展模式，才能从发展模式与运行机制上走出来，进而解决相应结构性矛盾或问题。

如果说外向型工业经济代表的是一种"制造大市+贸易大市"产业发展模式，那么开放型创新经济代表的则是一种经济运行体制与社会发展范式。在改革开放第二个四十年，苏州中长期发展主线是从"C"字形外向型工业经济发展范式与运行模式，向"O"字形开放型创新经济发展范式与运行模式进行系统转换。开放型创新经济就是从"引进来"内向国际化到"引进来、走出去、走下去、走上来、走（拿）回来"双向开放，就是从"以产定销"的生产决定消费，到"以销定产"的消费决定生产，从商品输出到产能输出、资本输出、技术输出、模式输出、文化输出，从承接产业梯度转移到高端链接与高端辐射，从大进大出到优进优出，从大小宗商品流转到创新资源全球配置，从跟随适应创新到原创引领创新，形成开放式协同创新格局，最终从传统工业化发展模式向新经济道路方向转变。

9.2.4 在新一轮发展到底面临怎样的形势

伴随新一轮产业技术革命与新经济社会转型、新一轮经济全球化与扩大开发、新一轮跨区域一体化与城市群发展、新一轮经济地理位移与城市分工、新一轮全球治理重构与结构改革，在苏州加快新时代高质量发展过程中主要面临如下际遇：一是新经济产业跨界融合取代承接国际产业梯度转移成为城市发展新逻辑，用新经济将传统产业"做一遍"产生新动能成为最大的发展机遇，有利于苏州加速新旧动能转换。二是长三角一体化以及长三角城市群将引领支撑我国新时代高质量发展，以地区一体化加快抢占新一轮经济全球化成为最大发展条件,有利于苏州与长三角主要城市形成产业分工优势互补、创新生态共生共荣、基础设施互联互通发展格局。三是环太湖地区将成为全球最具创新活力及产业影响的湖湾经济共同体,走出跟随上海发展的惯性是苏州成为伟大城市的先决条件,有利于苏州打破跟随上海的城市战略,带动环太湖城市建成继北美五大湖流域之后的全球第二大湖湾经济共同体与城市群。四是苏州将从工业化后期的工贸城市加快向后工业时代的现代国际大都市发展,加速从半工业半信息社会向智能社会转型是最大的发展愿景,有利于苏州率先建设智能社会。

在未来发展过程中,苏州关键是回答好四个问题、做出四个战略转变。一是从经济附属产业跟随向城市引领全域创新方向转变。从经济战略追随产业发展,到充分释放科技创新以及新经济对区域发展的引领支撑作用,推动创新从园区走向城市、产业从城市走向城市群、开放从城市群走向都市圈、经济带实现全域创新,打造全球新兴"创新尖锋"。二是外生增长向内生根植发展。面向"江河湖海"内生增长、根植发展,以长江经济带为腹地、以运河经济圈为联动、以太湖流域为依托、以海上丝绸之路为延伸,打造创新共同体。三是从推拉并举的县域竞争向区际竞合的都市经济转变。加快将工商活力、科技高度、产业深度、人文厚度和苏州精神相结合,从县域个体竞争走向区域群体竞合,实现市域一体化、都市一体化发展。四是从产城融合的功能开发向科产城人融合的生态开发。从"产城融合"2.0到"科产城人融合"3.0,促进经济发展模式、城市发展模式与社会发展模式转变相结合,加快培育一流的产业、一流的城市、一流的科技、一流的人才城市"硬核"。

9.2.5 站在新的历史起点上究竟何去何从

围绕"现代国际大都市、美丽幸福新天堂"发展愿景,以构建开放型创新经济发展结构与运行体制机制为主线,坚持"全球开放创新门户、国际高新产业基地、世界历史文化名城、江南生态旅游园林"城市发展定位,实施"产业数字化、建设都市化、创新生态化、发展国际化、社会智能化"五化协同战略,着力构建现代化创新经济体系、建设太湖湖湾城市群首善之城、构建生态赋能型创新发展格局、打造国际化开放创新中心都市、率先迎接新型智能社会到来，以创新驱动全面转向新经济，全面建成新时代高质量发展开放型创新经济体，率先成为中国特色社会主义先行区、国家开放创新改革试验区、太湖创新经济生态圈中枢。

——产业数字化，加快构建现代化创新经济体系。立足新一轮科技变革和产业革命，打造以数智科技、信息科技、生命科技为先导，以先进材料、数字装备、能源环保为主体，以文化时尚、商贸物流、现代金融为特色，以科技服务业为支撑的"3+3+3+1"十大现代产业体系。

表：苏州"3+3+3+1"现代产业体系

	十大产业	细分领域
科技创新赋能先导产业	突出生命科技产业新优势	生物医药原创发展、医疗器械高端发展、健康管理服务数字融合、精准医疗加速布局、医药研发服务创新
	掌握信息科技产业主导权	新一代显示做大做强、新一代通讯前瞻布局、集成电路产业强基、高端软件赋能
	抢占数智科技产业制高点	人工智能孪生、大数据驱动、云计算算力倍增、智能物联万物智联、智能终端推广应用
智能制造提振战略产业	新型材料优化工业食粮	合金材料高性能、合成材料特纤维、电子信息材料上游突破、纳米材料做大规模、前沿材料整体突破
	数字装备提升技术构成	智能装备数字化、智能硬件终端化、移动装备互联化、智能制造服务化
	能源环保加速绿色发展	能源装备绿色发展、节能环保加速低碳、新能源汽车走向高端、环境治理加速循环经济
跨界融合提升现代服务	文化创意赋能时尚产业	文化旅游融合发展、服装纺织业态创新、都市休闲场景创新、创意经济打造IP
	数据驱动加速商贸物流	数字贸易提升服务贸易、服务贸易带动货物贸易、现代物流互联互通、港航服务能级提升
	金融科技提升现代金融	产业金融深度融合、金融科技数据驱动、金融中介高端发展、跨境金融创新发展
	强化科技服务战略支撑	塑造创新服务、创业服务、产业服务三大品牌，着力培育研发创新、创业孵化、科技金融、技术转移、知识产权、检验检测、科技咨询、服务集成等新业态

——建设都市化，建设太湖湖湾城市群首善之城。立足县域经济、跨

越城市经济、加快都市经济发展,围绕"拥湖、临江、沿河、依海"发展理念,突出太湖湾中心地位,加强长江经济带腹地拓展,重塑运河底蕴,加快"海上丝绸之路"建设,实现"太湖时代"回归,引领"湖湾经济"城市群建设与长三角地区一体化发展。

——创新生态化,构建生态赋能型创新发展格局。以古今传承、中外合璧、南北融合的发展理念加强新吴文化引领,打造产业成群、园区成场、企业成器、创新成核、智力成材、数字成驱、场景成用、金融成网、服务成台、开放成气的新经济生态圈,实现从江南生态园林名邑到创新生态赋能名都。

——发展国际化,打造国际化开放创新中心都市。以苏州市域一体化、太湖湾一体化、长三角一体化抢占创新全球化先机,建设圈层联动、创新驱动、开放包容、协同发展的地区发展共同体与最具全球影响力的开放型创新经济体,实现从国际创新枢纽、全球创新高地到资源配置中心。

——社会智能化,率先迎接新型智能社会的到来。以创新型服务政府建设为重点、以提升数字治理能力为基础、以体制机制创新引领为保障,率先迎接新型智能社会的到来,全面促进物质文明、社会文明、生态文明、政治文明、精神文明"五位一体"有机发展。

9.2.6 如何以高质量发展带动高速度增长

进入新一轮改革开放,苏州提出"思想再解放、开放再出发、目标再攀高",核心是加快探索以高质量发展带动高速度增长,围绕技术创新、新兴产业、市场需求、生产方式、企业主体、产业协作、供应链条、贸易结构、数字基建、治理方式等实施"十创苏州"行动计划,率先在国内探索出集约型高质量、可持续高增长的"双高"之路。

一是数智技术跨界。立足苏州制造业基础优势和产业发展方向,以产业数智化带动数智产业化,促进人工智能、云计算和大数据、区块链和信息安全、新一代通信、高端软件等前沿技术跨界以及与先进制造业结合,打造世界级产业集群;突出苏州信息产业特色与智慧城市基础,以城市数字化带动社会智能化发展,促进新一代信息技术与城市建设、城市管理、社会治理相结合,培育挖掘新经济新动能。

二是新兴赛道培育。发挥苏州实体经济"硬盘"优势和"文化苏州"IP，大力发展消费互联网下的流量商务、工业互联网下的智能制造、移动互联网下的社群服务、产业互联网下的新型连锁、产业互联网下的企业商务、产业物联网下的智能终端、产业物联网下的物联生态以及人工智能驱动的垂直应用、数字内容融合的场景体验、平台运营加持的"腾云驾雾"，抢占互联网下半场"十大赛道"。

三是场景业态变革。围绕从疫情倒逼到主动出击、从需求拉动到场景驱动、从支持供给到支持需求，通过开放场景、打破规制、示范工程、清单推广等方式，鼓励支持科技企业、平台企业在消费娱乐、教育培训、商贸流通、时尚创意、文化旅游、市政工程、城市管理、数字设施、民生保障等领域开展场景创新，支持行业企业大力发展互联网医疗、机器人智能服务、人工智能识别、自动化物流网络、企业云办公、互联网教育、数字文创等线上、远程、无接触服务。

四是数智工场升级。将智能制造"由硬入软"、产业互联网"由软入硬"相结合，面向苏州制造业推进实施生产线、生产关键环节的自动化、数字化和智能化改造，发展智能工场、数字车间、无人生产、云制造、个性化定制、服务型制造等智能制造模式，探索全新生产方式。

五是平台企业赋能。突出平台企业在此次防疫抗疫中发挥出来的重要作用，强化研发设计、生产制造、材料供应、商贸流通、金融投资、服务外包等产业价值链分离，大力培育链接上下游、供需端、买卖方并能够提供第三方或第四方服务的平台型企业，赋予平台企业在开放创新、产业组织、社会治理、城市管理中更大的功能。

六是产业垂直创新。围绕苏州打造世界级产业集群，进一步突出大企业、领军企业、头部企业在终端市场、技术集成、资本运作、产业整合等产业组织与生态中枢作用，通过资源开放、战略投资、兼并重组、供应链协同、技术转移、众包研发等新机制，促进中小企业融入大企业产业链、供应链、创新链和资本链，实现大中小企业互联融通发展与产业组织方式创新，真正推动产业共治理念落地。

七是敏捷供应强基。针对贸易保护以及疫情防控出现的全球供应链、全国供应链、区域供应链压力及风险，在持续开展柔性制造、敏捷制造、共享制造、服务型制造等智能制造模式的基础上，重点加强基础材料、核心基础零部件（元器件）、先进基础工艺和产业技术基础、信息安全、数字设施等产业基础能力，强化新一代物流的基础设施作用，建立自主可控、布局优化、敏捷响应的供应体系。

八是数字贸易带动。借助深化服务贸易创新试点城市及苏州自贸区片区政策优势，在金融、服务外包、文化、旅游、娱乐、知识产权、跨境物流、国际维修等行业领域开展改革创新，大力发展跨境电商、数字服务、数字内容、云服务等新型数字贸易，加快建设一批数字贸易出口基地与促进平台，完善数字贸易要素流动机制，加强数字贸易金融服务创新，全面促进货物贸易、服务贸易、数字贸易协同发展。

九是城市大脑建设。结合苏州"市域一体化"发展，不断完善AI、5G、IDC、下一代互联网、窄带物联网、边缘计算等数字化"新基建"布局，从交通综合治理起步推动"城市大脑"在医疗、政务、安防、城管、社区、应急管理等领域广泛应用，依托苏州制造强市、园区经济打造一批"产业大脑""园区大脑"，推动"城市大脑-产业大脑-园区大脑"三级架构与网格化基层治理模式相衔接。

十是数字治理创新。结合"苏州最舒心"营商服务品牌塑造，加强数字政府建设，全面推动政务服务"上云"，坚持用户思维建设移动高效的数字政务平台打造"线上政府"；积极发挥高科技企业、互联网公司、枢纽机构的平台作用，鼓励开放其数字基础设施，基于数据开放、信息共享不断推动产业共治和社会治理有机结合，以平台企业社会化与社会企业平台化带动数字治理理念、工具、手段创新。

总而言之，苏州历来是一个创造历史的伟大城市，在新一轮改革开放与新时代高质量发展中需要再出发、再造新优势，打出逆周期、超周期"双高"发展的方位感、突破口与组合拳，实现从做事到做局、从跟随到原创、从内秀到厚发、从拿来到硬核，为新一轮改革开放、新时代高质量发展开辟新天地。

9.3 杭州：能否在互联网的下半场笑到最后？

杭州历史上是中国经济中心从北到南转移的终结者，但很多时候给人的印象是后花园式的休闲城市。进入新世纪后，杭州提出了打造创业天堂的口号，借助互联网经济、信息经济、服务经济等一举实现新经济发展华丽转身，成为新经济地理上脱颖而出的典型代表，以至于很多人以为中国传统的"北上广深"到"北上深杭"。从消费互联网的"上半场"到产业互联网的"下半场"，杭州能否笑到最后，我们拭目以待[1]。

9.3.1 借助新经济已然实现"换道超车"

当前，中国一线城市分布与变局变幻莫测，从过去的"北上广"到后来"北上广深"，现在到了"北上深杭"或"北上杭深"。如果用新经济的观点来解释，杭州的确离一线城市越来越近了。截至2019年底，北京独角兽企业有82家，上海独角兽企业有38家，深圳独角兽企业有18家，杭州独角兽企业有18家。纵观具有国际影响的产业高地和创新尖峰，或者说是拥有良好创新生态、能够引领未来全球发展趋势的国际重要城市，往往有五个方面的条件，而杭州在各方面都有一定明显优势。

一是在源头上有大量高端创业，而杭州的"新四军"就是典型代表。

图：G20成就了杭州的"高光时刻"

---

[1] 以下是作者先后参加多届全球互联网大会、湾区经济课题评审以及国家专业化众创空间调研期间的发言、思考，是《杭州究竟如何成为真正的新一线城市？》《杭州能否在互联网的下半场笑到最后？》等文章的合成。

"浙大系"代表的是科技创业，具有高科技、高技术的基因；"阿里系"代表的是互联网＋创业，具有互联网的基因；"创二代"代表的是草根转型创业，具有浙商与生俱来的商业基因；"海归系"代表的是跨区域创业，具有国际化的基因。二是在基因上有信息产业的基础，而作为汇聚大量科教智力资源的省会城市杭州拥有大量信息产业发展源头。杭州在这个领域不但有很多高校的创新源头，还有一定产业基础，自然具备良好的发展基础。三是在杠杆上具有发达的科技金融，杭州不但科技金融本来就有基础，尤其是伴随阿里上市衍生出大量创业资本。浙江、浙商代表的是民营企业家、民间资本，杭州的科技金融整体水平发育较高。四是在组织上有发达的平台经济，以阿里为代表的平台企业具有强大的平台衍生能力。以马云为代表的地区浙商既有着浙商与生俱来的灵敏、敏锐，只有这种商人特质才能开辟全新的商业疆域；还有这在北方失败的创业经历，融合了北方的一种文化元素，也就是从做事到做局。五是在底蕴上有自成一派的区域创新文化，杭州创新文化具有典型的"互联网＋"烙印。一个具有国际影响力、国家辐射力的一线城市，只有新经济、新科技、新文化结合在一起，才能形成面向新经济的创业格局或范式。

9.3.2 必须正视过去究竟如何发展起来的

如果从过去四十余年与未来四十年的发展尺度来看，杭州的发展更多的是充分发挥了自己的区位条件，把互联网机遇无限放大，但根基并不牢固。很多人以为，杭州这些年的发展还是吃了以往的"老本"，尤其是凭借信息经济实现了转型升级，但这种认识还是较为初级的。某种意义上，杭州的发展与光环并不完全是靠互联网经济等带动支撑的，有很大一块的量是靠省属国有企业的垄断经济、浙商民营企业的总部经济、城市化经营的地产（泡沫）经济、旅游城市的流量（休闲）经济支撑的。譬如，如果省属电信、烟草等几大垄断行业不统计在杭州，杭州GDP总量与宁波相比并无优势；如果再把总部经济、泡沫经济、流量经济算进来，杭州自生、内生孕育发展起来的还有多少？但杭州之所以相对成功，是因为很多省会城市纵然有国有垄断经济、企业总部经济和地产泡沫经济，但没有浓厚的商业文化，也没有活跃的互联网经济、平台经济等。

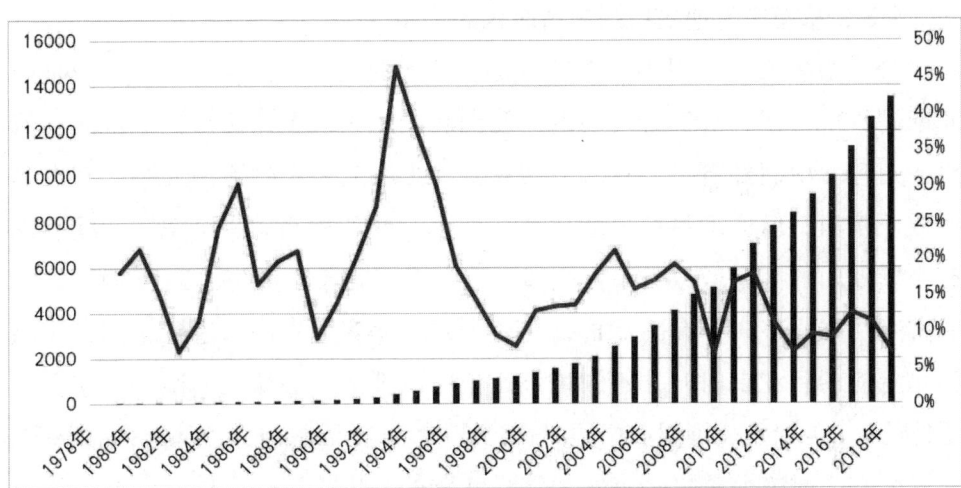

图：改革开放第一个四十年杭州 GDP 规模及增速

应该说，未来真正代表中国的一线城市，都应该是世界级城市，或者至少是国际化大都市。杭州既然想异军突起，就要不断围绕国际产业分工与全球城市分工站位、抢位、卡位，推进城市形态与产业结构向高端演进，才能抢占城市发展主动权与国际竞争的战略制高点。但直到目前，杭州在新兴产业、新动能培育的根基并非稳固的，而这恰恰是特定发展结构决定的。很多时候，长板的背后是短板、光环的后面是隐忧。譬如，杭州信息经济、互联网经济、电子信息等元素所形成的产业结构与经济形态，在发展方式转变、产业转新升级的整体上是向好的。在这种产业结构下，在创新能力上，以商业模式创新为主，以技术集成创新为辅，高科技、硬科技、黑科技就不是那么突出；在发展阶段上，赚到了消费互联网层级的流量和钱，但产业互联网并不强大；在产业融合上，如果没有一定的高技术制造业根基，新一代信息技术难以与大面积先进制造业结合产生全新的生产方式。未来只有产生具有世界范围影响的原创新兴产业，才能掌握产业主导权，才是抢占全球经济分工、城市分工高地。那么，后互联网泡沫时代杭州应该怎么办？在新的历史条件下，杭州如何成为世界一流的创业创新栖息地，用真刀真枪的高科技、硬科技、黑科技等等，实现杭州轻盈地腾飞，引领中国的新经济未来?

9.3.3 从南宋时期的杭州看新时代的杭州

现在很多人才意识到中国经济社会发展的问题不是东西问题,而是南北问题。但中国经济社会发展的南北问题早就出现了,而且杭州扮演了特殊的角色。中国经济重心从北方转移到南方,起始于魏晋南北朝,基本上形成于隋唐,但一度最鼎盛的便是在南宋时候的杭州。一个偏安一隅、仅有半壁江山的南宋政权,不仅创造了以往无可比拟的GDP,还创造出灿烂的文明。当很多人都在感觉杭州是一个文人墨客挥发闲情逸致,或者还以为是上海的后花园时,并不知道杭州是中国经济重心从北到南的终结者。遗憾的是,无论是战国逐鹿中原时代的齐国,还是面临强大外部压力的宋朝,这两个在当时文明程度最高、经济最活跃的都未能统一中国和善始善终。尤其是南宋在农耕文明下,经济发展没有与科技、军事充分结合,产生新的生产方式与先进装备、技术构成,最终在冷兵器时代不敌野蛮的游牧民族。但如今的杭州不再是"只把杭州做汴州"的临安,而是新时代的"延安"。最近几年,杭州志在成为一线城市,但难免还有很多差距。那么,杭州成为新时代的标杆,不但要解决基底不足、根基不深、硬核不够的短板,还需要有原创的新技术、新产业、新模式、新思想,尤其是产生改变世界的生产方式、生活方式、产业结构、治理结构等。

应该说,杭州在近二十年已经形成以商业模式创新带动技术创新的"软创新""薄创新",未来需要形成以技术创新带动商业模式创新的"硬科技""厚创新",最终将"硬科技 + 软创新"有机结合,从薄创新到厚创新。在此过程中需要有四个着眼点以及相应的着力点和战略目标。一是面向全球面向未来,抢占科技产业战略制高点,彰显影响力。目前最有前途的技术就是我们这里所说的三大技术,数智科技最能实现人、替代人、模拟人、增进人、联结人;生命科技在疫后对人的价值更加凸显;而未来科技则是拓展人类的生存发展疆域。二是面向全国用好国家,需要掌握产业发展的技术主导权、资本主导权、市场主导权,彰显新时代的引领力。杭州的既是世界的,更代表全国的。以往浙商过于聪敏了,以至于杭州在市场原教旨上承担国家战略意识与能力不足不够。如今国家在布局国家战略科技力量，杭州完全能够做出应有的贡献。三是立足杭州赋能江南，加快抢占新一轮高质量发展的主动权，提高新兴产业与自主创新的策源力。将产业链、价值链、创新链、资金链、供应链有机结合，形成快速的产业生成能力与创新迭代能力。四是军民融合科产融合，以重大尖端科技、前沿科技、硬核科技带动新经济发展，彰显生产力提升与财富累积的创造力。美国产业科技、民生科技是国防科技带动的，以军民融合走高端、以科产融合经世致用，最终以"四尖经济"[1]带动"四新经济"[2]。

9.3.4 从硬入软的深圳看待软入硬的杭州

现在中国的创新版图上呈现出"北上深杭"的新格局，尽管北京集聚了大量科教智力资源但创新发展的一般，上海是产业发展到一定阶段溢出了很多创新，杭州在创新面前对标深圳是需要的。但整体而言，深圳已经进入全域创新发展阶段，并形成了以企业为创新主体的"6个90%"[3]。但杭州还处于多中心并举的发展结构，以文创为代表的西湖时代、以软创新为代表的滨江时代、以产业为代表的钱塘时代、以厚创新为代表的西溪时代竞相亮相、竞合发展。在创新驱动面前，杭州与深圳差距，起始于起步阶段，形成于不同类型城市的经济循环模式，分异于不同的创新范式。某种意义上，深圳在1995年左右下定决心结束"三来一补"，彻底走向高新技术产业发展道路，十年前还遍地"山寨"产业集群，如今已经成为智能硬件创新之都；杭州更多地起步于2000年左右，政府改变了杭州的硬件，以阿里为代表的平台企业改变了杭州的软件，以浙商为代表的商帮释放了杭州的活力。深圳与杭州最原始的不一样，一个是一个港口城市引发的创新，核心是围绕国际产业价值链从低端向高端不断攀升，也就是通过外循环的"两头在外"带动内循环的"中间在内"产生的创新，是中国制造、走向中国智造、再走向中国创造的典型代表。一个是旅游城市引发的创新，核心是如何将人流、

---

[1] 针尖产业、尖端技术、拔尖人才、顶尖平台。
[2] 新技术、新模式、新业态、新产业。
[3] 参照深圳文章解释。

物流、信息流、货物流、资金流如何转为数据流、价值流，以内循环的"原创"带动外循环的"全球化"，是中国业态创新、中国再造的典型。但两者最大的区别，是深圳的创新从硬入软，器网融合；而杭州则是从软入硬，用软的控硬的，数智兼备。

如今所有的创新高地，都有这么几个共同的特征：一是"科产城人"高度融合，一流的科技、一流的产业、一流的城市与一流的人才相辅相成、相互成就；二是极化效应明显，不仅是国家战略科技力量，还以"四尖经济"带动"四新经济"；三是从"大科学－硬科技－厚创新"，面对新一轮科技革命与产业变革，创新高地纷纷抢占大科学发展先机，布局适宜大科学研发创新基础设施，在此过程中强化关键核心技术突破，加快从以薄创新走向厚创新。一般的创新范式，是从基础设施、基础研究、应用研究、商业研究、转移转化、再到产业化，形成了正向的链式创新；杭州在前二十年，更多地从贸易销售代理、到生产制造、再到平台经济与研发创新、再到跨国技术并购和达摩院，更多的是反向资源配置的逆向创新，但这种逆向创新是薄创新，未来需要是以硬核科技为引领的厚创新。目前杭州注重应用基础研究很重要，"硬科技＋软创新"至关重要。在此过程中，将产业化、创业、科技成果转化、研发创新高度一体的垂直型创新会成为主流。对于从硬核科技到硬核产业，杭州不仅需要找到良好的切入点和突破口，以引领国民经济社会建设与国防科技建设；还要优化组织方式，借助全新的组织方式系统性地降低创新成本和创新风险，提高创新的效率效益。

9.3.5 从硬科技的西安审视软创新的杭州

西安最早提出了"硬科技"，具体是指"事关国家战略安全和综合国力的重点产业链上的关键共性技术"。如今杭州也开始布局硬核科技产业。为什么要从西安的科技创新发展，来看杭州的科技创新发展？如果深圳在产业技术创新是由硬入软，那么杭州则是由软入硬；如果西安有硬科技的优势，但缺少的是软创新，那么杭州有软创新的优势，缺少的硬科技。应该说，西安科技创新的核心问题是高校院所的科教智力资源、企业的创新资源、全社会的产业要素、政府的财政科技资源等多种资源要素的不相适的问题，未来需要建立全新的创新生态，最终将区位条件与资源禀赋转化为投资标的、再转化为创新优势、再转化为产业优势。在未来发展过程中，迫切需要解决西安创新生态发展不平衡、不协调、不全面的问题。目前是研发生态最优——军工与高校的有机结合；服务生态次之——科技大市场率先开辟集成服务；创业生态不足——皇城下商业氛围不足，营商生态有待加强；产业生态不全——很多成果难以在西安转化在于产业链不完整。

从西安的发展来看，杭州的科教智力资源虽然比不上西安，但有浙江大学这一超级航母，再加上产业科技力量还是质优的；以创业人才、创业资本、产业技术、商业氛围为代表的创新资源在全国范围走势是无与伦比的；以产业链、供应链、要素市场、产业用地等为代表的产业要素也都比较完善和成熟。关键是能都进一步优化研发生态、创业生态、服务生态、产业生态和营商生态。就研发生态而言，一方面杭州产学研结合较为成功，但问题在于承接国家战略的意识与能力不足，很多重大科技创新产业化布局被很多地方抢了过去，杭州在下游应用端闷声发大财；就创业生态而言，用传统的眼光看杭州的创业生态非常好，但很多是市场自发的，在"互联网＋创业"方面形成了独特的创新文化，但在"硬核科技＋创业"方面还没有形成独立的创新文化；就服务生态而言，市场化的科技服务非常发达，但具有更大产业组织能力的服务不足，比如创投力量、产业组织发挥的作用就不如中关村的大；就产业生态而言，客观地说是长三角、浙江的大环境非常完整，而杭州小范围的产业生态并不完整；就营商环境而言，杭州早就成为服务型政府了，但需要以创新型服务政府为基底发育创新生态赋能的营商环境。

9.3.6 能否及究竟如何在下半场笑到最后

如果说"互联网上半场"是通过2B、2F最终2C，从信息经济到平台经济；那么"互联网下半场"既可以通过2F、2B搞工业物联网、产业互联网来改变生产方式，也可以通过2C从改变消费方式到改变生活方式，最终实现生产方式与生活方式的贯通，智能科技、生态经济成为平台型企业的重要发展能力。在这个过程中，只有底盘强大的"行业＋互联网"，以及借助"互联网×",才能成为新一轮业态创新与产业变革的佼佼者。从这个意义上,互联网上半场与下半场在消费反向决定生产的新经济逻辑上一脉相承;但在互联网下半场,用产业思维将生产生活方式全部打通则是对互联网上半场的进一步超越。

杭州在上一轮发展的异军突起,是工业化、信息化、城镇化以及市场化等相互协同的产物,核心是在城市发展模式带动经济发展模式下,有效地抓住了信息革命机遇、发挥了省会城市首位度优势、利用了旅游休闲城市的流量优势以及浙商独特的商业伦理及创业创新文化,所形成的经验主义多于独到的自觉规律。更进一步而言,杭州到底能否在互联下半场笑到最后,只有在发展理念上走出经验主义大于自觉规律、在发展战略上走出城市发展先于经济发展,才能在产业变革上走出生活方式先于生产方式、在创新能力上走出信息科技强于智能科技、在经营发展上走出财富驱动快于创新驱动、在成本结构上走出商务成本高于创新成本,才能再造行之有效、标本兼治的发展理念、战略战术与组织方式,才能走得更远、跑得更快、跳得更高。

重点是直面如下隐忧并走出如下问题:一是城市发展先于经济发展,以往更多以城市发展模式带动经济发展模式,政府在城市开发建设中的作用大于新兴产业组织的作用。未来以科技创新提升产业层级、以产业原创提升城市能级,增强城市自主创新能力与新产业发展的内核。二是经验主义大于自觉规律,也就是很多浙商走在新经济前列,但停留在经验层面,离规律性的层级还有一定距离。未来将不再满足"从0到1",转而强调"道生一";不再是"互联网+"条件下创业创新文化,而是"互联网×"条件下的创业创新文化。三是生活方式先于生产方式,以往更多的是改变了生活方式、消费方式,未能产生新的生产方式。未来借助产业互联网打通生产方式与生活方式,率先逐步形成"数据驱动+平台赋能+智能终端+场景服务+敏捷供应+社交生活"。四是信息科技强于智能科技,以往更多的是局限、拘泥在"互联网+"、信息经济的二维方向发展,有待向"互联网×"、智能科技的三维方向发展。未来需要将高段位的新经济发展与传统制造业结合在一起，从信息科技引领创新到智能科技、数字经济引领创新，形成新的创新时代与新的创新中心。五是财富驱动快于创新驱动，就是资本原始积累的速度快于工业化、信息化发展的速度以及技术创新能力的层级，直接越过创新驱动到了财富驱动发展阶段，反而制约了产业升级与创新能力协同演进。六是商务成本高于创新成本，表面上是城市化与产业发展之间的关系，但对于杭州而言是新经济新动能超前发展与传统产业转型升级滞后的关系，进而造成实体经济的整体社会成本攀升、出现产业空心化的问题。需要进一步通过新旧动能转换机制，抢占产业发展制高点、在传统产业找到产业爆发点。

9.4 宁波：如何跻身全国大城市的第一方阵？

宁波之所以在改革开放第一个二十年里迅速崛起，得益于宁波在中国改革开放大局中的独特地位，彼时国务院设有宁波办。入世后的线性增长，某种意义上掩盖了未能充分抓住新一轮发展战略机遇的问题，但依然凭借自身的底蕴、活力跻身"万亿城市俱乐部"。站在新一轮改革开放大局上，宁波如何继往开来、开拓创新，进而跻身全国大城市的第一方阵，我们拭目以待[1]。

9.4.1 宁波的过去、现在及未来

纵观改革开放以来发展历程，宁波主要借助港口贸易带动临港制造业发展机制，及率先开展市场化改革的制度红利、拥港临沪的区位红利与甬商精神的文化红利而迅速崛起，并呈现出五大特征及相应发展趋势。这个机制的核心是通过进口贸易将大宗商品等分销到省市内外出口加工企业，然后再通过出口贸易把"中国制造"由以形成的商品输出到国际市场，最

---

[1] 本文是作者 2015 年撰写的《以创新驱动全面转向新经济——吹响宁波新经济发展的号角》、2016 年撰写的《宁波跻身"全国大城市第一方队"的追本溯源》、2017 年撰写的《站在改革开放四十年的历史起点上看宁波如何再出发》、2018 年撰写的《宁波的下一个一万亿在哪里？》、2019 年撰写的《宁波跻身全国 GDP 前十城究竟还有希望和出路吗？》的合成稿。

终形成出口导向的外向型工业经济。尤其在我国"入世"后，宁波通过这种进出口贸易，不但将本地制造业及其商品推向国际，还深度服务于"中国制造"走向全球。这其中，自20世纪八九十年代，宁波率先展开乡镇企业产权改革，解除了所有制枷锁，率先建立了市场化的资源配置机制；临近上海的区位优势，使得宁波在为其工业配套中逐步建立自身工业体系，并在港口建成后进一步完善工业体系；灵敏、务实、守信、低调、吃苦耐劳的甬商精神，使得草根创业逐步滚动转型，支撑宁波抓住制造业全球化机遇发展成为我国制造业大市及全球大港。在此过程中，创业经济、民营经济是宁波发展的根本动力，工业经济、传统产业是宁波发展的基本形态，外向经济、港口经济是宁波发展的主要特色，县域经济、块状经济是宁波发展的基本格局，商帮文化、实用主义是宁波发展的文化基因。未来，宁波迫切需要从工业经济向创新经济转变、从外向经济向开放经济转变、从块状经济向集群经济转变、从县域经济向城市经济转变、从港口经济向海洋经济转变。

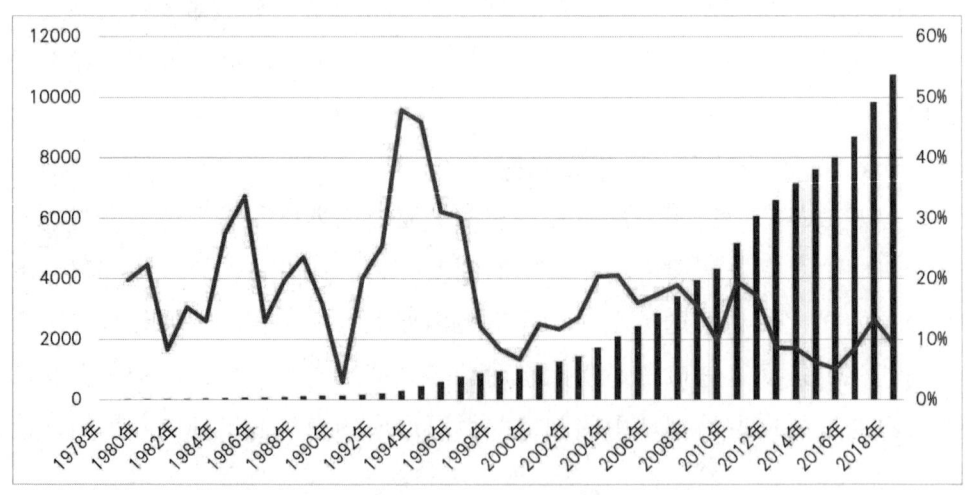

图：改革开放第一个四十年宁波GDP规模及增速

2018年是中国改革开放四十周年。在这一年里宁波经济社会发展完成两个重要的里程碑：一个是经济体量过1万亿，跻身"万亿俱乐部"，在16个城市中位列第15；另一个是人均GDP首次突破2万美元，这意味着基本达到"发达国家"的人均收入水平。而2008年宁波全市实现生产总值（GDP）大概在4000亿元左右，在全国排名第12位，人均GDP首次超过1万美元，成为全国为数不多的几个城市。与此同时，按照2018年长城所研究编制的"中国城市高质量简明指数指标体系"以及"中国城市高质量简明指数2018"，宁波高质量发展水平在全国GDP排名前50的城市中名列第9位；从单项榜单来看，宁波的创新发展排名第26位，协调发展排名第9位，绿色发展排名第33位，开放发展排名第5位，共享发展排名第7位。总而言之，宁波在改革开放第一个四十年取得了重要发展成就，但仍具备较大的创新发展空间。

9.4.2 走出走遍天下还不如江夏

自国际金融危机爆发后，一方面由于外部需求拉力减弱，对外向型经济体产生了较大冲击；另一方面，世界经济从制造业全球化、服务业全球化到了创新全球化的新阶段。在此背景下，宁波依然以大宗资源等进口为拉手、工业制品等出口为推手，对于技术设备、大宗商品等产业要素的跨区域、全球资源配置能力较强，但对于高端人才、创业资本、专利技术、创意想法、经验知识等创新资源的全球配置能力不足，尚未在高科技的带动下展开全面的结构改革，实现转型跨越发展。某种意义上，宁波多年来尴尬的根本，是制造业全球化条件下外部需求拉力减弱，通过港口贸易对于临港制造业的传导，对以传统工业经济为主体的产业结构形成了冲击，而新兴产业带动产业结构调整动能不足的结果。此外，以往发展红利均呈现边际递减趋势，尤其是甬商精神在制造业全球化时代的优点成为新经济时代的缺点，如灵敏到极端成为机会主义、务实到极端成为眼光短浅、低调到极端成为封闭保守。而制造业全球化思维惯性下的工业路径依赖、传统产业发展方式及管理方式、条块分割体制顽疾等具体因素，使得宁波难以从工业经济、外向经济、块状经济、县域经济、港口经济向创新经济、开放经济、集群经济、城市经济及海洋经济方向转变。

如果将1995年处于同等经济体量的深圳相比，彼时深圳下定决心结束"三来一补"并全面向"高、新、软、优"的高技术产业进军，而宁波加快承接重化工等临港产业,为战略上难以赶超埋下了伏笔。如果从2000年互联网兴起以后的杭州相比,彼时杭州大力发展以知识经济、信息经济、服务经济、创意经济、创业经济为代表的新经济,宁波则借助中国"入世"将港口贸易带动临港制造业由已形成的线性增长充分放大,形成重化工为主导、传统产业为主体的产业结构,在经济形态上产生分异。2008年国际金融危机爆发后,外部需求锐减,对传统发展模式形成了较大冲击。彼时宁波人均收入首次突破超过一万美元,基本步入了需要大力发展创新经济的后工业化阶段。如今的"转",不仅是基本面上发展方式的"转"、还有中观经济形态的"转"、更有微观基础生产方式的"转",不仅是"十几五"的"转"、还是中长期的"转",但核心是形成具有新利润空间的生产方式。而这个"改",不仅要打破传统制造业全球化、工业经济思维及其路径依赖,还要打破重化工为主导、传统产业为主体的产业体系以及"大产业、大平台、大企业、大项目"产业组织方式,更要优化政策体系顶层设计,实现发展理念、发展战略、组织方式及政策体系的系统转换。某种意义上,宁波只有走出"走遍天下,不如江夏"的心态,才能走出"时代变了,宁波没变"的局面。

9.4.3 能否进入大城市第一方阵

2019年宁波在全国城市GDP排名中从2018年的第15位,上升为第12位,但后续压力较大。某种意义上,从目前来看只有进入前10位,才能进入第一方阵。对于险胜无锡,更多的在于经济体量上,主要原因在于无锡的人口基数少、陆域面积小,宁波在人均GDP、地均GDP与无锡还是有很大差距的;对于超越同样是计划单列市、副省级城市、港口城市的青岛,主要原因在于青岛在"四普"中砍掉水分,而对于超越省会长沙,则是"省会经济、外延增长"与"民营经济、内涵发展"的对决,依靠行政权力配置资源的城市其发展活力一定比不上依靠市场配置资源的城市。但对于宁波到底有没有可能进入"前十强",一个是能否将自己的优势放大,一个是如何弥补自身的短板,一个是到底是要超越谁和怎么超越。

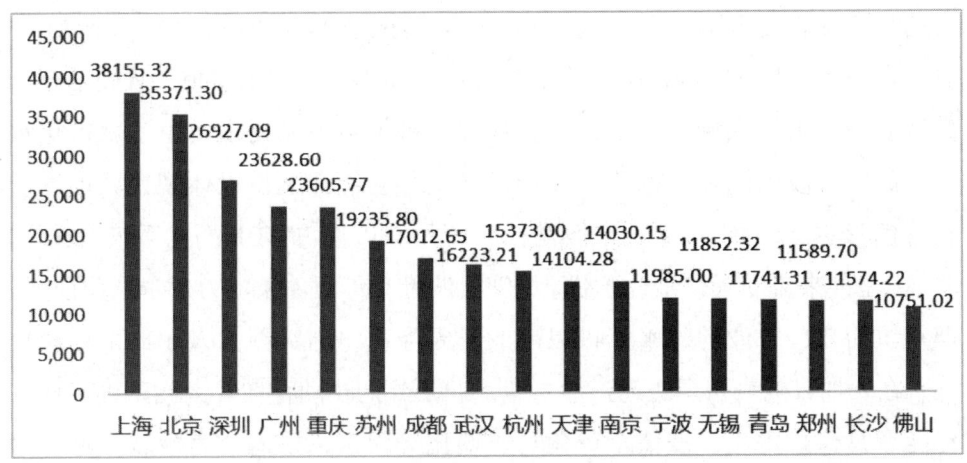

图：2019 年万亿级城市 GDP 对比

在万亿 GDP 城市俱乐部中，从基本面来看，宁波具有如下优势：一是税收收入占 GDP 比较高。某种意义上，高质量发展最直接的指标，就是税收收入占 GDP 比。税收占比高的地方，往往是经济发达，而且是 GDP 水分较少。多年来宁波税收收入占 GDP 处于高位。二是工业增加值占比较高。只有强大的实体经济以及处于一定价值链环节的高技术产业，才能使得其他产业能够参与价值分配。2019 年宁波的工业增加值占 GDP 比为 43.09%，在万亿 GDP 城市俱乐部中排 3 位。三是固定资产泡沫处于低位。长期以来宁波的全社会固定投资对 GDP 贡献处于低位，小于进出口贸易的拉动，大于全社会商品零售的带动。2019 年，宁波的全社会固定投资额为 5610.33 亿元，在万亿俱乐部中排名第十四位；其中房地产投资占比为 30.36%，在万亿俱乐部中排名第十二位；此外，近年来宁波房价上升，在万亿俱乐部中位数水平。四是民营经济占比历来较高。只有民营经济发达和藏富于民，才具有持久的发展活力。长期以来，宁波的民营经济贡献了全市 65% 左右的地区生产总值、近 90% 的一般公共预算收入、近 70% 左右的出口总额以及近 90% 以上的就业，此外人均住户存款处于前列。

但也存在如下方面问题：一是高新技术企业数较低。高新技术企业作为高技术产业发展的微观基础，决定着新兴产业发展的根基、规模与体量。2019 年，宁波的高新技术企业 2000 余家，在万亿俱乐部城市排名第十六位，显然与宁波的实体经济地位、城市地位不相符。尤其是沉醉于"工匠精神"，以平台经济、互联网经济为代表的新经济企业不足，难以实现"软硬结合、数智兼备、由软入硬"。二是消费外溢流量不足现象突出。由于城市化水平不高，宁波民间强大的购买力难以在全社会统计上得以体现，城市流量经济色彩不足，如2019年宁波全社会商品销售额占GDP的比重仅为第10名。三是外来流动人口结构不优。尽管宁波近几年人才吸引力处于全国前列，但整体而言，宁波的外来人口以产业工人为主，创新创业人才比重相对较低，在长期影响城市层级与产业层级。四是外需拉动存在较大的不确定性。伴随贸易保护主义、疫情全球化与长期化等因素，外需拉力疲软，将对以进出口贸易为拉手的港口城市产生较大冲击，进而影响经济社会的可持续健康发展。

9.4.4 如何痛定思痛与何去何从

站在继往开来、何去何从的历史节点、发展起点以及时代拐点上，需要重新反思宁波上一轮发展顽疾、追问宁波新一轮发展逻辑，进而以高质量发展带动高速度增长。从过去、现在、未来的角度，主要有三个观点。一是对于很多工业经济中心城市，往往发展最快的时候，是落后于这个时代的开始。宁波自中国"入世"以来，在港口贸易带动临港产业带动下，将"中国制造"的线性增长无限放大，在新经济与新兴产业带动产业结构调整方面动能不足，一旦外部需求拉力减弱，通过港口贸易对于临港制造业的传导，对以传统工业经济为主体的产业结构形成较大冲击。二是对于很多县域经济主导的城市，发展最快的时候，往往是统得最多的时候。某种意义上，近几年宁波能加快进入万亿俱乐部并继续往前走，在于从县域经济下的"分"到城市经济下的"统"，并在"统分结合"的财税体制与组织方式下，发挥城市的合力。未来需要进一步在市域一体化、区域一体化的基础上，抢占新一轮全球化机遇、对冲新一轮全球化不确定性。三是对于很多异军突起的创新型城市而言，发展最快的时候，往往是合的最恰如其分的时候。核心是将产业发展模式、创新发展模式、城市发展模式有机结合在一起，实现产业更新、城市更新与新旧动能转换相结合。核心是用新经济将产业重新做一遍、用新基建将社会重新建一遍、用新地标将城市做一遍，产生一流的产业、孕育一流的创新、建成一流的城市、集聚一流的人才。

某种意义上，宁波在区位条件、部分产业上与美国休斯敦更像，但差距比较大。休斯敦人口比宁波少150万，地域面积多出7800平方公里，但GDP却是宁波的2.7倍左右。从产业结构来看，宁波以绿色石化、汽车制造、高端装备、新材料等为主，休斯敦以石油化工、生物医药、航天航空为主，宁波既没有大的医学中心衍生生物医药产业的组织方式，也没有承接国家战略布局引领战略产业发展的"尊贵地位"。从港口贸易来看，宁波以11.2亿吨的港口吞吐量，实现了17086亿元的进出口贸易额，休斯敦则以0.43亿吨的港口吞吐量，实现了10900亿元的进出口贸易额。某种意义上，在去工业城市中心化与立创新尖峰城市并存过程中，宁波作为制造业基地不降反增，并非在于外向型工业经济的成功，而是在于民营经济与实体经济的根基，一旦民营经济与实体经济与新经济结合，将带动宁波轻盈地腾飞。尤其是在互联网下半场，越是商业氛围好、民营活力大、产业基础好、消费能力强的城市越有发展潜力，尽管以往有很多问题，但依然充满了无限的想象空间与发展空间。

后疫情时代，我国将加快从半工业半信息社会加快走向智能社会，未来带动经济社会发展的不再是传统的工业化、信息化、城镇化、市场化、国际化，而是泛工业化、再城市化、超智能化、深生态化与再全球化。在此过程中，宁波需要认识到自身最大的软肋是科教智力资源薄弱，最大的风险是工业经济路径依赖，最直接的障碍是金融资本与产业资本融合不够，最明显的差距就是高新技术企业较少，最大的问题就是新思想新观念不足。但同时也需要看到，宁波最大的优势是企业家较多、新一代创业者越来越多，最丰厚的资源是充裕的民间资本，最典型的就是灵活的市场机制与浓厚的商业氛围，而最突出的是全球链接能力及全球资源配置能力。从这个角度和意义上，宁波创新驱动的最大特色及出路，就是发挥企业家、创业者的核心作用，围绕新兴产业方向创新创业，在金融资本与产业资本融合的杠杆下，面向全球范围链接高端资源、整合配置资源，将先进技术转化为成熟的商业模式、新兴业态，挖掘培育原创产业，形成开放型创新经济。

9.4.5 宁波的下个一万亿在哪里

整体而言，宁波下一个一万亿取决于"一条主线"条件下的新"五化协同"。这"一条主线"便是从高速度增长的外向型工业经济到高质量发展的开放型创新经济。在此主线下，需要将新"五化"作为重要的发展动力、主攻方向以及战略支撑。

以都市化释放庞大消费空间。2019年宁波在17个亿万城市中，是城建层级和水平相对较低的城市，也是城市化带动经济增长最不好的地方。尤其是在县域经济以及"市弱县强"的财税结构下，市级层面的统一规划建设组织动员能力较弱。下一步需要围绕"宁波都市圈"建设，以"科产城融合"发展理念加快优化空间布局，强化城市功能、产业功能、创新功能有机结合，统筹城市功能扩张、生产力布局以及人口集聚等，加快从区域中心城市站位到国家中心城市抢位，以城市发展模式带动经济发展模式，全面拉动内需，直接和间接为经济社会发展贡献更大的增量，比如不低于40%。重点是采用"一核五区"的高端功能区架构，全面强化城市主体功能，进而带动都市圈建设。这个"一核"，就是将目前都在鄞州区的东部新城与南部商务区合并打造中央商务区，实现与现代金融、国际贸易、总部经济等功能相结合，并作为当前及未来一定时期内的城市中心，充分体现宁波商贸城市的区域个性。这个"五区"，就是在宁波"一核"周边，打造突出五大发展理念、突出地域发展品牌、彰显宁波城市定位的五大高端产业功能区：一是体现创新发展理念的"新材料科技城"，与新材料、科技服务相融合；二是体现共享发展理念的"三江口都市文化创意区"，与文化创意、时尚生活相结合；三是体现开放发展理念的"国际贸易物流总部基地"，含北仑镇海，必要时可加海曙的空港物流基地，与贸易物流、临港产业将结合；四是体现绿色发展理念的"东钱湖国际健康休闲区"，与健康休闲产业发展相结合；五是体现协调发展理念的"奉化生态旅游涵养区"，奉化刚纳入城区，与生态环保产业相结合。每个功能区，根据资源禀赋、初始条件、发展潜力等，逐步实现万亿收入、千亿GDP、百亿税收等发展目标，构成宁波经济社会发展的地标。

数智科技共促新旧动能转换。在新科技革命与产业变革条件下，加快从一维产业、二维产业向三维产业、高维产业方向发展。宁波在产业战略上，要么是"343"，要么是"344"，工业增加值对经济的贡献度目前好像在35%左右，如果能达到45%-50%的贡献，就更容易实现宁波的战略目标。作为第一个层次的三个，强调万亿级收入是必要的，第一个是贸易物流，也就是把国际贸易和港航物流合在一起，符合宁波实际和城市定位；第二个是绿色石化，这是大家公认的；第三个是智能交通，目前汽车制造在产业跨界条件下已经无法涵盖这个新产业的内涵，很多汽车制造商都开始了数字化转型。作为第二个层次的四个，需要实现千亿GDP：第一个是新材料，这是宁波在全国最有地位的高新技术产业、战略新兴产业；第二个是数字装备，宁波在多个细分领域具有优势；第三个是智能经济，宁波最早提出了智能经济；第四个是现代金融，宁波藏富于民，即便是把影子银行按现代金融方式运作并加以统计，宁波GDP有望增加几个百分点。作为第三个层次的三个或四个，不一定强调收入、GDP和税收的规模，但要强调增速与支撑带动性：一个是突出历史文化名城与现代都市生活的文化创意；一个是体现社会发展阶段与战略增长点的健康休闲；一个是与海洋经济、港口城市、制造业基地生态文明建设相关的生态环保；可增可减的是科技服务。

以做市信息化布局抓取流量流水。当前及未来，宁波要从率先市场化到加快做市信息化，核心是通过平台思维、流量思维以及金融思维，大力发展平台经济、流量经济和虚拟经济。如今，自然是金融资本流到哪里越多哪里就发展越快。宁波不是不需要资本运营，而是如何更好地运用好现代金融与多层次资本市场，在资本市场中放大和释放财富。从市场化到做市信息化，核心就是在更好地创造财富的基础上，如何更好地分配财富或者参与分配财富。

以全球化打造资源配置中心。宁波在整个国际产业分工与城市分工中，最根本的战略导向与突破口，是从全球的大/小宗商品流转中心到全球创新资源配置中心。只有以全球资源配置能力跃升的眼光来审视和布局区域战略，不断围绕国际产业分工与全球城市分工站位、抢位、卡位，推进城市形态与产业结构向高端演进，才能抢占城市发展主动权与国际竞争的战略制高点。在此过程中，不仅要在全球范围把创新人才、专利技术、创业资本、经验知识等创新资源引进来，转化为新兴产业发展、自主创新能力提升的动能，还要加速将相关产业链、资本链向国内外"躯干""四肢"梯度布局；不仅从企业主体、战略手段、创业源头、投资合作、平台载体等方面着力提升资源配置能力，如培育本土跨国公司、促进跨国技术并购、加快绿地相关投资、吸引培育跨国创业、加快布局境外园区等，还要在资金、平台、服务、招商等方面形成新的政策工具[1]。

9.4.6 到底破除什么痼疾和顽疾

宁波只有超越如下甬商精神的四组文化矛盾，才能超越宁波及甬商的想象力与行动力的局限：

一是灵敏与务实的矛盾。灵敏是宁波自古以来的商业文化特质，正如古称"耳朵灵"有善于从事商业的意思一样，这是甬商最有价值的特质。务实则是浙东文化中经世致用的文化思想决定的，也是宁波长期以来坚守主业、兢兢业业所展现的，这构成甬商精神最重要的特质。"务实"从积极因素的角度去理解，就是经世致用、脚踏实地、讲究实际、注重现实、崇尚实干、朴实无华、排斥虚妄、拒绝空想；从消极因素的角度去理解，就是没有梦想、缺乏激情、视距不远、埋头苦干、黄牛拉车。那么，过于灵敏就是机会主义，务实过头就是缺乏想象力与激情。无论是甬商、还是政府，如今面临最大的问题与挑战，就是因过于务实妨碍了灵敏特质的挥发；甬商和政府唯有刨除过于务实的枷锁和羁绊，让自身灵敏特质得到最大程度的挥发，才会找到真正的本我、自我、超我，进而带来新一轮震撼。

二是冒险与保守的矛盾。冒险就是在技术路线成熟的条件下敢于冒商业风险，以小博大、愿赌服输；保守就是在技术路线不成熟的条件下不甘于冒创新风险，正所谓"不见兔子不撒鹰"。无论是甬商还是政府，都敢

---

[1] 如建立引导基金体系、培育国际交易平台、组建商务服务联盟、开展新型国际招商等。

于在技术路线成熟的条件下冒商业风险,但不甘于在技术路线不成熟的条件下冒创新风险,所以很多时候由于过于现实主义、少了理想主义而没有想象力。未来要打破以往过于实用主义倾向,将仰望星空与脚踏实地相结合,以促使"现实的理想主义"更有想象力、激情和梦想。

三是质朴与精明的矛盾。关于质朴,"千山万水、千言万语、千辛万苦、千方百计"的"四千精神"则是典型体现,而这也是作为一代著名商帮中最本能的特质——质朴与吃苦耐劳;关于精明,即"丁是丁卯是卯",精打细算、精益求精、精于算计、工匠精神。尽管不夸夸其谈、哗众取宠、不贪图虚名,但由于过于精打细算、精益求精,做的比说的好,而没有将做事与做局相结合,挣得都是小钱、辛苦钱,而不是大钱、大手笔。这就在一定程度上影响了企业、政府的格局,也难以在更大范围和尺度上配置资源。当进入崇尚原创思想、原创技术以及全新模式的新经济时代,不善于卖概念、不善于讲故事等,或重机会轻战略、重业务轻管理、做的比说的好、善于做事而不善于做局等问题,就成为难以打破传统经营逻辑、发展逻辑的痼疾。

四是低调与开放的矛盾。低调就是闷声发大财、各自为战;开放,是需要辩证来看的,宁波人的视野广、外向度高,但也有心态的不开放导致很多闭门造车。尽管宁波具有良好的契约精神,"先小人后君子"是一贯的逻辑,但很多时候由于闷声发大财、各自为战,而错失了合作机会、缺乏抱团的传统,在较大程度上难以形成合力,影响了做更大的事、走得更远。"一个人可以走得更快,但一群人可以走得更远",尽管开放是宁波人所标榜的,但由于低调,往往是不开放。

无论是一个人,还是一个企业,抑或一个区域的转变,都不是从方向、行动开始,而是从思想文化观念开始。甬商和宁波唯有刨除过于务实的枷锁和羁绊,让自身灵敏特质得到最大程度的挥发,才会找到真正的本我、自我、超我,进而带来新一轮震撼;唯有将仰望星空的冒险与脚踏实地的保守相结合,才能促使"现实的理想主义"更有想象力、激情和梦想;唯有打破过于质朴的传统经营逻辑、发展逻辑的痼疾,才能从做事到做局,在更大范围和尺度上配置资源;唯有以更开放的心态加强合作,才能在较大程度上形成合力，做更大的事、走得更远。

9.5 青岛："北青岛"如何给北方带来信心？

一直希望青岛应该成为北方经济中心，即使不便的话，也应该成为北方经济创新中心，进而承载着北方经济健康可持续增长、集约高质量发展以及全面走向新经济的希望和信心。但总的感觉，近些年来青岛的发展看起来很美，譬如光环很多、名片很多、风口很多以及呼声很高，但也存在不少问题和顽疾。如今青岛更加需要率先走出北方城市发展的顽疾[1]。

9.5.1 青岛应代表北方发展的信心与希望

在新时代条件下，我们究竟该如何看待青岛的发展？是品牌之都再造，还是海滨旅游革新？是蓝色经济策源，还是上合发展促进？一言以蔽之，青岛最大的时代使命应代表中国北方经济发展的信心与希望，进而成为全球产业版图及创新地图上新的创新尖峰。如今越来越多的共识，中国经济发展的区域非均衡问题不是东西问题而是南北问题。"东西问题"更多的是

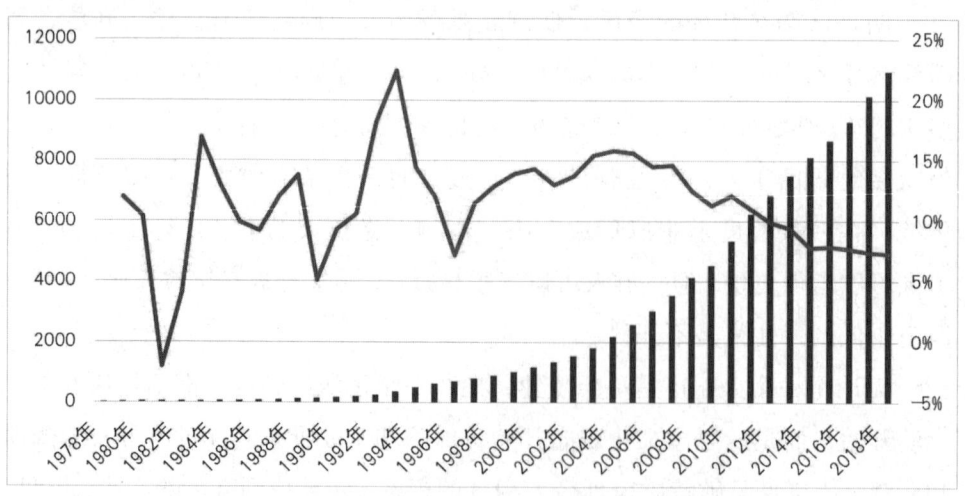

图：改革开放第一个四十年青岛 GDP 规模及增速

---

[1] 本文是作者撰写的《"北青岛"比肩"南深圳"的三大战略问题及方向》《青岛近年来究竟怎么样、怎么了、怎么办？》等文章的整合稿。

区位条件、资源禀赋、发展阶段等方面的差异及问题，但"南北问题"更多的是体制机制、思想文化、价值观念的差异及问题。但为什么要由青岛来承担这一历史使命呢？

以 2018 年中国"万亿俱乐部"的结构为例，除了北京、上海、天津、重庆四大直辖市，就是广州、深圳、武汉、成都、杭州、南京、青岛、宁波 8 座副省级城市，以及长沙、郑州两个省会城市与苏州、无锡两个地级市。尽管 16 座城市 GDP 之和达到了 27.95 万亿元，占全国 GDP 比重达到了 31%，但北方仅有北京、天津、青岛、郑州四个城市入围。郑州人口过千万、GDP 过万亿，更多的是人口大省通过发挥省会优势做大体量，产业发展层级不高；天津正在避免"东北现象"从"关外"到"关内"，"北方经济中心"难以名副其实，尤其离北京太近难以生成高水平产业；北京本身的定位就不是经济中心，主要得益于近水楼台先得月以及总部经济的吸虹效应，其所拥有的科教智力资源要是放在南方会得到更充分的释放。

自隋唐朝以来，中国经济重心从开始南移到加速南移，到南宋时完成了这一转移。自此以后，南方历经了充分的农业文明、到商业文明、再到工业文明、再到创新文明的发育，但由于北方的商业文明发育不充分，在工业时代、新经济时代的发展顽疾逐步显现。青岛历史上属于"齐国"，这个"齐国"靠海，大家善于经商，具有商业基因；还有道教发源地——崂山，讲求规律，张瑞敏出自青岛、海尔出自崂山是最典型的体现；再加上具有"深水港"的天然优势，具有面向全球的开放优势。这个"代表北方经济发展的信心与希望"，就是将"齐国"的商业文明基因、"求道"的规律性与方向感、港口城市的"开放"脉搏与蓝色经济的科教智力资源、品牌之都的实体经济根基相结合，打造新时代条件下我国的北方经济中心、全球的蓝色经济创新中心，最终为根植黄土的北方充分感受到面朝大海的蓝色文明。

9.5.2 改革开放后青岛发展阶段结构分析

把握青岛未来的方向及当前的战略，必须更加全面、综合地认识这个城市，自改革开放以来到底在不同的发展阶段经历了什么、做了什么、有什么动力、有什么演变、有什么得失。我们姑且将中国改革开放（1978年）、首批沿海开放城市（1984年）、中国建立社会主义市场经济体制（1992年）、中国加入世界贸易组织（2001年）、全球金融危机爆发（2008年）、党的十九大作为历史节点，将青岛的发展划分为不同的发展阶段，进而结合不同的发展阶段，研究青岛如何把握历史机遇、突出什么城市战略、发展什么主导产业、达到怎样的发展坐标与水准。

应该说，自1978年改革开放以后，尤其是从1984年到1992年，青岛进入了"沿海开放城市的起步发展阶段"。这期间，青岛以港兴市，抓住制造业全球化机遇，依靠传统制造业基地优势与港口城市的开放便利条件嫁接，依托国有企业与集体经济大力发展以轻工业、都市产业，"老五朵金花"则是典型代表，城市发展空间主要在"青岛"的一般区域。这其中，由于国有大企业在管理改革创新中一度领先，民营中小企业受抑制并基因不足的格局也由此而成。

自1993年到2001年青岛进入了"临港产业发展的市场转型阶段"。这期间，青岛以港兴产，抓住全球重化工加快向发展中国家港口城市布局，在多种经济属性带动下加快临港重工业建设布局，逐步在港口贸易带动临港产业机制下，形成轻工业+重化工相结合的产业结构。这期间，青岛率先在全国范围内加强城市建设，城市功能不断完善；黄岛与青岛经开区一体化发展，探索大港口、大工业、大旅游产业发展路径，逐步成为青岛产业发展的重要载体，也造就了西海岸新区发展的根基。

自2002年到2008年，青岛进入"国际海滨城市的制造腾飞阶段"。这期间，青岛在城市建设上的经营大于在经济发展的创新，尽管通过港口贸易带动临港产业及周边制造，但并没有在互联网经济与信息科技培育新兴产业，也没有藏富于民，最典型的体现是房价远远高于工资水平。尽管"新五朵金花"兴起于这个阶段，但放在全国乃至全球范围来看，青岛并非新兴产业发展的代表。这一阶段，青岛的发展核心是实现港、产、城的协同，不仅要港城互动、港产互动，还要促进城市发展模式与经济发展模式相结合，但整体上没有实现产业结构、城市形态的有机结合。

自 2009 年到 2016 年，青岛进入"港产城融合的创新驱动阶段"。在反思上一轮发展模式之后，青岛在这一阶段加快产业、港口、城市的有机结合，立足临港制造、高技术制造以及港航贸易等实体经济，加快科教资源与科技服务升级，力求加快向高技术服务、新经济等方向发展，探索蓝色经济创新发展之路。此时，科教智力资源及服务型产业布局在"青岛"的传统城区，制造业加速在"黄岛"以及"西海岸新区"集聚。尽管 2012 年成立了"红岛"，并与青岛高新区一体化，但青岛的高科技产业仍然伴随海尔、海信等根植崂山等区域，并在后期加速"蓝谷"的布局及科教智力资源承载，自此以后城市创新中心进入"青红黄蓝"混战发展格局。

自 2017 年以来，青岛进入加快高质量发展新时代。此后，青岛积极探索高质量发展新模式新机制新形式，2017 年加速"蓝谷"布局，2018 年明确新旧动能转换，全面对标学习与追赶深圳，并成为"中国－上海合作组织地方经贸合作示范区"。但有如下问题需要得以回答：一是"956"重点产业体系能否适应新科技革命与产业变革与地方转型升级相结合，面向新时代高质量发展的城市产业战略、现代化经济体系何在？二是"青红黄蓝"四面开花的城市创新空间能否带动青岛在新一轮城市格局洗牌中脱颖而出，面向新时代高质量发展的城市空间战略、城市创新中心何在？三是蓝色经济优势如何根植长效的创业创新活力与提高科教智力资源配置效率，面向国家海洋强国战略的区域个性、区域位势何在？

几乎可以说，以上发展阶段，青岛开始是突出港口城市建设，后来大力提升产业根基，再后来率先进入城市经营阶段，再就是港产城融合，而目前则处于从港产城融合进入科产城融合发展新阶段。如果说"入世"以后，中国最大的发展经验式，借助贸易部门及其外部需求的带动，将农村剩余劳动力转移到生产制造部门，将中国制造输送到全球。那么在改革开放第二个四十年战略背景下，尤其是在中美贸易摩擦条件下，青岛需要的是借助科教部门及其内生创业创新动能的带动，将高端人才、专利技术、产业资本、数据资源以及经验知识等创新资源及产业要素流向产业、企业、商业、实业，提升创新资源配置效率与创业发展活力。

9.5.3 青岛近年来发展究竟怎么样怎么了

在五大计划单列市中,除却大连和厦门,深圳、青岛、宁波都是副省级城市、港口城市、制造业基地,尽管青岛在初始条件上明显优于深圳和宁波,但论学习需要学深圳——深圳的确是青岛需要学习的标杆,而论差距则需要看宁波——宁波走过的路青岛还没有走完。青岛和深圳目前还有很大差距,但通过与宁波的比较将可见一斑。2018年,青岛GDP超过12000亿元,但税收仅为1784亿元,民营经济占比在44.5%;人均接近2万美元,但实际收入水平较低;城建水平具有典型的旅游城市色彩与国际化感觉,外贸进出口小于宁波。2018年宁波GDP超过10000亿元,税收2500亿元;人均地区生产总值超过2万美元,同时藏富于民;整体上城建水平不高。究竟如何体现高质量发展?最大的指标就是税收占GDP的比重,青岛约占15%,宁波超过25%,这要么说明青岛的GDP偏高,要么说明青岛的整体营收水平偏低。究竟如何体现民生福祉?不是人均地区生产总值,而是人均实际收入。什么是港口城市国际化,不是国际化的城建形态,而是进出口贸易,尤其是民间资本海外投资。

在此过程中,主要存在如下五个方面的问题:一是传统工业经济路径依赖。全球经济从注重器物层面的工业经济走向了物理硬件与虚拟空间相结合的创新经济,产业发展从制造业全球化服务业全球化下的国际产业梯度转移走向了创新全球化下的高端链接与高端辐射,青岛更多的处于传统工业路径依赖的层级,甚至还伴随着农业时代的思想。二是仍然在摸着石头过河。青岛的现代产业体系需要按照工商结合、二三融合、产业跨界、发展导向的产业思维来做顶层设计,而非立足传统工业、僵化教条、过时的统计门类来划分产业、组合产业。现在的产业大小不一、轻重不一、新旧不一,并没有体现出青岛在产业发展上的新业态新趋势新走向。三是抱着金饭碗化缘。当前互联网进入了下半场,青岛不但在互联网下半场具有较大的优势,还真正进入了产业物联网。杭州借助消费互联网异军突起,青岛原创的产业物联网没有发挥出改造传统产业的优势。消费互联网改变的是消费方式,社交互联网改变的是社交方式,工业互联网改变的是生产方式,只有产业物联网能够站在产业发展的高度不仅改变生产生活方式，还能打通生产生活方式。四是有大量的高原但缺乏高峰。青岛产业体系完整，但很少有针尖产业、原创产业、未来产业以及国家企业。无论是"五朵金花"，还是"新五朵金花"，都是产业原创、新锐企业不足不够的最佳体现。五是温水中稳中有进。在青岛经济建设与产业发展面前，在计划经济体制以来，并没有经历缺乏重大生产力布局、缺乏大项目支撑、缺乏资源要素等"苦日子"，相反恰恰是计划经济体制与传统经济地理的受益者。即使到了市场化改革的年代，并非是自上而下的产权制度改革成果，而是要归功于一批集体企业、国有企业经营者的企业家精神。如今，政府如何发挥出应有的、"有所为有所不为"的产业组织动员能力是重要的。

9.5.4 青岛实现战略突围的问题及方向

青岛进入高质量发展新时代要回答三个问题，这三个问题也是很多城市在战略层面所应追问的逻辑。第一个问题是城市产业战略的问题，当前青岛在产业管理、产业促进与产业组织上，仍然局限在传统工业思维、传统产业门类、传统统计工作、传统路径依赖，不仅难以前瞻布局现代化经济体系，还淹没了自身在新兴产业发展及业态创新上的优势；第二个问题是城市空间战略的问题，如今在城市空间战略及城市发展方面，青岛已经不再是从县域经济到城市经济，而是从区域经济一体化到跨区域一体化，需要通过更大更全面的合力适应创新全球化，而非"四面开花却无重磅炸弹"；第三个问题是创新生态方面的问题，青岛原来是制造业基地、后来有了港口，反映产业价值网内大中小企业、左中右业界关系的产业基础与产业生态优良，但由于政府资源配置能力过大、民营市场化资源配置能力不足而造成的"政、产、学、研、金、介、用"之间的创新生态不足，如何提高资源配置效率与提高创业创新活力成为新时代高质量发展的战略问题。

一是打造以"十大产业"为主体的现代化经济体系。无论最早的现代产业体系，还是现代产业新体系和目前的现代化经济体系，都有三个方面的内涵：一是现代性与现代化，也就是强调现代的产业结构——从一维产业到二维产业三维产业，现代的经济形态——从工业经济走向新经济，现代的组织方式——从推拉并举到生态赋能,现代的资源要素——从要素投资到科教智力;二是体系化与生态性,各次、各维、各类产业都是一个整体、系统与生态,需要走向开放、多元、活力、共赢的价值网与生态圈;三是从产业到经济,不再是战略新兴产业、高技术产业、生产性服务业、都市产业的机械拼凑,也不是传统统计学意义上的产业,而是具有产业高度集聚、价值链条完善、创新能力突出、配套服务完善、综合效益突出的实体经济。结合青岛发展实际,建议重点发展十大产业,分别为五大偏新型工业化的产业,五大偏现代服务业的产业,随着产业发展不断优化经济体系。具体而言,立足海洋科教智力资源、围绕海洋强国等突出海洋科技引领;立足家电集群、抓住智能经济契机等放大智能终端优势;立足制造根基、抓住数字经济契机等强化数字装备融合;发挥平台企业优势、抓住基建设施升级提升绿色交通实力;面向海洋延伸、抓住科技创新等加快生物医药培育,突出港口优势、抢占一带一路先机巩固贸易物流优势;促进金融资本产业融合、加快服务实体经济提升现代金融发展;发挥旅游城市优势、突出文创突出文旅创意特色;发挥开放城市优势、打造上合合作枢纽培育国际商务服务;立足消费品牌城市、抓住消费结构升级促进都市休闲发展。

二是从"青红黄蓝"县域经济到跨区域的湾区经济。在建设国家中心

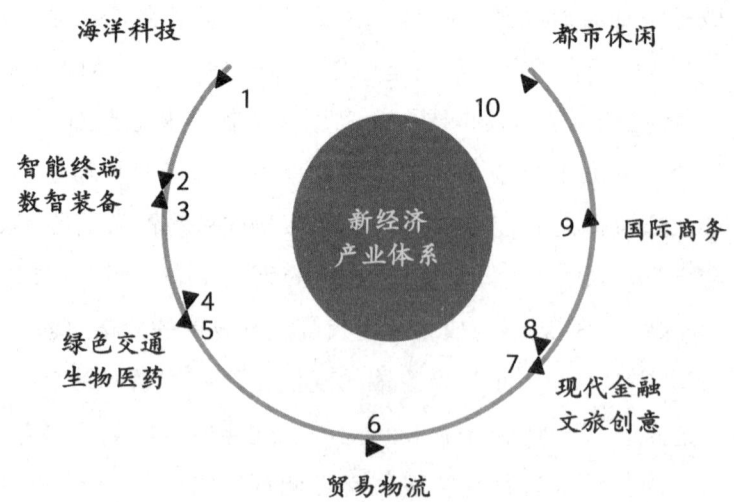

图:青岛十大现代产业

城市的过程中，避免走向"穿着马甲"的县域经济，打破分久必合，合久必分的周期律，在湾区经济的条件下形成统分结合、跨地域互联互通、跨系统配置资源的发展结构，为城市经济全面走向跨区域一体化创造条件。从"青红黄蓝"县域经济到跨区域的湾区经济，核心是实现经济发展模式与产业发展模式的协同发展，关键是城市功能、产业功能、创新功能乃至港口功能在空间上的有机结合、在分工上的统分结合。在此过程中，促进城市功能与产业功能耦合发展、促进城市空间与产业空间有机结合、促进土地供给与资源配置有机结合、促进城建投资与产业投资有机结合、促进城市形态与产业结构协同进阶、促进城市经营与产业组织协同发展、促进城市治理与产业治理共同发展、促进城市更新与产业更新有机结合、促进城市形象与产业名片有机结合、促进城市服务与经济发展有机结合。从目前来看，黄岛（西海岸新区）更多的是制造中心，尽管新港口转移到这边；红岛尚处于形态开发阶段，难以在高科技的引领下带动青岛的新旧动能转换；蓝谷还处于有科教无产业的起步阶段，海洋军民融合有位势但还没有破题；科技转化为生产力及产业的源头还在崂山，出了多家独角兽企业，但崂山是否还是青岛的创新中心有待观察。从这个意义上，以中心城区为核，红、黄、蓝三翼如何形成统分结合的发展结构，将是青岛中长期能否真正成为国家中心城市的根基。

三是以开放型创新经济体拥抱国家蓝色经济策源地。在未来发展过程中，需要从"港产城融合"到"科产城融合"，打破"港口贸易带动临港产业"发展机制下的出口导向型工业经济，以开放创新生态建设为主线，促进开放经济与创新经济、产业生态与创新生态相结合，加快构建开放型创新经济发展模式与经济体制，打造蓝色经济发展策源地，以创新驱动全面走向新经济与高质量发展。最终不仅将"齐国"的商业文明基因与"求道"的规律性与方向感相结合，激发创业创新活力，还将港口城市的"开放"脉搏与旅游城市的流量相结合，提升资源配置效率与能力，更将蓝色科教智力资源优势与品牌之都相结合，加快新旧动能转换与产业业态创新，最终建成我国新时代的北方经济中心、全球蓝色经济高质量发展创新中心！

9.5.5 打好新一轮高质量发展"组合拳"

一是全面加快走向新经济。深圳自20世纪90年代中期,下决心结束"三来一补"产业发展模式,加快向高新技术产业进军,用了将近二十年走向了新经济。即便是在"十一五"前后还有很多"山寨"产业集群,恰恰是产业试错与迭代创新,使得深圳发展成为全球创新之都。宁波长期坚持港口贸易带动临港工业,并没有完全在外需拉手减弱的情况下,通过新兴产业培育实现新旧动能转换,使得产业发展陷入不偏不倚的境地。青岛作为海洋科教智力资源高地、产业技术创新高地,更需要全面走向新经济。为此,青岛应重点借助知识经济、网络经济、信息经济、社交经济、体验经济、平台经济、数字经济、智能经济、分享经济、生态经济等新经济模式与新经济形态,与实体经济相结合,产生未来产业、原创产业、战略产业、新兴产业等。

二是打造产业物联网之都。"互联网上半场"借助以互联网技术为代表的信息技术从物理空间向虚拟空间上走,打破人们生活方式、企业经营发展、产业组织发展的时空局限,产生更大的、直接或间接的经济社会效益以及消费体验;"互联网下半场"借助大数据、云计算、物联网、移动互联网、5G,尤其是人工智能等新一代信息技术,从虚拟空间向智能终端中嵌、从智慧感知到智能运用,最终用供需两边通吃、跨界融合的产业思维打通生产方式与生活方式,形成一种新的经济形态、产业结构、组织方式与增长方式。准确地说,"互联网下半场"的真实含义是"产业变革下半场","工业互联网"的广义内涵是"产业物联网"。青岛是"产业物联网"的策源地,需要走出"墙内开花墙外香",赋予应有的时代含义与区域位势。

三是大力发展针尖型产业。针尖产业最早源于华为的针尖战略,但如今在美国贸易保护主义下,几乎要成为一种产业形态或产业类别。所谓"针尖",往往在夹缝中生存,不仅可以以小见大,还可以成为非对称的撒手锏,尤其能够向深处进入无人之境。那么对于"针尖产业"而言,不仅能够产生在"卡脖子"技术或边缘交叉、跨界融合领域;还具有较大的带动性、爆发性或引爆性;亦有利于确保国家经济安全与掌握产业主导权;更能涌现出更多的黑科技。当然，很多件针尖产业，并非源自前沿科技研发，而是源自产业技术迭代创新，是基础研究、商业应用、工艺水平、产业化的深度融合。青岛是国家第一个军民融合示范区，其针尖产业，不仅涉及海洋生物、清洁能源、先进材料等领域，亦涉及军民融合。

四是建设创新型服务政府。有人曾经主张，青岛在公共行政或公共治理方面既不能像南方一样放手不管，也不能向北方一样掌控一切。其观点并不怎么正确。南方的政府不是放手不管，至少在经济发展与产业促进上的理解、方式、政策要比北方的强，当然也有管理不到位的地方；而北方的政府想掌控一切，但对于权责轻重有别。对于青岛而言，学习南方的服务型政府是需要的，关键要成为创新型服务政府，力求培育政府解决市场失灵与培育市场的双重功能，成为新兴产业组织者、创新服务集成商和创新生态建设者。

9.6 无锡：如何成为太湖明珠上的"皇冠"？

无锡是一个值得敬畏的伟大城市——在一个"弹丸之地"发育成为万亿城市——如今在新一轮改革开放与新时代高质量发展中依然有着不断超越的发展空间与永无止境的创新空间。站在继往开来、何去何从的历史节点、发展起点以及时代拐点上，迫切需要重新反思无锡上一轮发展顽疾、追问无锡新一轮发展逻辑，进而找到无锡新时代高质量发展的方位感、突破口与组合拳[1]。

9.6.1 如何看待改革开放以来的来龙去脉

纵观改革开放发展历程，无锡自改革开放以来主要形成五个发展阶段：

一是苏南模式先行期（1978-1991年）。自改革开放以来，无锡一方面凭借以往农业商品化以及城市商品经济发育基础，在乡企改制放活带动下涌现出一批乡镇工业区块，建立了完备的轻工业体系，成为中国乡镇企

---

[1] 本文在作者结合"无锡太湖湾科技创新带发展规划"研究以及对于长三角地区的长期观察基础上形成的《七问无锡改革开放再出发》一文基础上改写而成。

业发源地；另一方面，凭借良好的工业基础加速承载科研院所、军工等国家生产力布局项目落地，为日后发展高技术制造业以及现代产业打下基础。期间，无锡不仅走出了以乡镇政府为主导、以集体经济为主体、以商品经济为手段以及农村剩余劳动力非农化为特征的"苏南模式"，还秉承"民族工商业摇篮"发展基因，一度成为"风光无限"的江苏第一经济大市和全国排名前列的经济大市。在这一发展阶段更多的是无锡深厚的人文底蕴、工商根基以及朴素的优点发挥了作用，但自身的优越感、满足感大于紧迫感、危机感，使得在下一个发展阶段上错过了一些机会性战略机遇。

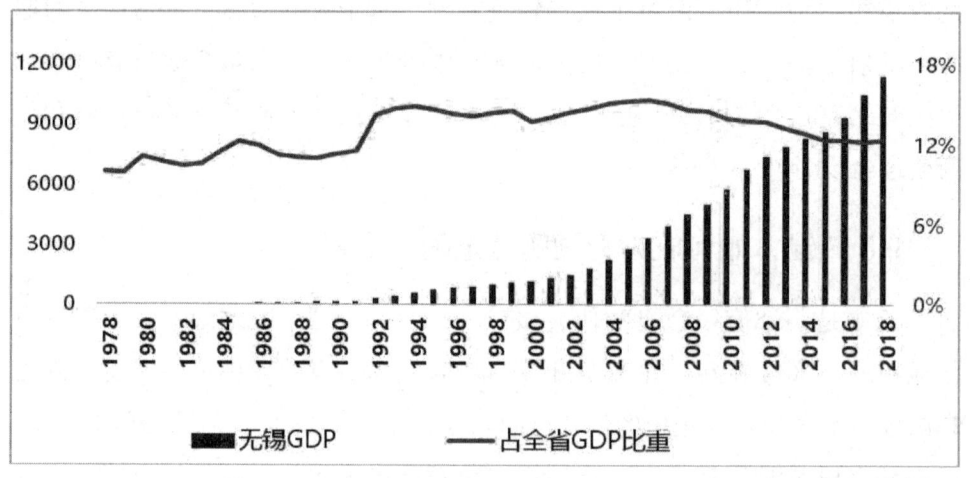

图：改革开放以来无锡城市 GDP 与占全市比重

二是产业转移抢滩期（1992-2000 年）。伴随"冷战"后全球制造业产业转移以及中国市场化改革，无锡不仅重点承接上海等地产业梯度转移，还进一步推进乡镇企业改制激发市场活力与民间活力，推动政府经营逻辑由"经营企业"向"经营辖区"转变。期间，尽管无锡错过了以"新加坡工业园"为代表的功能平台与战略机遇，与同期的苏州相比略逊一筹，但通过体制机制创新一步步厘清了政府与市场的关系，发挥政府的引导作用、让市场在资源配置中起决定性作用，与过于"外生驱动、外延发展"的苏州等城市相比，则更有长效的市场活力、民间活力与发展活力。时至今日，这种活力将为无锡新一轮发展起到关键作用。

三是世贸制造腾飞期（2001-2008年）。新千年以来，尤其是在中国"入世"带动下，进一步承接全球产业转移发展制造业，不仅形成外向型工业经济发展模式，还形成多种所有制大中小企业协同发展格局，亦形成以县域经济为主导的城市发展格局。尽管这一阶段无锡通过出口导向型经济初步完成了资本原始积累、市场触角及产业技术积累，并于2006年在全国范围率先推出"530计划"，但2007年的太湖蓝藻事件爆发为无锡的经济社会发展带来了重要冲击和反思——外部需求的传统工业化发展模式难以为继，尤其是伴随2008年国际金融危机以及外部需求拉力减弱，此后无锡进入增长滞缓期。

四是增长滞缓复原期（2009-2016年）。后危机时代，国内大量城市进入工业化、信息化、城镇化、市场化、国际化"五化协同"发展阶段，尤其是以深圳为代表的创新型城市率先从外向型工业经济到开放型创新经济，其他区域中心城市则加快从工业经济走向创新经济、从县域经济走向城市经济、从区块经济走向集群经济。无锡在这一发展阶段不仅呈现出明显的外向型工业经济路径依赖，在城市化过程中长期累积的结构性矛盾更是集中爆发，最终在中国经济的系统性增长以及货币超发的名义增长带动下进入增长滞缓期。直至"十二五"末与"十三五"初，无锡加强战略谋划与产业创新，才逐步通往"万亿城市俱乐部"序列。

五是高质量新发展期（2017年至今）。进入高质量创新发展开局之年，无锡于2017年GDP突破万亿，并加快实施创新驱动核心战略、产业强市主导战略、全面开放战略、新型城镇化和城乡发展一体化战略、可持续发展战略、民生共建共享战略等。这期间，如何通过新旧动能加速转换构建现代化经济体系成为新时代高质量发展主题，而以长三角一体化抢占新一轮创新全球化先机成为新时代高质量发展途径。但如何彻底打破以工业思维为主导的产业战略、以产业跟随为主的城市发展战略、以县域经济为主导的城市框架、以外需依赖为主的发展结构，则成为新时代高质量发展的关键环节。

9.6.2 如何述评由来已久的城市发展画像

从无锡的全域发展、文化基因、产业发展、园区发展、企业结构、创新能力、平台体系、资源要素、创新生态、政策体系来看，具有如下基本判断：

一是在全域发展上，迫切需要从"零碎堆积"到"硬核聚变"。经过改革开放第一个四十年的发育与成长，无锡成为依托县域园区经济发展堆积起来的万亿城市，不仅成为苏南模式以及新苏南模式重要塑造者，还成为处于国际产业价值链中低端的工业基地与"血汗工厂"，迫切需要从县域经济、工业经济、块状经济向城市经济、创新经济、生态经济等方向实现战略转变，打造全域创新之城。以2019年为例，无锡形成以机械、冶金、电子、纺织、石化五大制造行业为主导的产业体系，五大支柱产业产值占全市规模以上工业总产值的92%以上；江阴市实现全国县域经济发展"十六连冠"、蝉联中国工业百强县（市）第一。

二是在文化基因上，迫切需要从"东吴锡商"到"新吴文化"。无锡根植吴文化的商业基因而民间市场活力充足，在以往发展过程中，更多地凭借对市场的灵敏、对商业的推崇、对实业的敬业等朴素优点而在不同发展阶段实现了经济增长与产业发展，但由于工业路径依赖与开放创新文化局限而难以高水平产生新技术、新模式、新产业、新业态。无锡作为吴文化的策源地，在明清时期从农业文明到商业文明过渡的太湖时代达到高峰，根植于吴文化开拓创业、敢为人先、谦让和谐、崇文尚学、精致儒雅的精神，在明清时期凭借农产品商品化以及资本主义经济萌芽阶段一举崛起；但后来当江南地区的经济重心转移到上海后，更多地成为副中心城市。如今迫切需要在吴文化与锡商精神之中增加想象力、方位感、谋划感，从跟随到原创、从内秀到外露、从拿来到硬核、从做事到做局，形成适宜新经济发展的新吴文化。

三是在产业发展上，迫切需要从"产业跟随"到"产业原创"。无锡作为中国近代以来著名的民族工业发源地以及商业中心，在不同阶段逐步生成了较为完备并初具规模工业体系，但由于临沪制造产业配套与产业跟随战略，产业缺乏植根性、离现代化经济体系发育具有较大差距，迫切需要抓住新兴产业发展的属性与规律，构建适宜城市发展定位、产业发展阶段的现代化经济体系与产业结构。其中，与上海产业配套较明显的产业是电子信息业、机械制造业、化工业和纺织服装业，承接上海产业转移并具有较强产业跟随元素的新兴产业是生物医药、软件信息，与常州、苏州等地产业结构较为相似。产业跟随发展一度发挥了无锡的比较优势，但从长期而言在产业原创、产业高端化上具有较大发展制约。

四是在园区发展上，迫切需要从"四面开花"到"重磅炸弹"。在长期园区开发建设以及运营服务过程中，无锡形成了多层次、多类型、多形态、多县区覆盖的开发园区发展结构以及多头管理、条块分割的运行体系，尽管这种发展格局在一定程度上发挥了不同地方与部门的积极性与能动性，但难以在战略层面、市级层面发挥资源配置、产业组织、协同创新的作用，迫切需要以新经济创新生态圈构建为核心，加快开发园区整合提升与进阶发展，形成全新的城市创新空间与结构。如今，无锡在4600余平方千米的土地上，拥有60多个各类开发园区，土地开发强度较高，难以与苏州的三大园区相媲美。

五是在企业结构上，迫切需要从"山多峰少"到"顶天立地"。改革开放以来，无锡凭借国家重点项目与生产力布局等产生一批源头企业并形成家底，但这些源头企业在市场竞争与产业迭代中并没有涌现出具有持续引领的新兴产业与主导产业，更多的是依赖不同属性、不等规模、不同技术含量的企业支撑产业发展，尤其是在当前高新技术企业、上市公司以及瞪羚企业、独角兽企业方面"比下有余比上不足"，迫切需要加快新旧动能转换。尽管无锡2018年在中国企业500强、制造业500强、服务业500强、上市公司中拥有14家、30家、15家、138家，都位居江苏首位，但无锡与其他长三角副中心城市在高新技术企业、独角兽企业方面，整体上处于劣势。无锡分别拥有2064家、1家；苏州分别拥有5416家、3家；南京分别有3126家、9家；杭州分别有3919家、18家。

六是在创新能力上，迫切需要从"产品工艺"到"产业技术"。无锡在建设创新型城市过程中初步形成一定的自主创新体系，尤其是以产品创新为核心的工艺创新能力突出，在集成电路封装、干细胞应用、航空电子成套解决方案等方面涌现出一大批国内领先的重大科技成果，但整体上处于适应性创新、跟随性创新发展阶段,需要突出市场导向的产业技术创新能力,加快向原始创新、引领性创新方向发展,将硬科技与软创新、厚创新与薄创新有机结合,打造国家产业技术创新中心。长期以来,无锡在实用新型专利授权量及申请量方面具有较大优势,但在发明专利授权量及申请量方面较为不足。与典型工业城市宁波相比,发明专利授权量都有一定差距。以 2017 年为例,宁波发明专利授权量为 5300 余件,而无锡仅为 4800 余件。

七是在平台体系上,迫切需要从"功能开发"到"生态建设"。在地方财政以及产业创新逐步加大投入支持下,无锡以科技服务业为代表的平台体系不断完善,并在环太湖周边地区集聚,但整体上偏后端产业化应用、中端中台能力不足、前端投入大效益少,导致产业技术创新能力不强、企业创新主体地位不高,迫切需要突出科技服务业在全域创新、创新驱动中的核心支撑作用,以科技服务带动科技创业、科技创业带动自主创新、自主创新带动新兴产业。无锡在整体上科技服务业服务能力整体较弱、发育发展层级不高、与新兴产业培育匹配度不高,尤其与高技术制造业、高技术服务业尚未适配和贯通。

八是在资源要素上,迫切需要从"集聚集约"到"高端高效"。经过改革开放第一个四十年发展,无锡率先完成了资本原始积累,产业资源富集,人均 GDP、地均 GDP 达到后工业化发展阶段,成为国内集约型经济发展典范,但科教智力资源相对薄弱,缺乏科教智力资源密集的创新引擎与城市之核,迫切需要将科技、产业、城市、人口融合发展的战略平台与城市地标。以 2018 年为例,无锡人均 GDP 达 17.5 万元 / 人,居全国第二,仅次于深圳;地均 GDP 达 2.47 亿元 / 平方公里,仅次于深圳、上海、东莞、广州、厦门、佛山。

九是在创新生态上,迫切需要从"推拉并举"到"生态赋能"。无锡作为国家重要的制造业产业基地,从高技术制造规模初成、到高技术服务有待跃升、再到科技服务支撑,初步形成一定的产业创新生态,但整体上体现政产学研金介用的创新生态在一定程度上难以适应体现产业链上中小由大中小企业的产业生态的发展,迫切需要构建新经济创新生态圈,以生态赋能加快新时代高质量发展。比如,无锡在高技术制造领域,集成电路、"两机"

等高端装备制造领以及其他先进制造业具有一定实力,在高技术服务领域,在物联网、软件和信息服务等领域具有一定优势,但科技服务支撑产业业态创新与新兴产业生成方面,尚有较大的挖掘空间和发展空间。

十是在政策体系上,迫切需要从"面面俱到"到"重点突破"。无锡不同部门不同地区或园区在区域政策、产业政策、科技政策、人才政策、金融政策等创新政策体系上呈现出"人有我有,人有我多"的态势,但制约自主创新及新兴产业发展的体制机制障碍以及发展环境有待完善,迫切需要以创新型服务政府发展理念,加快建立完善以新经济制度为代表的体制机制与治理结构,营造适宜自主创新及新兴产业发展的政策体系及发展环境。

9.6.3 在万亿俱乐部城市中处于什么位势

伴随国内外新一波城市洗礼与新一轮城市结构演变,城市竞争态势发生变化。2019年,我国万亿城市俱乐部的城市数量达到17个,成为拉动全国经济高质量发展的主引擎、主阵地、主力军。从综合实力、税收质量、产业竞争力、资本聚集力等维度分析,无锡在其中具有如下竞争态势:

一是人均地均位居前列,规模体量位次不显,综合实力不上不下,仍然具有较大的总量空间、质量空间、增长空间。2019年,无锡GDP总量达1.18万亿元,全国排名第13;GDP增速6.7%,排名第10,与宁波、青岛、郑州、长沙基本处于同一梯队,相互之间总量差距较小;但人均GDP排名第2,地均GDP排名第5。此外,从城市开发强度来看,无锡城市开发强度远低于深圳(48.7%)、上海(22.5%)。

表:2019年万亿级城市经济综合实力对比

城市	GDP	常住人口	人均GDP	面积	地均GDP	开发强度
上海	38155.32	2428.14	15.73	6340.00	6.02	22.49%
北京	35371.30	2153.60	16.40	16410.54	2.16	9.05%
深圳	26927.09	1343.88	20.35	2019.95	13.33	48.71%
广州	23628.60	1530.59	15.64	7436.00	3.18	17.41%
重庆	23605.77	3124.32	7.58	82402.95	0.29	1.67%
苏州	19235.80	1075.00	17.92	8210.00	2.34	5.50%

成都	17012.65	1658.10	10.34	12098.00	1.41	8.14%
武汉	16223.21	1121.20	14.55	8483.00	1.91	14.20%
杭州	15373.00	1036.00	15.25	16596.00	0.93	3.18%
天津	14104.28	1561.83	9.03	11946.88	1.18	7.66%
南京	14030.15	850.00	16.57	6586.00	2.13	12.08%
宁波	11985.00	854.20	14.32	9365.00	1.28	3.52%
无锡	11852.32	659.15	18.00	4628.00	2.56	7.31%
青岛	11741.31	949.98	12.43	11064.00	1.06	5.21%
郑州	11589.70	1035.20	11.31	7507.00	1.54	6.15%
长沙	11574.22	839.45	13.79	11816.00	0.98	3.68%
佛山	10751.02	815.86	13.18	3875.00	2.77	4.18%

注：GDP 单位（亿元）；常住人口单位（万人）；人均 GDP 单位（万元）；面积单位（平方千米）；地均 GDP 单位（亿元/平方千米）；城市开发强度数据截至 2018 年底。

二是财政收入规模不高、财政收入占 GDP 比重偏低、个税收入占税收收入更低，迫切需要形成高端高效的产业结构与高附加值的分配空间。2019 年，无锡实现地方一般公共预算收入约 1036 亿元，排名第 15，不足上海 1/6、北京 1/5，为深圳 1/4；无锡一般公共预算收入占 GDP 比重为 8.74%，排名第 13，与杭州（12.79%）的差距拉大到 4 个百分点。其中，税收收入占一般公共预算收入的比重为 83.97%，排名第 7；税收收入占 GDP 比重为 7.34%，排名第 12；个人所得税收入（地方部分）占地方税收收入的比重为 5.3%，与其他城市相比较为偏低，反映出以增值税为主体的税收结构，以工业为主导的产业结构，以及纳税主体中产业工人占比数量较大等特点。

三是工业增加值体量大，但高新技术产业"底盘"仍较弱，参与全球价值分配的微观基础不扎实。2019 年，无锡实现工业增加值（规上工业企业）3753.19 亿元，排名第 16，与宁波差距 1400 亿元；工业增加值占 GDP 占比为 31.67%，排名第 8，低于天津、佛山、宁波、苏州等制造业强市；高新技术产业产值 7960.09 亿元，占规模以上工业总产值的比重 47.9%，低于深圳（近 70%）、杭州（61.7%）、宁波（51.5%）、广州（49%）等，成为无锡产业大而不强典型体现。近年来，无锡高新技术企业培育取得成效，虽然2019年高企数量2794家只排名第15，但是每万家企业中拥有高新技术企业数达到86家，排名第5。

四是"三驾马车"动力下滑，缺乏高净值固定资产投资，消费增长乏力，城市流量经济色彩不足。2019年，无锡外贸依存度53.7%，排名第5，不到苏州的一半。尽管受中美贸易战的影响没有苏州冲击大，但也是同比下降–1.1%。在万亿级城市中，无锡固定资产投资水平一直处于较低水平，2019年固定资产投资总额为3595.94亿元，排名最后1位。2019年工业投资、房地产开发投资占比分别为42.04%、37.77%。具体到工业投资层面，无锡工业投资总额排名第9位，但是工业投资总额占固定资产投资比重排名第1位，达到了42.04%。在全国房地产投资整体萎缩的大背景下，无锡房地产开发投资占固定资产投资比重为38%，排名第9位，有脱实向虚的趋势。2019年，无锡社会零售品销售总额排名第16位，且社会消费品零售额占GDP比重仅为34%，排名第14位，反映出无锡制造业条件下产业工人群体未能充分参与城市化之中，限制了内需扩张及消费带动。

表：2019年万亿级城市投资、消费、进出口对比

城市	全社会固定投资	房地产开发投资	工业投资	全社会消费品零售总额	全社会消费品零售总额占GDP比	进出口总额	外贸依存度
上海	8012.22	4231.59	1351.51	13497.21	35.37%	84267.90	89.2%
北京	7868.74	3838.40	461.99	12270.10	34.69%	28663.50	81.0%
深圳	7374.71	3059.67	1104.96	6582.85	24.45%	29773.86	110.6%
广州	6917.77	3102.26	1038.09	9978.18	42.23%	9995.81	42.3%
重庆	19725.11	4439.30	6865.27	8667.34	36.72%	5792.78	24.5%
苏州	4933.10	2686.50	1199.20	6088.80	31.65%	21987.40	113.9%
成都	9175.21	2605.70	2334.83	7478.40	43.96%	5822.70	34.2%
武汉	9559.25	2966.65	3135.39	7449.64	45.92%	2440.20	15.0%
杭州	7242.34	3395.78	806.47	6215.00	40.43%	5597.00	36.4%
天津	12122.73	2728.64	3703.41	5955.27	42.22%	7346.03	52.1%

南京	7343.38	2501.26	2134.69	6135.74	43.73%	4828.15	34.4%
宁波	5610.33	1703.44	1494.43	4473.70	37.33%	17086.40	76.5%
无锡	3595.94	1358.29	1511.60	3983.41	33.61%	6285.24	53.7%
青岛	10204.05	1803.80	3609.40	5234.74	44.58%	12718.40	50.5%
郑州	8634.07	3349.26	1537.76	4671.50	40.31%	4129.90	35.6%
长沙	9290.31	1668.40	2994.97	5247.03	45.33%	2002.03	17.3%
佛山	4747.93	2146.83	1398.56	3516.33	32.71%	4827.60	44.9%

注：全社会固定投资单位（亿元）；房地产开发投资单位（亿元）；工业投资单位（亿元）；全社会消费品零售总额单位（亿元）；全社会消费品零售总额占GDP比单位（%）；进出口总额单位（亿元）；外贸依存度单位（%）。

五是经济发展藏富于民，但资本聚集力偏低，与一线城市有较大差距，建设区域性金融中心任重道远。截至2019年末，无锡金融机构本外币存款余额为17605.46亿元，比年初增长9.6%，排名第16。截至2019年末，无锡金融机构本外币贷款余额13556.67万亿元，排名第16。根据中国（深圳）综合开发研究院发布的第11期"中国金融中心指数"，在全国上榜的31个金融中心中，无锡排名第23位，建设区域性金融中心作用可谓是任重道远。

9.6.4 日本名古屋究竟带来了怎样的借鉴

整体而言，无锡是国内人均GDP、地均GDP位居前列的万亿级城市；如果作为独立经济体排名，2019年大约在全球第55名前后。但与国际同类城市相比，仍有较大的发展空间。以无锡与日本名古屋发展比较为例，名古屋市是一座综合性工业城市、日本三大都市圈之一名古屋都市圈的中心城市、日本五大国际贸易港之一。全市总面积326.45平方公里，总人口228万人，2017年GDP1232亿美元（约合8545.65亿人民币），并形成以汽车、钢铁、纺织机械、电机、纺织、陶瓷制造为主导的制造业产业集群。也就是说，当前无锡的GDP至少高出名古屋300亿–350亿美元，但人口是其1倍以上、土地面积是其将近15倍。考虑到流动人口等因素，无锡的人均GDP大约在名古屋的一半，但地均GDP在7%-9%之间。

很多时候，大家的直观印象是无锡的土地开发强度比较高、太湖生态保护压力比较大、产业规模体量已经不小了，但从无锡与名古屋的比较来看，无锡在总量上、质量上、人均上和速度上等方面，仍然具有较大的发展空间。如果按照字面的理解，名古屋的汽车、钢铁、纺织机械、电机、纺织、陶瓷制造，都属于中国的传统产业，但不论传统与否都处于国际产业价值链高端。整体而言，立足工业比拼工业，无锡是在原来的轨道、航道上能够在量上超越名古屋，但在质上具有较大难度。只有立足工业跳出工业，尤其是通过数字化、智能化、网络化、绿色化与先进制造相结合，才能相对容易实现产业的战略突围，进而带动城市分工与城市形态的跃升。伴随经济全球化与市场化纵深，尤其是新经济发展，重新发现新大陆的蓝海市场、无中生有的增量经济越来越稀缺，更多的是在存量之中用增量培育盘活带动存量提升，用现在的语境便是新旧动能转换。对于无锡而言，在未来中长期发展赶超国际领先的核心，是用新经济把产业重新做一遍。

9.6.5 长三角一体化中的C位究竟在哪里

当前，以跨区域经济一体化为腹地抢占新一轮经济全球化成为新发展共识，而长三角一体化上升为国家战略。在长三角范畴内，很多地方都在强调自己是长三角"几何中心"，作为地理区位优势不突出的无锡如何在新一轮发展过程中抢占C位，则成为新时代高质量发展所需要追问的基本逻辑。在以往长三角一体化过程中，很多城市在城市战略、发展战略、产业战略上，依然遵循传统跟随式发展道路——跟上海、随上海发展，而没有真正走出内生增长、内涵发展、自身特色的发展之路。伴随全球城市格局，去工业城市中心化与立新经济尖峰并存，上海作为单一城市能够成为长三角一体化的龙头，未必能成为全面引领长三角一体化的单中心。而世界级超级城市群的中心城市，一定是"一超多强"的发展结构，如果副中心城市都被中心城市所虹吸——很多长三角副中心城市依然如故，就很难发展成为具有较大资源配置能力、发展活力的共同体。

传统经济地理上阶段，在长江时代，南京崛起；在运河时代，扬州崛起；在钱塘时代，杭州崛起；在太湖时代，苏锡常崛起；在海洋时代，上海崛起。21世纪以来，在互联网经济、平台经济的带动下，杭州在新经济地理上异军突起；那么在数智科技条件下，南京、苏州、无锡哪个城市又能在局部领域超越上海，或者哪个城市群又能整体上超越上海？这其中，上海是长三角的龙头毋庸置疑，但环太湖流域"五城合一"的 GDP 有望接近 1 万亿美元，完全能够成为长三角一体化的中心及要冲。在整个长三角空间战略上，上海是龙头，北翼则是南京－合肥都市圈的组合，南翼则是杭州－宁波都市圈的组合，中心则在于环太湖城市群。某种意义上，以无锡以及苏州、常州、嘉兴、湖州为代表的太湖流域城市，只有在"湖湾经济"的视野下，打造环太湖经济共同体或环太湖创新经济生态圈，才能回归太湖时代，为提升长三角一体化量级、能级提供战略支撑。

当前，追捧"湾区经济"的城市都是沿海地区的，但如果在内陆形成湾区经济，将更具有价值。无论对于湾区经济，还是湖区经济，本质是"跨区域一体化"与"最具活力经济体"在空间上的结合，代表一个地区、国家乃至全球经济的增长引擎、创新轴心和发展策源地。核心是围绕跨区域的开放创新生态，回答各类城市、创新主体、资源要素等如何开放创新、共生共荣、跨界融合、包容增长、协同发展，以地区一体化抢占经济全球化先机，将工商的活力、科技的高度、人文的厚度有机结合，产生新经济、新科技、新文化。纵观全球经济版图，历史上除了北美五大湖流域上一度出现了世界级城市群与世界级产业集群，只有中国环太湖流域不仅出现了世界级城市群，并有望发展成为世界级产业集群[1]。某种意义上，以无锡为代表的环太湖流域城市只有在湖湾经济视野下，携手共进打造环太湖创新经济生态圈或环太湖湖湾经济共同体，才能回归太湖时代。

如前所述，环太湖流域的无锡以及苏州、常州、嘉兴、湖州在体量上加起来有望突破 1 万亿美元，相当于目前全国 GDP 的二十分之一，已经是一个非常可观的量级。但目前存在如下结构性问题：一是缺乏加快环太湖城市群中心化的战略认识与加快跨区域一体化的顶层设计；二是皆具有"随"的基因，难以走出引领发展之路；三是难以形成和而不同的结构，中心城

---

[1] 当然，这不再是五大湖流域上工业经济的产业集群、局部破产的城市，而是在半工业半信息社会向智能社会转型中，产生新兴产业集群与全域创新城市。

市的方位感、方向感不强且首位度、辨识度不够,城市与城市之间人为设防;四是存在跨区域、跨行政系统配置资源的体制机制障碍。在新时代高质量发展过程中,迫切需要超越一般基础设施、物理空间、经济走廊、信息网络等线性路线,回答如何从车间经济走向房间经济、从物理空间走向数字空间、从产业园区走向虚拟园区、从有边有界走向无边无界、从推拉并举走向生态发生、从横向外延走向垂直内涵,引领跨区域一体化与开放式协同创新。

9.6.6 在新一轮发展中究竟如何抢占 C 位

对于无锡以及环太湖流域城市群能否在新时代条件下承担应有的历史使命,以及无锡能否在新一轮发展中究竟如何抢占 C 位,需要有三个方面的认识:一是对于很多依赖外向型工业经济的地方而言,发展最快的时候也恰恰是落后于这个时代的时候。目前以无锡为代表的苏南地区或环太湖流域城市面临的共性问题是产业跟随战略及其"外生增长、外延发展"模式。未来需要强调产业根植并形成内生增长、内涵发展的开放型创新经济。尽管无锡人均、地均产出已经卓有成效,但对于集约发展、精细发展、高端发展依然有很大空间。二是对于很多县域经济主导的城市而言,发展最快的时候往往是"统"的最多的时候,需要打破"四面开花却无重磅炸弹的"局面。某种意义上,从"分"到"统",就是从县际竞争到市域一体;从"散"到"聚",就是从产业集群到产业族群;从"器"到"场",就是从物理空间走向虚拟空间。无锡等环太湖流域城市迫切需要做好太湖的品牌,突出湖湾经济的价值主张与城市品牌。三是对于很多异军突起的城市而言,发展最好的时候往往是合的最好的时候。疫情给经济发展产生了很大的影响,需要逆势而为、化危为机,需要用新经济把产业重新做一遍、用新基建把社会重新建一遍,用新地标把城市重新建一遍,打好产业发展模式、创新发展模式与城市发展模式协同优化的组合拳。

无论是对于环太湖创新共同体,还是对于无锡城市而言,迫切需要回答如何从工业经济走向创新经济、从县域经济走向都市经济以及湖湾经济。在发展战略上,到底是去对标他人,还是坚持独特的自己;到底是无中生有,还是有中生无;到底是领先一步,还是全面超越等等,需要有明确回答和探索。需要将三种段位相结合：一是依赖科技创新引领抢位领跑，突出引领性、影响力；二是依赖产业技术创新站位并跑，加快战略赶超与主体超越；三是依赖企业产品创新补位跟跑，通过开放创新与高手过招、进而让自身更强大。如果说苏南和浙北最早通过率先市场化改革，发育了民营经济，为改革开放后的经济社会发展做了良好的起步，并在中国"入世"的以前与以后大力发展外向经济，迅速嵌入国际产业价值链并参与全球经济分工。那么以产业业态创新——从产业跟随到产业引领、产业技术创新——强化产业技术创新中心、产业金融创新——金融资本产业资本融合、产业组织创新——政产学研金介多位一体等为代表的产业创新则是新时代高质量发展的重要内容及主要特色。

更进一步而言，长三角 C 位的硬核取决于新时代的引领性，核心是能否产生世界影响的生产生活方式、产业企业以及思想文化。迫切需要从"无商不活"的商业经济、"无工不富"的工业经济走向"无科不强"的创新经济，重点是突出战略功能布局——打造高能级平台，不是补缺，而是抢位；着力创新能力建设——不是自主创新，而是引领创新；优化组织方式保障——不再是大面积试错，而是通过优化组织方式提高资源配置效率效益与产生生成水平高度，最终产生一流的科技、生成一流的产业、建成一流的城市、涌现一流的人才。

9.6.7 如何以高质量发展带动高速度增长

当前，我国正从半工业半信息社会加快走向智能社会，无锡需要在以往工业化、信息化、城镇化、市场化、国际化"五化协同"基础上，推动发展模式系统迭代，拥抱泛工业化、再城市化、超智能化、深生态化、再全球化的到来：

一是以环太湖经济共同体提高发展位势。从以县域经济为主、城市经济发育不充分直接上升为都市经济和湖湾经济。在新时代高质量发展过程中，无锡率先超越一般基础设施、物理空间、经济走廊、信息网络等线性路线，引领跨区域一体化与开放式协同创新。重点以湖湾经济为龙头，以环太湖流域城市群与周边腹地为载体，以开放、多元、活力、共赢、包容的创新生态为主动脉，以产业链、价值链、供应链的跨区域分工合作为新干线，以具有国际影响力的现代化经济体系与世界级产业集群为支撑，与环太湖其他城市实现圈层联动、产业引领、几何辐射、创新驱动、生态包容的命运共同体、创新综合体、生命有机体。

二是以现代化产业新体系打造产业强市。抢抓新一轮科技革命与产业变革机遇，立足"16+4"重点产业集群，坚持精准聚焦、跨界融合、协同布局、重点突破，加快产业数字化、生产智能化、业态场景化、企业平台化，加快孕育经济高质量新动能，加快构筑"3+3+3+1"现代产业体系，突出总部经济、枢纽经济、数字经济"三个经济"发展品牌。重点以前沿科技创新为突破口，加快培育以智能科技、数字科技、生命科技为先导的未来新兴产业；以智能化、数字化、绿色化为着力点，壮大发展以及电子信息、高端装备、先进材料为主体的战略新兴产业；以产业跨界融合、技术路线升级、产品创新迭代为手段，改造提升以时尚产业、汽配产业、能源产业为代表的穿透优势产业涌现爆发点；强化科技服务战略支撑。

表：无锡"3+3+3+1"现代产业新体系

	十大产业	细分领域
前瞻培育未来新兴产业	智能科技	培育发展人工智能、加快智能制造融合发展、提升发展高端软件、大力发展智能终端
	数字科技	大力发展云计算与大数据、创新发展区块链、积极部署信息安全、提升发展超算平台
	生命科技	着力发展精准医疗、创新发展健康管理服务、加快发展医药研发服务、大力发展生物医药、加快发展数字诊疗设备
壮大发展战略新兴产业	电子信息	重点发展物联网产业、做大做强集成电路产业、大力发展高性能电子元器件、加快新一代通讯集成应用
	高端装备	重点发展智能机器人、大力发展高端数控机床、大力发展航空装备与燃气装备、提升发展节能环保装备、培育发展高技术船舶和海工装备、积极培育增材制造
	先进材料	发展壮大高性能合金材料、着力发展高端合成材料、培育发展前沿新材料、突破发展电子新材料

改造提升传统优势产业	时尚产业	提升发展高端纺织服装产业、大力发展创意设计
	汽配产业	大力发展汽车关键零部件制造、重点攻关新能源汽车、培育发展智能网联汽车
	能源产业	重点发展光伏产业、创新发展风能产业
科技服务战略支撑		着力培育研发创新、创业孵化、科技金融、技术转移、知识产权、检验检测、服务集成等新业态

三是以科产城人融合建设全域创新之城。核心是处理好产业、科技、城市、人才的关系。将企业家多这个最大的优势和民间资本充裕这个最大的资源相结合，在全球范围配置资源、创造财富、分配财富，加快建立完善以硬科技创业为导向的新研发新转化、以新兴产业生成为目标的新梯队新高地、以创新生态赋能为核心的新服务新格局、以新治理为根本的新制度新机制，加快建成全域创新之城，探索具有地区特色、新时代活力、高质量发展的自主创新之路。

四是以市域一体化战略建设国际化都市。围绕国际化都市建设发展目标，加快以超常规空间战略调整抢占超周期战略突围空间，重点以太湖湾科创经济带强化中心城区主体功能，以锡宜一体化为重要方向，以县域竞合发展为新格局，以行政区、功能区、政策区有机嵌套为策略，加快市域一体化建设发展。太湖湾科创带立足不同开发建设主体在产业功能、创新功能、城市功能优势，提升中心城区主体功能；加快锡宜协同发展区规划落地和建设发展，推动锡宜在产业培育、人才流动、资源共享等领域的联动协同；加快整合、提升、建设一批特色鲜明、错位发展的创新型园区，形成分工协作和优势互补的区域创新格局。

9.7 济南：如何避免被"儒商"彻底坑到底？

尽管济南不是鲁文化的发源地，但在如今作为齐鲁首府，俨然成为鲁文化的典型代表；尽管山东往往被视为文化大省，但只要沉浸于鲁文化，更多的是文化包袱；尽管很多人以为山东近似于"第二个东北"，但很多意义上山东是东北的文化源头[1]。

9.7.1 传统人文地理上几个创新故事

一是为什么吴越江浙能出商业巨子？自古以来，江浙地区能出商业巨子，他们将自身的最大的优势归结为精神优势。近年来江浙很多城市往往把自己的这种精神概括为"四千精神"——走遍千山万水、历经千辛万苦、道尽千言万语、想出千方万法。以浙江为例，在农业时代并非富饶之地，但独特的地理经济与人文地理决定了完整的文明发育。浙江虽然是鱼米之乡，却人多地少，人均耕地仅5分，狭小的生存空间迫使浙江人"背井离乡"，外出寻求出路。他们有着"白天当老板，晚上睡地板"的吃苦精神，为了实现创业的目标什么苦都能吃，苦活、脏活、累活都肯做。山东除了历史上的齐国是典型的重农抑商的文化策源地，而如今的青年才俊毕业后更倾向于进入体制，而非走向创业、企业、产业、商业、实业。

二是广东为何一年出现一万家高企？普遍认为，近十几年来广东被视为产业转型升级是成功的，其中一个重要基石是广东将高新技术企业培育作为加强自主创新、转型升级以及高质量发展的核心抓手。广东聚焦高新技术企业培育，加强资源统筹及资源配置予以支持，在此政策导向下省、市、县三级财政联动甚至一家高企将给予两三百万支持，在最高峰期间一年认定培育出高新技术企业超过1万家，引起国内很多地区的重要反响。目前以高企培育为核心的产业培育、创新驱动工作体系在东南沿海等地区得到推广应用。

三是为什么合肥近些年异军突起？合肥20年前曾经还是一个不通铁路干线的省会，被视为中国最大的县城，经济总量排与河南周口、湖北黄冈排排坐。但20年后成了世界最大平板显示基地、186家集成电路企业的存储产业基地、科大讯飞领衔的"中国声谷"。如今合肥被誉之为"伪装成政府的投资银行"，实施上阐述了合肥近几届政府在前瞻培育新兴产业过

---

[1] 本文系作者参与山东省工信厅专题培训《让新经济带动山东更加轻盈地腾飞和蜕变——变革时代的经济循环与产业组织》的部分内容。

程中承担创新风险亦取得产业培育成效的故事,也意味着区域产业发展不仅仅需要外埠招商引资以及市场自然生成,还需要政府的前瞻培育以及投资银行运作。其中,合肥不仅有一支堪比一线城市的招商队伍,还借助风险投资运作机制实施产业培育。

四是为什么万亿城市南方比北方多?自隋唐朝时期中国经济重心从开始南移到加速南移,到南宋时完成了这一转移。自此以后,南方历经了充分的农业文明、商业文明、工业文明和创新文明的发育。与之相反,北方的商业文明发育不充分,因此在工业时代、新经济时代,北京的发展顽疾逐步显现,以至于出现北方往往"闭门打狗",南方则是"放水养鱼"。在2018年的万亿城市俱乐部中,北京、上海、天津、重庆四大直辖市及广州、深圳、武汉、成都、杭州、南京、青岛、宁波8座副省级城市,长沙、郑州两大省会城市,苏州、无锡两大地级市为亿万俱乐部成员。除郑州、青岛外,有14座城市分布于五大国家级城市群。

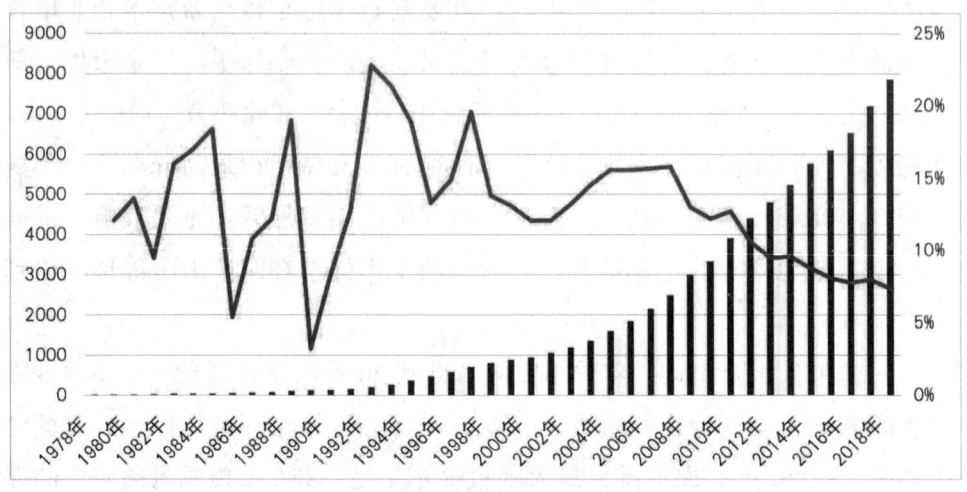

图:改革开放第一个四十年济南GDP规模及增速

9.7.2 新经济地理上的几个创新故事

一是中关村很多上市企业班底何在?某种意义上,中关村的创业创新基因与很多上市企业班底很大程度上崛起于2000年左右。彼时,中关村抓住全球互联网经济兴起,以及大量海外留学生归国创业机遇,强化硅谷与中关村人脉链接带动专利技术、风险资本、经验知识的链接，将中关村嵌入全球产业价值链。如成立中关村留学生服务总部，对于满足要求的创业团队或个人给予 10 万元支持，通过创业试错加快新兴产业培育；成立驻硅谷办事处等多个海外办事处，加强海外高层次人才引进；为促进海外留学生在国内落地、生根、开花、结果，积极协调有关部委，推动商事制度改革、外汇制度改革、出入境改革等先行先试。2008 年全球金融危机爆发后，中国创业板加紧推出，2009 年中关村仅创业板一次性 IPO 接近 40 家，如今更是涌现出几百家上市公司。

二是北京的独角兽企业为什么很多？2000 年左右，在针对跨国公司研发总部在华到底引不引进、支不支持、怎么支持在北京市级层面、区级层面存在了分歧，其原因在于这些研发总部仅有的个税交给市里而非区里。在此背景下，长城所承担了跨国公司在华调研及政策研究课题，提出应该从创新网络及其溢出相应的角度来看待，不仅应支持、还应该加大支持，促成了北京关于此项政策的创新。十几年后，2019 年长城所发布 2018 年中国独角兽企业发展研究报告，共有 220 余家独角兽企业；其中北京拥有 80 家独角兽企业。从这些企业的创始人北京来看，有接近一半是从跨国公司研发总部等走出来。

三是杭州为什么能够异军突起？杭州之所以能够在上一轮发展中异军突起，归根结底是因为杭州能够站在新经济地理上，将南方做事、北方做局的文化融合进而实现城市发展模式与经济发展模式统一，成为互联网经济的策源地。南方善于做事，一旦会做局就会非常强大；北方人善于做局，但并没用于创业、实业、商业、产业、企业里去。杭州作为历史上南北方文化交汇之地，容易产生开放、包容、融合的文化。没有这种开放、包容、融合的文化就不会有阿里的出现，就不会有杭州平台经济的崛起，也就不会有杭州互联网经济策源地的地位。

四是光谷在全球为何最具区域个性？有一位地方领导干部第一次去考察光谷时，说到底是"光"重要还是"谷"重要，他认为是光重要；但第二次去光谷的时候，他做了修正，认为两者的关系相互协同，谷更重要。"光"

与"谷"的关系在本质上是产业生态与创新生态的关系，产业生态就是产业链上中下大中小企业之间的关系，创新生态就是政产学研金介用之间的关系。在武汉东湖的发展过程中，不仅强调"光"的引领、在全球占有一席之地，更是强调"谷"的生态作用，使得光谷优化产业生态与创新生态有机结合。

9.7.3 文化符号、文化矛盾及其超越

如前所述，一个地方的发展重点看其工商的活力、科技的高度与文化的厚度，分别涉及经济域、科技域、文化域。只有具有工商活力才能走向经济繁荣，只有具有科技高度才能抢占产业高端，只有具有文化厚度才能根深叶茂。更进一步说，在这三个域上我们不光是看经济活力、科技高度、文化厚度的存量，而是看其最进步的增量，这便是讲求注重新经济、新科技、新文化。新经济强调经济形态、产业结构、价值链条不断地创新迭代、结构优化以及高端攀升，实现经济快速增长与全面发展；新科技强调的生产的技术构成、产品的技术门槛、技术的功能实现，实现对人类生产方式与生活方式疆域的拓展；新文化强调的是承前启后、继往开来、兼容并蓄，实现传统性、传承性与现代性、时代性的有机结合。从以上意义上，促进经济社会发展与进步，不仅仅要突出工商活力、科技高度与文化厚度，更要注意新经济、新科技和新文化的培育。

如今，我们更需要从文化的角度去看待一个地区经济社会发展的脉络与线索。所谓"文化"主要是"文"和"化"，也就是人文精神、思想、情感等意识形态方面在天地万物之间的融汇渗透。既然文化更多体现为一种强大的惯性，那么每个人、每个地区、每个市场主体、每个创新主体等等，都可以代表特定文化下的符号。或者说，很多事物都是不同文化背景、文化场景下的产物。这其中，事物有事物的矛盾，同样，不同文化本身也有自身的文化矛盾。对于这种文化矛盾，我们所需要的并非是割裂或者杂糅，而是实现文化的超越，找到矛盾的对立统一。"春秋战国依然存在"，说的就是在整个中华文明、华夏文明大的体系发育与演化中，不仅整体上定型于春秋战国时代，还出现了不同地区、地域的文化个性与文化特质，比如齐鲁、

吴越、燕赵、秦楚等等。而这些区域性的文化源流，至今具有较强的文化烙印与差异，并影响着当前当地经济社会的发展。不同地域乃至不同国家，都应通过开放创新与相互借鉴，从文化的源头扬长避短、不断超越。如今，很多地方的发展不力，在于思想文化的源头有一种不利于经济发展的顽疾，不但难以产生工商活力，离科技高度就更远了。

9.7.4 "文化大省"实则是文化包袱

在漫长的农业文明时代，齐鲁大地因"孔孟之乡"而闻名于世，伴随特定的经济地理与地理经济条件，经济也获得了长足的发展；但正是在"重农抑商"的政策导向与文化倾向下，除了靠海的"齐国"有一定经商的传统，其他地方基本上都没有商业的文化基因，信奉"修身、齐家、治国、平天下"儒家伦理的人大有人在，但愿意从事商业、事业、企业、产业、创业的反而少；到了工业文明阶段，主要依赖大国企与资源型产业发展，掩盖了市场活力与产业根基由不足；而到了创新文明阶段，忽然发现自己已经落得很远。不同的社会发展阶段与历史文明发展进程，需要不同的文化与伦理的支撑。从农业社会、商业社会、工业社会、后工业社会等，就需要产生新的文化与文明。最怕的就是用农业时代的思想文化，来应对新的文明发育与新的时代发展。

一个最有前途的时代、社会或者区域，一定是能够把最优势的智力、资源、要素等，投入到商业、创业、企业、产业、实业之中，以更低的交易成本、更集中的精力从事寻利的、创造财富的生产性行为。与之相反，如果把最优势的智力、资源、要素等，投入到公共机构、国有企业、事业单位等体制之内，让从事分配财富的非生产性行为来管控、甚至掠夺从事寻利的、创造财富的生产性行为，这个地区是没有发展活力的。很多时候，正是这种激励结构、治理结构与资源配置方式，决定着不同地方的差异，而这一切自然与地域的文化相关。山东近年来的衰落，不论有多少具体原因或者论据，但根本上只有一个，那就是在整个经济社会运行发展的过程中，非生产行为管控生产性行为下的社会激励结构、社会治理结构造成的资源要素错配、有效动能活力不足。当然，更深刻的原因，就在于沉重、陈旧的思想文化包袱。

某种意义上,现在大家所说的"儒商"都是附庸风雅或者很不严肃的。如果仔细深究,"儒"是强调整体的、形而上的、精神的、威权的、井田与教化的;那么,"商"是强调个体的、形而下的、物质的、活力的、分工与交易的。这也就是为什么说"儒商是充斥着文化矛盾的悖论"。更进一步来说,以往的"儒商"是在山东典型的文化生态、政治生态、产业生态、创新生态下诞生的"四不像"——"非儒非商""儒不知商、商不知儒""儒前商后"。只要有这种思想意识形态,山东经济社会发展难以走向繁荣。

9.7.5 只有新儒商才能拯救济南经济

尽管"儒商"是在特定文化环境、意识形态、发展结构以及资源配置方式下,对山东、济南过去及当前政商关系、产业形态、企业生态的折射,但并不意味着"儒"和"商"对立的矛盾不可统一。"儒"和"商"不但需要统一,而且能够统一,能够形成更有前途的统一。这种"对立统一"的结果,便是需要倡导和发展"新儒商"。具体而言,在"新儒商"之中,"儒"是"商"的价值观导向,体现为现实的理想主义;"商"是"儒"的利益观目的,体现为理想的现实主义;不是"儒"的"商",而是"商"的"儒"。强调"新儒商",就不再是让从事分配财富的非生产性行为来管控、甚至掠夺从事寻利的、创造财富的生产性行为;而是强调从事分配财富的非生产性行为来服务、支撑从事寻利的、创造财富的生产性行为,在最大程度上让真正创造社会财富的创新主体,以更低的交易成本、更集中的精力获得优先超额回报。

如今济南能否进入国家中心城市、能否成为万亿俱乐部城市,不仅成为全省的重要战略,还成为山东人的重要"面子",但从实现的路径来看,既不是内在的——如将青岛挤掉,也不是内生的——本地综合实力不充分,还不是内涵的——如将莱芜并入。对于济南的发展而言,更加需要认识"改革开放"的真实含义,并需要在新一轮改革开放中,彻头彻尾地实现从文化超越到战略赶超。"改革"依然就是让真正创造社会财富的新动能以更低的交易成本、更集中的精力获得优先超额回报；"开放"就是与高手过招，兼容并蓄地让自己更优秀更强大，而不故步自封。这其中，"新儒商"是最大的新动能，新在结构变革、新在开放创新、新在文化超越、新在爆发成长，将有机地处理改革、创新、开放、发展的关系，成为济南乃至山东新时代高质量发展的生力军、主力军。

9.8 合肥：如何更好地伪装成为政府的投行？

近年来，合肥成为新经济地理上异军突起的典型，从一个"丑小鸭"逐步变成了"金凤凰"。2020年合肥市政府的风投模式引发各界关注，被冠以"最牛风险投资机构"称号，成为长三角耀眼的新星。政府如何借助创业基金、产业基金等，发挥好产业组织产业促进作用成为很多后发地区穷则思变所追问的逻辑。

9.8.1 合肥成为近年来异军突起的典型

合肥20年前曾经还是一个不通铁路干线的省会，去南京上海都要绕道蚌埠。彼时被称之为中国最大的县城，经济总量排在全国第82位，和河南周口、湖北黄冈排排坐；20年后，成为世界最大平板显示基地、186家集成电路企业的存储产业基地、科大讯飞领衔的"中国声谷"。从传统经济地理角度而言，合肥崛起前没有一切传统成功的禀赋。但历届政府却借助风险投资、投资银行的运作模式，发挥了强有力的产业组织作用，使得合肥在新经济地理上异军突起。

2020年后，合肥被媒体誉之为"伪装成政府的投资银行"，这个描述实际上阐述了合肥近几届政府在前瞻培育新兴产业过程中承担创新风险亦取得产业培育成效的故事。这意味着产业发展不仅仅需要外埠招商引资以及市场自然生成，还需要政府的前瞻培育以及投资银行运作。譬如，合肥因为政府仅仅投资新兴产业，导致政府多年"勒紧裤腰带"；再譬如，合肥政府锻炼出了一支堪比一线城市的招商队伍，"上午飞上海，下午飞深圳，晚上回合肥"等。

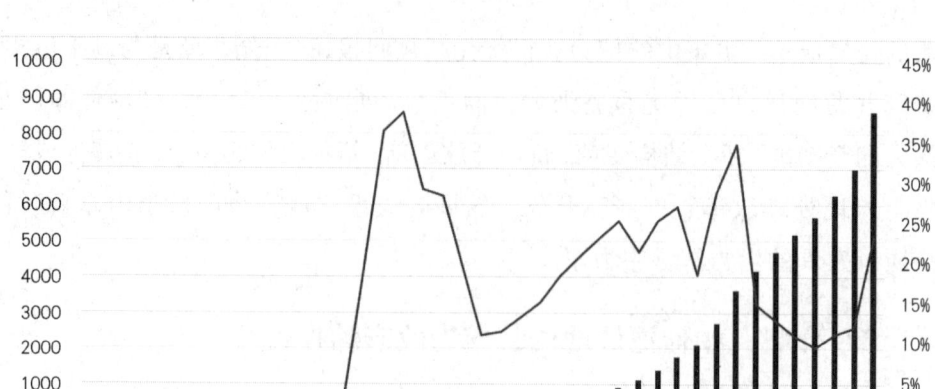

注：1990年前数据缺失

图：改革开放第一个四十年合肥GDP规模及增速

9.8.2 为何成了伪装成政府的投资银行

从合肥近年来借助风险投资、投资银行运作机制前瞻培育新兴产业、创新产业组织方式来看，往往是借助市场化运作的产业投资基金，将前瞻培育新兴产业的招商引资与新兴产业产业促进相结合，并形成反哺机制，最终使得投资基金扩充与新兴产业崛起的良性循环。以下案例操作可见一斑：

一是举全市之力豪赌半导体京东方。京东方是新中国成立后投入最大的重点项目，但合肥的支持也成为佳话。在金融危机冲击下，京东方净亏损加大、资金压力巨大。此时，合肥政府自上而下组织动员，除土地支持外，合肥市政府投入60亿、战略投资者投入30亿、剩下的85亿在合肥政府的支持下贷款解决。在当时，175亿元相当于当地全年财政收入的一半以上。目前，京东方在合肥的投资不仅早已过千亿，仅合肥市政府持有的京东方股票浮盈就有上百亿，也使得合肥在半导体产业发展中脱颖而出。

二是千亿投入押注DRAM芯片项目。2017年合肥市政府与兆易创新分别出资75%与25%，成立合肥长鑫，致力于DRAM芯片研发生产及产业化。DRAM作为一种动态随机存取存储器，主要用于计算机处理器中以实现最佳功能。伴随云计算的应用场景越来越多，市场需求越来越大。此后，合肥长鑫宣布总投资1500亿元的DRAM芯片自主制造项目投产，生产国内第一代基于10nm级（19nm）制程工艺的8Gb DDR4内存，为5G时代云计算、边缘计算、物联网等大面积推广应用以及换道超车打开缺口。

三是战略投资蔚来新能源汽车。近年来，合肥市政府一直关注高投入、高风险的项目，目标公司经营情况如果顺风顺水选择合肥的可能性不太大，但在其最困难的时候恰恰是选择"绩优股"的最佳窗口期。蔚来汽车一度亏损高达113亿，此后与合肥市政府签署最终协议，获得了70亿元的战略投资，总部也因此落户合肥。尽管蔚来汽车的发展仍充满不确定性，但成为合肥布局新能源汽车的必要一环。

9.8.3 政府引导基金成败的规律性认识

一般而言，政府引导基金是政府解决市场失灵与培育市场的重要政策工具。目前从中央到地方，有很多成功的政府引导基金，也有比较失败的引导基金。一个政府引导基金能否取得成功，在顶层设计上，要处理好如下关键问题之间的关系：

一是财权与事权的关系。这主要取决于对政府引导基金政策价值的理解，以及财政部门到底扮演一个什么样的角色。产业基金既不是守旧的国有资产管理工作，也不是单纯的科技金融工作，更不是教条的财政税务工作，本质上是促进创业创新的科技工作，或者促进产业化的产业工作。科技有科技的发展规律，产业有产业的发展规律，不同产业有不同的发展规律，不应该是谁出钱就谁负责、谁财大气粗就谁主导，财政部门更应该扮演资金统筹、出纳以及绩效评价等方面工作。

二是政策引导与市场化之间的关系。引导基金本质上是政策工具，注重在政府战略意图及框架下，合理引导、利用市场化手段解决社会的、科技的、产业的、企业的发展问题。这便出现一个问题，到底如何实现或者到底在哪个环节实现政策引导、市场化？从成功案例来看，在母基金层面，更多的需要以财力支撑为主，只有这样才能强调政策性资金的属性、不受国有资产"保值增值"束缚、不受其他社会资本"逐利"的影响，但在子基金（亦可以是母基金）以及孙子基金上，可以充分整合各类社会资本，更多地需要发挥子基金、孙子基金的杠杆作用。

三是财政资金与社会资本的关系。如何处理好财政资金与金融资本、国有资本、产业资本等社会资本的关系，涉及如何切实将财政资本、金融资本、国有资本以及其他社会资本相结合，转化为强大充裕的产业资本。比如不同金融资本、社会资本如何在不同层级或环节上作为劣后投资者、优先投资者、GP等进入，或者究竟是同股同权还是名股实债等等。最理想的方式就是财税部门专注于资金池，产业部门拿着有限财政资本，针对不同阶段产业、不同类型项目设立不同子基金，提高金融资本、社会资本的杠杆性。

四是引导基金公司与基金管理公司的关系。基金监管与团队激励一直是困扰政府引导基金发展的顽疾，譬如完全按照国有企业来监管激励、审计部门不分青红皂白以及激励不到位等具体问题。目前，很多政府引导基金在管理运营、人头费及奖励等支出，主要依赖管理费以及收益的部分奖励等。在顶层设计上，最合理的架构便是基金公司可采用国有体制，但在基金管理公司方面，完全可以走职业化、社会化、私有化，坚持纯粹的政府引导的企业化运作机制。

五是支持方式与配比方式的关系。国内外政府引导基金主要采用阶段参股、跟进投资、直接投资、融资担保、风险保障等模式运作。一般而言，阶段参股所占比例不要超过50%，否则就成了国有企业，比例越低财政杠杆的引导就越大，同时在整个母基金中，阶段参股可占较大比例；跟进投资一般为其他社会投资的50%及以下，且单一投资所占企业股权比例不应超过15%，天使阶段引导基金所占企业股权比例需要更低；而直接投资资本总量一般不超过整个资金体量的20%，且单一投资所占企业股权比例不应超过25%。

六是政策目标与创新风险的关系。现在大量的财政"资金"向"基金"方向转变，本来这些财政资金往往是通过无偿资助等方式惠及企业的，所以在"花钱""赔钱"的问题上应该更加超脱，更加符合创新规律。某种意义上，天使轮的引导基金似乎应该持有"赔得越多越好"，但实际上如果按照整个区域创新生态及生命周期去看待的话，不但不会赔，还有更大的红利。而对于成长期的引导基金,企业及产业发展是可预期的、可控的,可以宽容个案的失败,但要守住基金不赔钱,更要着眼能够赚到钱,否则就是专业投资能力较差。

9.8.4 让产业投资带动合肥轻盈地腾飞

地方产业发展不仅需要市场的自然生成,还需要政府的前瞻培育;不仅需要市场主导的产业组织,还需要政府引导的产业组织。如今,由政府设立的各类天使引导基金、创业引导基金、产业引导基金已成为重要的政策工具与运作平台。一般而言,新兴产业发展依赖于技术试错、企业试错、产业试错、区域试错等。科技型创业企业具有高投入、高风险、高收益等特征,亟须具有高水平创业投资。只有如此,才能加快将企业的原创思想、先进技术、新兴市场等孵育为成熟的商业模式,协助企业走出"死亡谷",大大提高创业企业成活率,壮大新兴产业发展源头,并构成区域创新网络的核心组件。合肥借助产业投资引导基金的运作模式,赢得了"扮演成政府的投资银行"美誉,也促进了合肥的崛起,未来需要进一步发挥和完善产业投资对于新兴产业发展的作用机制。

借助创业投资的创意挖掘机制、创新循环机制、创业育孵机制、产业组织机制及协同共振机制等,促进新兴产业的产品技术创新、商业模式(业态)创新、产业组织创新、体制机制创新、思想文化创新。一是创意挖掘机制。依赖洞见力、判断力、不拘一格地挖掘原创思想、原创技术及原创商业模式等,解决新兴产业前景不确定性高带来的偏见,支持集成性创新、适应性创新和跟随式创新向原始性创新、颠覆性创新和引领性创新层级发展,赌一个伟大的梦想与未来。二是创新循环机制。以股权投资点燃高水平创业或助推高科技产业,嵌入创新链条最薄弱环节,促使创意点子、创新技术、创业人才、商业经验等资源要素高效对接、多边流动、优化配置,实现自主创新的补链式发展。三是创业育孵机制。发挥政府培育市场功能,帮助企业将先进的技术、原创思想转化为成熟的商业模式,将产品技术创新、商业模式创新转化为一种永续经营的事业,实现自主创新的可持续发展。四是产业组织机制。以资本链为杠杆撬动产业链、价值链、供应链、服务链、创新链，促进"政产学研金介用"形成合力，将有源头、有平台、有资源、有圈子、有流量、有服务相结合，加快推进硬科技创业、平台企业衍生、产业兼并重组、传统产业寻找爆发点。五是同频共振机制。将创业投资网络作为区域创新网络中枢，不仅在横向上加速产学研用一体化，推进产业组织创新、体制机制创新；更在纵向上将创业灵魂、创新精神及"改变世界"梦想、原创产业策源地等代代相传、传帮带，实现自主创新的网络化、内生性发展。

9.9 温州：民营经济"二次创业"走向何方？

温州不仅是国家历史文化名城，还是中国东南沿海重要的商贸城市和区域中心城市，更是中国民营经济发展的先发地区与改革开放的前沿阵地。如今我们需要重新反思温州上一轮发展顽疾、追问温州新一轮发展逻辑，在新一轮改革开放与新时代高质量发展中加快再出发、再创新优势，开拓"浙南模式"新时代的内涵与境界[1]。

9.9.1 温州过去究竟是怎么发展起来的

一言以蔽之，自改革开放以来，温州的发展是依靠民营经济创业创新，不仅是依靠来自民间的动能与活力，还包括创业带动创新，尽管这种创业创新是草根式创业、机会性创新；在新的历史条件下，温州需要进一步追问"我是谁、从哪里来、到哪里去"的基本逻辑，找到转型跨越发展的方向感、使命感与自信心。改革开放以来，温州最大的标签是中国民营经济发源地。目前，温州全市现有几十万家个体工商户、近20万多家非公有制企业，全市非公有制企业占了工业企业总数的98.8%、工业产值占了96%、税收占了70%、外贸出口额占了95%以上。作为民营经济的发祥地，温州创造了多个第一，如第一份个体工商执照，中国第一份关于私营企业的地方性法规，等等。如今对于以民营经济著称的温州，既有着与生俱来

---

[1] 2019年12月，作者在温州参加了民营经济高质量发展高峰论坛，分享了《浙南模式再创新与温州改革开放再出发》，后整理形成《以温州改革开放再出发开拓"浙南模式"创新新境界》文稿。

的发展底蕴，也有着备受诟病的隐忧。譬如，"草根式创业"就是创业很活跃但层级不够；"机会性创新"就是注重抓商机的同时却盛行机会主义。准确地说，在改革开放第一个四十年，温州抓住了从计划经济到市场经济转型过程中提升资源配置效率的机遇，但并没有抓住新科技革命与产业变革、从工业经济到市场经济转型过程中的高水平创业创新层级。只有把握好这个趋势，温州发展才能更好地迭代。

为什么要说对于温州的首创及发展需要有敬畏之心，又或者温州如何找到再度引领时代发展的方向感、使命感与自信心？某种意义上，温州的发展取决于特定的历史人文与地域时代条件，正是特定的元素促使其成为中国民营经济发展的先驱。具体而言，有如下因素：一是率先开展市场化改革，激活了从计划经济到市场经济的资源配置效率；二是根植民营草根创业，从"八大王"到南存辉再到新一代温商，激发了草根创业、跟随创新的发展活力；三是民营经济模式迭代，从依托小商品的专业市场、到依托股份合作的块状经济、再到依托资本积累的"三个温州"，每一次迭代都抓住了时代发展际遇；四是温商的文化与精神，靠山面海的独特地理生存环境赋予了温州人与众不同的性格特征和商业天赋，所谓"能睡地板、能当老板"的吃苦耐劳、"宁为鸡头，不为凤尾"的老板情结、"敢为天下先、有50万当500万"的冒险精神、"有福同享、有难同当"的合作理念、"小处经营、以小搏大"的商业智慧。在新的历史条件下，需要为温州精神、温商精神赋予新的内涵，达到新的境界。

9.9.2 如何看待浙南模式在温州的源起

温州发展的基因是什么？而这种基因又是如何产生的呢？某种意义上，这个基因依然还是需要进一步审视"依山傍海"的商业文明、商业文化与商业精神。应该说，苏南也就是以往的吴国，之所以商业文化好，在于风调雨顺，有更多的剩余产品可以交换或者交易；但浙南之所以商业文化好，是被逼出来的。温州虽有"东南山水甲天下"之美誉，但"七山一水二分田"，尤其是伴随着台风等自然灾害，所以温州在历史上以穷乡僻壤闻名。正是因为这种自然环境、地理经济并不优越，发育出具有世界范围影响的"温商"。

从这个意义上而言,几乎可以说浙南模式或者温州模式,是最能代表中国民营经济发展背景、发展环境、发展特点的类型。从"浙南、苏南、珠三角"这个铁三角比较来看,苏南的初始条件最好、珠三角的初始条件其次、浙南的初始条件最差;在有为的政府方面,依次是苏南、珠三角和浙南;从市场方面来看,依次是浙南、珠三角、苏南;从需求拉动来看,珠三角以国际市场为重点,苏南以国内外需求为重点,温州以国内市场为重点。尤其是近些年来的发展,浙南模式或者温州模式,既有民营创业创新活跃、温商网络遍布全球、民间资本投资活跃、特色产业优势突出、体制机制改革创新等优势,也存在创新资源相对匮乏、创新创业层级较低、产业发展相对落后、创新创业服务体系不健全、管理体制机制有待完善等问题。

表:三地民营经济发展模式比较

	浙南模式	苏南模式	珠三角模式
内涵	以家庭工业和专业化市场的方式发展非农产业,从而形成"小商品、大市场"的发展格局	通过发展乡镇企业实现非农化发展的模式	利用国家赋予的优惠政策,以其独特地理区位、土地、劳动力等优势,与外来资源相结合,形成由地方政府主导的外向型快速工业化经济发展模式
发展基础	人多地少、交通不便、国企少,具备手工业传统	人多地少、交通便利、毗邻上海	毗邻港澳、华侨及港澳同胞众多、享受对外开放政策
发展特征	形成民间自发的遍及全国的"小商品、大市场"	保留集体经济实体,发展乡镇企业,农村人口的就地城市化	发展三来一补(来料加工、来样加工、来件装配和补偿贸易)、两头在外(原料进口在外、产品销售在外)的外向型企业
主导力量	国内市场主导型	政府超强干预型	国际市场主导型
所有制	个体所有制为主	社区的集体所有制为主	既有集体所有制,也有个体所有制
发展趋势	跨区域开展各种工业投资、商业投资,民营企业进入国际市场,部分产业领域市场份额领先	外资经济对本地的促进作用得到充分发挥,大力发展园区经济	传统家电类制造业衰退,信息产业快速崛起,高端产业配套体系不断完善

更进一步而言，浙南模式取决于温州独特的区域个性及人文历史条件、经济地理；而温州之所以成为民营经济发展先驱，在于人多、地少、环境不好、钱不好挣，但又有一颗不安分的心；但后来陷入了机会主义，再后来由于很会赚钱，就没有重新思考在不同发展阶段如何把自己的优缺点、长短板进行迭代和配比。其中，优点的背后往往隐藏着缺点，缺点的背后蕴含着优点，优缺点的把握在于不同时期、阶段、条件的有机结合与创新迭代，以拉长板的方式补短板将劣势转化为优势。譬如，温州在人多地少、交通不便、环境不优、基础薄弱、文化深厚的条件下，形成了作坊式的生产方式、影子式的配置机制、抱团式的商帮文化、原教旨的市场自生。这改革开放初期，都有利于民营经济的发展与市场化的转型，但到了制造业全球化、大规模生产阶段弊端显现，但在新经济发展规律、创新全球化条件下未必都是坏事，反而是优点。

比如作坊式的生产方式，这最早是家家户户创业、前店后厂形态的起源，后来在大规模制造时代成了小农式的生产方式，但在社会化生产的新经济时代，只要再插上云制造、智能制造的翅膀，反而出现全新的生产组织方式；再比如非正式的配置机制，也就是民间借贷，这最早是温州经济发展的重要条件，但后来并不是层层的交易费用比较高而导致虚拟经济崩盘，而是这些民间借贷并没有把钱投入进实业之中而出了问题，但对于需要金融市场化、利率市场化的今天，只要把充裕的民间资本转化为产业资本、科技金融就越有利于新时代高质量发展；再比如抱团式的商帮文化，开始是以家庭工业和专业化市场的方式形成"小商品、大市场"的重要基石，但后来由于过于非正式关系导致组织方式传统而没有诞生全新的生产组织方式，但在开放创新的今天这种抱团发展越有利于区域创新及共同发展；再比如原教旨的市场自生，开始是顺应市场化改革重要环境，但后来出现市场失灵而没有培育市场导致新兴产业与自主创新不足的问题，这需要政府的"有所为，有所不为"。

9.9.3 温州当前到底遇到什么样的问题

最近几年，温州的发展、温州民营经济、温州的实体经济并不尽人意。

尤其是进入新经济时代，经济发展环境和发展规律发生变化，而温州由于长期以传统"温州模式"为主，导致温州经济与温州人经济间的断层，发展驱动力日益不足，出现"标兵渐远、追兵渐近"的格局。所以，在高质量发展新时代，温州不仅要找到面上的问题，还要找到背后的根源，再造浙南模式，再度实现引领发展。

从基本面而言，温州这些年不能把过去的发展经验当成如今的发展包袱、不能把温商以往的优点当成了如今的缺点，需要从企业创新创业、产业组织、区域体制机制"三位一体"的角度来审视问题、解决问题。从企业层面来讲，过去在市场经济转轨的买方市场条件下，只要吃苦耐劳、善于抓商机、搞搞产品创新、甚至连产品都不用创新只要生产出来都能发家致富，但现在如果没有真刀真枪的硬科技、厚创新就很难进入高端、高效、高附加值的环节；从产业层面来讲，过去块状经济侧重规模经济，后来是产业集群是范围经济，但靠规模经济、范围经济以及民间借贷、手工作坊、出口加工的时代已经过去了，转而以生态建设提升现代生产方式与组织方式；在体制机制创新层面，从计划经济到市场经济转型过程中资源配置效率的贡献加速边际递减，市场经济长期活力的根本在于创新，来源于企业家开发出新产品、创造新的生产方式。

从内生性而言，这些年温州发展不尽人意，本质上在于创新生态出了问题，主要有三个方面的问题：一是温商没有超越自身的文化矛盾，抓住了一些机会性的发展机遇[1]，但未能在创新全球化条件下抓战略机遇、挣大钱、做大生意；二是未能在产业生态、创新生态闭环发展的条件下实现经济发展模式迭代，没有在制造业基础上通过生产性服务业升级掌握产业主导权，通过科技服务业发展抢占战略制高点，进而难以以全新产业、新兴企业走向高端、高效、高附加值的服务业态、集群形态以及新经济轨道上来；三是超越创新驱动发展阶段而率先进入财富驱动发展阶段，金融资本与产业资本

---

[1] 这一点有"前科"，如从最早的改革开放前后的走私、经济转轨以后的倒买倒卖、后来的房地产与民间借贷等。

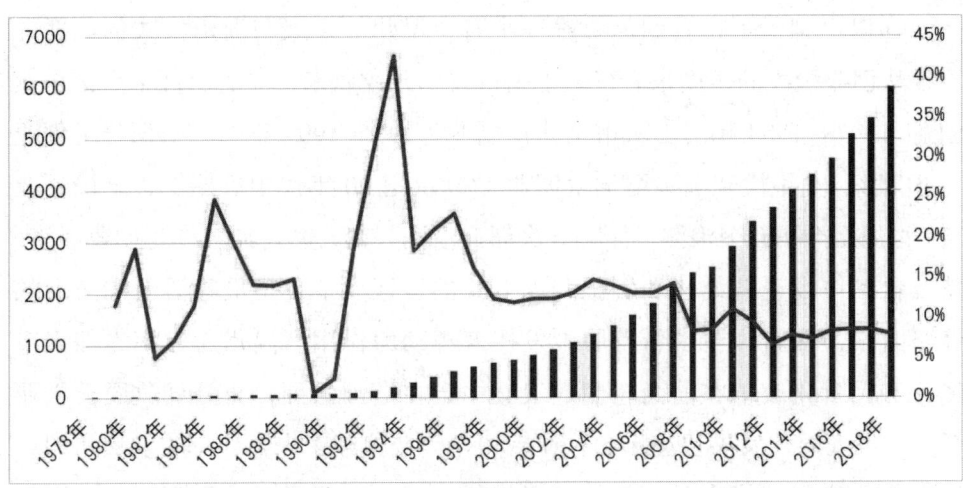

图：改革开放第一个四十年温州 GDP 规模及增速

融合不够，虚拟经济脱离实体经济发展。在新的历史条件下，温州迫切需要回答发端于温州"浙南模式"到底如何在改革开放第二个四十年再创辉煌，浙江民营经济如何率先在全国"二次创业"，需要回答根植于民间的"大众创业、万众创新"到底如何进一步释放。

9.9.4 如何看待当前民营经济壮大发展

诺奖得主埃德蒙·费尔普斯在《大繁荣》一书中，指出经济增长源泉和社会发展未来来自大众的、民间的活力，大多数创新并非孤独的梦想家所带来的，而是由千百万普通人共同推动的，需要更加强调活力经济。对于当前的温州而言，也就是要强调民营、民有、民富、民强，这是温州的优势所在。就发展而言，有多大的问题、矛盾、困难就有多大的发展空间，有多大的不均衡不协调不满足就有多大的增长空间，改革的红利、开放的红利、创新的动力、发展的潜力并没有完全释放。温州要赶超发展，一定要在经济发展范式上赶上时代的变化。这种"开放"，就是全球范围配置资源，不仅仅是"引进来"，还要"走出去、走进去、走下去、走上来、拿回来"，而不是很多资源的流失，也不是埋头苦干而没有吸收别人好的东西；这种"创新"，就是通过传统产业新旧动能转换走上新经济发展道路，不是靠内外部需求的低质量、高速度拉动，而是创造需求、提高价值实现创新驱动。

在以上判断下，我们需要进一步看待温州的发展与浙南模式的创新，重在从创业阶段的角度来看待。中国自改革开放以来，先后出现了乡镇企业创业（1978–1984年）、城市个体户创业（1985–1991年）、知识分子创业（20世纪90年代初）、留学生创业（20世纪90年代中后期）、全民创业（21世纪至今）五个浪潮。伴随五次创业浪潮兴起，民营经济作为创业经济，持续推动市场经济结构和资源配置方式的良性变革，是最具活力和潜力的经济力量，在新一轮创新发展中发挥着源动力作用。温州通过率先探索市场化和民营化改革在前两轮创业浪潮中走在全国前列，充分释放民营创业活力，推动温州发展快速崛起；在后两轮创业浪潮中未抓住率先发展机遇，民营企业发展模式未适应新的发展规律；那么，在最近的全面创业又需要把握相应的际遇、规律和关键。

改革开放以来，我国在一个独特文化、特殊体制以及发展阶段与发展环境下，形成了混合制度系统与体制机制。从发展结构来看，国有经济在经济命脉与经济安全等方面发挥了不可或缺的作用，民营经济在激发市场活力方面发挥了举足轻重的作用，外资经济带动中国融入全球产业价值链并出现了外溢作用。如果说中国改革开放最重要的发展经验是体制外增量改革盘活存量，最大的方法论是在公有产权与私有产权、政府与市场、公平与效率间寻求均衡，那么对于民营经济的发展更应该置入新的位势。当然在新的经济发展规律、新的历史发展要求下，民营经济存在问题日益突出，迫切需要在民营企业原始创新能力、民营资本投资动力、新生代企业家创业活力、政府创新创业服务驱动力等方面寻求破题，探索新经济发展新机制，推动民营经济"二次腾飞"，从注重资源配置效率到创业创新活力。

9.9.5 如何实现新时代浙南模式再创新

从现在的角度而言，温州人"太会赚钱了"，不仅是不用怎么技术创新都能赚钱，所以没有走上产业升级、创新迭代的发展道路；即使到了经济出现了一定瓶颈，但由于根基深厚并没有痛定思痛，所以就没有实现浙南模式的再创新。更准确地说，温州在改革开放第一个四十年改革不彻底，主要是体现在非生产性的寻租行为抑制了生产性的寻利行为，造成社会激励结构有问题；同时开放不协调，对外的外向度很高，但对内的引进来、拿进来不够。而今天，温州不应该陶醉于东方的犹太人，应给称为比犹太人还犹太人的新温州人，产生新的制度、新的生产方式、新的经济形态、新的产业结构、新的企业品牌、新的创业创新文化。

过去浙东南地区在计划经济向市场经济转型过程中，更多的是提高了资源配置效率，未来在工业经济向创新经济转型过程中需要的是创新创业活力。在这个再创新过程中，实现从做小买卖到做大生意、从善于做事到善于做局、从抓机会性商机到抓战略性机遇、从财富驱动到创新引领、从走向全球到改变世界。迫切需要温州从以民营中小微创业创新形成的效率经济，转变为依托民营科技创业创新的活力经济、创新经济以及开放型创新经济，再造温州民营经济发展新优势、新模式、新机制、新形式，示范带动全国民营经济创新发展。在此过程中，如下几个方面构成浙南模式再创新、拓展新境界的重要内涵。

一是强化产权制度创新与混合所有制发展，再造经济新根基。温州在改革开放初期，之所以发展得好，在于产权制度创新比较彻底。在当时，温州之所以容易产权制度创新，是因为大家什么都没有，没有太大的改革成本。应该说，只有新的产权结构，才能有新的发展结构。这又取决于如下缘由：第一，中国是一个混合的政治经济系统，比如温州最早的股份合作制，即借公有之名发展私有之实的创新；第二，温州过于"个体户"，人人都想当老板，这就很难出现大老板，所以需要更广泛的产权、股权合作；第三，只有通过股权纽带打通产权关系，才能在更大范围实现开放式创新。譬如，国企改制、合伙制、企业公众化、政府引导基金、事业单位改制、PPP等等，都属于混合所有制经济发展的范畴。

二是生产方式转变与产业共同体建设，走出组织碎片化。温州主要是在市场化改革早期，产生了新的生产方式而一度领先；但这种家庭的、作坊的，乃至小农的生产方式并没有与大规模工业化生产、科技革命相结合，尤其是其所形成的资本原始积累并没有投入扩大再生产，最终没有产生新的生产方式，所以后来就出现了各种问题。但现在通过产业组织创新，形成全新的生产方式并非为时已晚。如今有个词叫作"产业共同体",在本质上是对特定领域产业创新生态的经营实体化、功能平台化、服务集成化、组织产业化、创新生态化;主线是以产业链上中下大中小企业为代表的产业生态与以"政产学研金介用"为代表的创新生态的协同演进与闭环发展。温州的产业生态具有一定基础,主要是有产业根基以及自组织强大;但创新生态比较薄弱,在"政产学研金介用"之间没有形成合力。所以,在广大碎片化生产组织方式之上,可以加上一层"产业共同体",实现资源共享、互联融通、开放创新、优化配置以及快速生成,产生全新的生产组织方式。

三是大企业平台化与传统产业爆发点,走出产业低端化。温州在产业发展方面,核心的是如何通过新旧动能转换实现产业的转型升级。但这种新旧动能转换与转型升级并不是无中生有,而是老树发新芽。最重要的途径就是通过大企业平台化以及在传统产业培育爆发点来实现。几乎可以说,温州的产业发展最需要的就是平台思维和跨界思维,这个平台思维就是从做事到做局,这个跨界思维就是把看起来毫不相干的事融合在一起。

四是民营科技创业与国家自创区建设,走出创业低端化。温州早已经"大众创业 万众创新"了,但这种"大众创业 万众创新"是"草根创业 机会创新",只有提高创业创新层级与水平,温州的发展才有前途。当前应该是从"草根创业 机会创新"到"科技创业 开放创新",未来需要是"变革创业 颠覆创新"。温州只有走出挣辛苦钱、血汗钱的"小生意"以及机会主义,才能走出新的发展道路。

五是科技金融创新与"三个温州"联动化,走出经济虚拟化。这些年的金融改革试点充满了期待,但并不是很理想,应该把重点放在科技金融方面。我们都在说"三个温州",表面来看,在温州的温州规模体量还不够大,但在国内的温州、国外的温州还积累了巨额财富,如何把这些原始积累与科技创新、产业化、扩大再生产结合在一起是核心问题。科技金融的核心是股权投资,股权投资最核心的是天使投资。温州需要的不是朴素的、原生的、影子的间接融资,而是现代的、正式的直接融资。

六是新经济三招商与开放型创新经济,走出草根自生化。整体而言,温州过于市场原教旨，主要靠土生土长的民营经济，并没有借助外生的力量嵌入到全球高端产业价值链，以至于自己闭门造车，而难以实现产业升级与创新迭代。温州现在也要在提高创业创新层级的基础上，加大新的招商引资力度。但这个新的招商引资不是传统的，传统的是项目招商、产业链招商。从目前来看，单纯的项目招商已经过时了，产业链招商的政策手段也越来越单纯，转而是强调"圈"的招商，也就是新业态招商、科技招商和平台招商。

七是创新生态建设与创新型服务政府，走出市场原教旨。在过去，政府主要是通过服务型政府建设，优化营商环境、发展环境，但伴随着产业发展与创新发展，大家越来越感觉到创新生态更重要。而在此过程中，我们需要的不是服务型政府，而是创新型服务政府。环境与生态最大的差别，环境仅仅是提供只有服务与发展条件的集成，但生态恰恰是能够赋能的。而所谓的创新型服务政府，需要从第二方的公共服务，到第三方的创新服务集成，再到第四方的新型产业组织，最终成为创新生态的顶层设计者、建设者和维护者。

9.10 厦门：何以人才强市打破养老之城顽疾？

美丽厦门，魅力无限，但依然没走出旅游城市"富生态，穷经济"的发展魔咒。尽管同样是副省级城市、计划单列城市、港口城市以及经济特区等，经济发展与其他同类城市难以相提并论。在很多人的印象中，厦门是养老休闲的首选之地，而非青年创业活力之都。在新时代条件下，如何从银发经济走向青创之都，我们拭目以待！

9.10.1 人口结构决定一个城市发展活力

站在城市发展的战略高度、新经济地理的发展视野、创新驱动的战略基石上，需要用做产品、做产业、做生态的理念做好人才事业、服务新一轮发展大局。从近年来各地区城市人才经营发展来看，主要有如下新视角新理念：

一个视角是人口结构与产业结构、城市结构、发展结构、文化结构的关系及其适配。从人口结构与产业结构的关系来看，如果外来人口以产业工人为主，其产业往往以制造业为主；如果外来人口以青年创业创新人才为主，其产业往往以新兴产业为主；如果土著精英都另谋高就，其产业往往处于产业价值链下游。从人口结构与城市结构来看，只有足够的人才才能进一步带来更多的人口，人口越多消费越大，而且人口在中心城区翻一番对经济发展的带动则是几何式的。譬如，西安"人才大战"抢的不是70后、80后，而是90后、00后。从人口结构与发展结构来看，人口从事软件信息、先进制造、商业流通、建筑地产、国际贸易、金融服务、文化创意、科技服务的配比，往往就是信息化、工业化、市场化、城镇化、国际化、金融化以及创造力、想象力的配比。如武汉作为一个科教智力资源密集的地方成立招才局，以人才发展带动创新驱动发展。从人口结构与文化结构来看，很多地区的文化的形成与演化，往往取决于不同人口结构的配比及优化。深圳之所以是全国人、全球人的深圳，因为在移民城市条件下产生了开放、包容、融合、创新的文化。宁波之所以还是宁波人、土著的天下，在于宁波的移民大部分是产业工人，还有一些外来精英很容易被宁波的文化同化掉。

一个视角是从传统经济地理到新经济地理，资源配置方式与发展机制发生了变化。在传统经济地理学上，哪里有钢铁、煤矿、港口、铁路等资源和区位优势，生产力布局、产业布局、产能布局就在哪里，而生产力布局、产业布局、产能布局在哪里，人才、资本、技术、要素、市场、服务等就流向哪里。在新经济地理学条件下，哪里的创新生态质优，人才就会流向哪里，而人才流向哪里，资金、技术、资源、市场、产能、产业就流向哪里。如今，谁掌握了青年才俊谁就能够具有长久的发展活力与后劲，在人口版图的带动下创新版图、产业版图、财富版图将结构性重构。

一个视角是如今全球最具有创业创新发展活力的城市是国际化移民型创业城市。如今美国与中国在引领新一轮创新全球化，硅谷和深圳则是这两个国家最具有代表性的、创造力的两个城市（区域）。这两个城市（地区）都拥有着一个共同的特征：从表面上来看，形成了一个共生共荣、活力涌动、自组织自成长的开放创新生态；但背后常常为大家所忽略的，则是这两个城市（地区）都先后发展为国际化移民型创业之城。移民不是结果，核心

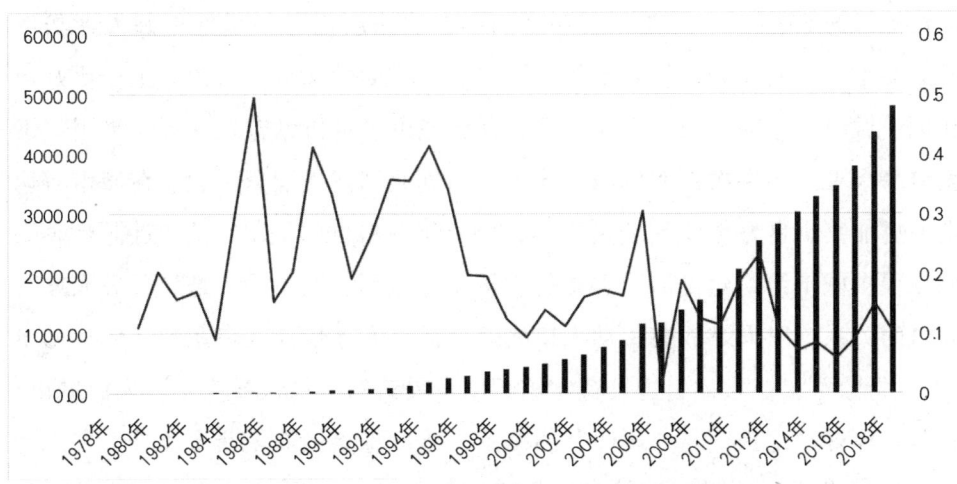

图：改革开放第一个四十年厦门 GDP 规模及增速

是在去了新的地方与全新的产业、生产方式、生活方式相结合。譬如，以市场经济的标准来衡量，历史上的闯关东、走西口基本上都是失败的移民，因为这更多的是在农业经济条件下发展小农经济；但"下南洋"有一些进步的成分，受到了近代工商资本主义的孕育。

9.10.2 人才强市经营的核心逻辑是什么

深圳是一个港口城市、智能硬件创新之都。港口城市往往是外循环带动内循环，不但成为全国的移民城市还成为全球的移民城市，对各类人才的需求是全方位、多层次的，产业工人导入与创业创新人才导入协同；智能硬件之都的创新方式往往是由硬入软、加速硬件的工程化，工程师文化盛行，软件信息服务从业人员逐步增多。杭州是一个文旅城市、平台经济城市。杭州的经济运行特点是从内循环走向外循环，将各类流量转换成数据流、价值流，再转化成数字经济、数字贸易、服务贸易，进而带动货物贸易；创新方式由软入硬，"互联网+"色彩浓厚、平台经济文化浓厚。苏州是一个文创之都、世界工厂与内陆港城。在"外贸+制造"模式下，苏州吸引的产业工人要大于创业创新人才，再加上依赖外商投资的外生驱动，文创基因并没有转换成产业优势与创新优势。

为适应以上转变，就人才工作而言，以厦门为代表的新一线城市都需要重点处理好如下十大关系。一方面，在战略层面：一是处理好人才与发展的关系，将人才的价值驱动作为城市创新驱动的起点。将人才工作更好地和创业城市、创新城市、产业高地、开放城市等有机结合在一起，吸引集聚大量高水平、多层次创业创新人才来厦门创业创新、投资兴业。在城市辨识度上更加突出良好创业创新氛围，如2000年左右杭州提出打造"创业天堂"，如今很多城市纷纷建设活力多彩的青年友好型创业城市。二是处理好人才与人口的关系，以人才战略带动人口战略。提高人才带动人口系数，优化城市"太太指数"，在人才引进培育实施超前发展策略，加快成为千万人口城市。三是处理好"逐顶"与"逐底"的关系，建设青年创业创新人才首选之地。如宁波提出了"选择宁波就是选择未来"的口号。厦门目前对人才最大的吸引力依然是自然环境，未来需要形成更好的创新生态，形成人才成长发展环境的硬核。四是处理移民与土著的关系，营造更加开放、包容、融合、创新的文化。如今厦门既需要有根植性、地域性的底蕴，还需要有开放性、包容性的活力，依然需要建设成为移民型创业城市。五是处理好改革与开放的关系。譬如，深圳最早就是通过改革，充满了大量的淘金机会、多样的成功渠道、富集的资源要素、良好的创新环境，后来通过开放城市发展起来了、产业高端化了、财政有钱了，进一步推进人口结构、产业结构、公共服务、机制环境、创新生态的协同发展，如今深圳干脆加快放低人才引进门槛，并提出从"人才战略"到"人口战略"。厦门需要更加聚天下英才而用之，这些人才不仅仅是高学历的，而是多种维度和界面。

另一方面，在操作层面：一是处理好总量与结构的关系。在中长期内，厦门人口需要达到1000万、人才保有量超过300万，这是加快跨越发展的"基本盘"。二是处理好分层和分类的关系。一般而言，多层次主要是顶尖级、领军型、创业创新型、专业技术性、实用技能型；多类型往往按行业划分。只有把分层和分类梳理的更合理，才能形成适合厦门城市定位的人才体系。三是增量和存量的关系。目前很多地方的人才工作，往往引进的增量要么名不副实、要么水土不服、要么气大财粗。当然，各类人才引进计划依然需要，但存量的培育依然重要，尤其是进入企业中的人才。创业创新人才、专业技术人才、实用技能人才，绝大部分都在企业之中，需要建立全新的"选、引、留、用"机制。四是政府与社会的关系。哪些人才属于省级政府引进培育，哪些重点由市级政府承担、哪些由县（市）区承担，需要相对明确；哪些交由企业等创新主体，或者交由社会，需要各司其职。五是处理好头部和长尾的关系。当前及未来人才工作不能"四处开花"，需要有"重磅炸弹"，也就是说不同类型的人才需要有专门的集聚，尤其是80%以上的人才要集聚在重点发展的城市功能区之中。

9.10.3 让人才强市成为再造厦门突破口

如今新的城市经营发展逻辑有了新的变化，几乎可以概括为"讲故事、营环境、搭平台、吸流量、提动能、打鸡血"。"讲故事"就是立足区域个性给大家画个饼、找存在感，有想象力、吸引力和诱惑力，让更多人过来安家落户、创新创业和淘金；"营环境"就是推进城市化经营，不仅是继续搞好基础设施以及造新的房子，更重要的是优化提升公共服务配套；"搭平台"就是培育科教源头、创新源头、创业源头、产业源头，核心是创新资源聚合的"池子"；"吸流量"就是围绕人才、资本、技术，形成"中心－边缘"的城市发展结构；"提动能"就是讲短期的大项目招商引资、中期的新经济招商（新业态招商、平台招商、科技招商）、长期的创新创业长效活力相结合，产生更多的能量；"打鸡血"就是让更多的企业家加大投资与扩大再生产、让中产阶层有更高的购买力与资产增值、让城乡居民有更大的获得感。

在新的城市经营发展逻辑下，需要创新人才工作组织方式。一是高质量人才体系。要打破很多人才工作都是政府工作的路径依赖，更多的需要是政府引导下全社会的工作，主要是将分层、分类结合在一起，按照一个什么样的思路、路径及策略，形成高质量人才体系。二是高密度人才池子。不光是政府做什么、怎么做，积极发挥其他创新主体的作用。高校重点集聚科教、科研人才；院所重点集聚产业技术人才；企业重点培养和集聚经营管理、创业创新、工程技术人才；机构或协会重点培育专业技术、实用技能人才；党委政府加强人才、人事、人社工作。三是高成长人才管道。教育类的，重点回答如何围绕学术型、职业型形成两线并举、相互贯通、顶层交融的 A

型教育体系；科研类的，重点回答如何建立将产业导向、市场需求与科研概念、研发兴趣相结合的创新型人才培养体系；产业类的，重点回答如何提升企业家、高级管理人才、产业组织者等成长为产业发展的主体，并赋予相应的激励政策；再就是创业类、服务类、技能类、其他类，遵循不同的发展规律，建立不同的成长和发展通道。四是高效能人才环境。不仅仅是公共服务的"软件"，以及基础设施与城市功能的"硬件"，还有厦门特色的人才服务集成平台与服务体系的"中间件"。五是高水平治理。建立"党政产学研介社"多位一体的协同治理模式，将制度创新、政策创新、机制创新有机结合。譬如，目前发达城市纷纷探索个税政策创新与人才引进培育政策相结合。

9.11 淄博：齐文化现代意义如何有全球价值？

淄博是齐国古都。齐文化最有影响力的地方体现在三个方面，一是创办了"稷下学宫"，被认为是全球最早的智库，也就是政治文明；一个是从农业经济到手工业到商贸业的业态创新，很多著作诞生于此，体现为物质文明；一个是足球发源地，体现的是精神文明。恰恰是观念领先与业态创新以及精神风貌，是淄博在农业时代领先世界的核心。如今更需要挖掘齐文化的现代意义及全球价值，并进一步回答如今究竟有什么引领世界[1]。

9.11.1 重识改革开放的潜逻辑

曾经以为，未来代表中国主流文化思想不再是黄河中下游的而是长江中下游的。当时的缘由是，黄河虽然叫河但根植于黄土，代表农耕文化；长江虽然叫江但源远流长，是上善若水的水文化，贯通农业文明、商业文明、工业文明、创新文明。一个强调整体、压制个体，"让干什么就干什么"；一个突出活力、激发个体，"不让干什么就不干什么"。但到淄博才改变了这种认识，方才意识到鲁并不能全部代表黄河下游，而历史上齐文化的价值主张比心学等更有穿越性和普适性。事实上，齐国代表了战国七雄最

---

[1] 本文是作者参加淄博市政府第一届决策咨询委员会成立大会上的发言《淄博超周期"双高"发展的方位感、突破口与组合拳》，以及《让"新物种"重塑齐商精神、重建齐商商帮、重归齐风泱泱》的整理稿。其中，前一篇文章写于第四次全国经济普查以前。

高的文明程度。遗憾的是,无论是从山东的地形,还是从法家的改造,还是从齐君的传承,抑或过早地实现了富裕,齐国不但未能统一中国,还自汉代以来的思想"大一统"使得齐文化被"鲁"到底。

整体而言,齐文化的核心是四个词:一是经世致用——实用主义的基因,是齐国开国君主的开明与土著文化相融合的产物,没有商业文明就没有现代文明、工业文明和创新文明;二是经世济民——民本主义的基因,是管子注重以人为本的产物,是业态创新、活力经济的鼻祖;三是经略通达——求道尚武的基因,是山东人讲求规律、上兵伐谋特点的典型体现,如今只有讲求规律才能系统性地降低创新成本;四是革故鼎新——持续创新的基因。某种意义上,改革开放所遵循的逻辑就是经世致用、经世济民、经略通达、革故鼎新。从文化源头来看,这并非来自长江下游,而是来自黄河下游,核心是齐文化的作用。

更为关键的,齐文化是以人为本的活力经济的文化渊源,无论是齐文化、还是管子,比心学、王阳明更具有历史穿越性,迫切需要挖掘其现代意义及全球价值。尽管历史不可假设和倒流,但可以重新选择和赋予新的内涵。所谓"春秋战国依然存在",那么"淄博将在新经济地理上逆势回归",核心是挖掘齐文化传统的现代意义与全球价值,并与当前的营商环境、创新生态相结合,为中国大国崛起提供精神动力。

9.11.2 淄博发展的四个为什么

站在新的历史起点上,从历史的宽宏视野来看待淄博在新时代的何去何从,在这里形成关于淄博的"四问":

一是为什么3000年前在淄博的沃土上出现了全国最大的经济中心、世界级城市?淄博作为齐国古都,从农耕文明角度而言,并非是富饶之地。后来成为全国最大的经济中心、世界级城市,一方面在于大力活力经济,制定发展工商与手工业,鼓励渔盐的政策,走出了一条靠海吃海的致富之路;另一方面在于观念领先,临淄城门稷下设了官办、民营的"学宫",诞生了我国最早的思想市场。对于我们今天的发展而言,也就是物质文明与政治文明。用新经济的语言来讲,观念领先与业态创新,是淄博在农业时代领先世界的核心。尤其是历史上齐的价值主张比心学等更有穿越性和普适性，作为经世济民、经世致用、经略通达的典范，具有较强的现代意义及全球价值；尽管历史不可假设和倒流，但可以重新选择和赋予新的内涵。那么3000年后我们在这块热土上，到底有什么能够引领国家并产生世界级影响的呢？一定不是工业时代的建陶等等，而是在经济产业发展上产生原创新兴产业，将陆地的黄色文明与海洋的蓝色文明相结合，在思想文化上进一步放大齐文化传统的现代意义及全球价值，走进创新文明。

二是为什么淄博在近代史上以来逐步成为重要的工业城市，而如今又成为"老大难"？尽管淄博工业的渊源和发展史可以追溯到春秋战国时期，但在新中国成立初期，淄博成为全国重要工业城市，取决于淄博在近代民族工业史上的地位。在以往的经济地理条件下，工业主要在煤炭钢铁等资源禀赋、沿海沿江依托区位优势布局，尤其是西方先进生产方式的输入，淄博现代工业开始起步。随着1904年以胶济铁路贯通、周村开埠和博山琉璃公司、淄川炭矿成立为标志，淄博开启近现代工业发展历程。伴随全球经济从工业经济走向新经济，传统经济地理让位于新经济地理，不再是按照"天赋""他赋"来开展产业布局和经济分工，强调"人择优势"。某种意义上，从过去的百余年到新的百年之变局，淄博发展逻辑要从传统经济地理走向新经济地理。

三是为什么淄博于改革开放前后两个二十年从"较大的"大城市到了三线城市？淄博在20世纪八九十年代一度成为工业强市前十的城市，成为"较大的市"，以及列入国际"大城市"序列。在中国全面走向市场化改革前后，淄博也一度是"二线城市"。如今成为"三线城市"，GDP第优势不再，人均GDP相对高，工业产值较大、工业体系较完整。纵观自中国"入世"以来，主要城市的发展均得益于"工业化、信息化、城镇化、市场化、国际化"五化协同发展。但是几乎可以说，淄博的产业发展与城市总量是不匹配的，产业的附加值与产业规模是不匹配的。如果说，淄博在中国"入世"以前，是依靠资源禀赋发展起来的重工业之城，但在中国"入世"后依然处于传统资源型、重化工、大企业主导的传统工业化模式而没有走出来，

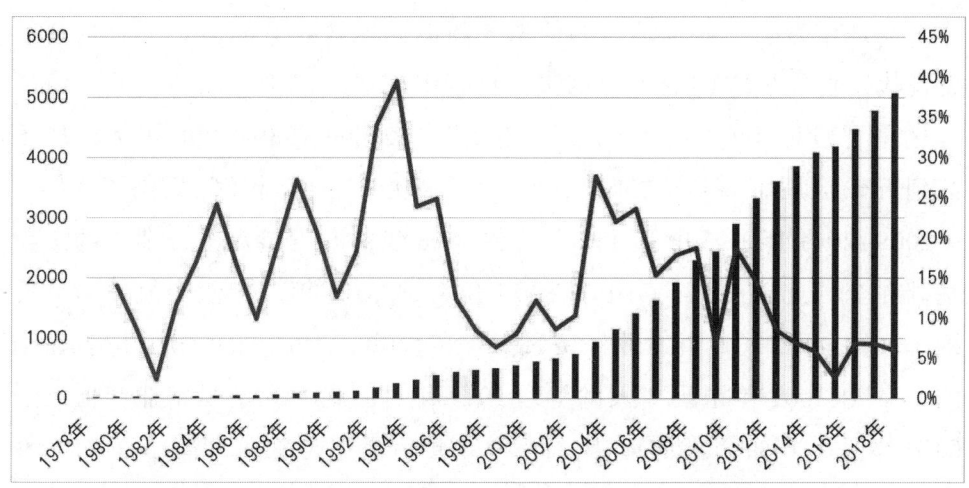

图：改革开放第一个四十年淄博 GDP 规模及增速

关键在于外循环的机会没有抓住。尤其是"入世"后中国的很多技术创新和市场都是开放得来的，淄博整体上没有在外需的拉动下实现产业升级与技术升级。

四是为什么淄博于 2011 年工业总产值已过万亿，但近年来上不去，尤其是城市 GDP 做不大？2011 年淄博工业总产值、主营业务收入过万亿，成为全国第 16 个万亿级工业城市。这里面有如下问题：第一工业总产值的量很大，为什么城市 GDP 不高？一方面是因为淄博作为老工业基地在上一个发展周期，率先实现了城市化发展，目前城镇化率已较高，对于内需的拉动、服务业的拉动到了新的发展阶段；另一方面，工业大而不强，工业增加值率不好。第二为什么自"十二五""十三五"以来工业总产值增速较低？不仅在于传统产业主导的工业体系面临着内外部市场需求拉力减弱的压力，还在于环保要素资源约束等条件局限。第三为什么淄博难以从整体工业化全面走向高科技、进而出现新经济？是因为在大企业主导、国有经济先导、资源型产业主体、内循环为主、要素驱动投资驱动为主的结构下，资本原始积累没有完成。

9.11.3 淄博发展的四大着力点

进一步而言，淄博在新阶段，重点需要解决四大战略问题：

一是作为老工业基地，如何率先新旧动能转换？淄博是拥有百余年近现代工业发展史的老工业城市，自新中国成立以来，淄博工业产值过百亿用了近四十年，从百亿到千亿用了12年（1989-2000年），从千亿到五千亿用了8年（2001-2008年），从五千亿到万亿只用了3年[1]（2009-2011年）。几乎可以说，在2008年的时间节点上，淄博的工业基础在全国处于前列，GDP排在31位；到2011年，工业产值成为全省第3个、全国第16个工业经济过万亿的城市，但这一年GDP排名在全国37。自2001年中国"入世"到2011年过万亿，无论是工业产值还是GDP都保持10%以上的增速，但2011年后无论是工业产值还是GDP都大幅下行。究其根本原因，并非是2001年中国"入世"之后，没有抓住制造业全球化的机遇，因为在此发展阶段淄博资源型产业、国有大企业、重化工传统产业进一步做大体量和规模；而是2008年全球金融危机爆发并进入创新全球化发展阶段，新科技革命与产业变革逆势爆发，淄博未能真正走出资源型产业驱动、重化工产业主导、国有大企业带动的发展格局，未能通过产业价值链整合与开放协同创新掌握产业主导权，最终形成"抱着金饭碗化缘"的局面。这一态势在淄博于2011年到新台阶时予以终结，此后进入缓慢发展阶段。

二是作为资源型城市，如何加快绿色持续发展？对于资源型城市而言，绿色发展、生态发展、可持续发展都需要伴随新型工业化与新型城市化协同。一方面，需要在去工业城市中心化及立新经济尖峰并存的条件下，打破传统工业经济按照沿海沿江、拥湾临港以及煤炭钢铁等资源型布局的结构，立足人文地理营造创新生态、强化创业地理发展活力、突出创新地理资源配置、抢占产业地理发展高地，将资源优势与科教优势、人文优势相结合，加快转化为产业优势、创新优势与财富优势。另一方面，强调挖掘自然生态资源与历史文化资源，优化城市自然环境与人文环境，以新型城市化带动新型工业化。

---

[1] 工业产值数据口径为四经普数据。

三是作为组群式城市，如何加快都市圈一体化？尽管组群式发展格局是淄博人民的创造，但上一轮的发展经验不应成为新一轮城市化发展的包袱。某种意义上，淄博之所以 GDP 上不去，在于中心城区辐射带动能力上不去，在于以往的去中心的组群式发展格局制约。在新的历史条件下，需要立足城市化 1.0，以国际化都市战略及新型都市圈建设 2.0 为抓手，以科产城人融合发展为理念，将城市更新与产业更新相结合，促进经济发展模式与城市发展模式相结合，从"大产业、大企业、大平台、大项目"到"产业新体系、城市新空间、企业新梯队、发展新生态、开放新格局、改革新治理"，带动现代化经济体系构建与消费结构升级。一方面，以中心城区都市化带动城乡及周边地区一体化；另一方面，处理城市发展模式与经济发展模式的关系，实现创新、产业、城市发展模式三个转变。

四是作为齐文化古都，如何传承务实革新传统？历史上的鲁国依山，推崇以礼治国、孔孟之道，产生了一批致力修身、齐家、治国、平天下士大夫，影响了一代代山东人关心上层建筑、常操"闲心"。历史上的齐国靠海，注重发展经济、富国强兵，造就了一大批善于谋略、纵横捭阖的军事战略家，如今的则更看重经济基础，善于上兵伐谋、精于商战。淄博的"齐国"色彩如何避免被"鲁"到底，关键是要从"面"上的产业生态、"里"上的创新生态、"根"上的文化生态实现修复和再创新、再创造。从产业生态上看，过去是"重农抑商"，如今则是"重工抑新"，需要从传统的招商引资、传统的产业结构走出来，大力发展新兴产业、新经济企业群体；从创新生态上看，在"国大于家"的强大惯性下，山东一度依赖大国企与资源型产业发展，淄博尽管经历了国企与集体经济适应性创新但改革不彻底，在较大程度上制约了发展，如今要"藏富于民"，强调市场活力与个体的能动性；从文化生态上看，以往在儒家伦理下愿意从事商业、事业、企业、产业、创业的反而少，如今还有些企业想做"儒者求名与商家逐利"的精神分裂，更需要突出自己的商业基因与求道的特点，产生新文化。

9.11.4 淄博城市发展战略取向

在未来发展过程中，坚持"一区四名"城市定位，通过"世界历史文化名邑、北方产业创新名市、国家商旅公园名城、国际开放枢纽名都"建设，打造国家新旧动能转换全域创新示范区。

——国家新旧动能转换全域创新示范区。新旧动能转换是当前新时代高质量发展的主题，也是经济社会发展的中心工作；全域创新是通过系统创新解决新旧动能转换的方式方法，也就是整个城市的全面创新，走出以往的"头痛医头脚痛医脚"的创新方式。"四名"可以作为长远期的城市发展定位，亦可以作为中长期的发展定位。但"国家新旧动能转换全域创新示范区"，既可以作为"四名"在近期的结果，放在"四名"后边；也可以作为近期的目标，放在"四名"前边，更具有时代性。

——世界历史文化名邑。当前，淄博世界性的标识主要是齐文化的发源地；在中国版图上能够独树一帜的，也在于其对齐文化的传承、创新与发展。但由于"齐"是区域性的，过去并没有完成古代中国的统一，称之为"邑"更为合适。"邑"的概念，相对于世界范围的文化源头既不太大，还具有久远性。

——北方产业创新名市。当前，南北方经济发展、产业发展差距越来越大。淄博即是历史上的工业重镇、国家老工业基地，也是当前山东省新旧动能转换的重要区域。从功能定位上看，淄博虽然做不了北方经济中心、北方经济创新中心，但又不能局限在环渤海南翼经济中心、省会经济圈副中心，而是需要在新的历史发展时期，找到代表北方经济发展的希望、信心和样板。

——国家商旅公园名城。在以往发展过程中，淄博通过组群式发展率先实现较高城市化，但反过来又限制了淄博的发展后劲。当前，组群式发展从"合久必分"到了"分久必合"的阶段，城市化到了城市更新的新阶段。不仅需要通过基础设施、生态修复实现互联互通，还要实现城市发展模式与经济发展模式协同、城市更新与产业更新协同，打造最具商旅青睐的公园城市。

——国际开放枢纽名都。伴随从改革开放第一个四十年到第二个四十年，国际化是进一步发展的方向，未来哪个城市能够在全球范围内配置资源、创造财富、分配财富，从低成本制造基地、大小宗商品流转中心到资源配置中心、交往交流中心，才能在国际分工与城市分工中占有一席之地。淄博历史上是国际上"大城市"，当前只有突出新一轮国际化，才能成为新的创新尖峰。

在此过程中，一是以"国家商旅公园名城"为代表的新一轮城市化与城市更新为拉手，刺激消费、扩大需求、带动现代服务业增长，不仅每年提升城市化率水平，还需要将现代服务业的年增长率不低于15%的水平，更要突出城市更新的作用。二是以"北方产业创新名市"为代表的新一轮产业变革与产业更新为推手，优化技术构成、组织方式、供给侧改革等，固定资产投资需要保持不低于9.7%，尤其是前几年不低于15%以上的增长，支撑工业总产值、工业增加值不低于目标增长率。三是以"世界历史文化名邑"为代表的城市名片吸引流量，高标准规划、高标准开发、高标准建设、高标准发展注入充分的人才流、资本流、信息流、商品流、货物流、数据流、价值流，让更多的产业要素、创新资源在新的发展愿景目标下充分流通、聚合产生生产力和财富，每年保证人口净增10万+以上、利用市外存贷款余额过1000亿、文创产业产值增长率超过10%。四是以"国际开放枢纽名都"为代表的新一轮开放与国际化为重要途径，加快形成优进优出与大进大出相结合的新格局，加快吸引世界500强、中国企业500强等落地布局，进出口总额增速超过目标增长率，年实际利用外资稳定在10亿美金量级并向20亿美金方向发展。

9.11.5 加快高质量可持续发展

总体而言，很多地方的发展往往都受大环境大周期的影响，大环境、大周期好其经济发展形势就好，反之则反之，但往往也有一些地方超周期、超环境实现逆势发展。淄博有逆势而为、另辟蹊径的传统，理应成为超周期"双高"发展的典型代表。重点围绕"创新、协调、绿色、开放、共享"五大发展理念，实施产业高新化、建设都市化、生态绿色化、城市国际化、治理智能化。

表：淄博新经济产业体系

	产业领域	细分赛道及发展路径
突出四大未来科技产业引领	抢占数智科技发展先机	立足电子信息、新一代信息技术发展基础，壮大集成电路、信息软件、5G通信等数字信息产业，培育云计算、物联网、大数据、人工智能等新兴领域，持续推动场景示范与跨界融合发展
	突出材料科技引领优势	立足新材料、冶金产业优势，壮大无机非金属材料、高端金属材料与有机高分子材料优势，前瞻布局生物医用材料、3D打印材料等前沿新材料，强化产业创新实力，推动产业向高端化发展
	放大生命科技融合发展	整合生物及医药、健康服务，培育国内一流化学制药、生物制药、高端医疗装备产业集群，布局医疗大数据、AI+医疗等智慧医疗新业态，发展健康服务业，实现名牌产业量质并举
	强化能源科技创新发展	整合新能源、绿色化工、节能环保，集聚打造清洁能源、储能、氢能、智能电网产业集群
改造提升四大特色优势产业	突出智能装备集群优势	立足智能装备、机械制造根基，重点发展智能机器人、高档数控机床、增材制造产业，助推高效动力转动设备、智能专用装备高端化转型，强化技术创新、龙头引领对产业支撑
	加速智联汽车集群发展	立足汽车及零部件、汽车电子发展基础，完善新能源汽车产业链条，强化电池、电机、电控等产品高端化发展，提升智能网联、充电桩等智能化产品配套
	促进时尚创意升级发展	整合特色纺织、工业设计等产业，发展高端纺织、工业设计等领域，鼓励企业优化C2M供应链管理模式，向研发设计及品牌化运营转型
	加快都市产业整合提升	改造提升新型建材、陶瓷琉璃、轻工，重点打造新型建材、琉璃制品特色产业名片，强化企业工艺提升与品牌塑造
培育六大跨界融合新兴业态	数字文旅再现齐风泱泱	发挥文化创意、休闲旅游等优势资源，加速数字与文化创意、休闲旅游融合发展，打造网红直播、齐文化IP、动漫影视、智慧旅游新体验新模式
	数字消费提升都市生活	整合电子商务、现代金融、商务服务，聚焦消费金融、普惠金融等领域，发展融资租赁、供应链金融、电子商务等新业态
	数字流通促进经济循环	促进现代商贸、现代物流发展，发展智能仓储、无人配送、物流大数据等新业态
	数字社区保障社会民生	提升居民服务、养老服务品质，开展智慧社区场景示范，打造智能安防、智能公共设施服务、社区线上服务新模式
	数字农业赋能乡村建设	提升社区服务水平，利用大数据、云计算、物联网等技术打造智能化种养、交易、溯源、监测一体的数字化农业体系
	数字教育建设教育强市	提升现代教育服务，向全市高校推行VR/AR教学、在线教学、智能化教学管理等智慧教育新示范

——产业高新化。以新旧动能转换为主题，以创新生态圈建设为主线，以现代化经济体系与产业生态打造为目标，坚持"没有传统的产业，只有传统的思维、传统的技术、传统的业态"理念，以高水平创业、科技赋能、在传统优势领域寻找爆发点等方式培育增量，以大企业平台化、产业强基以及供应链整合（产业互联网）等方式盘活提升存量，加快实现产业高新化发展。

——建设都市化。以再城市化为主题，以产业更新为基础，以公园城市建设为突破口，以都市圈建设为目标，坚持"城市发展模式与经济发展模式协同"，构筑城乡区域协调发展格局、建设系统完善的基础设施、构建精细智能的城市管理，优化城市化中空间结构、城乡结构、产城结构、土地结构、财政结构、投资结构、人口结构、服务结构、环境结构等，将土地、投资、城建为主的开发，与服务、生态、环境为主的建设，与人口、产业、经济为主发展有机结合在一起，加快构筑都市生活。

——生态绿色化。突出公园城市建设发展，以绿色低碳塑造未来，加快形成科技含量高、资源消耗低、环境污染少的产业结构和生产方式，让自然生态重现秀美；建立完善绿色低碳、文明健康生活方式和消费模式，共建宜居绿色家园；形成人人、事事、时时崇尚生态文明的社会新风，营造清新城市环境。

——城市国际化。围绕经济体系国际化、企业梯队国际化、条件平台国际化、资源配置国际化、城市形态国际化、环境生态国际化，加快构建开放型创新经济、培育外向型企业梯队、布局境内外开放平台、建设国际化活力城市、强化全球化资源配置、营造枢纽型创新生态，促进经济发展辐射力不断增强、产业企业竞争力加速提升、国际合作承载力显著提高、现代都市影响力逐步扩大、高端要素聚合力明显强化、营商环境吸引力持续加强，逐步成为全球创新网络重要枢纽、全球开放创新经济高地以及创新资源配置中心。

——治理智能化。从电子政务走向智能社会新时代，以智能化、数字化提升现代治理能力。一方面围绕创新型服务政府建设，从第二方公共行政，走向第三方创新服务集成与第四方新型产业组织，发展成为地区创新生态顶层设计者、建设者和维护者，促进共享型、包容型的社会发展结构形成。另一方面，加快从城市运行和社会治理的智慧感知、智能感应出发，让淄博的感知感应力更灵敏、想象力更丰富。

9.12 绍兴：如何用好"越国之都"高贵血统？

绍兴历史上是越国都城。改革开放以来，绍兴起步发展早，一度呈现出快速发展之势，但由于未能打破传统发展路径依赖，呈现出"比上不足比下有余"的发展局面。站在新发展起点上，需要从历史上的绍兴看今天的绍兴，把握当前及未来国内外创新版图重构，发挥卧薪尝胆的精神，以创新驱动实现换道超车。

9.12.1 卧薪尝胆最具越国血统的高贵

近年来江浙主要城市往往把自己的创富精神概括为"四千精神"——走遍千山万水、历经千辛万苦、道尽千言万语、想出千方万法，当然绍兴也不例外。浙江人自古以来就善于经商，敢于闯荡江湖，历史上的浙江就出了很多名商大贾。绍兴在农业时代并非富饶之地，独特的地理经济与人文地理决定了完整的文明发育，人均耕地仅5分，狭小的生存空间迫使"越"人"背井离乡"，外出寻求出路。在这种背景下，便有"白天当老板，晚上睡地板"的吃苦精神，为了实现创业的目标，什么苦都能吃，苦活、脏活、累活都肯做。

尽管如此，最能够体现绍兴最高贵血统的既不是"四千精神"，也不是"阳明精神"，而是"卧薪尝胆"的精神。在最早的印象中，越人是非常值得敬畏的，主要来自"卧薪尝胆"的故事。越国被吴国打败，越王勾践忍辱负重得以归国并立志复仇，睡觉睡在柴草上头，吃饭、睡觉前都要尝一尝苦胆，策励自己不忘耻辱，经过长期准备终于打败了吴国。中国改革开放以来的发展得益于"韬光养晦"的战略方针，但"卧薪尝胆"比"韬光养晦"更难。所谓"有志者、事竟成，破釜沉舟，百二秦关终属楚；苦心人，天不负，卧薪尝胆，三千越甲可吞吴"。如今绍兴进入高质量发展新时代，更需要有"卧薪尝胆"的斗志、胸襟、意志、心力以及危机感、紧迫感。

9.12.2 改革开放以来历经怎样的发展

改革开放以来第一个四十年，绍兴建设发展历经如下发展阶段：

一是 1978 年至 1992 年建设社会主义市场体制以前，伴随中国以开放倒逼改革，尤其是以外向经济的外循环带动国内经济的内循环，绍兴加快从农村改革到城乡改革。从 1979 年的生产队联产责任制到 1983 年庭联产承包制全面实施与工商业经济责任制试点，再到 1986 年公有企业承包经营责任制以及农村土地承包责任制，期间作为传统产业为依托的专业市场初现，最终使得农村剩余生产力大大增加且乡镇企业异军突起。到 20 世纪 90 年代初，基本形成以乡镇企业为主体的发展结构，以各县域特色块状经济为支撑的发展格局。

二是 1992 年建立社会主义市场经济体制到 2001 年中国"入世"，绍兴不仅围绕市场化改革建立微观基础——对公有企业通过实行股份（合作）制改革并鼓励支持民营经济发展，还从中观层面加快建立完善市场机制，亦从地区层面建立适宜市场化的行政管理体制改革、加快政府职能转变，全面推动国有外贸企业、自营出口生产企业、外商投资企业、乡镇企业和个私企业发展出口商品生产和开拓国际市场，进一步形成全方位、多层次、宽领域的对外开放格局。

三是从 2001 年中国"入世"到 2012 年中国制造体量成为全球第一，彼时工业化、信息化、城镇化、市场化、国际化"五化协同"成为重要的发展模式，绍兴在市场化、国际化起步较早，但在工业化上产业转型升级路径依赖，不仅没有加快从国际产业价值链从低端向高端攀升，还没有从传统块状经济向现代产业集群升级；在信息化上缺乏信息技术"软硬结合、以软控硬"的基因，难以在两化融合上产生全新的生产方式；在城镇化上中心城区未能拉开城市框架，周边区县受地理地形因素影响了城镇化进程。

四是从 2012 年到 2017 年进入高质量发展以前，绍兴在上一个发展阶段中工业化、信息化、城镇化、市场化、国际化"五化协同"不够，对于 GDP 以及经济社会发展的影响基本上呈现出来。尽管此后绍兴以供给侧结构性改革为主线全面深化改革、深入推进经济转型升级，但由于没有产生

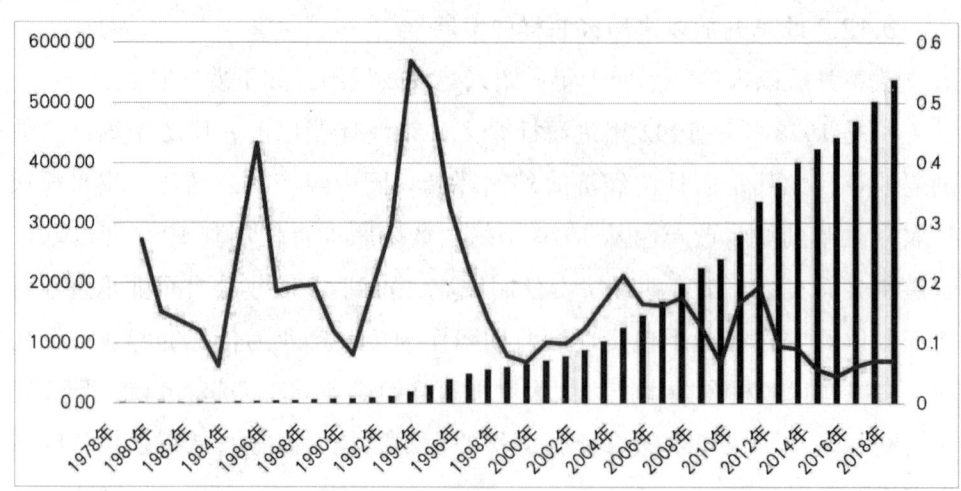

图：改革开放第一个四十年绍兴 GDP 规模及增速

全新的产业结构、技术构成、产业集群、发展模式、创新范式，绍兴在全国范围的辨识度、知名度依然来自文化旅游、来自绍兴黄酒、来自化纤面料等。

五是进入高质量发展时代，坚持改革开放再出发为主题，紧抓住长三角一体化发展国家战略、全省"四大"建设和杭绍甬同城化等战略机遇，着力打好以"两业经""双城计""活力城"等为重点的高质量发展组合拳，统筹做好稳企业、增动能、保平安工作，更高水平打造全省高质量发展的重要增长极。

9.12.3 从历史上的绍兴看今天的绍兴

有山的地方才有厚重，有水的地方才有灵性，有山有水方能人杰地灵。绍兴在中国古往今来的历史文化长河中占有独特的地位，便验证这一判断。这不仅表现在独特的人文地理环境条件下产生越文化，有着代表中国人精神特质的高贵血统；还体现在南北方文化交融后，对浙东文化的重要贡献；还体现在"江南出才子"，涌现出诸多历史文化名人。理论上越有文化厚度的地方，只要卸下一些思想包袱，进行文化融合与文化超越，在新一轮全球化与新一轮改革开放中才能越有前途。

但为什么自改革开放以来，绍兴的发展不过是比上不足比下有余？而这些年的发展也没有什么大的可圈可点之处？这至少要从两个初始条件来看待。一是绍兴不但在计划经济条件下没有大的生产力布局项目，还在市场经济条件下缺乏现代化大工业，其现代产业体系起步于土生土长的轻工业以及依赖民营经济辛辛苦苦赚钱的传统产业，直到目前不是增量培育带动存量提升，而是重存量提升、轻增量培育，所以绍兴的产业发展层级不高、转型升级压力巨大；二是由于缺乏一批高校院所，不但本地的土著精英都为国家做贡献去了，还没有吸蓄一批高水平科教智力资源，不但导致了创业层级不高，更多的是一帮草根创业支撑了经济社会发展，还导致了创新能力不强，技术创新源头不足，亦导致了难以产生与时俱进的创新文化，所以缺少新观念引领。

那么在新的历史条件下，绍兴如何站位、抢位、卡位发展？这里边有四个层面的着眼点：一是在科技日新月异、产业大破大立的新一轮全球化中，绍兴如何抢滩布局，将前瞻布局与市场试错相结合、以增量培育带动存量提升，抢占新一轮科技革命与产业变革的制高点、主导权、主动权，实现华丽转身；二是如何在中国推进创新创业纵深发展过程中，将过去的"草根创业 跟随创新"向"新业态创业 开放式创新"方向系统转换，以创业带动创新，强调有创新的创业、有创业的创新；三是如何在环杭州湾区发展中找到一席之地，以工商为活力、以科技为高度、以人文为厚度，而不是被沪杭甬湾区所淹没；四是如何代表浙江或者浙东民营经济的全面复兴与超越，超越从计划到市场经济的资源配置效率所带来的发展红利，强调从工业经济到新经济的创新创业活力，找到改革开放第二个四十年的发展动力。

9.12.4 谋求未来三十年发展模式迭代

一是以跨界融合强化高新产业根基，坚持创新驱动内生增长发展路径。以产业跨界融合为抓手，将民营经济的技术试错、市场试错、企业试错与区域经济产业试错、区域试错相结合，将创新创业和重大项目的招商引资及产业化相结合，将"互联网+""+互联网"相结合，带动以实体经济、智能制造、高技术制造业、发展，不断衍生新业态，形成"软硬兼备、轻重结合"高、新、软、优的高新技术产业新体系。

二是以开放创新营造良好创新生态，从产业根基中来到创新生态中去。

绍兴块状经济历来是朴素的、自发的创新生态。很多所谓的"传统产业"不是靠转型升级再突破那么简单的，而是靠区域层面的生态赋能、产业层面的跨界融合、企业层面的商业模式创新来解决的。未来只有在多个行业范围内，通过产业跨界融合，不仅在产业层面形成中上游大中小企业联动发展，还在区域层面实现开放式协同创新，才更有活力、生命力、竞争力以及影响力。

三是以高端创业释放创新活力能力，培育壮大发展新型企业发展梯队。进一步加快创业高端化、瞪羚企业公众化、大企业平台化，以商业模式创新带动技术创新等，培育诞生具有世界级影响的、改变人类生活方式的全新业态、商业模式。对于变革式创业要抓好源头培育，强调市场试错与精益支持；对于高成长企业，要建立集"遴选－榜单－政策－服务－评估－推广"等于一体的工作机制与政策体系；对于潜在独角兽、准独角兽等要加大引进培育力度。

四是以国际合作强化全球资源配置，提升全球资源配置方式配置能力。发挥民营经济、民间资本优势，以跨行政系统配置资源的能力提升企业微观的市场化资源配置能力，进而在金融资本与产业资本融合的杠杆下，实现"两个市场、两种资源"的充分利用，在全球范围配置资源和创造财富。

五是以新型政府提升组织动员能力，提升创新赋能发展能力发展水平。绍兴缺乏具有较大聚合承载能力、产业生成能力、辐射带动能力、平台衍生能力的城市高端功能区、创新驱动战略平台。迫切需要发挥政府解决市

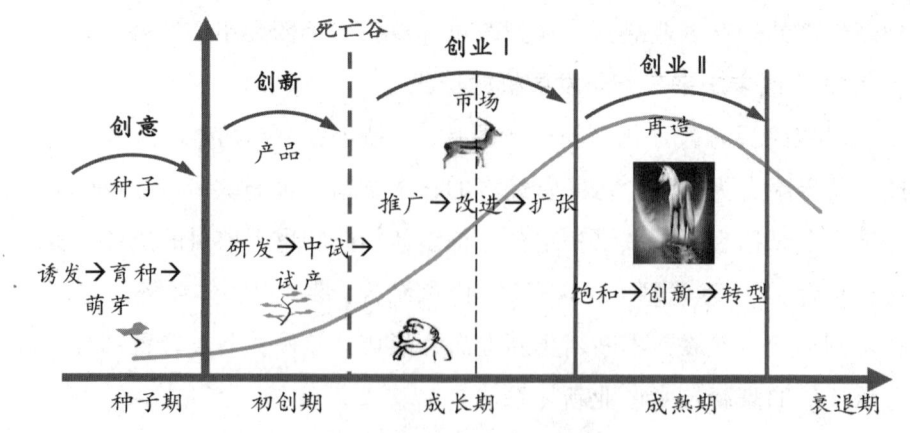

图：新经济企业协同发展

场失灵与培育市场的功能，建设一批科技创新引领、新兴产业引擎、城市功能耦合、地区人文赋能有机结合高端产业创新平台，提升自主创新、新兴产业发展的组织动员能力。

9.13 嘉兴：如何从"随上海"到"有硬核"？

我对于嘉兴的印象最深刻的是"三个故事"：一个是"中共一大"召开地点从上海到了嘉兴；一个是嘉兴最近在全面接轨上海；一个是嘉兴历史上是典型的吴越文化交融碰撞之地。以下主要想结合这"三个故事"，分享对嘉兴新一轮发展的有限理解和基本认识。

9.13.1 从"一大会议"看上海嘉兴区域一体

中共"一大会议"召开地点从上海到嘉兴是一个非常出名的故事，但这个故事的背后恰恰说明了无论是过去、还是现在上海与嘉兴、嘉兴与上海具有与生俱来的关系或关联。据悉当时在上海出现一定"事故"必须改变开会地点的时候，有人提出转移到杭州开会，但很多人觉得杭州过于繁华、也容易暴露，并不合适；最终以为嘉兴南湖游人不多，环境幽静，而且距离上海又不远，到南湖开会比到杭州更为适宜。也就是说，在当时安全、人少、环境好、距离近成为明显的地缘优势，而这些元素即使到今天还有一定的相关性。

改革开放后，无论是杭州、苏州等都一度被视为"上海的后花园"；后来杭州、苏州逐步发展起来；直到今天，大家越来越将嘉兴视为"上海的后花园"。当时是因为新旧事物之争，导致会议地址从上海到嘉兴；如今是因为发展空间、商务成本、环境体验等因素，加速人流、商流、物流、信息流、资金流以及思想流、意识流等等，从上海向嘉兴梯度转移。而其背后的规律，就是区域经济一体化到了跨区域一体化，嘉兴只有充分认识跨区域一体化发展的基本逻辑才能走得更远、跑得更快、跳得更高。

伴随经济全球化向创新全球化方向转变，一个城市或地区如果没有强大的腹地或者后台作支撑，这就难以更多地抢占国际市场、就难以成为国际竞争的前台，必须在更大尺度、更大范围、更高层级的跨区域一体化抢

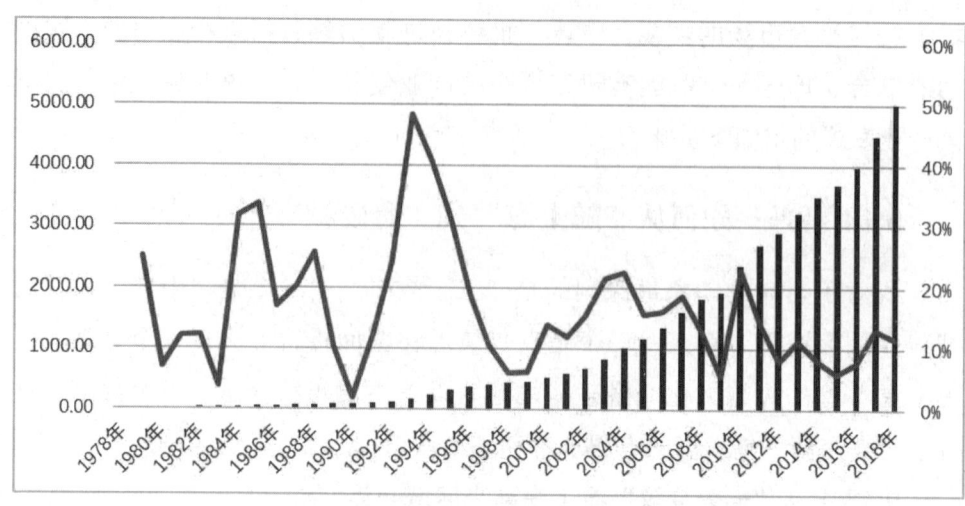

图：改革开放第一个四十年嘉兴GDP规模及增速

占世界经济全球化发展先机。应该说，区域经济一体化，更多的是产业链、资本链、贸易链以及物流、人流、资本流等资源配置意义上的，但目前单纯的经济一体化越来越难。未来只有在跨区域范畴内以更加深层次的区域一体化，打破空间距离、地域分割以及体制束缚，才能以狼群效应实现群体突围。尽管这种一体化是以经济为基础的，但还有伴随体制机制的、生活方式的、发展方式的、经济形态的、基础设施的、思想文化的等等。

9.13.2 从"硬核创新"看嘉兴如何真正抢位

正是嘉兴与上海这种天然的地缘关系，尤其是到了今天，成为嘉兴逆袭发展、弯道超车的重要依托。这其中，嘉兴应该有着更加审慎的认识与更加平和的心态，更重要的是通过借力造势抢位发展，走出适宜自己的特色发展之路。目前，在整个环杭州湾湾区内沪、杭、甬有足够的地位，以至于有"沪杭甬湾区"的提法。在当前发展阶段，嘉兴、绍兴、舟山分别联动沪、杭、甬才有更大发展前途，那么未来嘉兴、绍兴、舟山谁能异军突起还需要验证。而且杭州已经走出了"上海后花园"的发展层级，初步探索出适宜自身的特色发展道路，那么嘉兴应该怎么办？

整体而言，嘉兴的发展不是通过单纯地通过承接上海的梯度转移，成为上海的"手脚"；而是通过与上海"协同创新"实现充分的"高端链接"，把更多创新资源、产业要素等在嘉兴落地、生根、发芽、开花、结果,再造全新的嘉兴。这种"高端链接",重点是围绕人才、资本、技术、项目、产业、园区以及组织等;这种"协同创新"的主要机制是跨区域创业、跨区域科技金融、跨区域技术转移、跨区域科技合作、跨区域产业转移、跨区域开发园区、跨区域枢纽组织等。嘉兴既不能满足于历史上、农业文明条件下"鱼米之乡""丝绸之府"美誉,也不能满足于工业文明条件下以传统产业为主导的产业结构与经济体量,而是通过与上海的这种高端链接与协同创新,全面嵌入全球产业价值链与创新网络,实现全球价值链跃升、经济形态结构调整与经济体量爆发成长,在创新文明面前逆袭发展。

9.13.3 从吴越文化交融看嘉兴区域个性塑造

几乎可以说,上海近似代表的是东西方文化融合的产物,其代表性的便是海派文化,将保守与开放相结合;杭州近似代表的是中国南北方文化融合的产业,其代表性的便是平台经济的出现,将北方的做局与南方地做事相结合;宁波近似代表的是古今文化融合的产物,其代表性的便是承前启后的心学,从强调整体到强调个体。如果把绍兴看成是越文化的源头与代表,苏州是吴文化的源头和代表,那么嘉兴几乎就可以理解成吴越文化的要冲。历经过去东西、南北、古今、中外的文化碰撞与融合,目前很多人更加觉得长三角的文化更有活力,更能成为新时期带动经济社会发展的正能量。在此过程中,基本逻辑是吴越文化在近代史上出现了浙东学派,还有心学这么一个高峰,后来衍生出了海派文化,所以嘉兴在吴越文化交融中的地位就会很独特。

"新时代"的吴越文化应该有新的内涵与新的境界。如果嘉兴在改革开放第二个四十年能够为吴越文化丰富新元素,不仅能够为嘉兴的区域个性从头到尾找到文化自信,还能引领新时代新文化的发展方向。嘉兴不仅是江、海、湖、河交会,还有山、水、田交融,亦处于上海、杭州、绍兴、宁波主要城市的枢纽,只有将这些地理人文、人文地理与经济地理、地理经济相结合,才能有更加开放包容的格局、灵敏精致的特质、经世致用的务实与冒险创新的胆略,才能营造全新的创新生态,才能在新的产业版图与创新地图上独树一帜。

9.14 临沂：商贸城市究竟如何"突出重围"？

回到临沂，要么觉得"琅琊"更有底蕴，要么觉得"沂蒙"更有气质。有水的地方才有灵气，有山的地方才有厚重，有山有水的地方才能人杰地灵。某种意义上，"沂蒙"是我国少有的在一个城市名字上就体现有山有水的城市；而"沂蒙精神"在新时代需要有新的内涵及外延。临沂之发展，不仅要走出几千年的思想文化包袱，还有走出上百年的革命老区标签，还要走出几十年的体制机制障碍，更要在为前些年错过重要战略机遇的基础上抢占新一轮发展的制高点与主动权[1]。

9.14.1 发展背景与发展历程

一言以蔽之，临沂本质上是一个区位交通不便、工业基础薄弱的农业大市。自改革开放以来在商贸流通业的带动下，从 GDP 前 150 位进入 GDP 前 50 位以内，创造了中国城市发展史上重要佳话；但后来除却电商冲击以外，由于商贸流通未能与工业制造、科技创新结合在一起，造成产业底盘不硬、发展后劲不足。这一点，通过临沂与徐州的比较，可以充分体现出来。改革开放以后，临沂与徐州具有不同的量级、区位、资源禀赋与产业基础。彼时，临沂是一座典型的农业市，几乎没有任何工业，全国 GDP 排名在 130 名之后；而徐州却是全国著名的铁路枢纽、重工业中心，GDP 全国在前 30 位。但自 20 世纪 80 年代末，随着临沂发展小商品市场，到 90 年代已经成为鲁南、苏北最大的小商品城，后来成为与义乌齐名的商贸名城、物流之都，大有赶超徐州之势。尤其是 2006 年，临沂、徐州两城 GDP 仅相差 24 亿。但恰恰是 2006 年，却成了两个城市经济社会发展拉开差距的分水岭。此后，徐州凭借其区位优势、资源禀赋、产业基础并抓住制造业全球化、苏北大开发展机遇加速经济突飞猛进；临沂似乎迎来了失去的十年，依然满足于商贸物流的发

---

[1] 本文系作者 2019 年 6 月为临沂高新大讲堂讲述《如何在新经济地理上打造新一代科技园区》的部分内容。

展,在产业变革上举步不前,产业支柱依然是商贸、钢铁、化工、建材、化肥、食品等科技含量较低的产业,造成经济发展实力不强、后劲不足。

表:1984-2019年临沂徐州GDP对比

年份	临沂GDP	全国排名	徐州GDP	全国排名	GDP对比
1984年	10.27	132	72.63	26	14.14%
1995年	311	49	410	29	75.85%
2001年	623	44	715	37	87.13%
2004年	1012	42	1095	40	92.42%
2006年	1404	41	1428	40	98.32%
2008年	1958	42	2007	39	97.56%
2009年	2069	42	2390	35	86.57%
2012年	3012	44	4016	32	75.00%
2016年	4026	45	5808	31	69.32%
2017年	4345	46	6600	31	65.83%
2018年	4750	47	6755	33	70.32%
2019年	4600	48	7151	27	64.33%

注:单位(亿元)。

9.14.2 成功之处与不足之处

某种意义上,临沂一度的快速发展是在中国"入世"前抓住了以小宗商品为主统一国内市场的战略机遇。但伴随中国"入世"、电商产业崛起以及新兴产业发展,在一定程度上不仅错过了承接国际产业梯度转移的战略机遇,还遭受了消费互联网的冲击,尤其在今天的新科技革命与产业变革面前没有做好充分的心理准备。这一点,改革开发以来,临沂在不同发展阶段的基本面充分体现出来。从1978(改革开放)到1992(社会主义市场体制改革),既是国内商品经济的发育期,也是国内民营经济的发育期,临沂在特殊的区位、政策以及文化条件下,抓住小宗商品国内市场统一的机遇,大力发展商贸经济,但并不意味着商业文化很浓、民营活力很足。之所以商业文化不浓,在于商贸经济的发育来自很强的外来因素,尽管现在主流媒体上看不到这一点；之所以民营活力不足，县域民营经济不发达便充分体现出来。从1993年到2001年（中国"入世"），既是国内市场化改革的重要阶段，也是国内加快工业化、城镇化的重要阶段，是临沂"地摊式农贸市场—西郊大棚底—专业批发市场—临沂批发城—中国临沂商品城"重要的发育阶段，但此后临沂并没有打下良好的产业基础与民营经济发展基础，主要是通过"买国内，卖国内"的买卖打造商贸城市。从2002年到2008（全球金融危机爆发），临沂重点将商贸和物流结合，但由于内生的民营活力不足、工业基础薄弱，商贸流通与生产制造尚未充分结合在一起，甚至在较大程度上错过了中国"入世"后承接国际产业梯度转移机遇。2009年至今近十年，临沂在很大程度上具有明显的路径依赖，不仅生产制造业仍然不足，还未能进一步与科技革命与产业变革结合。

9.14.3 从哪里来与到哪里去

更进一步而言，临沂当前及未来的发展，一定要走出以儒家思想为主导的农业文明，发挥商贸物流外生的商业文明，不仅要强化商贸流通与生产制造的无缝衔接以跟上工业文明，更重要的是用科技创新为商贸流通、生产制造插上腾飞的翅膀，最终进入创新文明新阶段。从农业文明发育来看，齐鲁大地靠山的是鲁国、靠海的是齐国，临沂在历史上出现过诸葛亮、王羲之、颜真卿这样的历史名人，也是著名的革命老区，但本质上是一个典型的根植黄土的农业大市，仍然受农业文明条件下的儒家思想的钳制。从商业文明发育来看，临沂地处鲁西南、苏北交接，伴随温州商人的融入，以及一定的政策创新，临沂不仅形成了商贸城市地位，还孕育了一定的商业文化，但外生性大于内生性，也就是为什么"并不意味着商业文化很浓、民营活力很足"。从工业文明发育来看，临沂原本工业基础薄弱，既没有科研创新源头，也没有重大生产力布局,后来国有企业卖掉但没有发展起来,民营企业呈现出"低、小、散、弱"，工业化不但没有与商贸物流结合，还没有在中国"入世"之后充分承接产业梯度转移。从创新文明发育来看，临沂作为高校院所贫瘠之地，科教智力资源较为薄弱，与此同时，产业层级决定创新层级，高新技术产业发展不足，新经济、新科技、新文化结合不足不够。

9.14.4 区域个性与战略方向

进入以数字经济、智能科技为主的三维产业新阶段，基于人口、商城、物流而来的人流、商流、物流、信息流、资金流是临沂当前及未来最宝贵的战略资源，而如何把这些人流、商流、物流、信息流、资金流转化为数据流，进而转化为价值流则成为临沂在新时代高质量发展面前的战略问题。临沂是山东面积最大、人口最多的城市，但人均产出较低。但如今，只要在一定的工业化、信息化、城镇化、市场化、国际化基础上，有多少人口和土地，就有多大的发展潜力与发展空间。临沂是全国少有的地级市人口过 1000 万以上城市。伴随人口、商城、物流而来的人流、商流、物流、信息流、资金流，在新经济条件下成为临沂当前及未来最宝贵的战略资源。而谁有更多的人口就有更大的发展空间、消费空间、市场空间以及数据资源，谁有更大的流量就有更多的数据，谁有更大的数据就会产生更大的价值。临沂在新一轮发展过程中，最大的突破口就是通过开放数据以开放市场，进而以市场应用为核心的场景业态创新培育产业爆发点。重点围绕市场需求、市场应用、市场交易、终端服务、消费体验等，提供需求、打磨产品、提供数据、改进算法、迭代商业模式，从正向配置资源的链式创新到反向配置资源的逆向创新，从支持行业供给到支持市场需求，以新旧动能转换加速产业转型升级与发展方式转变。

9.14.5 产业变局与发展路径

如果说，互联网的上半场强调流量驱动，互联网的中场强调数据驱动，互联网的下半场强调算法驱动；那么，在以智能科技为引领、以数字经济为主流的新阶段，以"数字服务+数字设施+数字装备"三位一体为引擎，以数字化场景创新为着力点，将成为临沂产业发展变劣势为优势、以拉长板的方式补短板的历史抉择。"互联网下半场"更多的是借助大数据、云计算、物联网、移动互联网、5G，尤其是人工智能等新一代信息技术，从虚拟空间向智能终端中嵌、从智慧感知到智能运用，最终用供需两边通吃、跨界融合的产业思维打通生产方式与生活方式，形成一种新的经济形态、产业结构、组织方式与增长方式，将带来诸多换道超车的机会。在过去，临沂的发展结构是以商贸物流为引领、以生产制造为延伸、以科技创新为补充。如今需要将商贸与物流、生产与智造、科技与创新紧密结合在一起。尤其是把握产业跨界融合发展趋势及科技革命应用热点，在传统产业中寻找爆发点、在新兴产业领域寻找突破点、在交叉领域寻找结合部，处理好产业生态与创新生态之间的关系，以空间换时间，在一个科教智力资源薄弱、产业基础薄弱但流量经济、枢纽经济、门户经济发达的地区，建立全新的现代化产业生态。

9.15 舟山：新时期"轻舟"怎过"万重山"？

舟山作为东海咽喉、长江龙眼，成为多重国家战略叠加之地。尽管有不可承受轻舟之轻，也有不可承受万重之重。在新的历史条件下，舟山如何从"舟山"字面含义看舟山的血统、使命及未来，如何反思或看待舟山这些年的发展，如何从基于渔业文明的蓝色文明走向基于科技创新的海洋文明，需要得到全新的回答[1]。

9.15.1 海上丝绸之路承载大国崛起两大文明

"一带一路"中的"丝绸之路经济带"，更多体现的是陆权思维；"21世纪海上丝绸之路"更多体现的是海权思维。在新一轮全球化与大国崛起过程中，我们更需要、更看重、更关注以海权思维为主导的"海上丝绸之路"。如前所述，纵观葡萄牙、西班牙、荷兰、英国、法国、德国、俄罗斯、美国等世界性大国的崛起与兴衰，必须具有体现海权思维的强大冲击力、爆发性，以及具有鲜明陆权思维的长效发展活力、稳定的大后方。中国具有强大的陆权思维传统，海权思维与色彩不足。当前，伴随中国发展阶段、发展位势的升级与提高，更应该从陆权思维到海权思维，使得中国从地区性大国向全球性超级大国方向转变。

所谓"海上丝绸之路"，就是将中国最薄弱的商业文明、海洋文明结合最紧密的全球化现象以及国际化走向。在"海上丝绸之路"的语境下，商业文明代表着以贸易、投资、金融等经济活动形式的国际经济分工、资

---

[1] 本文据作者2017年8月参加舟山争创国家级园区方案研讨会上发言资料整理而成。

源配置与财富创造；海洋文明代表的是一切利用海洋、通过海洋面向全球的一切政治、经济、文化、思想、艺术及其意识形态的总和。当前，中国作为新一轮全球化的倡导者，只有更加重视商业文明、海洋文明，才能实现战略赶超与全面崛起。

9.15.2 舟山是海陆相连的东海咽喉长江龙眼

所谓"舟"，也就是"船"，是海向的，蕴含着海洋文明；所谓"山"，也就是"土"，是陆向的，蕴含着黄色文明。在近现代史上，舟山一度是"甬商"的重要发源地。应该说，无论是舟山，还是"海定则波宁"的宁波，都有着中国大国崛起最稀缺的商业文明与海洋文明。为什么国家给了舟山那么多的"帽子"或"牌子"，是因为战略要冲的区位使然。应该说，慈禧败笔一地鸡毛，但有一条，便是没有割让舟山。香港作为一个不毛之地，都能发展到目前的水平，那么舟山应该发展得更好。

那么在这种血统下，舟山的使命是什么？应该是要根植黄土、面朝大海，不仅要根植蓝色经济——发展成为国家海洋经济发展的创业创新中心，还要立足湾区经济——成为区域一体化及都市圈建设的前锋，更要放眼"一带一路"——成为江海陆联结以及大国崛起的龙眼咽喉，亦要全面拥抱创新全球化——不但用全球的资源来打造海洋经济发展高地，还要成为重要的

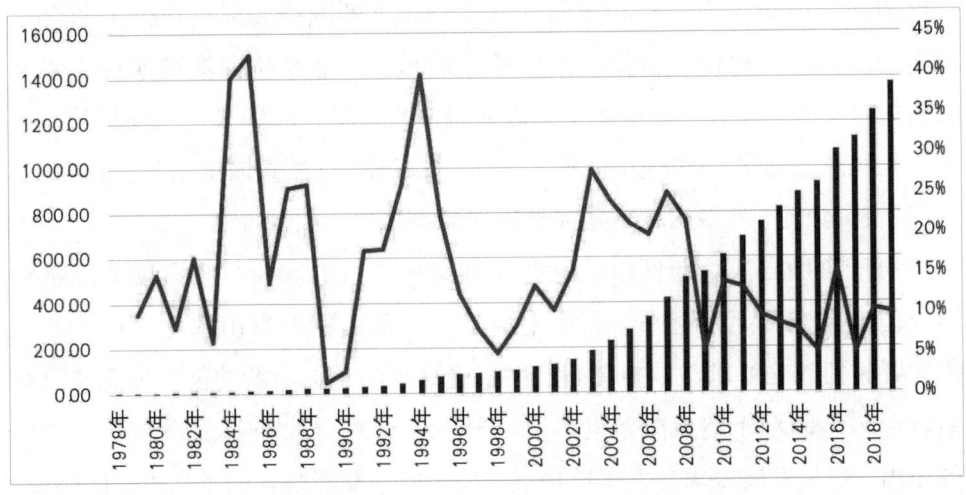

图：改革开放第一个四十年舟山 GDP 规模及增速

资源配置中心。所以在舟山的未来,应该是将商业文明基因与蓝色经济位势或海洋文明结合在一起,产生更加具有时代感、引领性、全球化的创新文明,不仅实现自身发展的弯道超车与逆袭发展,还成为"一带一路"的战略要冲,亦成为中国大国崛起的前沿阵地与缩影。

9.15.3 "一带一路"有所作为加速全球布局

"一带一路"是发展阶段转化、综合国力提升、发展空间位移以及外交政策调整的产物。简而言之,也就是中国经过改革开放第一个四十年完成了别的国家二三百年的发展历程与财富积累,内部的战略空间、发展空间、政策空间等等都有一定局限,只有进一步在整个世界经济体与全球化过程中,才能抢占制高点、主导权与主动权,才能赢得新一轮发展机遇。更加准确地说,"一带一路"是中国首次有所作为地布局全球,从承接国际产业梯度转移与服务外包到强化高端辐射,从商品输出主体到资本输出主导,从区际竞争到全球资源配置,从地区性大国向全球性大国方向转变。

在此过程中,尤其是对于东南沿海发达地区,国际化将成为当前及未来发展的主攻方向。这其中,国际化的核心是充分利用"两个市场、两种资源",在全球范围配置资源、创造财富、配置财富。一个国家或地区的发展,完全取决于在全球产业分工与城市分工中的位势与势能,只有以全球资源配置能力跃升的眼光来审视和布局区域战略,不断围绕国际产业分工与全球城市分工站位、抢位、卡位,推进城市形态与产业结构向高端演进,才能抢占城市发展主动权与国际竞争的战略制高点。而"一带一路"要回归原本,核心是从商品输出、产能输出、资本输出、技术输出、模式输出以及文化输出。

9.15.4 近年来多重战略叠加到底如何有成效

对于舟山自成为新区以来这些年的发展,总的印象是多重国家战略叠加,但没有充分地用起来。表面上的矛盾,是国家对舟山率先深化改革、扩大开放的战略要求与本地更高层次、更高水平、更活跃的创新创业并没有结合起来,以至于造成改革的红利、开放的红利并没有释放出来。但背后的原因,则是发展要求与发展阶段、发展战略、发展模式的不适配。比如说,整个舟山在"十三五"发展规划上并未将"创新驱动"作为原则;而舟山现在所做的事更像是工业化中期的任务。

对于舟山而言，很多国家级"帽子""牌子"都有了，但还缺少国家级高新区和浙东南示范区。一个是强调创新创业生态，一个是强调制度创新。只有在国家级高新区的导向下、在浙东南示范区的舞台上，通过提高创新创业层级、坚持走新经济发展道路与高技术产业发展模式、以制度创新抓住新一轮创新全球化红利，才能实现弯道超车，才意味着舟山在中国改革开放第二个四十年朝着一个全新的方向去发展。

9.15.5 进一步从渔业文明加快走向创新文明

在争创国家高新区、浙东南示范区的过程中，舟山有个不可忽视的基因，也就是工业经济条件下、招商引资惯性下的经开区发展模式。核心是通过如下几个方面实现基因突变与脱胎换骨。

一是通过站位、抢位、卡位实现"高大上"。这个"站位"就是在国家战略中站位，不仅仅是进入国家高新区、自创区发展序列，更重要的是志存高远地坚持国家高新区发展道路、积极参与自创区制度创新；这个"抢位"就是在产业变革中抢位，不仅仅是瞄准海洋经济产业发展的制高点、主动权、主导权，还要把握好产业跨界融合的发展规律，加快形成现代海洋产业新体系；这个"卡位"就是在区际竞合中卡位，不仅与沪、杭、甬等城市借势发展，还与嘉兴、绍兴等环杭州湾地区城市错位发展，更加独特的彰显自身区域个性及发展地位。

二是通过形态开发、功能开发、生态开发叠加实现"接地气"。"形态开发"就是海岛上的国际商务城市花园，让创新有所依托；"功能开发"就是大力发展科技服务业，尤其是研发设计、创业孵化、技术转移、科技金融、集成服务等，加快创新资源及产业要素的优化配置；"生态开发"就是要涌现出一批创新生态建设者，最后生成一种"共生共荣、互联互通、你中有我、我中有你"的创新空气。

三是如何通过科技、产业、城市、人文融合掌握跨越发展的主动权。虽然不同的城市在科、产、城、人上有不同的时序，但对于舟山而言，应该坚持城市环境领先，有了好的环境才能吸人人才，然后促进科技与产业的互动发展。需要坚持一流的城市环境汇聚一流的人才、一流的科技与一流的产业相辅相成。

四是如何做好开局，核心是处理好如下四个方面的关系。第一个就是短效动力与长效活力的关系，也就是创新创业与招商引资的关系。无论是基于民营的绿色石化还是引进的航空大项目，只需要"闷声发大财"，最重要的是培育创新创业型的中小企业。第二个就是长板优势与短板瓶颈的关系。虽然舟山的短板很多，但只要把自身在区位、环境、资源等优势无限地放大，就可以无中生有。第三个就是增量培育与存量提升的关系。重点在增量上往高端化走、往服务走、往全球走、往生态化走，以增量培育带动存量提升。最后一个是政府作用与市场机制。在创新驱动面前，不要一厢情愿地相信市场的决定性力量以及企业家的意识形态，政府要在培育市场方面承担一定的创新成本。不要满足于服务型政府，而是创新型服务政府，将产业组织与创新服务集成有机结合在一起。

10

放大华南开放创新：两广港澳海南镇南海

10.1 深圳：如何更有想象力爆发力与感召力？

近年来很多城市或产业高地、创新高地等将深圳作为重要的对标及学习对象，但还是有很多认识上、实践上、政策上的误区或问题，甚至出现"越学差距越大"的怪现状。深圳不仅需要重新审视以往的发展，还需要着眼未来的发展，尤其是对于城市2049战略而言，核心是想象力、爆发力、感召力[1]。

10.1.1 深圳率先成为全域创新之城

过去一直有个说法，也就是"80年代看深圳，90年代看浦东，21世纪看……"。但看来看去，最近这些年很多省份或城市仍然在关注深圳、学习深圳、对标深圳。为什么不再是一股脑地考察学习美日德等国家的产业高地或创新尖峰了？因为不同的发展阶段、资源禀赋、国情地情，需要不同的发展模式与发展策略；为什么不单纯地学习中关村？因为中关村集聚了大量的科教智力资源并没有完全释放，"政府周边的企业"太多。为什么看浦东、学浦东的相对较少？因为浦东真正来自民营、来自市场的自主创新层级不足不够。尽管很多城市都在对标或学习深圳，但由于对深圳城市创新发展范式的理解不到位、自身发展阶段的认识不充足等，从认识到实践大都很有差距。这其中，到底如何学、哪些该学、哪些不该学、哪些想学学不了、

---

[1] 本文系作者在2020年10月14日深圳经济特区成立四十周年的专题约稿。

如何避免越学差距越大等问题，值得诸多地方深思。

伴随经济全球化，全球产业分工"大脑－躯干－四肢"的梯度分工逐步被打破，世界变得更加"平坦"，但亦有一批创新高地、产业高地成为"平坦世界"上新的"尖峰"。在新经济地理上，如果说当前美国与中国在引领新一轮创新全球化，那么这两个国家最具有代表性的、创造力的两个城市（区域），则是硅谷和深圳。为什么说硅谷好呢？因为硅谷代表了全球引领的想象力、创造力和影响力，是全球高端创业创新的源头以及全球的产业高地。为什么说深圳好呢？主要是因为深圳在一定的特区体制、区位优势下，勇于改革开放、创业创新，在经济转轨的发展中国家探索出高质量的自主创新发展之路，从一个科教智力资源薄弱的小渔村发展成为中国乃至全球的创业之城、创新之都。

更进一步说，这两个城市都拥有着一个共同的特征：从表面上来看，形成了一个共生共荣、活力涌动、自组织自成长的开放创新生态；但背后常常为大家所忽略的，则是这两个城市（地区）都先后发展为国际化移民型创业之城。如前所述，这个"国际化"就是在全球范围配置资源、创造财富、分配财富，需要历经从外向型工业经济到开放型创新经济的孕育与发育；"移民型"就是能够吸引很多的人才淘金、落地、生根、发芽、开花、结果，不是土著的地盘而是全国、全球的圣地，进而产生能兼容并包、开放融合、博采众长、开拓创新的文化，以移民人才优化人口结构；"创业之城"，就是通过创业带动创新，围绕产业发展制高点、主导权、主动权抢位、卡位、站位，从产业链、价值网的低端到高端持续迭代与不断攀升，将科教智力资源与产业要素转化为生产力和财富，推进技术构成、产业结构、城市形态协同演进。

10.1.2 深圳发展究竟没有做错什么

在无意或有意、自然或不自然地成为国际化移民型创业之城的过程中，深圳的城市战略、创业氛围、创新能力、生态环境是系统转换、迭代演化和协同提升的。在城市发展战略上，深圳开始借助临港（港口）拥港（香港）区位优势，借助港口贸易带动临港经济大力发展"三来一补"，完成一定资本、技术、市场的原始积累后，痛定思痛全面向高新技术产业进军，进而大力发展进口替代的"技工贸"与"贸工技"。而伴随向国际产业价值链高端不断攀升跃升的同时全面打造具有全球影响力的创新之都，加快形成现代化经济体系。在创业氛围上，深圳充满了大量的淘金机会、多样的成功渠道、富集的资源要素、良好的创新环境，后来城市发展起来了、产业高端化了、财政有钱了，则进一步推进人口结构、产业结构、公共服务、机制环境、创新生态的协同发展。如今深圳干脆加快放低人才引进门槛，并提出从"人才战略"到"人口战略"，成为全国人的深圳、全球人的深圳。在创新能力上，从跟随创新、适应创新、集成创新逐步向跟随创新、适应创新、集成创新与引领创新、颠覆创新、原始创新并重的方向发展，从"跟跑"到"并跑""领跑"，既有山寨版，也有升级版，还有"大雅之堂"。在生态环境上，崇尚市场、依靠民营，从注重市场化、法治化、国际化的营商环境，到强调产业生态与创新生态相结合的新经济生态。

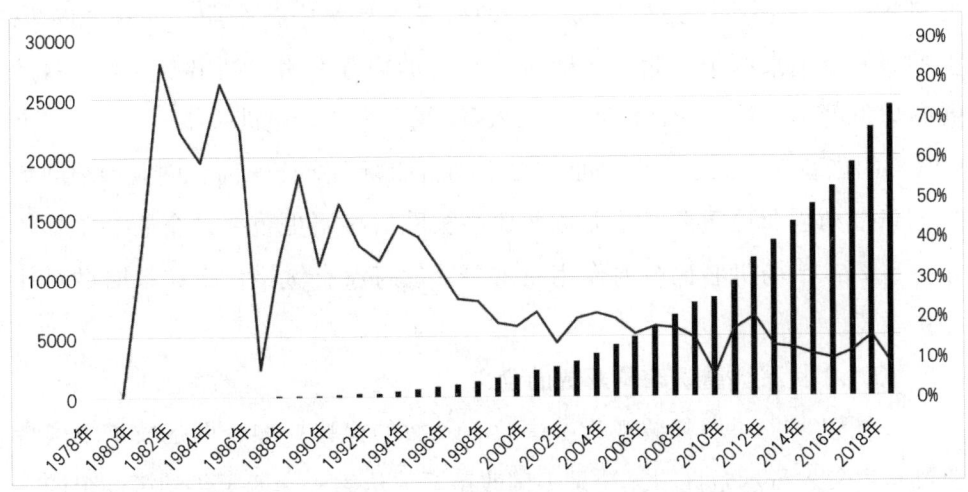

图：改革开放第一个四十年深圳 GDP 规模及增速

简而言之，深圳在改革开放第一个四十年最大的价值与意义是，告诉了我们在新的历史发展时期更应该相信什么、坚持什么、践行什么。一是市场机制与政府作用相结合，更相信市场配置资源的效率与民营经济的活力，同样需要"有所为有所不为"；二是大众创业与自主创新相结合，更相信企业家而非科学家，更相信创业带动创新而不是创新带动创业，更相信产业企业的创新而不是高校院所的科研；三是城市发展模式与经济发展模式相结合，促进城市功能、产业功能与创新功能耦合发展，促进城市空间、产业空间与创新空间有机结合，促进城市形态、产业结构、城市形象协同进阶，促进城市更新与产业更新有机结合，促进城市经营与产业组织协同发展，促进产业生态与创新生态相结合；四是创新经济与开放经济相结合，从工业经济转向创新经济抢占新一轮产业技术革命制高点、主动权、主导权，从外向型经济转到开放型经济加快在全球范围配置资源、创造财富、分配财富；五是结构改革与扩大开放相结合，以开放倒逼改革、以改革促进开放，进而推动创新发展，形成开放式创新发展格局。

以产业创新发展为例，深圳这座拥有超过300万商事主体的都市，4.2%的研发投入占比达到世界先进水平，数百万企业形成了"6个90%"的独特创新现象：一是90%以上的创新型企业是本土企业；二是90%以上的研发机构设立在企业；三是90%以上的研发人员集中在企业；四是90%以上的研发资金来源于企业；五是90%以上的职务发明专利出自企业；六是90%以上的重大科技项目发明专利来源于龙头企业。更进一步而言，"6个90%"的创新是表象，背后则是在自主创新和新兴产业面前，创业带动创新比创新带动创业更重要，企业创新比高校院所科研更重要，企业家比其他家更重要，市场机制比政府作用更重要，政府没有做错什么比政府做对什么更重要。

10.1.3 从深圳重识改革开放的含义

长期以来，深圳都被视为中国改革开放的窗口；如今更是成了中国特色社会主义先行示范区。无论是中国改革开放从第一个四十年到第二个四十年，还是深圳特区从第一个四十年走向第二个四十年，都需要重新审视"改革""开放"的时代含义与价值。如前所述，"改革"就是打破既定格局让创造财富的新动能快速成长放大，以新的驱动力产生新的能量，带动增长与发展；"开放"就是敞开心扉与高手过招，兼收并蓄他人最优秀的东西，让自己更强大。站在新的历史起点、发展节点与发展拐点上，需要拥抱和再造新一轮改革开放,越开放越改革,越改革越开放。

一般而言,社会财富主要由企业所创造,而政府、银行以及作为员工的居民凭借各自不同的政治权势、经济权势或个人劳动等参与这一财富的分配。如果说政府的税收收入、银行的利息收入、企业的营业收入与居民的工资收入等构成了国民收入,那么我们可以将政府的税率、银行的利率、企业的盈利率、居民(员工)的工资率(剥削率)来反映国民收入的分配情况。而不同的税率、利率、盈利率、工资率(剥削率)反映了一个国家与社会的激励结构。从这个意义上,改革之本质在于社会激励结构重建。核心便是在政府、金融企业、中央银行、要素市场、非金融企业以及居民之间,优化税率、利率、汇率、租金、利润率、劳动报酬率的配比。成功的改革就是激励创造财富的生产性行为、抑制分配财富的非生产性行为,不成功的改革就是让创造财富的累死累活、让分配财富的坐享其成。

与此同时,开放既不是单纯的外向,更不是夜郎自大的封闭,既不是原教旨的固守,也不是全盘接受,不仅仅是经济的开放、体制的开放,还需要管理的开放、产权的开放,更需要心态的开放、思想的开放等等。以开放型经济为例,它不同于外向型产业发展模式,本质上是一种经济发展制度,不仅涉及贸易便利化、投资自由化等等,还涉及整个经济社会的思想意识形态、游戏规则等,不仅实现了创新资源的全面优化配置,还实现了内外部的循环闭环。更进一步说,改革与开放是一体两面的战略组合,用开放形成倒逼机制,用开放促进新一轮改革,进而释放巨大的活力与红利,形成越开放越创新、越创新越开放,以及越开放越发展,越发展越开放的发展态势。

10.1.4 "2049"的想象力爆发力感召力

一是着眼未来,走出立足当前,更有想象力地"看得见"。现在很多地方在做2049或者2035发展战略,往往有一个通病,这就是缺乏未来研究,比如很多支撑报告都是目前更紧迫的问题,而缺乏相应的未来研究。"2049"意味着未来三十年的尺度,改革开放第一个40年发生了天翻地覆的变化,那么未来三十年更是会有更大的变化。但只有想象空间大,才有更大的发展空间。从目前来看,决定城市走向的有四个战略问题最值得关注。第一,新城市格局。目前的中心城市替代国家参与全球竞争,要有更大的发展格局;而中心城市要解决的核心问题,是实现城市发展模式、产业发展模式、创新发展模式协同演进。尽管深圳在以往城市建设与经济发展上成为典范,但在"科产城"融合条件下仍有较大发展空间。第二,新经济地理。核心是站在人文地理、创业地理、创新地理上,重构创新版图、产业版图、人口版图以及金融版图,同时还要处理好人口、资源、环境之间的关系。新经济地理与以往的经济地理最大的不同,是过去在资源禀赋的基础上强调比较优势;那么新的逻辑,则是人择优势条件下强调资源配置与无中生有。那么,我们在未来30年是否还要强调究竟如何成为社会主义先行示范区?中国整体上2035年实现现代化,深圳至少会提前十年基本实现现代化。如果按照这样的实践逻辑与发展要求,那么2049究竟应该怎么样?第三,新全球治理。当前全球化与逆全球化发展并存,最大的变化是全球经济中心、经济重心向以中国为代表的新兴经济体转移,而现在中美贸易摩擦意味着现超级大国、准超级大国的国家战略、全球战略开始正面交锋。那么在这种条件下,深圳到底怎么办?深圳长期以来是"一线城市",自然着眼于世界城市。那么未来三十年,考虑到人民币与美元汇率,深圳究竟达到怎样的体量,才能成为世界级城市。那么,深圳的产业体系、产业结构、产业动能的需要到底是什么呢?第四,新改革开放。深圳过去之所以发展好,是因为在改革开放初期抓住了率先开放的机会以及市场化改革,在国家改革开放大局之中地位较高。如今地方异军突起,深圳的新优势何在、如何再造新优势?深圳如何通过新一轮的改革与新一轮的真正开放,抢占新一轮高质量发展先机?总而言之,深圳未来30年的发展愿景、战略定位、功能定位,重在方向感、指向性、价值观,而不是过于技术操作与技术锁定。

二是着眼发展,走出城市建设,更有爆发力地"摸得着"。目前很多城市发展规划本质上更像是城市建设规划,但实际上城市建设规划和发展规划的差别还是很大。但作为城市发展战略,可能需要从规划口的、以城市建设为主的色彩,向从宏观管理口、以城市全面发展的语境方面过渡。至少有六个方面的问题，需要得到关注和解决：第一是城市空间格局。重点解决空间结构、空间布局、城市形态、城乡统筹、区域统筹以及都市圈建设等问题。第二是经济建设发展。也就是产业与创新的问题，旨在回答构建什么样的现代化产业体系，如何走向创新驱动发展之路。第三是开放合作。作为国际港口城市、中心城市，如何在国家、国际上独树一帜，包括区域的、跨区域的、跨境的。第四是都市生活。把人民福祉、都市生活、文化建设等等都包进来，回答如何更加和美宜居、现代新潮。第五是生态环境。按照生态文明建设要求，回答整个经济社会发展如何更加注重绿色、低碳、环保等问题，实现环境生态再造、共建绿色低碳新家园。第六是深化改革。作为中长期规划，在战略实施层面上不需要太刻意讲究非常明确、非常操作，重在方向、取向与路径、路数，太具体的可能很容易就完成了。总而言之，从注重城市建设到注重城市发展，就是从高速度到高质量、从外延式到内涵式、从重形态到重功能、从重环境到营生态。

　　三是着眼创新，走出路径依赖，更有感召力地"抓得住"。深圳需要在这2049战略之中与之外，做更全面深入的反思。某种意义上，深圳自改革开放以来，在无意与有意、自觉与不自觉之中从无到有、从小到大、从大到强，走出了一条具有深圳速度、深圳印象、深圳现象、深圳故事的发展之路。"有意"的是在不同发展阶段抓住了外部机遇、重构了内部组织方式；"无意"的是不同的发展阶段都踩到了关键点、没有做错什么；"自觉"的是思想解放、锐意改革、开放创新的精神，"不自觉"的是从"三来一补"到"向高技术产业进军"再到全面走向新经济。但无法否认的是，深圳的发展不仅存在传统的资源配置与新时代高质量发展目标之间的矛盾，还存在传统的组织动员方式与新时代高质量发展目标之间的矛盾。某种意义上，彻底走出路径依赖就需要全面落实"创新、协调、绿色、开放、共享"五大发展理念，进一步探索和丰富新时代高质量发展之路。从新时代高质量发展测度目标以及解决发展矛盾来看，深圳最需要的是从服务型政府到创新型服务政府。不能仅仅提供高水平、精益化公共服务就行了，还要借助和集成第三方力量，引导全社会一起开放式协同创新才行。在引导和促进全社会一起创新的过程中，尤其是要强化三个方面的资源配置能力——也就是企业的市场化资源配置能力、产业的全球资源配置能力以及跨行政部门资源配置能力。

10.2 广州：如何借助新旧动能转换凤凰涅槃？

长期以来，广州是我国的一线城市。近年来面对新经济创新型城市的崛起，或多或少具有黯然失色的一面。但在整体上广州作为中国南大门的区位优势、体量优势依然存在。在新的历史条件下，迫切需要借助新旧动能转换实现凤凰涅槃、再创辉煌[1]。

10.2.1 广州需引领新旧动能转换

"新旧动能转换"的原本是在"新的"经济体系与"旧的"经济体系之间，通过创业（增量）、企业（存量）、产业（条的）、区域（块的）等层面"动力"及其新思想、新技术、新模式、新业态等方面"能量"的结构性"转位"与系统性"换场"，提高创业成活率与企业迭代性、找到产业爆发点与区域增长极，打造经济增长与发展的升级版。某种意义上，新旧动能转换代表了经济发展与经济政策更加注重和走向微观。我们过去强调"发展方式转变"，当然更早的叫作"增长方式转变"，后来强调"产业转型升级"，如今强调"新旧动能转换"。这种经济发展重心的转变，本质上代表了政府推进经济建设的方式实现了从宏观引导到中观共建、再到微观再造的转变，标志着其发展理念、政策导向、推进机制向纵深延展和深化。

某种意义上，当前及未来我国经济发展的前途在于传统经济与新经济的融合。旧经济体系的建设与发展，核心是抓住制造业全球化发展先机，在从国家到地方政府发挥较大产业组织作用的前提下，以承接国际产业梯度转移为突破口，以全面加快工业化为主线，以经济技术开发区为载体，以贸易部门带动产业部门、把农村剩余劳动力转移到生产制造部门为基本经验，不仅把中国人吃苦耐劳、勤奋坚韧的朴素特质发挥到极致，还使得中国制造

---

[1] 本文据作者2018年11月在广州参加新经济专题培训期间分享的《新旧动能转换的理论、实践及取向》一文整理而成。

走向了全球。新经济体系的建设与发展，核心是抓住新一轮技术与产业革命发展契机，在工业化与信息化融合发展的条件下，以高新技术产业开发区为核心载体，坚持走高新技术产业化发展道路，形成一种消费反向决定生产的、生产消费两边通吃的、打破产业界限的经济发展范式，逐步从跟跑、并跑到领跑。从目前来看，中国的工业经济大而不强，体量已超过美国，但整体实力处于全球制造业第三阵营；中国的新经济发展迅猛，呈现出与美国并驾齐驱的发展态势，尤其在若干领域出现了原创产业、优势领域。从这个意义上，中国经济实现新旧动能转换的本质，在于使旧的经济体系与新的经济体系，即传统工业经济与新经济从过去的隔离、不匹配到相互融合，将量的优势与质的优势相结合，释放更大的发展活力与发展空间。

伴随新技术革命，互联网使得各类创新活动从物理空间走向虚拟空间，大数据与人工智能使得智能化科技走向前台，其他前沿技术在较大程度上拓展了人类的生存发展空间与疆域，进而使得产业跨界、业态创新、模式创新成为可能，并衍生出更多的产业爆发点、战略增长点。在传统经济地理上，"北上广深"一直是传统的一线城市发展格局的简称，如今在新经济地理上"北上深杭"的呼声越来越高。广州作为老牌一线城市，既有着新技术革命与产业变革的契机，也面临着新旧经济增长与发展的严峻考验，更多地需要发挥

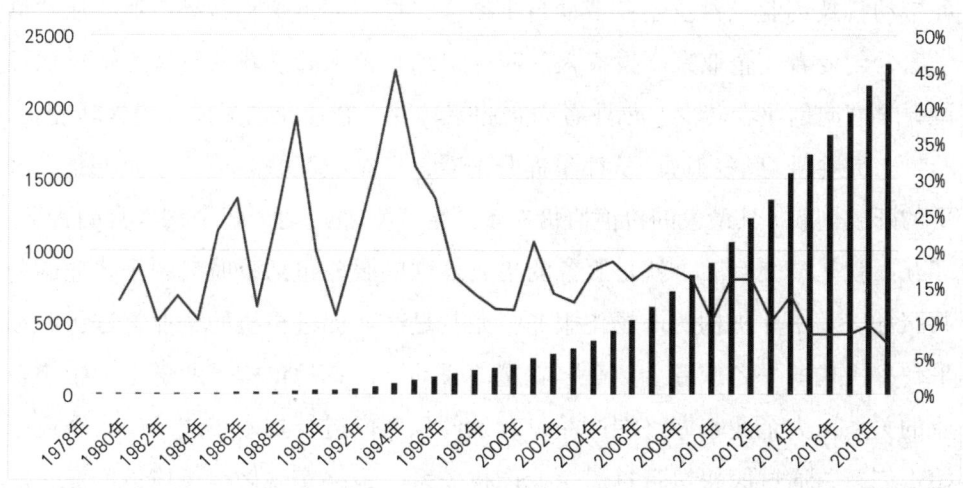

图：改革开放第一个四十年广州 GDP 规模及增速

好特殊发展阶段的优势条件，走出传统经济与新经济相隔离与不匹配的局面，以新动能为抓手产生结构性的系统转换，在新经济地理上继续独领风骚。

10.2.2 新旧动能转换的一般机理

"新旧动能转换"核心是在新的经济体系、旧的经济体系之中，通过不同发展动力的"转换"，产生新的能量，形成现代化产业体系，实现高质量发展。那么，这个"动力"一般体现在四个方面，一是作为"增量"的创业；二是作为"存量"的企业；三是作为"条线"的产业；四是作为"块状"的区域。与此同时，这个"能量"，主要体现为新思想、新技术、新模式、新业态所代表的新增长、新发展。

一是创业带动创新。从增量培育来看，"创业带动创新"本质上是高水平的无中生有，不仅代表了"创业式创新"即是过去40年中国经济增长与发展的主要经验、未来仍要坚持的发展路线；还代表了双创升级的新内涵——强调有创业的创新、有创新的创业。更进一步而言，创业带动创新的发展逻辑要强调四种价值主张、四种发展环节、四种组织角色的有机配置。从"新思想、新模式、新技术、新业态"四种价值主张来看，新的发展逻辑是新思想驾驭新模式、新模式架构新技术、新技术催生新产品、新产品衍生新业态。从"服务、创业、研发、产业"四个发展环节来看，新的发展逻辑是科技服务带动科技创业、科技创业带动自主创新、自主创新带动新兴产业。从"科学家、创业者、企业家、投资人"四种组织角色来看，新的发展逻辑更加强调科学家向创业者转变、创业者向企业家转变、企业家向天使投资人转变。

二是企业互联融通。从存量提升来看，"企业互联融通"本质上是高水平的开放创新，其最大的价值恰恰在于"互、联、融、通"每个词本身的含义。"互"就是"交互"，就是服务的集成。这些服务包括政府对中小企业的公共服务以及中介机构的市场化服务，尤其是产业促进机构的产业促进服务和平台型机构的平台服务。"联"就是"联动"，就是重构产业链上大中小企业的关系。大企业掌握终端产品，有条件从反向进行技术集成（中小企业原始）创新，通过股权纽带打通企业产权关系，最终实现敏捷供应链的流转。"融"就是"融合"，就是通过融合找到爆发点、增长点以及实现提质增效、高质量发展。产业的跨界融合主要体现为两化融合，但产业发展的跨界融合体现为两化融合、科产融合、产融融合、产城融合、军民融合等等，核心是穿透产业价值链，实现产业价值链的重组与再造。"通"就是"通道"，核心是通过抓取流量、倒逼机制，打通任督六脉，优化资源配置，核心是"加（新经济招商）、减（提关并转）、乘（跨界融合）、除（金融资本）"。

三是产业跨界融合。从产业的"条"来看，"产业跨界融合"将在从工业单边到产业双边、从生产决定消费到消费决定生产、从正向链式创新到反向资源配置的逆向创新的条件下，通过穿透传统产业价值链形成打破企业边界、产业边界、商业疆域的"产业价值网"，进而衍生出全新的产业业态、商业模式与产业爆发点，使得产业界限越来越模糊，产业价值链不仅从分解、分解、再分解发展到垂直整合，还进一步出现前后、上下、左右的融合、融合、再融合。更进一步而言，产业跨界融合的底层，是通过双轮驱动打破商业的疆域；产业跨界融合的中层，是通过开放创新打破企业的边界；产业跨界融合的顶层，是通过业态创新打破产业的边界。

四是区域生态赋能。从区域的"块"来看，"区域生态赋能"代表了发展环境让位于创新生态、战略增长极让位于战略平台，其本质是从国家到地方、从政府到企业，都在寻求从"推拉并举"型的发展结构及其发展机制，向"生态赋能"型的发展结构及其发展机制系统转换。尽管我们的发展较快，但积累了大量长期结构性矛盾，迫切需要"搭建平台、开放赛道、产生赛手"。在这种发展结构及其发展机制下，政府这个以往的推手更多的要去搭建平台、去做局，市场的这个拉手要更加放开充满无数可能的成功渠道，而企业这个以往的被动性选手要成为主动性的赛手，这便是"生态赋能"型的发展结构。

10.2.3 新旧动能转换的主要路径

基于"创业带动创新、企业互联融通、产业跨界融合、区域生态赋能"一般机理，从重点论和方法论的角度，促进新旧动能转换的主要路径，主要包括：创业创新升级、大企业平台化、抓产业爆发点、高端资源链接。

一是创业创新升级。尽管创业分类较多，但从创业主体及其价值作用来看,系列创业者创业、产业组织者创业、跨区域创业者创业、职业经理人创业、前沿科技创业、高端实用人才创业、创客极客创业等应成为主流。如"小米生态链"作为借助社交化、生态化爆发成长并病毒式蔓延的典型案例,代表了新型创业爆发成长的新旧动能转换模式。

二是大企业平台化。大企业平台化转型,即大企业从封闭的系统转化为开放的平台与产业生态。大企业根据自身发展阶段与发展需求的不同,以多元方式参与创新创业,呈现出研发众包、专业化众创空间、"互联网+平台"、双创战略投资及企业生态圈等五大模式。如"海尔平台化"作为大企业在帮助中小企业创新创业成功的同时实现自己转型跨越发展的典型案例,代表了企业"老树新枝"的新旧动能转换模式。

三是抓产业爆发点。在促进产业跨界融合上,不仅重点培育发展智能经济、平台经济、数字经济、分享经济四大促进产业跨界融合的新经济形态;还大力发展改变生活方式的新场景新业态,将大数据、云计算、人工智能与场景应用、服务体验等相结合;并利用数据驱动进一步改造提升传统产业,重点围绕人流、物流、信息流、资金流、数据流等行业予以数据驱动管理与技术改造。如快发展作为传统美发业的搅局者与颠覆者,是借助"互联网+"与"互联网×"走向创业成功的典型,代表了"新胜旧汰"的新旧动能转换模式。

四是高端资源链接。在营造区域创新生态过程中,高端资源链接取代承接产业梯度转移成为重要的突破口。这其中,链接就是开放、就是整合、就是鲶鱼,就是以外生变量激活内生动力。而伴随"产业集聚 – 产业集群 – 产业生态"的演变,从机会型的大项目招商,到建链、补链、强链为主的产业链招商,再到以创新生态建设为着眼点的新经济招商,根本上是由于产业价值运动规律、产业组织规律以及产业发展逻辑共同决定的。产业价值运动规律从分解、融合到跨界,分别与产业组织规律下的产业模块、产业集群、产业生态相呼应,于是便出现了对点的大项目招商、对线的产业链招商、对圈的新经济三招商。如"贵州大数据"作为科教智力资源薄弱的地区成功抢占新兴产业发展制高点的典型案例,代表了区域"无中生有"

的新旧动能转换模式。

10.2.4 广州新旧动能转换的取向

围绕创业层级提升、企业爆发成长、产业跨界融合、区域生态赋能，重点做精益化的"加法"、供给侧的"减法"、互联网的"乘法"以及生态化的"除法"。

一是做好精益化的"加法"。引导支持创新创业服务从"游击队升级"转向"正规军下蛋"，重点发挥有科教智力资源的高校院所、有产业要素及产业组织能力的大企业的作用，优化提升大学科技园，加快布局一批创新中心、专业化众创空间，支持重点功能载体优化功能定位、发展理念、政策支持、制度安排、运作模式；在普遍支持中小企业发展同时，强化对科技创业、高技术创业、前沿技术创业和新研发的重点突破，引导各级政府在创业类人才引进培育上，优先"选、引、留、用"在国内外大企业取得一定技术水平、商业成就、管理业绩的高级人才，提高创业层级。

二是做好供给侧的"减法"。针对变革式创业、高成长瞪羚，尤其是独角兽企业等爆发成长企业，按照跨部门跨层级跨地域的方式组织产业规制创新试点，为处于产业变革与产业规制领域的重点企业开辟政策创新、管理创新"绿色通道"；加大对科技型中小企业财力支持与税费减免力度，逐步推动依靠国家与地方财力的扶持性政策，向结构性减税为代表的制度性政策方向发展。

三是做好互联网的"乘法"。借助互联网插上人工智能、云计算、大数据的翅膀，大力发展具有产业跨界融合特征的智能经济、数字经济、平台经济、分享经济等新经济形态；并将"互联网+"往虚拟空间上走与"互联网×"往物理设备下落相结合，将数字化、智能化、网络化结合在一起，在若干领域培育出基于新场景的全新商业模式、生活方式、产业形态；强化对新兴产业的产业扶持政策创新。

四是做好生态化的"除法"。立足产业生态培育与创新生态建设，借助大企业平台化战略、平台经济战略、强化区域政策创新、第三方公共服务，不断提升大企业的溢出能力、平台企业的衍生能力、源头企业的生成能力及创业试错的逆袭能力，营造全新的产业创新生态；支持实力雄厚且有长期投资意向的民营高科技企业发起成立科技银行等。

10.3 佛山：如何借助产业互联网再造新万亿？

佛山是准万亿城市[1]，但整体而言产业发展大而不强，迫切需要在产业互联网的带动下，把产业重新做一遍，以数字经济带动工业经济加快走向创新经济。

10.3.1 狭义的产业互联网造成认识上的迷雾

在国际上，"Industrial Internet"最早被定义为"用复杂物理机器和网络化传感器及软件实现的制造业企业互联"；后来由于"Industrial Internet"主要应用是工业，在引入国内时就被翻译为了"工业互联网"。而在国内，基于互联网发展的平台公司，被有的人分为"C端业务""B端业务"。前者被视为消费互联网，后者被视为产业互联网。如今，狭义上的产业互联网是指以生产者为主要用户，通过在生产、交易、融资和流通等各个环节的网络渗透从而达到提升效率、节约资源等行业优化作用，通过生产、资源配置和交易效率的提升推进产业发展，带来全新管理模式、服务机制、服务体验的产业形态。而广义上的"产业互联网"则是面向生产者、消费者等用户，通过在社交、体验、消费、流通、交易、生产等各个环节的网络渗透从而达到优化资源配置、加速敏捷供应、提高消费体验，最终将生产方式[2]与生活方式[3]全面贯通的产业形态。当前，产业互联网已成为"数字中国"战略的重要内涵以及重要途径，但对于产业互联网的认识还存在很多迷雾，因而对于产业互联网的实践还存在不少误区。

10.3.2 没有生产方式生活方式的贯通是假的

如果说电商互联网平台改变的是消费模式，社交互联网平台改变的是

---

[1] 2018年作者第一次来到佛山，参加佛山新经济大讲堂分享；目前佛山已经进入万亿俱乐部。
[2] 涉及技术构成+组织方式+管理模式+服务模式。
[3] 涉及消费模式+社交模式+消费体验。

生活方式，工业互联网平台改变的是生产方式，那么产业互联网则是整合供给与需求、工业与商业、虚拟空间与智能硬件以及生产方式与生活方式，最终将形成"数据驱动+平台赋能+智能终端+场景服务+社交生活+敏捷供应"的生产生活方式。如前所述，这种"数据驱动"。就是数据成为重要的生产要素，数据驱动成为重要的发展动力；"平台赋能"就是从物理空间到虚拟空间上走，在上下游、买卖方、供需端之间，从做事到做局，从第二方走向第三方、第四方；"智能终端"就是从虚拟空间上往智能硬件上落，智能硬件成为云端云台的触角和终端；"场景服务"就是数据、内容、服务、交付等融为一体，以市场需求反向配置生产资源与服务方式；"社交生活"就是在社交化生产与社交化生活之中，将买卖、生活、生产嵌入到人的生活之中；"敏捷供应"就是生产与消费的距离越来越短，短、平、轻、快地实现产品、服务的供给。应该说，单纯面向生产的是工业互联网，单纯面向消费的消费互联网，而没有产生新的生产生活方式的都算不上产业互联网。

10.3.3 需要从"投入-产业"到"输入-输出"

产业互联网的核心价值是从以"投入-产出"为代表的生产函数到"输入-输出"为代表的生态函数。其生产要素不再是人才、土地、资本、技术，而是场景、智能、数据、平台、生态，其组织方式不再是工业化、信息化、市场化、资本化等等，而是在场景拉动、智能引领、数据驱动、平台带动、生态赋能以及流量聚合，形成开放、多元、活力、共赢、高效的创新生态圈与全新产业组织方式。这种"场景拉动"，就是围绕需求再造与需要挖潜，通过数据、内容、服务、工具、体验的有机结合开辟新的市场空间、消费空间、应用空间或想象空间等，实现业态创新；"智能引领"就是将人工智能与大数据、云计算、物联网、移动互联网、5G以及其他新技术、先进制造相结合，形成新的技术构成、新的技术架构、新的组织方式、新的组织方式，最终产生新的生产方式；"数据驱动"就是加快将人流、资金流、信息流、物流、商品流等转化为数字流及其价值流，促进产业链、创新链、资本链、数据链、供应链以及人流、物流、信息流的资源共享、互联融通、开放创新、优化配置以及快速生成，加快互联融通；"平台带动"就是从做事到做局，不断优化企业作为生产组织方式、市场作为资源配置方式、集群作为产业组织方式之间的关系，打破企业边界、商业疆域、产业界限，带动产业组织创新；"生态赋能"就是从中心化的平台到去中心化的平台，形成开放创新、共生共荣、共同成长的环境，激发市场活力。

10.3.4 没有商业逻辑的技术结构是叶公好龙

产业互联网的顶层设计与建设运营并非单纯是技术架构与功能实现，更在于业务架构与商业逻辑，只有以产业跨界的新思想驾驭"平台+生态"的新模式、以"平台+生态"的新模式架构"以用户需求为起点+以行业应用为导向+以数据为驱动+以网络/平台/安全为核心+以基础设施为支撑"的新技术，才能以产业互联网新技术驾驭新业态，形成反向设计与逆向创新。当前在国内外不同行业、领域和地区出现了不同的工业互联网平台、产业互联网平台、产业物联网平台等，制造业企业搭建的工业互联网平台带有浓厚的智能工场烙印且与消费端交互不够，电商企业搭建的工业互联网平台带有浓厚的流量驱动但底盘不硬，社交平台推广的产业互联网偏向企业商务，不仅难以从产业思维上对制造业或服务业、生产与消费、供给与需求、工厂与工场进行跨界整合，还难以从科技革命中将生产方式与生活方式打

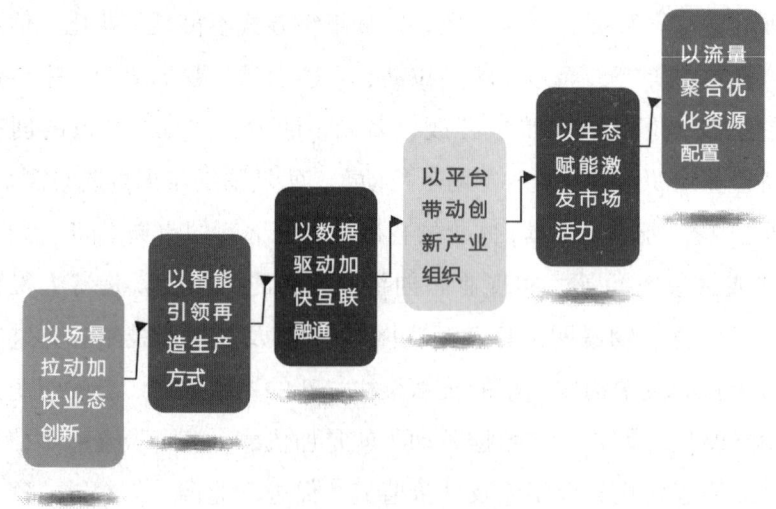

图：创新生态赋能的一般逻辑

通。与此同时，当前的企业逐步从产品企业、平台企业向生态企业转变，不同的企业性质、发展段位需要不同的业务模式、方式方法，在大企业平台化以及生态化转型中，不仅需要彻底的平台化转型，还需要多管齐下抢占产业变革的新赛道，核心通过"去中心化（集团化）、再中心化（平台化）、再去中心化（生态化）"，将数字内容、物联平台、智能终端、场景体验、社交商务紧密结合在一起。

10.3.5 用产业互联网将佛山产业重新做一遍

对于佛山高质量发展，在主攻方向上是坚持"三个重新做一遍"：一是坚持用新经济把产业重新做一遍，通过供应链、产业链、价值链、创新链整合，在"传统产业"的"红海"中挖掘新兴产业的"蓝海"，具体抓手便是产业互联网；二是用新基建把社会重新做一遍，用商业手段解决社会问题、用数智技术加强基础设施、用共享经济释放资产泡沫、用平台企业参与城市管理；三是用新地标把城市重新做一遍，加快新区、园区开发建设与经营发展。

这其中，对于产业互联网建设发展的推广应用，是以模式创新、技术创新、业态创新、管理创新为核心的系统创新，工厂级的工业互联网、产业互联网不是一个完整的工业互联网、产业互联网，更多的是智能工厂，很多产业互联网能否彻底走向产业互联网的前提，在于统一大数据云平台驱动下的系统性创新与结构性重构。在此过程中，产业互联网出现了如下新的热点和趋势：一是硬件设备与网络设施作为产业互联网的硬件设施，既是难点、痛点，也是热点、重点，尤其是智能传感器不仅是硬件、更是数据的创造者；二是产业云平台作为产业互联网的核心呈现中间集中两端分散的格局，与企业结合、行业结合、区域结合成为重要的发展方向；三是工业软件作为产业互联网的"大脑"，需要以全新架构为生产提供服务，尤其是产业互联网级 APP 将成为生产方式与生活方式贯通的桥梁；四是产业互联网平台数据安全风险隐患凸显，信息安全作为产业互联网的保障面临着较大的安全挑战、也面临着较大的发展机遇。这些热点趋势需要关注，更需要在生态化商业逻辑与平台化业务模式条件下，与技术架构有机结合在一起。

10.4 南宁：如何带动广西中长期的创新发展？

改革开放以来，广西从"被限制发展的前哨"到"错过发展的沿边"再到"有待充分发展的前台"，迫切需要走向开放式创新的高质量发展之路，而南宁作为广西的首府城市将发挥怎样的作用，我们拭目以待[1]。

10.4.1 充分任何和把握广西所处发展阶段

关于广西的发展基本上可以分成三个发展阶段，一个是从发展战略上来看，一个是从经济社会发展阶段来看。从发展战略上来看，广西自改革开放以来，开始是"被限制发展的前哨"，这个"限制发展"也就是被国家布局所制约，这个"前哨"就是位置突出、但功能位势及作用不强；后来是"错过发展的沿边"，这个"错过发展"就是在大家都在"工业化、信息化、城市化、市场化、国际化"五化协同发展的时候被自己耽搁了，这个"沿边"就是不再是战争前线、恢复到正常的沿边；目前进入了"充分发展的前台"，这个"充分发展"就是国家与地方都会互动发力，既要补课、又要赶超、还要局部引领，这个"前台"就是要成为"一带一路"倡议下成为辐射东盟的战略平台。

与之相对应的，从经济社会发展阶段来看，也是三个发展阶段：开始是工业化初期，这个时候基本上没有什么国家生产力与重点项目布局，工业体系基本上是保障区域生产生活所需，以及一些资源型以及部分技术源头的产业崛起；后来是工业化中期，主要是靠招商引资"建联、补链、强联"外生发展而来的，逐步形成一定的工业体系与产业基础；如今进入工业化后期，需要在加快工业化、新兴产业发展以及自主创新能力的基础上，加快向后工业时代迈进。按照城市、区域工业化发展阶段理论，无论是工业化后期阶段、还是从工业化后期到后工业发展阶段过渡，核心是强调现

---

[1] 本文据作者参加广西科技中长期规划、南柳桂北自创区规划座谈发言以及"2019创新中国行走进南宁"主题演讲内容整理而成。

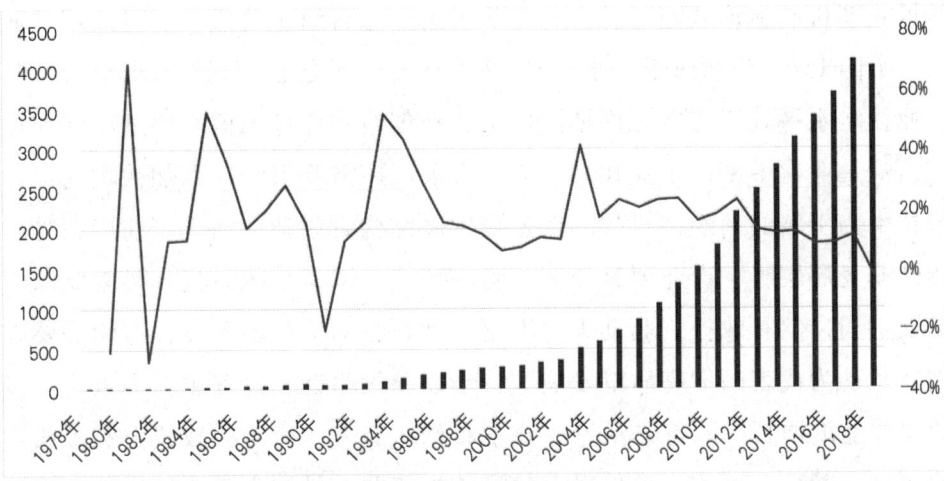

图:改革开放第一个四十年南宁 GDP 规模及增速

代产业体系与创新驱动发展格局。这个现代产业体系,就是现代的产业结构——服务业比重上升,现代的组织方式——集聚集群集约与新兴产业生成,现代的资源要素——科教智力资源与知识经济,现代的发展环境——质优营商环境与创新生态。这个"创新驱动发展格局",就是从要素驱动、投资驱动到创新驱动,以开放式创新生态为主线,以自主创新能力为着力点,形成有利于自主创新及新兴产业发展的新模式新机制新环境新经验。

10.4.2 在新起点上把握广西创新发展走向

站在新的历史起点上,把握广西创新发展走向,关键体现在如下方面:一是从发展历程看创新战略。从"被限制发展的前哨"到"错过发展的沿边"再到"有待充分发展的前台",迫切需要发挥科技创新的引领支撑作用,不仅需要通过前沿技术创新"抢位领跑"实现局部领先,还需要通过产业技术创新"站位并跑"加快战略赶超,还需要通过承接产业技术转移"补位跟跑"补缺工业化发育不足。二是从区位特点看战略任务。围绕习近平总书记对广西"立足独特区位,释放'海'的潜力,激发'江'的活力,做足'边'的文章,全力实施开放带动战略"战略要求,广西在"十四五"及中长期内创新战略任务是探索沿边地区转型跨越发展之路、全面推进实施国家对东盟的战略、加快带动广西壮族自治区内外区域协同发展、探索新模式新机制新形式新经验。三是从发展形态看演进阶段。历经改革开放第一个四十年，广西属于农业大省、工业化发育不充足、科技创新能力薄弱，产业技术水平处于工业化中期阶段，科技创新的任务不但需要适应和支撑广西从工业化中期向工业化后期方向发展，还需要引领广西加快走向以数智技术为引领的新经济时代。四是从发展结构看创新取向。当前广西受整体产业发展层级、产业要素资源、营商环境等因素影响，具有要素驱动的发展空间，但有效投资驱动火力不足，创新驱动特征不明显，迫切需要以创新驱动为代表的"高质量发展"带动以要素驱动、投资驱动为策略手段的"高速度增长"。五是从资源要素看创新能力。广西科教智力资源相对薄弱且空间分布不均，条件平台建设较为薄弱，科技服务业发展处于初级阶段且赋能作用不足，整体上自主创新能力薄弱；迫切需要加快重点布局质优源头、平台，优化创新资源及科技服务供给，提升科技创新资源配置能力与产业创新组织能力，进而提升自主创新能力。六是从产业发展看科技创新。长期以来广西形成根植生态农业发展、强化都市轻工业保障、挖掘资源型产业、突出传统制造业优势、积极培育以海洋经济为代表的新兴产业、壮大以旅游业为代表的现代服务业产业战略，科技创新在农业科技方面具有一定优势，但在资源型产业、都市轻工业、传统工业等方面支撑不足，对新兴产业、现代服务业引领不够，迫切需要形成以科技创新为引领的产业强省战略。七是从企业梯队看创新主体。创新主体与企业梯队建设发育不足，呈现出科技创业创新活力不足、规上企业、高新企业与发达城市接近、创新型大企业稀少等特点，进而导致企业自主创新能力与产业技术创新能力不足，迫切需要强化创新型企业梯队培育，尤其是强化科技创业源头、高新技术企业主体、创新型企业引领。八是从战略平台看空间战略。结合不同消费型城市、资源型城市、工业型城市、港口型城市、旅游型城市以及农业型城市等发展阶段与特点，迫切需要形成统分结合、开放创新、竞合发展的创新态势，以及"以南柳桂北城市群为核心，以创新型州市为着力点，以高新区建设发展为突破口，以特色创新功能平台为补充"的空间结构。再就是从环境机制看创新生态等。

10.4.3 首府城市在中长期需有什么新作为

2017年，习近平总书记到广西考察时要求"立足独特区位，释放'海'的潜力，激发'江'的活力，做足'边'的文章，全力实施开放带动战略"，同时提出"五个扎实""四个下功夫"新要求。在此指引与判断下，南宁需要着眼如下方面提高首位度，支撑广西中长期战略转型：一是探索沿边地区转型跨越发展之路。伴随新科技革命与产业变革背景与中国的产业转型升级历史性交汇，全球经济加速从工业经济向创新经济方向转变，新旧动能转换成为区域发展的主旋律。这不仅有利于后发地区借助新经济换道超车，还有利于加快自主创新及新兴产业发展。广西当前处于传统产业增长动力减弱、新动能增量培育有待提升的"换挡期"与"攻坚期"，迫切需要打破传统工业经济路径依赖，在高技术产业以及自主创新的带动下，代表沿边地区实现后发增长与战略赶超。二是全面推进实施国家对东盟的战略。当前，全球化发展进入新阶段，逐步从制造业全球化、服务业全球化走向创新全球化新阶段；与此同时，全球经济中心及其重心向中国等国家双重位移，中国"一带一路"倡议开辟新丝路，为扩大开放带动结构改革提供了新机遇新空间。广西作为中国唯一与东盟陆海相连的省份，需要在推动中国－东盟战略伙伴关系建设进程中发挥更大的作用，不断提高和提升中国对东盟国家的影响力、辐射力和带动性，支撑"一带一路"创新之路建设。三是加快带动广西壮族自治区内外区域协同发展。当前，在新一轮区域经济一体化条件下，城市进一步代表国家参与全球合作与国际竞争，以中心城市为代表的城市圈成为带动区域发展的战略支点，以跨区域一体化为代表的城市群成为带动和支撑国家发展的战略增长极。广西壮族自治区具有北部湾城市群、珠江－西江经济带等跨区域协同发展战略，要重点围绕面向东盟、服务"三南"、对接粤港澳，强化区域联动和统筹协调，加快构建南向、北联、东融、西合全方位开放格局，打造带动广西腾飞的战略增长极。四是探索新模式新机制新形式新经验。当前，我国发展从追求高速度增长到追求高质量发展，五大发展理念成为导向标，高质量发展带动高速度增长；另一方面国家加快广西从前哨沿边地区向前台方向发展，多重国家战略叠加成为助推器。南宁的一个重要使命，就是在生态环境资源较为富集与科教智力资源相对薄弱的地区，如何走出一条科技、经济、生态、环境、人文协调发展与可持续发展之路，以推进发展方式向内涵集约型转变、产业结构向中高端高附加值转变、增长动力向创新驱动转变，为广西新时代高质量发展探索新模式新机制新形式新经验。

10.4.4 南宁如何发挥带动广西的首府作用

无论是按照下一个五年的小尺度，还是按照到 2035 的中尺度，还是下一个改革开放四十年的大尺度，南宁作为广西首府，在战略上、组织上、路径上、政策上，需要重点处理好几个方面的关系：

一是跟随追赶与根植引领的关系。南宁既要补课，又要探索自身发展特色与优势。既不能一味地跟随赶超，也不能盲目超前引领。尤其在区域战略迭代与产业结构演进上，需要将跟随追赶与根植引领有机结合起来。这种"跟随赶超"，主要是把国内外发达地区在上一轮工业化、信息化、城镇市化、市场化、国际化的好经验学过来、好做法落下去、好资源拿过来；这种"根植引领"，就是结合区域个性与资源禀赋、发展阶段，将新一轮的"泛工业化、超智能化、再城市化、深生态化、再全球化"结合起来，以局部领先带动整体提升。

二是长板优势与短板瓶颈的关系。在自主创新及新兴产业发展面前，南宁最大的问题是科教智力资源不足、新兴产业发展基础薄弱、重大开发园区平台作用不强、高新技术创新主体不足，但具有一定的区位优势、后发优势、资源优势、空间优势、生态优势。在此背景下，核心是如何以拉长板的方式补短板、化劣势为优势，避免传统工业化模式，做好产业选择并优化组织模式，逐步走上新经济发展道路与高技术产业发展模式。

三是要素量变与创新质变的关系。应该说，没有一定的量就很难有机会提高质量，而作为欠发达地区，一定要在高质量发展与高速度增长之间实现有机结合。在上一轮以高速度增长为核心的要素量变发展过程中，区域发展战略导向及组织动员机制往往从大产业、大企业、大平台、大项目"大逻辑"；进入新时代高质量发展，则需要向产业新体系、城市/园区新空间、企业新梯队、发展新动能/服务新平台、要素新供给、发展新生态"新逻辑"

方向转变。但对于广西而言，需要"两手抓，两手都要硬"。

四是增量培育与存量提升的关系。当前，我国加快新旧动能转换，核心是如何在新经济、传统工业经济的融合发展之间，如何培育新动能、如何转化旧动能、如何解决增量培育与存量提升的关系。一方面，增量培育一定程度上立足存量提升，从产业化到创新创业，再从创新创业到产业化，处理好增长空间与转型时间的关系，加快构筑和完善具有广西需要、南宁特色、沿边发展需要的现代化经济体系；另一方面，以增量培育带动存量提升，通过新技术、新模式、新业态、新产业的发展，优化产业的技术构成、经营形态、产业结构、组织方式等。

五是高端链接与高端辐射的关系。南宁一个重要的使命，就是成为中国对东盟战略的桥头堡与主阵地。应该说，目前的现实是中国足以辐射带动，但南宁不足以辐射带动。当前及未来，关键在于南宁怎么发挥自己的区位与位势，从过什么样的组织方式来解决这个问题。核心的路径应该是链接国内高端资源带动对东盟的高端辐射。

六是营商环境与创新生态的关系。营商环境主要是政府与企业、政府与社会的关系，更多的是要求经济社会发展治理水平和能力；创新生态主要是"政产学研金介用"之间的开放创新与治理关系，更多的是要求形成新的组织方式。在下一步发展过程中，南宁不但要优化营商环境，还有营造创新生态，关键是要建立创新型服务政府，以创新生态发育带动营商环境建设。

10.5 桂林：未经充分工业化发育还有希望吗？

某种意义上，很多地方产业发展之所以发展得不好，在于混淆了"工业""制造业"与"工业化"之间的关系，进而在产业战略、产业政策、产业组织上出现了很多迷雾、迷失和迷途。那么在新的产业运动规律下，未经充分工业化发育的地区或城市，究竟能否走向产业创新之路、如何走向产业创新之路？[1]

---

[1] 本文系作者2019年9月下旬参加中国－东盟可持续发展创新合作国际论坛时发言。

10.5.1 工业化发育是城市发展重要着重点

一般而言,"工业化"被定义为工业(特别是制造业)在一个国家或地区国民生产总值或国民收入中比重不断上升的过程,以及工业就业人数在总就业人数中比重不断上升的过程。但工业化既不能狭隘地理解为工业发展,也不能局限地理解为工业成为主导产业,更多地需要将"工业化"理解为社会化的生产方式、体系化的工业门类、工程化的技术构成、企业化的经营方式、资本化的经济体系的总和。很多地方产业发展之所以发展的不好,在于混淆了"工业""制造业"与"工业化"之间的关系,进而在产业战略、产业政策、产业组织上出现了很多迷雾、迷失和迷途。一是很多地方在产业战略上,不仅将产业战略狭义地理解为工业战略,造成工业与商业、工业与服务业的对立;还进一步将工业战略拙劣地理解为加工业、制造业,其他具有高端、高效、高附加值的生产性服务价值环节被屏蔽。二是很多地方在产业结构上,按照传统统计方法非常机械地统计三次产业,要么是在国民经济发展结构上一度突出工业,要么是在国民经济发展结构上一度突出服务业,而没有产业融合的思维与逻辑。三是更多地把工业化看成数据的结构比例增长,而忽略了工业化作为社会化的生产方式、体系化的工业门类、工程化的技术构成、企业化的经营方式、资本化的经济体系的本质。

以往很多资源型城市、商贸型城市、旅游型城市、农业型城市、科教型城市乃至制造业基地,要么因为资源魔咒、要么因为忙于买卖、要么因为限制发展、要么缺乏商业基因、要么因为技术锁定、要么因为路径依赖,而没有经历完整的工业化发育,进而影响未来的发展。如今在新经济地理上,产业版图、创新地图、财富版图结构性重构,全球经济分工与城市格局此起彼伏,"马太效应"愈发明显。在此背景下,缺乏产业发展基础以及工业化充分发育的城市,往往在新一轮城市洗牌、科技革命、产业变革与国际竞争中,难免将落得越来越远。尤其是伴随信贷供应收紧、土地供应收紧、环保约束加大、商务成本攀升,很多欠发达地区更是难上加难与雪上加霜。这是否意味着,很多未经充分工业化发育的城市,就毫无机会、毫无希望了呢?

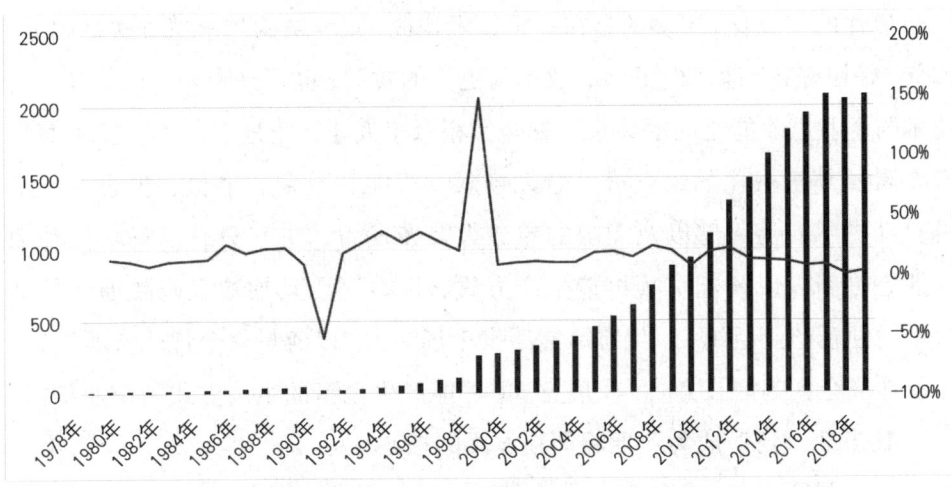

图：改革开放第一个四十年桂林GDP规模及增速

10.5.2 产业跨界融合是泛工业化的突破口

在工业经济时代，很多实体企业围绕价值链从低端向高端攀升，很多产业在产业分解融合规律下不断出现产业集群，很多地区在产业模块化条件下承接产业梯度转移，形成"企业价值链－产业价值链－区域价值链"的发展结构。哪个地区、产业、企业掌握产业链、价值链、生态链、供应链的制高点与主动权，就掌握了产业发展的主导权。后发地区、欠发达地区就越没有机会。但伴随新一轮科技革命与产业变革，伴随产业价值运动从分解融合向跨界融合方向转变，产业链、价值链、生态链、供应链将发生重组、重构、重建、重塑。

在产业跨界融合下，不仅出现了"制造业服务化、服务业制造化、产品即服务、制造即服务、软件即服务"新型业态形态，还出现了"去中心化、再中心化、再去中心化"的新型组织规律，不仅出现了新的技术构成突围了传统生产方式、经营方式，还出现了新的组织方式颠覆了传统的交易模式、盈利模式、分配方式。最终在新科技革命与产业变革条件下，为"工业化"赋予了新的内涵——社会化生产方式转变为社交化生产方式、体系化工业门类转变为生态化产业族群、工程化技术构成转化为硬科技技术构成、企业化经营方式转变为平台化经营方式。

以往的工业化，更多的是在一定技术构成、制度结构与组织方式基础上，如何"好快好省"地产生更高的效率与更大的效益，也就是人才、土地、资本、技术与企业家才能之间的关系。如今，相对于人才、土地、资本、技术等生产要素及其机械化的组合或结合，场景、智能、数字、平台、生态、流量更具动态感、活力感以及无限的想象力及爆发力。未来只有以场景拉动加快业态创新、以智能引领再造生产方式、以数字驱动加快互联融通、以平台带动创新产业组织、以生态赋能激发市场活力、以流量聚合优化资源配置，才能形成全新的增长方式、发展方式，才能产生全新的生产方式与产业结构。

10.5.3 "泛"成为产业超周期发展的核心

在计划经济、工业经济条件路径依赖下，很多地区在产业管理方式上，重点在产业战略方向上强调"现代产业体系""现代产业新体系"，在产业主体培育上强调"小微企业－规上/骨干企业－龙头企业－跨国公司"发展企业梯队，在产业环节上注重加强培育"高端、高效、高附加值"的产业链环节，甚至下沉到产品技术层面的"高精尖"。尤其是在技术生命周期、产业生命周期、企业生命周期以及城市工业化发展阶段理论条件下，有很多思维定式、路径依赖。

那么，后发地区在特定的、刚性的发展格局下，关键在于抓住产业跨界融合的机遇与规律，重点抓住一个"泛"字。"泛"字的核心，是通过经营创新超越时空的局限，通过技术创新锁定技术的门槛，通过产品创新重塑产品的形态，通过模式创新穿透商业的疆域，通过管理创新走出企业的边界，通过业态创新跨越产业的界限。只有"泛"，才能打破产业体系，进入产业生态；只有"泛"，才能打碎产业模块，培育产业族群；只有"泛"，才能打破线性增长，寻求爆发成长；只有"泛"，才能穿透产业价值链，重塑产业价值网；只有"泛"，才能打破高精尖，重塑新场景新产品新服务。伴随着新经济形态、新经济模式及产业业态的演进与交织，不仅将会产生全新的产业领域，还将产生全新的生产方式。后发地区既有基础差、底子薄的劣势，也有包袱轻、路径依赖少的优势，一方面在传统产业领域"补课"与"闷声发大财"，另一方面在新兴产业领域"抢位"与"新办法做新事"，更容易加速生产力布局以及产生生成，成为重要的产业战略抉择。

10.5.4 对桂林高质量增长高速度发展建议

在工作逻辑与工作体系上，产业深入研究、产业战略厘定、产业布局引导、产业组织生成、产业跨界融合、多边产业治理、产业政策创新，是产业创新管理的"七步成诗法"：

一是基于产业研究有所为有所不为。任何地方的产业发展、经济发展都有"天赋"的资源禀赋、"他赋"的位势条件以及"自赋"的人择优势。很多时候，没有研究清楚产业便没有新的产业发展逻辑，没有新的产业发展逻辑便没有产业组织的行动力。只有强化产业研究，才能量己力、衡外情，才能"有所为有所不为"，在全球城市分工与产业格局上占有一席之地。

二是产业战略上补位与抢位相结合。对于很多未经工业化发育的城市而言，在城市产业战略上自然是两个方面，一方面是"补位"，通过跟随追赶型产业战略进行补课，不断提升工业化发展阶段、产业变革层级，也就是用成功的经验、模式、方法走别人走过的路；另一方面是"抢位"，在局部范围内的优势特色领域，加快抢占产业发展制高点、主动权和先机，逐步走向换道超车型产业战略，也就是"用新办法做新事"。

三是产业布局上立足集群走向族群。产业布局引导的核心是到底围绕一个什么"局"做引导。这个"局"，就是从1.0的产业集聚（原生态）、2.0的产业集群（推拉并举型）到3.0的产业生态（生态赋能型）。而这个"引导"，就强调集合产业功能、城市功能、创新功能的"科产城融合"，以及经济发展模式、城市发展模式、创新发展模式的"三螺旋"协同演进发展模式。

四是产业生成上拿来与根植相结合。在产业生成与产业组织上，最重要的不是存量提升与增量培育的关系，还包括"拿来主义"与根植发展的关系。在产业发展面前，最典型的"拿来主义"就是通过招商引资承接产业梯度转移，迅速实现生产力布局与产业生成；如果没有嵌入全球产业价值网络而土生土上，仅仅是封闭的小农经济。根植发展的核心是将商业文化、实业根基、创新文化与企业家精神相结合，通过创业创新与产业化，将专利技术、创业资本、经验知识与商业模式相结合，转化为生产力和财富。

五是产业跨界上数字化转化价值流。产业跨界不仅仅是人工智能、大数据、云计算、物联网、新一代通讯、移动互联网等新一代信息技术与先进制造、原创材料等方面的技术跨界融合,更需要的是将人流、物流、商品流、信息流、资金流转化为数据流、价值流的跨界融合。只要有人流,就能带来不同程度的物流、商品流、信息流、资金流、数据流、价值流,就具有较大的产业跨界融合空间。比如,桂林的文创可以与数字内容相结合产生数字文创,旅游可以和跨境贸易相结合产生新的业态等等。

六是产业治理上走向第三方第四方。原来的产业治理结构是政府引导、企业主体、高校院所支撑、服务机构加持等,尽管具有开放式创新的形式,但更多的仍是一种松散的产业治理方式。但如今出现了越来越多具有平台感、资本化、股权化、生态化的产业组织者与产业组织方式,促使产业治理从第二方产业管理到第三方产业组织,再到第四方产业治理。这其中,政府成为具有新兴产业组织、创新服务集成等功能的创新生态建设者。

七是产业政策上放水养鱼成着力点。以东南沿海地区促进民营经济发展为例,其地方最有效的产业政策是以"放水养鱼"为核心,也就是要发展某项事业,就得有投入,给其创造发展的有利环境,才可以实现个人利益、集体利益、国家利益的多方共赢。后发地区要发展,为了得到鱼,就要先养起来,使其成长繁殖,就要加强创业、企业、产业的休养生息与市场培育。

11
加快华北协同发展：津冀晋蒙联动辅京畿

11.1 北京：北京现代产业体系如何创新突围？

某种意义上，疫情撕开了很多国家或地区经济社会的遮羞布。很多地方在长期发展过程中累积形成的结构性矛盾，伴随疫情的出现，从冰山一角到浮出水面，迫切需要痛定思痛与追问新一轮发展的逻辑，对于北京产业发展也同样适用。事实上并非是北京率先进入了新的产业发展阶段，反而是全国的各类资源要素集聚成就了北京，倘若这些资源要素放在江浙沪将会得到无限地放大。时至今日，伴随疫情的出现，以往支撑北京经济与财政的房地产、金融等等贡献作用锐减，如何构建现代化经济体系或现代产业体系具有重大紧迫性。

11.1.1 北京现代产业发展到底历经了什么发育

改革开放以来，北京现代产业发展经历了如下五个发育阶段：

一是计划松绑阶段（1978-1991年）：从1978年中国改革开放到1992年前建立社会主义市场经济体制，是北京自改革开放以来到市场化改革前的产业发展酝酿期，也是现代化经济体系重要的发育期。这期间，北京在各种工业在京具有创新源头、产业源头的基础上，借助国家加快信息化、工业化发展等机遇，不仅强化工业体系，还率先发展信息产业等，为两化融合发展并带动生产性服务业、都市产业发展打下了良好的发展基础。尤其是伴随北京市新技术产业开发试验区成立，北京在产业发展上逐步赶上了新科技革命的战略机遇，经济、科技、产业有机结合成为北京重要发展动力，海淀逐步成为北京的产业创新中心、中国未来的高新技术策源地、新经济创新中心。

二是市场转型阶段（1992-2000年）：从1992年中国着手建立社会主义市场经济体制到2001年中国"入世"前，是北京伴随市场化改革、全球知识经济发展以及"互联网"高潮等战略背景下，加快构建现代化经济体系的重要发育期。在市场化改革动力机制下，各类市场主体释放了资源配置效率、提升了创业创新活力，培育了大量市场主体、加速了国有企业改革改制；在知识经济大潮下，北京的科教智力资源逐步通过"创业式创新"转化为生产力和财富，多源头新兴产业不断涌现；在互联网大潮下，大量海外留学生创业促进北京嵌入全球价值链高端，互联网经济成为产业变革的重要力量。这期间，北京市新技术产业开发试验区成为中关村高科技园区，并加快"一区多园"发展，为北部高新技术产业带形成一定基础；与此同时，亦庄经济开发区加快布局，为北京南部高技术制造业发展打下良好发展基础。高技术服务业与高技术制造业相结合的发展格局，在这一发展阶段正式确立。

三是跟跑跟随阶段（2001-2008年）：从2001年中国"入世"到2008年全球金融危机，是北京产业跟随、跟随式创新的重要阶段，也是北京构建现代化经济体系的基本形成期。在此期间，北京基本形成以战略产业为主体、以高新技术产业为主体、以生产性服务业为重要支撑、以都市产业为补充的现代产业体系，并形成以中关村、亦庄、空港、奥体、金融街、CBD为特色的高端产业功能区基本格局。在此期间，中关村通过进一步"一区多园"促进北京创新中心加快"一超多极"，促进北京现代化经济体系打下高新技术与新经济烙印，形成若干新兴产业集群。"两头在内、中间在外"的产业发展格局基本形成。

四是并行并跑阶段（2009-2016年）：从2009年后危机时代到来到2017年中国进入高质量发展新时代，是北京从整体上从跟跑跟随到并行并跑发展的重要阶段，也是北京构建现代化经济体系的确立期。在此期间，北京形成"两带"（北部高技术服务带、南部高技术制造带）、"六高"（中关村、亦庄、空港、奥体、金融街、CBD六大高端产业功能区）、"多新"

的产业发展格局。高技术服务业、高技术制造业、科技服务业、生产性服务业以及都市产业的有机结合，不仅是现代化产业新体系的重要构成部分，还成为产业创新生态发育的重要力量。这期间，北京自 2014 年确定实施发展高精尖战略，高精尖政策体系框架逐步完善，工作机制逐步建立。

五是领跑领先阶段（2017 年至今）：从 2017 年进入高质量发展新时代以来，是北京在整体上从并行并跑到引领领跑发展的重要阶段，也是北京构建现代化经济体系的成熟期与迭代期。在此期间，将形成以未来新兴产业为引领、战略新兴产业为主体、原创新兴产业为特色、生产性服务业为优势、都市产业为补充的新型现代化经济体系。其中，2017 年北京围绕高质量发展，选取新一代信息技术、集成电路、医药健康、智能装备、节能环保、新能源智能汽车、新材料、人工智能、软件和信息服务业、科技服务业十个产业作为重点，进一步发展高精尖产业。伴随"三城一区"、中关村"一区十六园"等产业空间战略实施，北京在产业空间向将围绕中轴线、长安街"两轴"向东、向西、向南、向北形成新的发展结构。这段时期，北京不仅要在疏解首都非核心功能的要求下，处理好高技术服务业、高技术制造业、科技服务业、生产性服务业以及都市产业有机结合的关系；还要在京津冀一体化战略下，促进城市群范畴内的产业分工协作问题，加快新时代高质量发展。

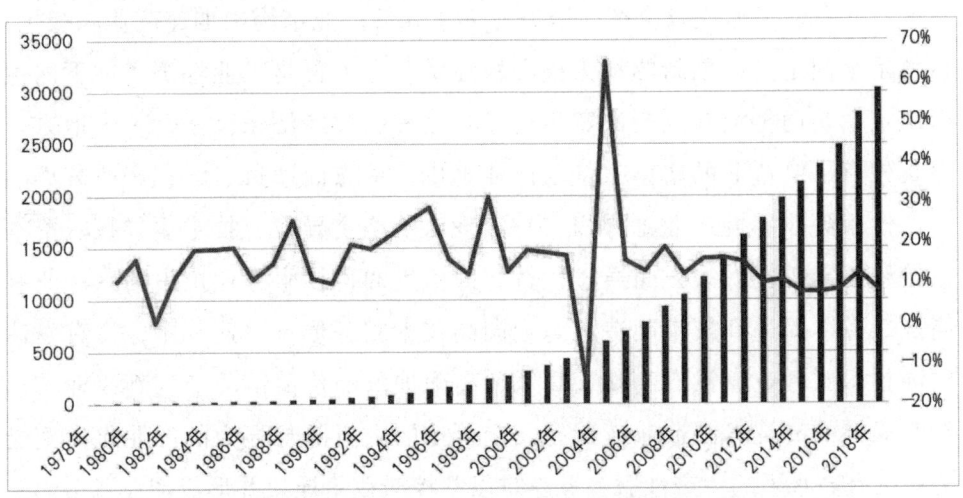

图：改革开放第一个四十年北京 GDP 规模及增速

整体而言,从产业发展思路来看,北京在"十一五""十二五""十三五"期间注重产业结构战略调整与经济发展方式相协调,"优化一产、做强二产、做大三产",现代产业体系构建与首都功能定位相符合;"十三五"开始疏解非首都功能成为引导产业结构调整的主基调,期间强调打造高精尖经济结构,高端、创新、绿色成为高频词。从重点产业选择来看,现代服务业、高新技术产业、现代制造业、基础服务业、现代农业构成了"十一五"期间北京现代产业体系的基本面;"十二五"开始现代服务业细化为生产性服务和生活性服务,文化创意产业被单独提出,战略性新兴产业取代高新技术产业的表述成为代表未来科技和产业发展新方向的新兴产业。从产业空间布局来看,"十一五"期间注重均衡发展,强调梯度分布、专业集聚、南北均衡、东进西优;"十二五"期间提出"六大高端产业功能区—四大高端产业新区—专业集聚区"的产业空间格局,全市产业高地、创新尖峰的空间格局进一步形成;"十三五"期间,在功能区培育具有特色的优势产业集群,严格准入标准、强化内涵式发展。

11.1.2 究竟如何看待北京近年来现代产业发展

一般而言,一个地方的产业发展先是推进工业化进程——强调工业在整个地区国民经济的比重,再就是强调现代服务业尤其是生产性服务业的发展——在逐步形成以生产性服务业为主导的产业结构中加速产业高级化,再就是全面走向以创新驱动为核心新经济——不再是工业经济条件下的生产决定消费而是消费反向决定生产。在这种演化经济条件下,一个地方一般是先有了制造业的实体根基与产业基础,一方面通过二、三产业分离的生产性服务业掌握产业主导权——实现对价格主导权、技术主导权、资本主导权的掌控,另一方面通过科教智力衍生的科技服务业抢占新兴产业制高点,最终促进高技术制造业态走向高技术服务形态。这其中,没有发达的高技术服务业就没有高端、高效、高附加值的价值链环节与新兴业态;没有雄厚的高技术制造业就没有安全可控的供应链与强大的产业化实施能力;没有高水平的生产性服务业就难以掌控产业主导权并形成产业竞争力;没有高水平的科技服务业就没有强大的创业创新源头及创业创新生态母体。

北京现代产业并非是本地产业发展到一定程度的自然发育，而是站在全国的制高点上参与全国乃至全球经济分工、产业协作与价值分配的结果。更进一步说，也就是北京的产业不是工业化发展到一定程度形成的现代化经济体系，也不是从高技术制造业起步，反而是直接从高技术服务业进行反向地发育发展。这种逆周期发展的优点是打破产业路径依赖，直接嵌入国际产业价值链，催生新技术新模式新业态新产业；但缺点是与实体经济融合不充分、与传统工业结合不紧密、与周边地区协作不充足。

某种意义上，北京在产业战略与产业管理范式上并没有深入地认识自身产业发展规律及特点，并先后受计划经济顽疾、全产业链思维、高精尖战略等影响，而难以彻底走出真正能够引领首都经济社会发展的产业创新之路。所谓"计划经济顽疾"，就是北京起初的很多产业基础是计划经济的产物，很多产业的集聚是行政权力配置资源，不仅对周边地区形成强大的虹吸效应，还抑制了民间投资与市场机制的作用。"全产业链思维"就是在产业价值链分解融合的产业发展阶段，当需要"两头在内，中间在外"的时候，北京一度"捡到篮子都是菜"，没有和周边地区做跨区域合作与产业协同，进一步加速形成"大树底下不长草"的"环首都贫困带"。如果周边地区没有经历充足承接产业梯度转移的发育，一下子通过非首都核心功能的疏解，在京津冀范围实现充分的经济分工、产业协同以开放创新是非常难的。"高精尖"则源自高级、精密、尖端的技术或产品，更多的偏高技术制造业的逻辑思维，尤其是到了产业跨界融合的新阶段，并非引领产业发展的强心剂。

当前，新一代数智技术与先进制造结合，进一步加速了制造业服务化、服务业制造化以及产品即服务、制造即服务的产业跨界融合发展趋势。在产业跨界融合发展趋势与发展规律下，产业界限越来越模糊，未来没有传统的产业只有传统的业态，也没有什么工业、服务业之分。当前产业培育发展过程中最大的问题在于，产业发展规律变了，但我国自上而下产业管理范式没有变。不同的产业有不同的发展规律、不同发展阶段的产业有不同的需求，如果全部以政府所擅长管工业的方式去培育发展新兴产业，那么必然勉为其难抑或事倍功半。

11.1.3 北京产业的区域个性到底是什么有哪些

整体而言，北京现代产业的发展，存在如下方面区域个性：

一是从资源禀赋上看，高技术、生产性、硬科技为元素的服务业态已成为重要的战略抉择。在高技术服务业与高技术制造业之间，北京用高技术服务业驾驭高技术制造业，成为北京抢占产业价值链高端环节的重要力量。在生产性服务业与生活性服务业之间，北京依靠首都资源在生产性服务业的若干领域保持全国领先。在硬科技与薄创新之间，北京依靠高度密集的科教智力资源，大力发展研发服务业为代表的科技服务业，在硬科技创业、硬科技产业方面具有较大的优势。某种意义上，京津冀一体化就是将北京的高技术、生产性、硬科技，与天津的高端制造、高技术制造、外贸出口，与河北的先进制造、都市产业、资源条件有机结合，在更大范围的区域产业价值链上优化产业协作与经济分工。

二是从行业地位上看，智能化、平台感、分享型为元素的经济形态已成为重要的发展方向。伴随新一代信息技术发展，北京加快从二维的信息产业到三维的智能科技，智能经济如今已成为代表北京抢占全球科技革命与产业变革战略制高点、产业主导权、发展主动权的重要力量。伴随"互联网＋行业"，北京在平台经济发展方面加快从消费互联网向产业互联网层级转变，涌现出一批平台型企业，吸引了大量创业投资。伴随所有权与使用权的分布式分离，北京依托高水平创业者，在出行、医疗、教育、金融等大量新生活方式的领域产生了一批分享经济新业态。某种意义上，北京的产业更多的是借助智能、平台、分享打破时空局限服务全国市场、全球市场，而非局限在封闭的市场体系与产业体系。

三是从产业生态上看，数智科技、高端装备、数字内容已成为产业生态最完备的产业领域。在互联网、移动互联网、高端软件等信息技术的发育，以及人工智能、大数据、物联网、区块链、新一代通信等新一代信息技术发展及应用，北京在数智科技产业发展形成了完整的技术发育及产业发展；高端装备主要是在军民融合条件下逐步生成的，但面向产业发展、面向产业融合还有较大发展空间；数字内容则是基于文化创意的产业跨界融合形成的完整产业生态。某种意义上，北京的新技术新产品新服务更多的需要改变经济社会的2F的生活方式、2C的消费方式、2G的治理方式，而不是2B的生产方式。

四是从发展位势上看，总部经济、研发设计、科技金融已成为在京企业最重要的价值环节。北京集聚了全国大量跨国公司区域总部、央企国企总部、民营科技企业总部等，以及其他研发总部、运营总部等；集聚了大量科教智力资源，以研发设计为代表的科技服务业处于全国领先地位；集聚了大量科技金融资源，累计掌握的创业投资资金、创业投资数量、吸引创业投资总量居全球范围前列。某种意义上，北京产业创新发展的基本模式，是掌控科教智力、科技服务、科技金融资源，在质优创业创新生态以及产业生态基础上，在京实现高附加值。

11.1.4 重构北京现代化产业体系到底何去何从

站在继往开来、何去何从的历史节点、发展起点以及时代拐点上，无论是"十几五"、还是中长期、抑或疫后重建，需要在深度把握新时代高质量发展、现代化经济体系、产业高精尖发展、新经济地理发展规律的基础上，从新科技革命与产业变革同我国产业转新升级、新旧动能转换历史性交汇大势大局出发，打破统计科目依赖、传统分类依赖、工业分类依赖等，从产业业态创新与产业跨界融合发展视角，不仅提出全新的产业分类及其细分，还从产业生态的角度，探讨各次产业各类业态之间的相互关系，提出新时期北京构建现代化经济体系的体系框架。围绕北京打造具有全球影响力的国家科技创中心、具有全球引领的世界级产业集群等战略目标，优化提升现代化经济体系构建思路。

加快将北京产业主要分为三个层次，第一个层次是代表国家抢占新一轮科技革命与产业变革战略制高点、产业主导权、发展主动权，依靠科技创新发展的未来产业、原创产业、战略产业。重点发展数字科技、智能科技、生命科技、空天科技、文创科技等赋能型产业。其中，数字科技以数字产业化和产业数字化（数字＋产业）为发展路径，包括数字基础设施、数字技术、数据三大关键要素，目标发展数字经济形态；智能科技包括虚拟现实、AI 等智能技术，物联网、云计算、大数据、移动互联网、5G 等新一代信息设施，芯片、传感器、软件等基础性产品，智能产品、智能服务等应用系统，目标发展智能经济形态；生命科技实现人体健康、生态环境可持续，包括生物医药、精准医疗、健康服务、医疗器械、农业生物技术等；空天科技开始把目光投向更遥远的太空，深空、深海是各国重点战略布局，如航天航空等；文创科技：泛文化产业，包括创意、设计、影视、游戏、动漫、艺术等不同业态，数字+、内容+趋势。第二个层次主要面向首都特有资源、特有条件、特有使命的领域，大力发展源头经济、针尖经济、平台经济、头部经济等新经济形态。这其中，源头经济指借助科教智力资本优势以及科技服务资源优势，成为人工智能等前沿技术、新兴产业、新经济企业的最大孵化器，壮大新一轮产业技术革命的人才源头、技术源头、服务源头、创新源头、创业源头、产业源头；头部经济是指具有人工智能、机器人、第三代半导体、5G 技术与应用、生命科学、石墨烯新材料等一批具有龙头牵引作用的产业类别，体现产业体系发展的未来方向；平台产业体现产业跨界融合、平台属性明显、带动系数高、模式创新活跃，有利于打造产业生态，如互联网+、智能汽车、机器人、5G 应用、第三代半导体等。第三个层次就是面向都市消费、首都服务，体现场景创新、业态创新的产业业态。不断优化完善现代服务业发展，进一步集聚科技服务、平台经济、互联网+等领域的大量总部企业、头部企业和行业垂直机构，不断壮大高端、高技术、高辐射的服务业态；满足北京全球世界城市建设功能和城市发展性质，有利于发挥北京高端资源禀赋，如文化创意、创新服务、金融服务等高端服务业。

对于北京来说，在打破统计科目依赖、传统分类依赖、工业分类依赖等过程中，北京先导产业体系构建坚持产业生态升维。从产业业态创新与产业跨界融合发展视角，不仅提出全新的产业分类及其细分，还要从产业生态培育的角度，理顺各次产业各类业态之间的相互关系，构筑从正向链式创新到逆向式创新、从产业价值链到产业价值网的产业发展新体系，实现对"建设实体经济、科技创新、现代金融、人力资源协同发展的产业体系"

的丰富。同时，打破基于人才、土地、资本、技术等传统生产函数、生产要素及组织方式，在场景拉动、智能引领、数字驱动、开放创新、平台带动、生态赋能带动下，研究提出新时期北京构建现代化经济体系的发展路径，探索全新产业组织方式。

11.1.5 如何形成符合首都定位的产业创新生态

对于北京产业发展，核心是把握和解决产业创新生态建设的问题隐忧。比如房价高企与人才外溢、产业转移与实体空心、服务传统与寄生发展、资本寒冬与资产泡沫、治理深化与制度障碍等冲击；再比如原创创业服务不足、机构自生能力不强、缺少专业服务人才、产业配套资源外溢、国际化水平待提升的问题。这其中，最需要反思的是为什么大量产业业态、产业环节走出去与挤进来并存？为什么很多发展起来的企业并非源自科技服务机构？为什么大量创新资源走出去与高端资源挤进来并存？为什么很多知名企业并非本地高校院所培养起来的？

一是建设产业创新新生态。以打造国际领先的创新生态为主线，以培育发展一批前沿科技创业、变革式创业、高成长企业为战略目标，全面打造"未来产业策源地、创新创业栖息地、源头企业铺路石、高度要素聚合池、制度创新试验田"，发展成为具有全球影响力科技创新中心的战略功能平台与核心载体。二是强化产业发展生力军。通过优化遴选机制、组织方式以及培育方式创新，重点支持领军科技人才创业、跨区域创业者创业、系列创业者创业、产业组织者创业、创客极客式创业等精英创业。三是优化科技服务新供给。引导服务机构加强对创业者洞见力、创业企业链接力的培养，用第四方段位整合第三方资源兼或干点第二方的服务，突出引导高校院所、大企业业化创业服务平台作用，培育高水平创业导师群体，形成高标准准入、高精准培育、高水平成长的发展态势。四是完善产业创新新治理。强化国内外前沿创业领域预测与概念验证，探索建立完善第三方高端创业长效评价及跟踪机制，加强制度创新研究与政策储备，引领高技术创业、高精尖项目、前沿技术企业发展等。

11.2 天津：如何避免"东北现象"从关外到关内？

天津一度被称之为"北方最大的农村"，也一度挤出了较大的经济水分，如今依然面临着"东北现象"从关外走向关内的风险。尽管天津一度推进全面创业，但依然没有改变经济社会发展的微观机制与基本盘[1]。在新的历史条件下，天津如何从微观动力不足到创业创新活力涌现，我们拭目以待。

11.2.1 快公司代表了新经济时代发展脉搏

"摩尔定律"认为，当价格不变时，集成电路上可容纳的晶体管数目，约每隔18个月便会增加一倍，性能也将提升一倍。也就是说，每元钱所能买到的电脑性能，将每隔18个月翻一倍以上。这一定律，不仅揭示了信息技术进步的速度，还充分反映了技术生命周期的不断缩短。应该说，技术生命周期，不仅在企业的微观层面决定着企业生命周期，还在产业中观层面决定着产业生命周期，更实在经济的宏观层面决定着经济周期。长期以来，市场经济中重大技术变化以革命形式出现，普遍认为资本主义世界约每30年经历一次钟摆运动。但在新一轮产业技术革命条件下，新技术日新月异、层出不穷，产业价值链分解、融合、新业态涌现越来越快，各种周期几近从以往的"三十年河东河西"的长期钟摆，到了目前"三年河东河西"的短期钟摆。伴随新技术新模式新业态不断涌现，产业价值链演变飞快，根本没有所谓"基业长青"的百年老店，只有不断创新创新再创新、不断创业创业再创业的快公司。

柯达，曾经是大家耳熟能详的名字。20世纪90年代鼎盛时，柯达一度占据全球2/3的摄影产业市场份额，拥有接近15万名员工、近300亿美元的市值。但进入数字飞跃时代，面对多次重塑自我的可能，柯达错过了一次又一次机会，直到正式申请破产保护，逐渐淡出了人们的视线。在柯达葬送之后，摩托罗拉、诺基亚、东芝、索尼等等，似乎都在排队等候档期。

---

[1] 本文据作者2017年参加天津双创专题培训发言内容整理而成。

诺基亚2007年12月市值曾高达1151亿美元，2013年9月以72亿美元低价卖掉手机业务；黑莓2008年6月市值曾高达840亿美元，如今只就能卖个零头……这不仅在于其未能把握技术生命周期越来越短的规律，不断创新创新再创新；还在于其未能顺应企业生命周期越来越短的规律，不断创业创业再创业；更在于把握产业生命周期越来越短的规律，不断毁灭再毁灭。成长速度快，不仅在于专业领域新，还在于创新能力强，更能体现出发展潜力大，而慢则是一种病态的集中反映。

所谓"兵贵速，不贵久"，"快"可以先声夺人、可以高位撇脂、可以赢者通吃、可以以战养战。在新经济条件下，快公司不仅需要把握技术生命周期、企业生命周期、产业生命周期、经济周期越来越短的规律，实现技术上的不断超越、商业模式上的不断验证、新兴业态上的不断生成以及市场版图的不断重构；还要寻求超周期的周而复生，从一个周期到另一个周期。

11.2.2 创业创新成为经济社会发展原动力

总而言之，"双创"并非是政策驱动，更不是自上而下的运动，而是在新科技革命与产业变革与中国产业转型升级历史交汇下，伴随产业生命周期、技术生命周期、企业生命周期越来越短，出现创业创新越活跃的政策适应与加持。主要有如下作用及影响：一是强化经济发展主引擎，支撑我国加快成为具有较大国际影响力的活力经济体。产业组织者、留学归国人员、科技人员、青年大学生、大企业溢出人才、返乡创业人员等投身创新创业大潮，全国日均新设企业接近2万户，成为全球新增创业数、自然人股东占比最高的国家，科技创业成为主旋律，成为经济发展、产业升级、包容发展的重要引擎。二是孕育产业跨界主推手，带动我国加快从工业化中后期阶段向新经济时代迈进。伴随人工智能、大数据、云计算、移动互联网、物联网、新一代通讯与新材料、新能源、新医药等新技术与农业、工业、生活、消费等领域深度融合，以创业打破传统产业价值链格局、重塑产业技术、商业模式、产业业态成为共识，数字经济、分享经济、平台经济、智能经济等跨界融合新业态带动中国加快走向新经济时代。三是打造变革企业主源头，带动我国涌现出以瞪羚独角兽为代表的新兴企业梯队。围绕人工智能、新材料、新能源等前沿技术、颠覆性技术领域的硬科技创业浪潮涌现，一大批技术水平高、人才团队水平高、市场评价高、关注度高、爆发式成长的瞪羚企业和独角兽企业脱颖而出，不仅成为技术变革的引领者和新产业发展的风向标，还使得中国成为全球拥有独角兽企业最多国家。四是承载科技服务主平台，带动我国加快建立完善生态赋能型创新驱动发展格局。在"双创"带动下各类科技服务业加快专业化、市场化、网络化、平台化、国际化发展，创业孵化载体数量、在孵企业数量从业人员数量均达到全球第一，并成为世界第二大创业投资市场，跨国研发、离岸孵化、跨境投资推动面向全球链接全球创新创业资源要素。五是成为区域创新主抓手，引领创新城市加快在新经济地理创新版图上异军突起。国内的科技园区、创新城市、城市群通过创业带动创新、创新带动产业，重塑创业地理、创新地理与产业版图、财富版图，进而推动创新资源流动，涌现出一批创新型城市。六是加快体制改革主战场，形成有利于自主创新及新兴产业发展新经济制度环境。围绕商事制度、科技管理、人才管理以及资源配置、产业组织、产业规制等，通过重点制度领域改革攻坚，加快建立完善适宜自主创新及新兴产业发展新经济制度环境。

11.2.3 在硅谷双创文化演变中寻找原动力

在硅谷的形成及其创业企业的发展的过程中，区域创新创业文化得以进一步丰富和延伸。逐步从冒险精神、试错精神、用科技创造财富理念等价值层面向团队精神、信托机制、社会关系网络等契约层面延伸，再从企业家精神内涵不断丰富发展到追求"改变世界"的伟大梦想，为"大众创业 万众创新"提供了借鉴与思考。

一是冒险与试错精神构成了文化根基。冒险精神是解除风险忧虑、正视失败和困难、克服心理障碍的第一关，也是敢想敢干、当断则断的动力源泉。这种甘冒风险的精神和承担风险的魄力成为创建企业、成就事业的起点和驱动创业企业逐步做强做大的信念。试错精神即是积极开拓、展开持续创新。没有试错，则难以形成推陈出新的发展态势。硅谷及其创业企业的成长与发展不但建立于敢于冒险、持续试错的两大基石之上，还进一步确立了这种冒险精神、试错精神在新经济发展过程中的重要地位,成为创新创业的文化根基。

二是用科学技术创造财富是核心理念。知识和科技是经济总量增长和质量提高的主要推动力,不仅使得传统产业的各个环节知识化、技术化,还催生出一批全新的产业。依托丰富的科教资源与创新资源,硅谷及其创业企业以知识经济发展及科技发展为先导,大力发展以高新技术产业为核心的新兴产业,通过不断的创新与创业把过去未曾商品化的技术拿到市场去转化,实现依靠知识和科技创造财富。

三是团队精神与信托机制是重要契约。在新经济条件下,无论是技术创新、产业组织还是市场开拓等任何一个方面或环节难以依靠独立的人或孤立的组织来展开和实施。为了更有效地展开创新创业,高科技园区逐步形成了创新创业的契约组合——通过团队精神提升一个组织凝聚力和战斗力,通过信任文化及信托机制优化社会分工与合作,通过社会关系网络集聚和扩散人脉资源与社会资,团队精神、信托机制、社会关系网络在硅谷创新创业过程中的作用日益彰显。

四是企业家精神是创业创新文化灵魂。奉献成为企业家精神的归宿,无法为社会带来福祉的终归是一种掠夺和剥削;合作使得企业家精神更加博大,不愿与员工分享所有权与经营成果的不但造成大量人才流失,还会造就一批竞争对手;学习成为企业家精神的关键,不善于学习和借鉴的创业者难以适应知识经济以及新经济的发展;诚信成为企业家精神的基石,缺乏诚信将难以在市场经济中立足,也难以在硅谷创新创业网络中实现各种角色的转变。而随着企业家精神的内涵不断丰富,硅谷的创新创业文化日益成熟。

五是"改变世界"的梦想成为新高度。对于一个硅谷的企业来说,找到一个合适的商业模式可以使之在市场夹缝中生存,但是从根本上创新一套商业模式却足以改变整个世界。而这样一套全新的商业模式的本质,是创造全新的价值,既可以包括提供全新的产品、服务,也会伴随着全新的资金运作流程、生产组织运行方式和新的市场开拓。创新创业的本质在于对新技术的探索和应用中，挖掘新商业模式的出现，从而能够挑选出最领先的技术，解决最重要的问题，吸引最顶尖的人才，集中最密集的资源，以最快的方式来改变世界的面貌。

11.2.4 只有高水平创业创新才能带动天津

纵观率先创新驱动发展、全面新经济转型的地区或城市，都是创新生态质优的地方、都是按规律办事的地方、都是注重科技创新的地方。一是如何回归创新生态的本源。创新生态核心建立在"没有市场不干，没有人才不干，没有资金不干，没有技术不干"的基础上。譬如，北京很多电子信息企业的发展得益于国家部委推行的电子政务化；再比如，很多科技园区管委会在产业组织上发挥的作用，远远比不上投资机构发挥的作用大；再比如，北京的人才再多，但很多前沿科技企业的创始人很多是海外留学归国人才。所以，有技术研发源头、有创业人才流量、有创业资本推手、有产业组织带动、有科技服务支撑是优化创新生态的原本。二是如何回归实事求是的原本。更好地按规律做事的核心，是符合市场规律——政府解决市场失灵与培育市场，在政府作用与市场机制中找到稳态；符合创新规律——从"锦上添花"到"雪中送炭"，打破"马后炮"与"事后诸葛亮"；符合发展规律——从"一园一产业"的产业模块化到跨界融合的产业生态化，从注重产业领域、

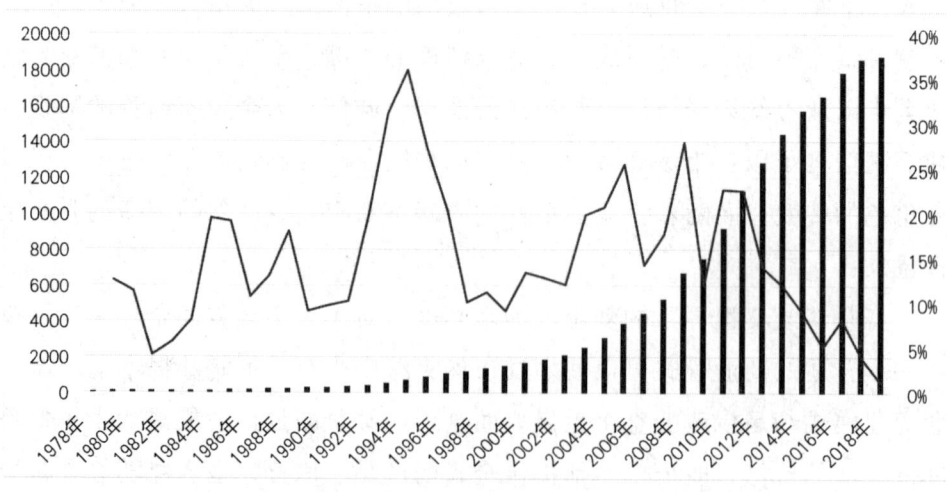

图：改革开放第一个四十年天津 GDP 规模及增速

细分领域到产业业态、经济模式与经济形态；符合政策规律——从扶持性政策的政策创新到打破制度性政策制度突破，从支持政策到营造生态环境。三是如何走向科技创新的本源。很多城市将"双创"工作从专项工作到战略工作，打破以往贸易部门带动工业部门实现工业化的逻辑，转而强调科技创新从对产业部门的提升到全社会的引领，以科技创新带动加快全域创新，如抢占产业技术制高点——加强产业发展促进、推进科产城融合——强化城市功能提升、加快创新生态发育——营造生态环境、以高端链接带动高端辐射——强化开放合作等。

借助创业式创新激发天津发展活力过程中，核心是从创新战略上、双创目标上、双创平台上、双创政策上的升级与再造。

在创新战略上，需要实现创新战略、组织方式、创新范式的系统转换，以发展导向解决问题导向。不是坚持问题导向而是发展导向，看未来需要怎样的系统性解决问题而不是"头疼医头脚疼医脚"，通过培育新的源头——（新研发–新创业–新要素）、新动能（高新产业–高新园区–高新企业）、新生态（科技服务–开放合作–政策环境），实现从自主创新到局部引领创新带动整体自主创新、从串联创新、并联创新到系统创新、矩阵创新，从正向链式创新到逆向生态创新。

在双创目标上，要加强创业创新层级、创业创新范式、创业创新生态升级，以升促建。创业创新层级升级，就是从求生存创业、一般创业到求发展、求变革创业，到科技创业、高技术创业，从薄创新、软创新到厚创新、硬创新，强调有创业的创新、有创新的创业、以创业带动创新；创业创新范式升级，就是从注重产品技术型创业、高校院所衍生企业、实业创业、国产替代创业到注重平台型创业、大企业溢出创业、数字创业、产业组织者创业，从技术创新、模式创新分离到产品技术创新、商业模式创新、产业组织创新、产业业态创新有机结合，强化新兴产业生成能力与产业迭代创新能力；创业创新生态升级，就是将科技服务、创新政策、发展环境有机结合，促进服务环境、政策环境、营商环境上升为打造新经济生态"永动机"。

在双创平台上，加快从一般性的双创平台建设到着力布局建设具有创新赋能、创业育孵、创投整合、产业组织、产业促进等单一功能或集成功能的新型双创平台。从目前来看，新型研发机构是最具有技术源头感、共性技术研发的创新赋能平台；专业化众创空间是最具有代表性的产业孵化、垂直孵化创新育孵平台；众筹众投众包平台是最具产业整合、打通产业生态圈企业股权纽带的创投加持平台；平台型企业与大企业平台化是最具有产业组织能力的平台机构与实现方式；以科技服务供给或集成的产业创新服务平台是最具有代表性的产业促进机构。

在双创政策上，要加快从政策创新到制度突破。以往真正有用的创新创业政策主要是税费减免政策（降低成本）、创业投资政策（资本杠杆）、天使资金（无偿资助等）、知识产权（成果移转等），其他的政策绩效不明显。未来不仅需要对科技型初创企业、高新技术企业等予以税费支持，还需要将财政资源配置重心从产业化后端向中前端转移，亦需要打破以"后补助"为代表违背创新规律的科技政策，并建立完善适宜新经济发展的制度安排与监管制度等。

11.3 石家庄：如何避免京津冀一体化边缘化？

某种意义上，河北的发展，要么环京津、要么环渤海。如此一来，石家庄是一个最尴尬的省会城市，也是一个不仅没有首位度的城市，还是一个难以辐射带动全省发展的首府城市[1]。在京津冀一体化国家战略导向下，石家庄何去何从，唯有"有为才有位"！

11.3.1 难以辐射带动全省的省会城市

石家庄从一个乡村到一个省会城市的巨变，起源于20世纪初形成的铁路枢纽，形成于河北频繁地变更省会驻地。如今，我们所说的铁路枢纽，往往指的是两条铁路交会的地方。从1907年石家庄至太原正太铁路建成后，石家庄便成了京汉正太铁路的交汇点，也自此改变了冀晋两省间以及中原诸省之间传统的交通运输结构，提高了区域间人流和物流的运输能量，促进了

---

[1] 本文在作者2017年参加石家庄新经济专题培训讲稿的基础上整理扩充而成。

两条铁路沿线地域的商品流通和经济开发,为石家庄交通枢纽形成重要的商品集散地和区域性经济中心创造了良好条件。与此同时,河北及目前的天津在清朝叫直隶,直隶总督府设在保定。但由于直隶总督兼任北洋通商大臣,所以形成保定、天津两地办公。后几经省会频繁变更,由于石家庄交通地理位置优越、军事要地位势突出、在解放战争中曾发挥的重要作用以及具有一定工业基础,最终石家庄成为河北省省会。

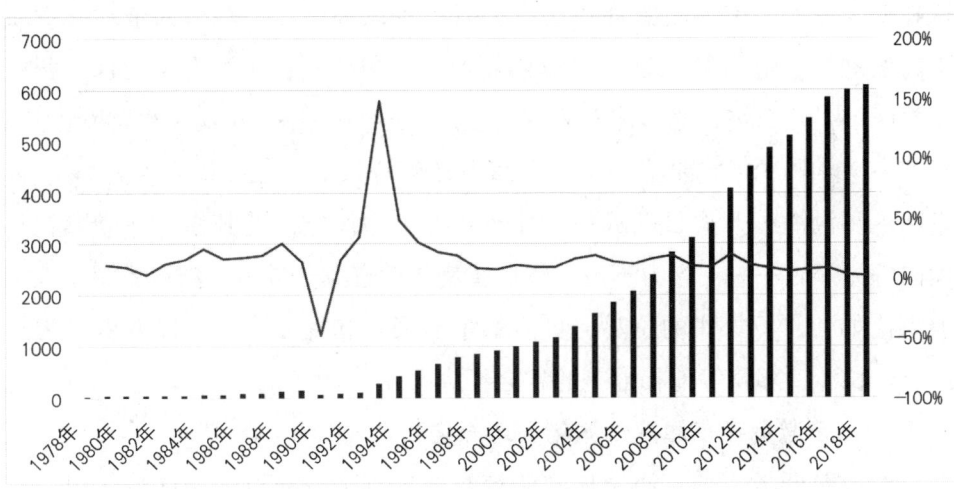

图:改革开放第一个四十年石家庄 GDP 规模及增速

在没有成为铁路枢纽之前,石家庄跨华北平原和太行山两大地貌单元,素有"北方粮仓"之称,是全国粮、菜、肉、蛋、果主产区之一,具有浓厚的农业经济属性。伴随成为中国铁路运输的主要枢纽,石家庄逐步成为新兴的工业城市。整体而言,石家庄的产业发展与生产力布局的出发点、着力点、落脚点几乎都是在强调资源禀赋与地理条件主导下的布局。在改革开放以前,石家庄产业发展得益于在计划经济时期,河北省"提高两线"(京广、京山铁路沿线)、"狠抓两片"(黑龙港与坝上两大贫困集中区)、"建设山区"(太行山和燕山)、"沿海发展"(秦唐沧)等思路。当时河北省几近半数以上的大型骨干基建项目在这些区域落地生根,石家庄则更是重中之重。改革开放以后,伴随国际国内形势变化,河北产业发展及生产力布局不断调整,石家庄作为一个"不适宜作为省会城市坐拥省会城市红利"。

开始是1985年河北大力发展"山海坝"（太行山、渤海、坝上草原）——哪儿穷就发展哪儿，石家庄作为太行山麓城市加快发展。1986年提出"环京津"战略，试图依托环京津的区位优势带动河北，自此出现了到底是借力京津环首都发展——抑制石家庄省会城市发展，还是自主发展——大力发展沿渤海地区，还是突出省会城市首位度。直到1988年河北提出了"两线一区大开发"（京山、京广线，以及河北沿海地区），开始把目光转向沿海，这在一定程度上表明石家庄作为省会城市难以强化经济辐射并带动全省城市的发展。伴随市场化改革，1992年河北提出"一线（沿海）两片（石廊开放区）带多点（各高新技术开发区、高新建设产业园区、开发区和保税区）"。直到1993年，在中央提出环渤海开发开放的背景下，河北省提出"两环（环京津、环渤海）开放带动战略"才将指导思想厘定。这其中，环渤海就是面向海洋开放——支撑力不足，环京津就是对京津开放——难免受制于人。但不论如何，石家庄的位势、势能都难易聚合和挥发，都难以发展成为与武汉、长沙、郑州等地相媲美的省会经济。

11.3.2 避免在京津冀一体化下边缘化

在改革开放以前，石家庄在传统经济地理上，通过交通区位优势，不仅从农业大市加快向工业大市转变，还实现从军事要地向省会城市转变。在相当长的发展时期内，石家庄产业体系及生产力布局形成和发展的基础是自然资源、交通和区位条件。此后，自然资源的供求形式、综合交通运输形势以及区位优势等都发生巨大变化，传统经济地理发展红利边际递减，不仅导致石家庄城市经济外向型发展不足，还出现与周边城市传统产业趋同等问题。几乎可以说，自新中国成立以来，石家庄凭借政策、资源优势多年以来在全省经济建设中屹立潮头，在生物医药、化工、机械装备等都有一定的优势。但产业结构高级化进展不足，工业行业趋同明显，体现出浓厚的资源型产业、重化工色彩、都市型产业、省会型寄生等特点，迫切需要系统性切换发展模式、迭代型创新发展模式。

改革开放以来国内外形势变化，一是对城市功能要求发生了变化，从一般城市功能到更加突出市场导向功能、流通贸易功能、港口带动功能、协调发展功能、技术创新及高新技术产业带动功能；二是对产业结构要求也发生了变化，从要素驱动的资源密集型产业、劳动密集型产业与资源密集型产业、投资驱动的资本密集型产业与重资产型产业走向创新驱动为引领的技术密集型产业与人才密集型产业；三是为区域发展开辟了新的空间，逐步从县际竞争走向区域一体化、跨区域一体化；四是对资源配置方式提出了新的要求，从计划经济体制下的行政权力配置资源到市场经济条件下的市场资源配置。在这一历史发展时期，石家庄在河北省产业体系构建与生产力布局框架下，不仅没有打破偏安一隅的发展战略，实现战略性东移；也没有实施重点突破带动整体突围，反而具有均衡发展的政策取向；更是没有通过彻底的市场化激发民间创业创新活力，资本原始积累不充分与市场资源配置能力不足问题并存。

2014年京津冀一体化上升为国家战略，力求加强环渤海及京津冀地区经济协作，打造以首都为核心的世界级城市群。在京津冀一体条件下，要突出环渤海、环京津；而对于偏安一隅的河北省会城市石家庄而言，尽管有着新一轮发展机遇，但也面临着如何提高省会城市"首位度"的压力和挑战。不仅要站在新经济地理上，打破立足区位、资源、要素以及资本投入，大力发展以科技创业、天使投资、孵化器、大学科技园、新兴产业、产业集群为代表的高技术产业发展模式，以及以新技术、新场景、新赛道、新物种、新基建、新治理、新生态为代表的新经济；还要发挥省会优势但不"劫持"全省创新资源，走出以化工、建材、机械、冶金等为代表的产业重型化和产业结构低级化，大力发展具有高端、高效、高附加值、高价值链的产业环节，建立现代化经济体系与产带产业新体系；更要促进区域经济协同发展，加快将冀东地区的能源、原材料以及出海口优势，冀南能源、原材料以及跨区域优势，环京津地区都市农业、都市工业以及高技术承载地优势，张承地区后花园优势等有机结合。

11.3.3 提高城市量级、能级以及势能

一是通过站位、抢位、卡位发展突出城市释能。第一，在国家战略上站位。在京津冀一体化中更好地发挥河北省会城市的地位与作用，要在高

质量发展中率先突围,率先形成创新驱动发展格局。第二,在产业变革中抢位。当前,技术生命周期越来越短,产业界限越来越模糊,消费决定生产,产业原创根植成为时代要求,这就要求必须找到具有区域个性的产业新体系。第三,在区际竞合中卡位。只有在区域竞合中抓住实际的机会,才能得到实惠的"好处",核心来就是要结合资源禀赋、区位特点、发展阶段、人文特质等综合考量,谋求一席之地。总之,站位就是使命感,抢位就是拉长板,卡位就是找机会,而这种使命感、拉长板、找机会,就是转型跨越提升中的原点。

二是通过科产城叠加提升能级。核心是形态开发、功能开发、生态开发有机结合。第一,在形态开发上,主要靠投入、靠政府引导,重在实现产城融合与城乡一体化发展,推动传统工业园区与城市老区、科技园区或科技城逐步向高技术社区、城市高端功能区方向发展。第二,在功能开发上,主要靠服务、靠机构扎堆,将新兴产业组织、创新服务集成、精益公共服务有机结合,促进人才、资本、技术、土地等创新资源及产业要素的优化配置。第三,在生态开发上,主要靠环境、靠社会治理,重在开放创新,形成政府引导、产业导向、企业主体、高校院所支撑、中介机构保障的"政产学研金介用"六位一体发展格局。

三是通过产业强市战略提高城市量级。不仅处理好产业发展上下、前后、左右的关系,还要处理好五个方面的关系。一方面,在产业战略上强调上下结合——往上走就是实现高端、高效、高附加值、高度融合,往下走就是坚持大领域聚焦且小领域上更加细分;在发展路径上强调承前启后,不仅是先从产业化到创新创业再从创新创业到产业化,还有优化存量提升与增量培育的关系;在资源配置上强调左右逢源,从承接产业梯度转移到高端链接与高端辐射。另一方面,处理好短效动力与长效活力的关系——将传统产业、传统业态招商引资与新兴产业、新兴业态的创业创新相结合;处理好长板优势与短板瓶颈的关系,补短板是传统发展、闭门造车的思维,拉长板是新经济、全球化思维,最终要通过发展解决或转移问题、解决或转移矛盾、弥补短板、突破瓶颈;处理好规模体量与效率效益的关系,凭借具有市场潜力大、产业规模大、带动系数高、利税效益高的主导产业、龙头企业或产业集群等发展满足一般增长要求，腾出时间、精力，投入人、财、物培育新兴企业、新兴产业；处理好政府作用与市场机制的关系，在发挥市场配置资源的基础作用的同时，关键是要发挥政府培育市场、解决市场失灵的功能。

11.3.4 进一步提升石家庄省会首位度

在新一轮经济社会建设发展过程中，石家庄的发展核心是拿捏好需求、人口、固投"三板斧"。一是关于需求。石家庄不仅需要通过泛工业化提高生产效率，让生产性服务业、生活性服务业参与价值分配，还需要以再城市化拉开城市框架、刺激内部需求，强化内需对经济的拉动。一般而言，工业城市第三产业占 GDP 比重与城镇化率相关系数达 0.96 左右，整体体现出第三产业比重的提高有利于吸纳更多城镇就业人口，通过经济城镇化来推动人口的城镇化，以此来推动城镇化率的提高。因此，根据第三产业对 GDP 的 β 系数看，第三产业占 GDP 比重每提高 1 个百分点，将拉动工业城市城镇化率提高 1.4 以上百分点。二是关于人口。石家庄迫切需要以人才战略带动人口战略，培育具备更多的淘金机会、多样的成功渠道、富集的资源要素、良好的创新环境，全面推进人口结构、产业结构、公共服务、机制环境、创新生态的协同发展。三是关于固投。现在很多人一谈固投就"色变"，关键在于这些固投能否产生新的消费方式、生产方式、生活方式乃至治理方式。当前及未来，对投入产出效益不高的公共事业、对资源配置效率不高的社会固投、对公共服务效能不高的行政管理、对居民福祉体验不高的民生服务，只有用商业手段解决社会问题、用数智技术加强基础设施、用共享经济释放资产泡沫、用平台企业参与城市管理，用社会建设带动经济建设、城市建设，才能实现经济发展和社会发展的有机协调。

11.4 太原：如何借新经济之力再造晋商辉煌？

晋商在明清时是十大商帮之首，但在历史的时代沧桑中并没有善始善终。如今进入新经济时代，晋商商帮能否重建、晋商精神能否重塑、三晋风采能否泱泱，关键在于能否重识晋商精神的文化矛盾。[1]！

11.4.1 晋商一度是十大商帮之首

自商周以来，尤其是春秋战国时代，三晋地区及太原一直是我国北方重要的军事、政治、经济和文化中心，处于华夏民族与草原民族交往和冲突的中心地带。这里作为中原汉族和北方少数民族长期互相争夺的地方，在长期农业文明与游牧文明中产生了商业群体，而明清两代成为晋商的鼎盛时期。彼时，晋商成为中国四大商帮之首，驰骋欧亚的晋商举世瞩目，举商贸之大业，经营范围包罗万象，夺金融之先声，留下了灿烂的商业文化，称雄中国商界500年之久。之所以说晋商商帮是特殊性以及特殊的存在，是因为晋商商帮的出现，不在于在农业时代出现了大量剩余产品，更多的是其基于政治军事安全等方面需要而逐步完成了资本的原始积累。这种先天的发育不足，也在很大程度上决定了其日后难以持续乃至晋商精神的文化矛盾。

晋商之所以衰落，主要原因在于没有将原始积累投入到扩大再生产，没有与近代科学、近代工业相结合，进而没有产生新的生产方式、产业形态、民族资本与治理结构。后来山西凭借资源与区位成为中国的能源与工业基地，但存在严重的资源依赖与体制顽疾。如今的晋商并非完全是以往具有独特商业伦理、人文地理意义上的商帮，更多的是地理经济意义上的，但依然具有以往商帮的烙印。山西在上一个发展周期历经政治经济波折，如今进入触底反弹、逆势回归的战略机遇期。伴随从工业文明走向创新文明，新晋商将大有可为，需要打好3.0新经济、2.0高科技、1.0工业化高中低维有机结合的组合拳，以创新生态赋能重建晋商文化与晋商商帮。

11.4.2 全面拥抱新经济时代来袭

"新经济"一词最早出现于美国《商业周刊》（1996）刊发的一组文

---

[1] 本文系在作者2020年11月下旬参加山西人社厅、山西综改区组织举办的"创新生态体系建设高级研修班"为山西创业创新战线学员分享的《新经济生态观与创新驱动新路数——兼论新时代的晋商精神重塑与晋商商帮重建》部分内容的基础上整理而成。

章之中,在当时的语境下,"新经济"是指在经济全球化背景下,由信息技术革命带动的、以高新科技产业为龙头的经济。"新经济"往往具有低失业、低通货膨胀、低财政赤字、高增长的特点。简而言之,新经济近似于"1+3+1"的经济发展模式与经济发展形态、经济发展思维与经济发展段位。第一个"1"就是以人为本的经济;这个"3"就是产业技术革命发端于技术创新,成就于金融创新,落地于产业创新;最后一个"1"就是对社会变迁的影响。首先,新经济是以人为本的经济。这主要表现在新经济围绕人的个性化需求,而非大工业批量化生产;立足人的创造,而非要素驱动和投资驱动;放大人的聚合,以人才战略带动人口战略。其次,新经济是科技创新的经济。这主要表现在,新经济用知识改变命运,用科学技术创造生产力和财富,加速将基础研究、应用研究、商业研究与转移转化、创业创新、产业化有机结合。再次,新经济是产业变革的经济。通过产业分解、融合、跨界不断产生新产业新业态,从软硬结合到数智兼备、器网结合,形成从消费反向决定生产、供应需求两边通吃、打破产业界限的经济形态。复次,新经济是金融赋能的经济。金融不仅是新经济的血脉,还是新经济的杠杆,更是新经济的引发器——机会识别机制、原创挖掘机制、企业育孵机制、产业助推机制。最后,新经济是社会变迁的经济。在新经济带动下,伴随2C消费方式场景化、2B生产方式智能化、2F生活方式社交化以及2G治理方式数字化,加速从半工业半信息社会走向数字地球与智能社会。

站在第三次科技革命与产业变革走向第四次科技革命与产业变革的历史节点,改革开放第一个四十年到第二个四十年的历史起点上,以及新冠疫情的发展拐点上,我们需要充分认识新经济对经济社会带来的改变、新经济对产业经济的重塑以及新经济对创新驱动的路数,全面拥抱新经济时代的到来、踩住新经济时代的发展脉搏。一是产业生成方式发生了变化。从"大产业、大企业、大平台、大项目"的大逻辑,走向"产业新体系、城市新空间、企业新梯队、创新新生态、要素新供给、发展新治理"的新逻辑。二是创新组织方式发生了变化。从"基础设施-基础研究-应用研究-商业研究-转移转化-产业化"的正向链式创新,走向"产业化+创业创新+

转移转化＋商业研究＋应用研究＋基础研究"的反向资源配置的逆向创新与垂直创新。三是产业组织方式发生了变化。从一定技术条件下，投入多少土地、劳动力、资本、资源要素产生多少产出，到在一定产业创新生态下，输入多少思想洞见、数据资源、场景供给、智能技术、平台服务、流量流水，输出多少新技术、新模式、新业态、新产业等新动能。四是企业成长方式发生了变化。从工业时代的小微企业、规上企业、骨干龙头企业、跨国公司，到高技术产业下的科技创业、高新技术企业、高技术大公司，走向新经济时代的哪吒企业、瞪羚企业、独角兽企业、龙企业。五是资源配置方式发生了变化。从人才、技术、知识跟着资本走，以及资本跟着产业走；到产业、资本、技术、知识跟着人走，人跟着生态走。六是生产生活方式发生了变化。从前两次产业技术革命生产决定消费，到第三次产业技术革命消费决定生产，再到第四次产业技术革命实现生产生活方式贯通。

11.4.3 抢占新经济时代发展先机

新经济是创新经济的主体，也是新旧动能转换的重要推手，还是新时代高质量可持续发展的主战场。自近代以来，太原在特定的资源禀赋、区域交通、政策导向下率先成为民族工商业的重要发源地。伴随新中国计划经济条件下的生产力布局强化以及改革开放以来的结构改革与扩大开放加持，太原不仅建立了完备的现代工业体系，还成为全国典型的能源大市与制造业基地，为经济社会全面发展奠定了坚实的物质基础。同时，我们也必须需要清醒看到，太原高科技创业源头不足、高能级创新平台不多、高成长企业梯队不够、高质量产业集群不强、高水平数字基建不强、高水平创新生态不优与高能耗、高物耗、高污染、高排放并存的长期结构性矛盾依然突出。太原的传统工业经济发展模式要实现系统性根本转变，迫切需要在新经济的带动下更加轻盈地腾飞和蜕变。尤其是在当前错综复杂严峻的国内外形势下，世界主要发达国家加速"逆全球化"进程、新兴市场国家不断崛起、贸易保护主义和国际市场竞争加剧、新冠疫情在全球蔓延，在政策收紧、银根收紧、土地收紧、要素约束、能源约束、环保约束、机制约束等条件下，太原以新经济加快建设开放型创新经济、带动老工业基地高质量可持续发展刻不容缓。

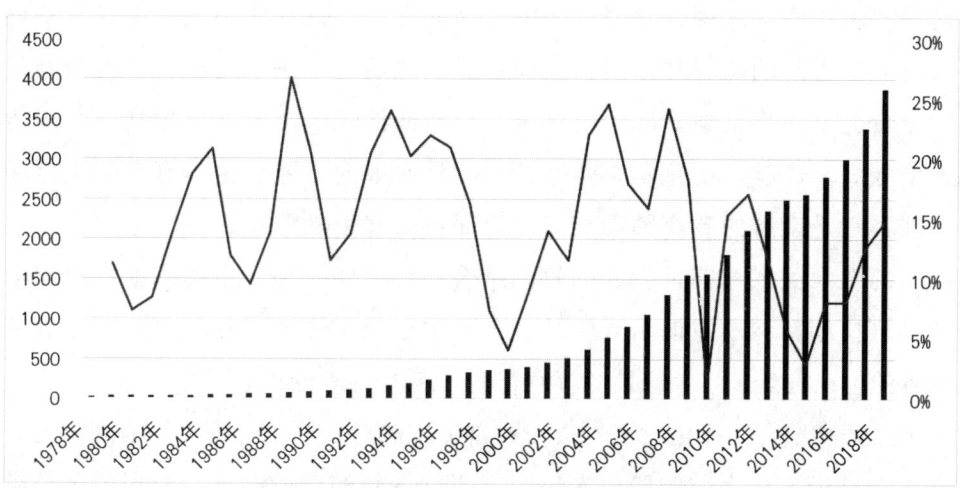

图：改革开放第一个四十年太原 GDP 规模及增速

11.4.4 重识晋商精神的文化矛盾

重塑新的晋商精神一定需要重新认识晋商精神的文化矛盾，这个矛盾初步总结为如下六个方面：一是精明与保守的矛盾。一方面具有商帮天生敏锐商业意识、把握商机的精明；另一方面风险意识抑制了冒险精神，"因为看见所以相信"，而非"因为相信所以看见"。二是独立与依附的矛盾。一方面在经济上重商，通过商业成功满足生存发展；另一方面很容易走上政治依赖的机会主义，政商关系很容易剪不断理还乱。三是抱团与沟通的矛盾。一方面具有彼此联结、相互提携的集团精神；另一方面很容易在互联互通中走向政商关系的极端。四是寻利与寻租的矛盾。一方面通过商业活动带动生产性行为，有利于财富创造；另一方面往往在红顶商人与虚拟泡沫中寻租，难以产生新的生产方式与现代资本。五是创未与守本的矛盾。一方面积极投入到商业、实业、创业、产业，做世人不屑之事；但另一方面一旦走向商业成功，便追求官绅名分。六是信托与宗族的矛盾。一方面具有浓厚的契约精神和商业运作的信托机制；另一方面难以走出传统文化宗族家族观念，很难产生现代的传承。

如今，对于山西发展而言，只有充分认识到晋商精神的文化矛盾，通过重塑晋商精神、重建晋商商帮，才能借助触底反弹，进一步逆势回归。而在"新晋商"之中，需要有如下方面元素：一是现实的理想主义。不要只看到山之前的障碍和阻挡，而应看到山之后的未来和希望，"因为相信所以看见"。二是独立的人格精神。只有经济独立，才能思想独立，才能人格独立，这就需要重塑企业家精神，只有如此，才会更有尊严的生存和发展。三是亲清的政商关系。与政府保持谈恋爱的状态，但不结婚，建立新型的政商关系。四是创新的软硬结合。将金融创新、市场创新、组织创新与科技创新、产业创新有机结合，产生新的生产方式和新兴产业。五是兼容的生产分配。将生产性的寻利行为、实体经济与非生产性的寻租行为、虚拟经济相结合，优化创造财富与财富分配的配比。六是现代的治理结构。走出陶醉于各种大院的历史光环，需要创造新的产业结构、公司治理、组织方式，更好地做好财富与事业传承。

11.4.5 让晋商商帮再创新的辉煌

新时期，太原迫切需要大力发展新经济，带动晋商商帮再创辉煌：一是以新场景再造需求拉动。每年发布城市场景清单，在城市管理、产业发展、民生保障、都市消费等领域"谋划一批、开放一批、建设一批、示范一批"，加快将潜在市场、潜在需求与数据算法、数字内容、服务体验、智能硬件等方面的结合，促进新企业、新技术、新服务、新产品推广应用，加快各次产业之间的跨界业态创新。二是以新研发优化技术构成。突出企业为主体、产业为导向、市场为机制、高校院所为支撑的新研发体系，通过高效率的创新组织与产业组织提高新研发效率效益。三是以新赛道抢占发展先机。大力发展工业互联网、人工智能、绿色能源、数字文旅、智慧物流、数字医疗、现代金融、数字消费等领域，开辟全新的赛道。四是以新物种夯实创新主体。伴随非线性增长企业梯队的涌现，哪吒企业、瞪羚企业、独角兽企业、龙企业等越来越多，在科学、技术、商业、产业之间夹杂着浓厚的浪漫主义与现实主义。太原要集成政策资源加快培育新物种。五是以新组织加快产业生成。采用以"上云用数赋智"为代表的组织方式，将创新经营业态、赋能技术构成、优化产业组织、转变生产方式等有机结合，助力新经济与传统工业经济的新旧动能转换与有机结合，尤其是发挥产业互联网在产业组织、产业促进中的核心作用。六是以新枢纽强化生态赋能。如今逐步从传统的产品企业，逐步走向具有产业组织与资源配置功能的平台企业，再到以数智驱动、高维世界的生态企业。七是以新基建强化底部根基。打破以往"铁公基"以及"房地产"为代表的传统基础设施建设模式，转而以技术创新为驱动、以信息网络为基础、面向高质量发展需要，加快形成软硬结合、数智兼备、线上线下、低开高走的发展形态。八是以新治理营造质优环境。加快从第二方公共服务提供者走向第三方创新服务集成商、第四方新兴产业组织者，发展成为地区创新生态顶层设计者、建设者和维护者，建立完善适应新经济发展的创新制度与治理结构。

11.5 呼和浩特：马背上失去青春却不曾知道？

呼和浩特是北方少数民族与中原汉民族、游牧文化与农耕文明的交汇之地，也是一个移民型城市，但由于没有和新的生产方式相结合，长期以来仍处于局部工业化、整体农牧文明的发展阶段。在新的历史条件下，呼和浩特需要提高位势，全面拥抱新时代高质量发展，以数智科技带动数字呼和浩特为突破口，加快建设为北疆创新中心[1]。

11.5.1 呼市并非成功的移民型城市

如今在城市发展方面，越来越形成一个共识，也就是移民城市具有发展活力。一方面，这个城市成为移民城市，说明他具有吸引力，能为更多的人提供淘金的机会；另一方面，大量人口的进入，进一步充实了这个城市的创业创新动能、生产就业劳动力、市场容量以及规模效应等。但不同的移民城市，发展水平往往不同。由于具有不同的人口结构、生产方式以及区域文化，就会产生不同的发展差异与差距。

---

[1] 本文据作者参加呼包鄂自创区规划专家座谈会、内蒙古数字经济"十三五"专家评审会发言资料整理而成。

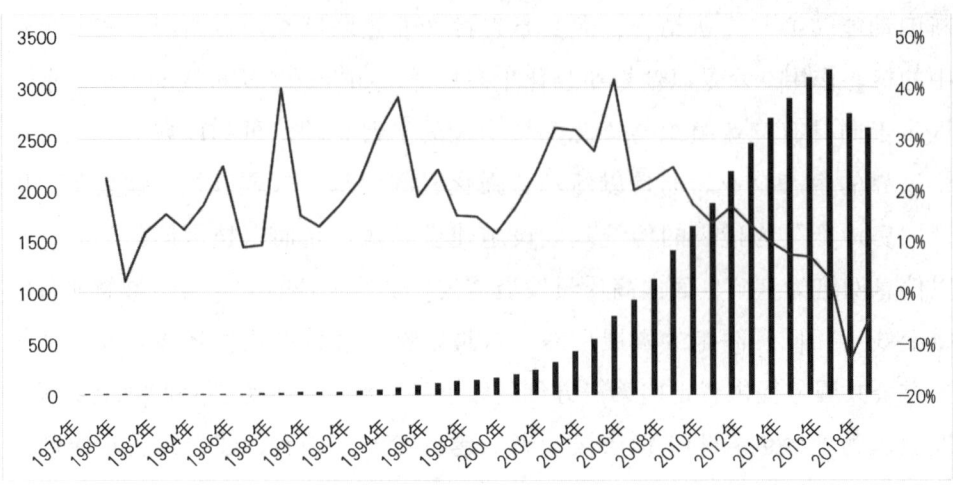

图：改革开放第一个四十年呼和浩特 GDP 规模及增速

从人口结构来看，深圳移民了很多创业创新人才，这些人往往都是新城市建设发展的塑造者，很容易成为新的主人；但宁波移来了很多产业工人，这些人往往是城市建设发展的适应者和接受者，很容易被同化。从生产方式来看，历史上的"闯关东""走西口"都不太成功，因为走出去了还是和传统农业生产方式相结合；但"下南洋"相对是成功的，至少与商业结合，并产生新的生产方式。从区域文化来看，只有从农业文明走向商业文明、工业文明、创新文明，才能更好地支撑经济社会发展。反之，发展到工业化后期以及后工业时代，但还用农业时代的思想，就很难走出传统发展的路径依赖。呼和浩特作为北方少数民族与中原汉民族、游牧文化与农耕文明的交汇地，历来是一个移民型城市，但更多的是生产力的梯度迁移，而没有产生新的生产生活方式。

11.5.2 人口结构如何决定城市腔调

"人口决定论"核心说的是一个地区之文化的形成与演化，取决于不同人口结构的配比及优化。原来都在讲"工、农、商、学、兵"，能够直接决定农业文明、商业文明、工业文明、创新文明不同阶段的发展层级与同一阶段的发育水平。"文化决定论"说的是，大家都是不同文化的产物或者符号，文化作为一种惯性深度影响着每个人的思维模式、行为模式与气质形象。"人口决定论"到"文化决定论"说的就是人口结构与文明发育、文化孕育之间的关系。比如移民城市的人口结构，能够形成更加开放、包容、宏大的文化，进而影响战略抉择、制度取舍等等。

在过去，我们的生产函数是在一定的技术水平与基础构成下，研究投入与产出的关系。如今，我们更需要在特定人力资本结构下，探讨不同"决定要素"之间的关系。要素拼的是投入，科技拼的是技术门槛，制度拼的是环境，战略拼的是视野、胆略与见识，文化拼的是价值观与想法。如今是想法决定做法、做法决定目标、目标决定价值。只有改变了人及其所依存的思想意识形态，才能创造更大的价值。几乎可以说，在特定人力资本结构条件下，要素堆积比不过资本玩家，资本玩家比不过科技创新，科技创新比不过制度安排，制度安排比不过超前战略，战略制胜比不过文化引领。

11.5.3 呼市应该成为创新中心

呼和浩特在全国的位置，取决于能否成为全国人的呼和浩特，而不是内蒙古人的呼和浩特。要成为全国人的呼和浩特，最需要解决的一个问题，不是让呼和浩特成为高净值人群前来购房的目的地，而是让呼和浩特更好地承担相应的国家战略，产生更加开放、包容、融合的文化，吸引更多的企业、人才前来淘金，让更多青年才俊能够落地、生根、发芽、开花、结果。在新时代高质量发展过程中，呼和浩特具有如下四大着眼点：

一是当前新科技革命与产业革命逆势爆发，全球经济加速从工业经济向创新经济方向转变，新旧动能转换成为国家重要发展任务，呼和浩特迫切需要在新时代高质量发展导向及战略指引下从传统工业化发展模式向创新经济方向迈进，探索沿边地区新时代高质量转型跨越发展之路；二是当前可持续发展成为新世纪重要议程，我国发展从追求高速度增长到追求高质量发展，绿色生态发展成为全球重要关切问题，呼和浩特迫切需要在建设绿色生态安全屏障发展导向及约束下实现经济、资源、环境、生态的有机结合，探索国家战略物资富集地区的可持续发展之路；三是当前第三次经济全球化进入新的阶段，全球经济中心及其重心向中国等国家双重位移，"一带一路"倡议成为国际合作重要共识，呼和浩特应该在扩大开放与提升合作发展导向下从沿边商贸合作前哨发展成为国际开放创新合作的前台，支撑我国对俄罗斯与蒙古的国际科技合作战略；四是当前区域经济一体化带动战略增长极，城市进一步代表国家参与全球合作与国际竞争，区域协同创新成为地区崛起重要途径，呼和浩特迫切需要在城市群一体化发展导向下加速首府城市、工业城市、能源城市协同发展与有机结合，打造我国少数民族地区产业高地以及创新中心。

11.5.4 全面拥抱新时代高质量发展

在多年建设发展过程中，呼和浩特具有如下发展基础：一是集聚特色科教智力资源，推动产业技术应用创新。大力支持院地、院企合作建立创新平台等方式，创新合作模式，吸引高水平科技创新资源集聚和新技术、新产品的落地，围绕重点产业提升技术创新能力。二是国家战略物资较为富集，加快产业集聚集群集约。内蒙古"羊煤土气"的国家战略物资较为富集，加快将资源优势转化为投资优势、产业优势和创新优势，探索特色产业发展路径。三是贯彻落实绿色优先战略，构筑北方生态安全屏障。在坚持绿色优先战略下，坚持以产业升级带动绿色生态发展，构建市场导向的绿色科技创新体系，加强水、土壤、大气污染治理攻坚，探索生态综合治理体系，为全区生态优先绿色发展提供资源保障。四是加快呼包鄂城市群建设，建设沿边战略增长引擎。大城市结合不同城市资源禀赋、城市定位探索自身发展模式，逐步形成呼包鄂协同发展机制，带动沿边经济创新发展。五是强化沿边地区开放位势，打造中俄蒙合作主平台。坚持开放协同发展，促进国内外资源共享共用，充分利用"两个市场 两种资源"。

进入高质量新时代，迫切需要以生态可持续发展为导向，以营造创业创新生态为主线，以新旧动能转换为主攻方向，以产业技术创新能力提升为着力点，以中俄蒙合作为特色，以呼包鄂城市圈一体化为支撑，深化改革开放，探索沿边地区新时代高质量转型跨越发展之路，支撑我国对俄罗斯与蒙古的国际交流合作战略，打造我国少数民族地区产业高地与创新中心，形成促进自主创新及新兴产业发展的新模式新机制新形式，加快实现"创业创新生态加速赋能、现代产业体系取得突破、高端资源要素集聚融合、开放协同发展态势彰显、辐射带动能力基本显现、体制机制创新不断深化"的发展态势，引领辐射带动内蒙古新时代高质量发展。

重点打好如下组合拳：一是带动国家基础战略产业发展。突出呼和浩特首府城市服务支撑能力，大力发展信息服务、农业科技、科技服务，带动以包头为代表的工业强市大力发展稀土产业、合金材料、装备制造，带动以鄂尔多斯为代表的资源城市加快产业转化以及绿色发展。二是带动呼包鄂城市群发展，重点推进呼包鄂等协同创新、动区内周边地区发展、推动京蒙地区深入合作、链接国内产业创新高地等工作。三是营造质优创业创新生态，通过搭建产业创新孵化体系、引进培育高端创新平台、提升科技服务集成能力等加快双创服务体系赋能；通过承担国家重大科技项目、布局产业技术创新专项、完善政产学研金介网络等强化产业技术应用创新；通过培育壮大科技初创源头、培育挖掘高新技术企业、支持瞪羚企业做强做大、推进科技企业加快上市等培育新型科技企业梯队。营造良好创业创新氛围。四是聚合产业应用创新资源，重点推进创业创新人才引培计划、科技金融创新中心建设、专利技术创制中心建设等工作。五是促进中俄蒙合作新格局，重点推进布局建设跨境创新平台、促进跨国技术转移转化、提升跨国科技合作层级、巩固俄蒙人文经贸交流等工作。六是建立完善创新体制机制。

11.5.5 借助数智科技建设数字呼市

在全面拥抱新时代高质量发展过程中，重点着眼四个方面，以数智科技建设数字呼市作为突破口，形成新发展：一是着眼夯实数字科技发展基底，以数字基建带动数字科技，在一个工业化、高科技时代基础设施薄弱的地方换道超车；二是着眼缩短与数字世界的距离，以数字科技带动数字经济，在一个局部实现工业文明、整体上农业文明的地方走向创新文明；三是着眼感受数字新时代的脉搏，以数字经济带动数字社会，在一个基础资源与条件质优但产业创新不足的地方走向新经济；四是着眼拥抱数字中国的新发展，以数字呼市带动数字内蒙古，在一个横跨中国东北、华北、西北延边的地区提升治理能力。

表：数字城市结构化解构

创新范式	发展路径	关键元素
新生产方式（企业）	立足新基建打造超级智联生态	软硬结合、数智兼备、器网结合、万物智联的
新生活方式（家庭）	围绕新场景优化供给结构改革	将数据、内容、算法、体验、服务、硬件等有机结合
新发展方式（产业）	立足新赛道建设现代产业体系	数字科技带动数字经济、带动数字贸易、带动服务贸易、进而带动货物贸易
新组织方式（社会）	立足新枢纽建立全新组织方式	将数据要素、智能技术、场景需求、平台组织、生态赋能紧密结合
新增长方式（区域）	立足新生态产生全新增长方式	将研发生态、创业生态、服务生态、产业生态、营商生态有机结合
新治理方式（政府）	围绕新治理真正打通治理顽疾	用数字技术提升现代治理能力，以社会建设带动经济建设

具体而言，重点实现如下六个方面的突破：一是立足新基建打造超级智联生态，产生新生产方式。以往凭"铁公基"打造适宜工业化的基础设施，如今只有在新基建上，才能建立软硬结合、数智兼备、器网结合、万物智联的新生产方式。二是围绕新场景优化供给结构改革，产生新的生活方式。以往是生产决定消费，产生了工业化的大规模批量化生产；如今则是消费反向决定生产，将数据、内容、算法、体验、服务、硬件等有机结合。三是立足新赛道建设现代产业体系，产生新的产业结构。以往的现代工业体系以工业化为核心，更多的是划地成园、出口导向、规模制造；如今的现代产业体系需要以产业数字化、数字产业化为核心，形成"有了煤、就有了电、有了电就有了数据、有了数据就有了经济"发展路径。四是立足新枢纽塑造价值网络关系，形成新的组织方式。所形成的组织方式不再是基于特定技术条件下，投入多少土地、劳动力、资源和企业家才能，就产生多少产出；而是将数据要素、智能技术、场景需求、平台组织、生态赋能紧密结合在一起。五是立足新生态孕育全新发展机制，产生新的增长方式。政府搭建平台、市场开辟赛道、创业产生赛手，形成创新生态赋能的发展结构与增长方式，将研发生态、创业生态、服务生态、产业生态、营商生态有机结合。六是

围绕新治理打通跨行政系统顽疾，产生新的治理方式。不仅用数字技术提升现代治理能力，还以社会建设带动经济建设。

11.6 包头：如何从资源开发到财富创造分配？

包头历史上是联结北方草原游牧文化与中原农耕文化之间的交通要冲，如今是内蒙古的制造业、工业中心及最大城市，也是中国重要的基础工业基地和全球稀土产业中心。在新的历史条件下，如何把握资源型城市发展规律，打破资源魔咒，以高水平发育带动高质量发展、进而带动高速度增长成为重要的发展取向和追问的逻辑。

11.6.1 资源型城市发展为何千差万别？

2013年《全国资源型城市可持续发展规划（2013-2020年）》中首次界定了全国262个资源型城市，并根据资源保障能力和可持续发展能力差异，将资源型城市划分为成长型、成熟型、衰退型和再生型四种类型，以帮助资源型城市摆脱"因矿而生、因资源枯竭而衰"的魔咒。从全国资源型城市分类发展情况来看，传统资源型城市发展路径是"矿－产－人－市－城"，也就是有了矿就挖产、有了产就来了人、人多了便成了市、市大了城便强化，最终形成了"矿产人市城"融合的发展模式。在新的历史条件下，这种发展路径需要转换为"城－人－产－科－港"，也就是通过优化城的创新生态和营商环境吸引人才人口，再以人才战略带动人口战略，再以人口结构转变促进产业结构转变，在产业结构转变中提高科技含量，最终在全球范围配置资源和创造财富。这其中，从全国资源型城市高新区排名分布情况来看，高新区排名高的资源型城市就是基本进入了创新驱动发展的城市，而高新区排名低的资源型城市往往是经济社会发育不足的城市。

表：全国资源型城市分类发展情况

序号	类型与基本面	案例
1	工业化初级的资源枯竭型城市，尤其是以因矿设市的地级市GDP体量较小，"矿竭城衰"，基本在500亿元以下	石嘴山、铜川、白银、乌海、阜新、玉门等

2	资源开发早期、工业化早期的成长性资源型城市,拥有多大的开采储备、人口就有多大 GDP、税收,3000 亿以内	延安过 2500 亿元、呼伦贝尔约 1000 亿元、武威 500 亿元左右
3	可开发利用资源充沛、处于工业化实践阶段的成长性资源型城市,有重化工及接续产业,3000 亿+	榆林过 4000 亿量级、鄂尔多斯市过 3500 亿元
4	资源开发历史长、工业化发育相对充足的成熟性资源型城市	济宁 4900 亿元、东营 2900 亿元、大庆 2500 亿元、平顶山 2300 亿元、宝鸡 2200 亿元左右
5	资源开发历史长、工业化发育不充足的成熟性资源型城市	长治 1600 亿元、大同市 1300 亿元、赤峰 1200 亿元、金昌 340 亿元左右
6	具有良好工业发育、现代化经济体系完备并实现再生型发展的资源型城市	徐州 7000 亿元、唐山 6300 亿元、洛阳 5000 亿元左右
7	具有良好工业发育、现代化经济体系不完备并实现再生型发展的资源型城市	包头 2700 亿元、鞍山 2000 亿元、鞍山 1700 亿元
8	处于工业化中后期、培育发展高科技实现再生型发展的资源枯竭型城市	淄博过 3600 亿元

注：表中各城市 GDP 数据为 2019 年数据。

整体而言，资源型城市的开发建设时序或发展阶段，往往有如下呈现：一是因矿兴产，基于资源区位比较优势的产业功能与产业发展，实体经济属性不断加强，具有明显的投资驱动色彩，地方政府主要财税来源是各类生产性、消费性的产业税收收入；二是因产兴市，基于土地开发建设的城市功能与城市经营，地产经济成为支柱产业，具有明显的要素驱动色彩，地方政府主要原始积累与税收来源往往是土地的一次性出让收入以及与房地产衍生税收收入；三是要么矿竭城衰，要么因产兴科，基于科技创新创业的创新功能与高新科技，高新产业成为重要支柱，具有明显的创新驱动色彩，地方政府主要财税来源于高端、高效、高附加值的企业所得税、个人所得税等，打破土地财政依赖；最后要么产衰城衰，要么走向城兴产兴，基于资本运作交易交割的金融功能与财富分配，具有明显的财富驱动色彩，虚拟经济属性得以加强，具有明显的财富驱动色彩，政府财税收入主要来源为生产性服务业税收收入以及各类非生产性衍生税收收入。当然，很多资源型城市的高新区往往不是资源所在地,其发展路径更多地城市、产业、科技,最后走向科产城人融合发展。更进一步而言,这个开发时序或者发展阶段,便是从以"城"为主的要素驱动、以"产"为主的投资驱动、以"科"为主的创新驱动走向一旦人多了、富裕了便出现的财富驱动。

表:全国资源型城市高新区排名分布情况

序号	类型与基本面	高新区排名区间与代表
1	资源枯竭型城市且工业化比较初级	在 130-158 名之间,如石嘴山高新区 2019 年第 132 位
2	资源型城市但资源不再高新区	在 100-130 名之间,如唐山、鄂尔多斯、榆林等高新区 2019 年第 101、第 109、第 128 位
3	资源在高新区或部分在高新区且有一定工业化实践	全国排名在 80-100 名之间,如济宁、包头、太原等高新区 2019 年分别第 88 位、第 94 位、第 96 位
4	资源型城市有大规模工业或老重工业基础	在 50-70 名之间,如大庆高新区、兰州高新区 2019 年分别第 60 位、第 70 位
5	资源枯竭型城市,工业化有充分发育并有高科技感	往往在 40-50 名之间,如淄博高新区 2019 年分别第 47 位

11.6.2 资源型城市如何打破资源魔咒?

在以往发展过程中,伴随包头资源能源的大规模开采挖掘,包头经济发展基本上是以东西部经济分工的内循环为主。当时的西部大开发,几乎就是加强西部与中部、东部基础设施互联互通基础上,将西部的资源输送到东部,在东部加速工业化、开拓国内外市场、实现高附加值,而包头更多的是前端的资源在内、中段的生产制造与下游市场应用在外。在此过程中,以"铁公基"的根基、工业化生产力布局以及哪里有煤矿、港口、钢铁、区位,哪里就是传统经济地理上的新宠。这其中,产业产能及生产力布局根据传统经济地理布局在哪里,资源、人才、资本就会流向哪里。但如今,则是哪里的生态好,人才人口就流向哪里,人才人口流向哪里,资本、技术、产业产能、消费等各种流量就会流向哪里。

如今我们不仅进入新时代高质量发展阶段,还进入了新时代西部大开发,还需要构建新发展格局。应该说,审视新发展格局,核心是一个国家

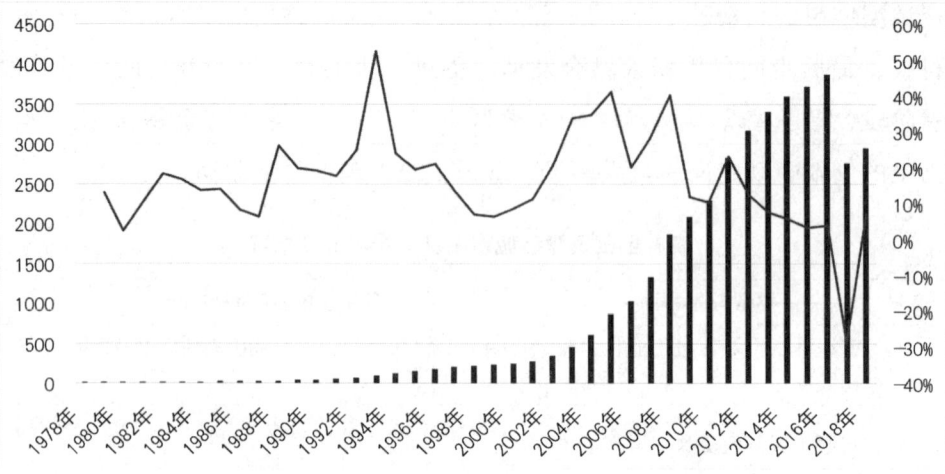

图：改革开放第一个四十年包头 GDP 规模及增速

或地区如何在全球范围配置资源、创造财富和分配财富。对于包头及包头高新区而言，不仅要借助能化产业以及其他接续产业等延长资源型产业的产业链，还要通过大力发展新兴产业提高价值链，不仅需要通过布局科技服务业完善创新链，还要通过打造行业要素市场、交易平台、平台机构强化供应链。这其中，尤其是分配财富比创造财富更有市场优势，回答如何掌控资源实现高附加值，核心是突出创业人才、科技金融、产业技术等创新资源的创业创新动力，发挥总部企业、平台企业、要素机构等产业资源的产业整合能力，促进科教资源、能源资源的优化配置和产业生成。

具体而言，核心是围绕产业主导权之争，通过"强基建链，优链成网"。所谓"强基"，一是通过加强 1.0 的现代工业基础设施建设，如"铁公基"、工业四基等，增强产业基础能力；二是通过加强 2.0 的科研科创基础设施建设，如大学科技园、孵化器、加速器、科研条件平台等，增强产业技术创新能力；三是通过 3.0 的新型数字基础设施建设，如数字新基建、大科学装置等，增强产业业态再造能力。所谓"成链"，一是往下游应用走——延伸产业链，大力发展下游产业及接续产业，做大体量规模；二是往科技创新走——强化创新链，打造国家能源科技创新中心，提高创新能力；三是往服务业态走——跃升价值链，大力发展生产性服务业、数字消费、服务贸易等，提升发展质量;四是往数字大脑走——嵌入区块链,率先建设数字园区,围绕不同应用场景探索产业互联网＋交易平台＋产业数字化发展模式,拥抱数字变革;五是往金融资本走——壮大资本链,将挖掘资源到资产化、资本化,从资源流转到资源配置,从生产财富到分配财富;六是往绿色发展走——夯实生态链。所谓"成网",核心是形成将研发生态、创业生态、服务生态、产业生态、营商生态于一体的创新生态。从生态学的角度来讲,"生态赋能"就是资源要素的"池子"以及创新服务的"台子",让更多创新创业的"种子"落地、生根、发芽、开花、结果,以创业、企业、产业意义上的新动能,产生带动经济增长与社会发展的新能量——新思想、新模式、新技术、新业态、新产业。

在整个过程中,不仅需要从资源挖掘到资产资本、从资源转化到资源配置、从创造财富到分配财富,还需要从资源在内、市场和产业在外的传统发展格局转化为产业优势与创新优势。尤其是将包头的资源优势,借助科教智力资源、创新创业资源、产业要素资源的集聚,整合全市的资源能源,回答如何掌控资源在包头实现高附加值。也就是,突出创业人才、科技金融、产业技术等创新资源的创业创新动力,发挥总部企业、平台企业、要素机构等产业资源的产业整合能力,促进科教资源、能源资源的优化配置和产业生成。

11.6.3 资源型城市如何实现"三高"发展?

进入高质量发展新时代,对于地方而言,需要高水平发育、高质量发展、高速度增长的有机结合。"增长"主要是个结果,但"发展"既有发展理念、又有发展过程、还有发展结果,"发展是硬道理"也就是在发展中转移矛盾、解决问题、实现增长。也就是说,发展和增长并不是两个政策目标的取舍,而是需要进入更加全面的层级与段位。但"没有完整地发育就难以有充分的发展",所以在高质量面前,需要以高水平发育带动高质量发展、以高质量发展带动高速度增长。

在此背景下,包头需要以3.0抢占未来、2.0壮大主体、1.0夯实根底。这其中,3.0的是新经济,以生态开发为主。率先走新经济发展道路,突出引领能力，以城市功能带动科创功能，让新场景、新研发、新赛道、新物种、新组织、新基建、新治理成为重要发展元素。2.0 的是高科技，以功能开发为主。坚持高技术产业发展模式，提高效率效益，以科创功能提升产业功能，让前沿科技、科技创业、创业孵化、风险投资、新兴产业集群成为重要的元素。1.0 的是工业化，以形态开发为主。大力发展工业化，做大体量规模，以产业功能带动城市功能，借助工业投资、招商引资、技术改造、税收返还、工业园区、土地指标等元素迅速大大做强。需要以 3.0 抢占未来，把握新一轮发展先机；以 2.0 壮大主体，抢占产业制高点；以 1.0 夯实根底，掌握产业主导权。

12 促进华中战略崛起：古豫荆楚潇湘共中堂

12.1 武汉：如何率先探索疫后突围发展之路？

新冠疫情来袭，武汉经济社会运行一度瘫痪，付出了较大的成本与代价，也引来全球关注。在防疫抗疫中，钟南山院士表扬武汉是一个伟大的英雄城市。疫后重建，不仅迫在眉睫，关键在于如何认识、如何反思、如何谋划，进而率先实现疫后突围发展之路。

12.1.1 高维世界的智能社会已然来袭

在抗疫防疫中，进一步把原来的场景假设变成了现实场景：从事实说话到数据说话、从高触高感到无触无感、从现场实施到远程操控、从虚拟现实到智能实现、从多人工厂到无人工场、从官管民理到全民共治、从生态掠夺到见朴抱素。这些场景的变化，体现了科技革命与产业变革、经济增长与社会发展出现了更为实质性的变化：从碎片信息到数据驱动、从智慧感知到智能感用、从前台思维到后台思维、从物理线下到虚拟线上、从工业工厂到智能工场、从科层行政到扁平治理、从科技求富到科技向善。伴随这些变化，倒逼了2C（个人）消费模式、2F（家庭）生活方式、2B（企业）生产方式、2G（政府）治理方式的转变，呈现出消费模式场景化、生活方式社交化、生产方式智能化、治理方式数字化等发展趋势。也正是在消费模式场景化、生活方式社交化、生产方式智能化、治理方式数字化的带动下，我国经济社会发展加快从半工业半信息社会走向智能社会。某种意义上，智能社会＝场景消费＋社交生活＋智能生产＋数字治理。而在智能社会条件下，经济发展与社会发展将打破以经济物质基础支撑社会发展的初级发展阶段，进入经济建设与社会建设协同一体发展的新阶段，进一步呈现出产业发展的经济功能与社会功能并重、科技创新的经济功能与社会功能并重等态势，对近中期、长远期发展将产生深远影响。

12.1.2 为何很多智慧城市建设会失败

整体而言，疫情揭开了传统智慧城市建设的遮羞布，暴露了以往大部分智慧城市建设是失败的，只有杭州等少数城市是成功的。在过去，加上县级市、地级市等，有几百多个城市搞了智慧城市建设。但在防疫抗疫过程中，很多智慧城市发挥的作用，远远比不上少数几个新经济平台企业。尽管很多地方以智慧城市力求"化危为机"，但仍然还处于"二维世界"。弊在于政府主导而非政府引导、平台企业主导，在于用社会建设、事业运作、封闭运作的方式而非经济建设、商业运作、企业运作的方式，在于用结构化的管理而非去中心化、非中心化的治理，在于以运营商主导的传统基础建设而非服务商带动的新基建，在于从硬入软而非从软入硬。但为什么在防疫抗疫过程中，杭州反而表现抢眼？正是由于浙江理念包容、杭州政府开明，使得杭州的"城市大脑"是平台企业承建。然而恰恰是依靠一个平台型企业，通过去中心化（打破政府主导的智慧城市）、再中心化（平台）、再去中心

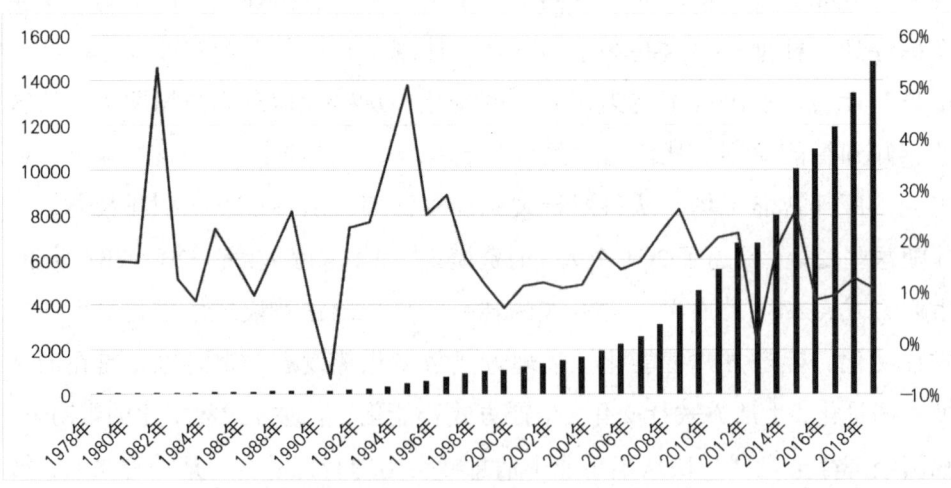

图：改革开放第一个四十年武汉 GDP 规模及增速

化(生态),真正实现了数据驱动。但只有找阿里来建"城市大脑"都能成功?这并非是确定的,不光是因为数据量级等问题,关键是政府发展理念、运作方式是否与之能匹配。

12.1.3 高维世界需要怎样的逻辑升维

伴随疫情历史拐点的出现,我国从半工业半信息社会加快走向智能社会,传统的工业化、信息化、城镇化、市场化、国际化让位于泛工业化、再城市化、超智能化、深生态化、再全球化。而数字化则是泛工业化、再城市化、超智能化、深生态化、再全球化最大的交集、最有效的切入口和突破口。如今,对于武汉而言,需要借助数字化实现三个转变:一是产生全新的消费方式、生活方式、生产方式以及治理方式。在消费模式场景化上,将产品服务、数字内容、数据算法、敏捷供应有机结合在一起,创造新的消费体验、消费景图与市场空间。完全可以用场景与农业、工业、城建、民生、治理等相结合,产生新的经济形态、新的经济模式与新的产业业态。在生活方式社交化上,实现人人互联、万物互联、随时随地且高接触、高情感的社交化生活方式。在生产方式智能化上,逐步形成"数据驱动+平台赋能+智能制造+敏捷生产",并与敏捷供应、社交生活有机结合在一起。在治理方式数字化上,政府加大数字设施、数字平台、数字大脑等架构,让平台企业、社会企业等多元主体参与社会治理。二是从外向型工业经济到开放型创新经济,探索以创新经济带动数字贸易、以数字贸易带动服务贸易、以服务贸易带动货物贸易,更好地参与全球分工与区域合作。三是从存量经济外延增长到存量经济旧动能性转换,核心是用新经济将产业重新做一遍。

12.1.4 疫后打好"不服周"的组合拳

如今很多人将数据与土地、资本、人才等同等视为生产要素,但这种认识还比局限。经济学上讲的"生产函数",就是一定技术条件下投入与产出之间的关系。具体而言,是指在一定时期内,在技术水平不变情况下,生产中所使用劳动力、土地、资本、企业家才能等各种生产要素的数量与所能生产的最大产量之间的关系。几乎可以说,生产函数思维恰恰是"要素驱动""投资驱动"的思想根源与逻辑原点。那么在创新驱动阶段,我们究竟需要怎样的组织方式？

在认知上，核心是从生产函数到生态函数。在资源配置上，不再是基建、土地、人才、资本、技术等，而是场景、智能、数字、平台、生态、流量；在组织方式上，不再是工业化、信息化、市场化、资本化等，而是场景拉动、智能引领、数字驱动、平台带动、生态赋能、流量聚合。所以，整个体例应强调数字基础设施（新基建）、数智技术创新（新研发）、数字场景创新（新业态）、数字平台布局（新空间）、数字生态赋能（新生态）、数字治理结构（新治理）。在很多语境上不再是工业化信息化下的语境，而是新经济意义上的。

在路径上，核心是将社会建设与经济建设相统一。核心是对投入产出效益不高的公共事业、对资源配置效率不高的社会固投、对公共服务效能不高的行政管理、对居民福祉体验不高的民生服务，用商业手段解决社会问题、用数智技术加强基础设施、用共享经济释放资产泡沫、用平台企业参与城市管理，建立完善财政资金与社会资本相结合、产业资本与金融资本相结合、直接融资与间接融资相结合的资金资本投入机制，最终用社会建设带动经济建设、城市建设，实现经济发展和社会发展的有机协调。

在做法上，重点优化顶层设计、技术路线与推进机制。不仅优化顶层设计，从强调技术应用转向重视制度适用、从打造条块工具转向构建生态协作、从单纯政务系统转向复杂居民生产生活、从依靠行政命令转向依托市场运营；亦优化技术路线，创新区域治理体系和治理机构、构筑泛在互联的城市感知网络、组装通（共）用基础信息平台、强化智能社会各项场景应用；还创新协同推进机制，坚持创新驱动、跨界融合、推拉并举、开放共享，将产品技术创新、产业业态创新、产业组织创新、体制机制创新、社会治理创新等有机结合。

12.1.5 率先形成疫后新经济发展模式

在未来建设发展过程中，将探索形成如下组织方式与发展范式：一是数智新研发。聚焦数智科技，从创新端出发集中力量践行科技自立自强，从产业端出发面向产业需求导向进行逆向创新，形成新型科技攻关体制和创业式创新机制的双轮驱动新研发模式。二是经济新形态。围绕数字产业化、产业数字化，形成线上线下、云端云台、数智兼备、器网结合、智联生态、智能感应的经济新形态，培育有硬科技属性、平台属性、跨界属性及幂成长特征的新物种企业。三是数字新基建。着力构建全面互联互通的智能化数字基础设施，打造物联感知、高速泛在、融合智能的算力基础设施、新技术基础设施和通信网络基础设施，立足新基建打造超级智联生态。四是消费新场景。以新场景为牵引，从市场需求、消费升级出发，通过消费反向决定生产，将数据、内容、算法、体验、服务、硬件等有机结合，让数字消费成为一种重要的产业前置。五是要素新供给。建立要素的全新组织供给方式，将数据要素和智能技术、场景需求、平台组织、生态赋能紧密结合，促进要素自主有序流动，提高要素配置效率，进一步激发全社会创造力和市场活力。六是网络新空间。加强网络安全保障体系和能力建设，探索网络空间治理规则制度。壮大物联网安全、网络安全、数据安全等新业态，抢占网络空间与安全科技的新型国家安全技术制高点。七是开放新格局。形成以数智科技带动数字经济、以数字经济带动数字贸易、以数字贸易带动服务贸易、以服务贸易带动货物贸易，最终走向开放型创新经济的发展格局。八是创新新生态。将研发生态、创业生态、服务生态、产业生态、营商生态有机结合，形成更有活力、生命力、竞争力以及影响力的创新新生态。九是社会新治理。围绕新治理真正打通治理顽疾，用数字技术提升现代治理能力，用经济手段解决社会问题、治理问题，同时还以社会建设带动经济建设，促进经济社会发展。十是政务新局面。强化数字技术提升政务能力，对数字政府运行体制机制进行系统化、全方位重塑。推进政务流程优化再造，形成党政机关谋划、决策、执行、督查、反馈等数字化协同发展。

12.2 郑州：城市战略与产业布局将走向何方？

历经改革开放四十余年发展，郑州不仅成为千万人口首府城市，还成为万亿 GDP 国家中心城市。在新的历史条件下，回答好什么战略问题、如何回答以及抓住什么关键问题成为所追问的逻辑。

12.2.1 新时期究竟要回答什么战略问题

站在改革开放第一个四十年到第二个四十年的历史节点上,从"十三五"到"十四五"历史起点上,以及新冠疫情的历史拐点上,当前及未来郑州迫切需要回答如下五大战略问题:

一是在新经济地理的条件下,作为一个首府城市,如何扬长避短,掌控资源在郑州实现高附加值,打造首府创新经济生态圈。一般而言,首府城市往往集聚大量金融机构财富、国企垄断资源、总部经济流量以及科教智力资源、高端商贸消费等,但另一方面由于行政权力配置资源抑制市场机制配置资源,也存在难以实现财富放大、资源释放以及流量变现等。尽管郑州在河南的首位度较高、河南省市城市圈建设力度大,但国内很多省会所在城区并没有完全回答如何扬长避短,找到自身发展道路。迫切需要围绕高端、高效、高附加值环节,将平台经济的产业组织、科技金融的资本杠杆、总部经济的资源配置与科技创业的发展活力、技术创新的技术门槛、文化创意的想象空间有机结合,突出科技创业创新及产业化中台能力,掌控创新资源、产业要素在郑州实现资源优化配置、转化为高附加值及生产力并主导财富分配,打造首府创新经济生态圈及其创新生态中枢。

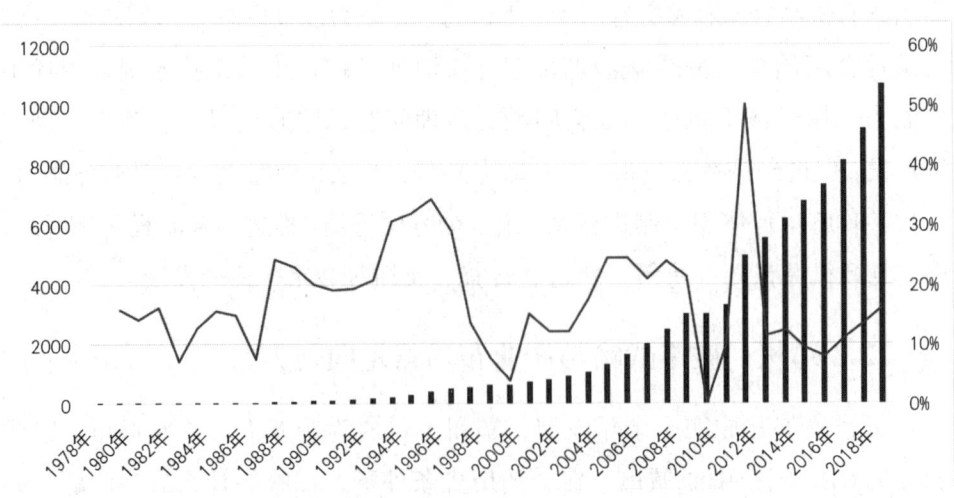

图:改革开放第一个四十年郑州 GDP 规模及增速

二是在新时代高质量条件下，作为一个税收占比低的省会城市，如何双高发展，实现城市形态与产业结构双转变，建成高质量高增长首善区。郑州是万亿GDP城市，但税收占GDP比重低于全国同类城市水平。伴随全球市场外需拉力减弱，我国东南沿海经济发达地区增速边际递减，中部崛起迫在眉睫。一方面具有中长期高速增长的空间，另一方面具有新时代高质量发展的要求，对于郑州而言，核心是探索高质量发展带动高速度增长。核心是如何促进经济发展模式与城市发展模式的协同，进而促进城市形态与产业结构的双转变、双提升，为河南省发展、中原崛起战略提供支撑和物质保障。

三是在产业技术革命条件下，作为一个流量城市，如何流量转化，着力提高郑州辨识度与首位度，抢占数智科技发展制高点。未来最有前途的创业和产业是将不同人流、资金流、信息流、商品流、货物流等在不同的产业链、价值链、供应链、生态链之中转化为数据流，最终转化为价值流。郑州是一个典型的历史文化、交通枢纽、旅游休闲、商贸物流相结合的流量型城市，还具有将各类创新资源及产业要素转化为生产力、财富及新兴产业的能力。在新的历史条件下，郑州迫切需要以产业辨识度抢占区域发展首位度，抢占新一轮产业变革的战略制高点、产业主导权与发展主动权。

四是在新一轮城市化条件下，作为一个各阶段不一的城区，如何协同发展，做好短中长以及前中后发展平衡，建设城乡统筹发展示范区。郑州整个辖区有的是城市建成区，城市功能完善，土地空间不足；有的是城乡结合，城市功能与产业功能具有基础也具有较大发展空间；有的是生态涵养区。尽管具有发展不平衡的结构性矛盾，但更有协同发展的空间。核心是在"科产城人"融合的条件下，做好协同发展，建设城乡统筹发展示范区。一方面处理好短期、中期、长期发展动力的关系，以建成区的城市功能以及土地挖潜强化资源虹吸与原始积累；以新区加强科产城融合，做好地产反哺、产业支城、创新强区。另一方面，处理好建成区前台、新区域中台、涵养区后台的发展结构。前台强调开放创新与资源配置，中台强调创业创新及产业化，后台强化保障。

12.2.2 产业布局引导发展规划的逻辑

郑州亟待全新的产业布局引导规划。对于产业布局引导，这里边就有两个核心问题。第一个核心问题，在当前条件下这个"局"到底是什么，把握了这个"局"就把握了新时期产业布局引导的灵魂与核心；第二个核心问题，不仅仅强调引导，同时需要强调发展。

在产业运动规律从产业分解、产业融合到产业跨界的条件下，"产业布局"的"局"就是从1.0的产业集聚（原生态）、2.0的产业集群（推拉并举型）到3.0的产业生态（生态赋能型）。产业集聚往往是在市场机制条件下原生的、自发的，要么是专业的空间集聚——强调同一个价值环节在一个地方集聚，要么是空间的专业集聚——强调在同一个地方集聚了相关专业环节，也就是通常而言的块状经济，其基本逻辑是产业模块化条件下的规模经济。产业集群往往是政府前瞻布局与市场自然选择合力的结果，具有产业高度集聚、价值链条完善、企业协同发展、服务配套完善、产城深度融合、综合效益突出等特点，其基本逻辑是产业分解融合条件下基于物理空间的范围经济。而产业生态，准确地讲叫作产业创新生态，强调自组织自成长，具有产业跨界融合、企业协同发展、资源高度聚合、空间服务耦合、开放创新发展等特点，其基本逻辑是产业跨界融合条件下从物理空间走向虚拟空间的生态经济。在此判断下，当前及未来的产业布局引导及其发展，其灵魂与核心是要从2.0的产业集群升级到3.0的产业生态。

准确地说，"引导"的概念，更多地强调了产业方向的厘定与空间布局的设定；名曰"引导"，更像是让人乖乖听话，一旦放进来之后怎么发展的方向感、路径感不强。除了"引导"，重在"发展"。本来"产业生态"是需要"建设"的，但"建设"往往引起歧义，容易误导大家搞基建。那么在突出"产业生态"的逻辑下，对于产业布局引导发展的思路，核心是强调集合产业功能、城市功能、创新功能的"科产城融合"发展理念，以及经济发展模式、城市发展模式、创新发展模式"三螺旋"协同演进发展模式。

与此同时，对于产业布局引导发展的重点，核心是解决产业导向、空间布局、生态发育、产业组织等四大问题。产业导向重点回答到底如何构建一个符合地区发展的现代化产业体系,确定哪些是规模体量大、带动系数高、辐射能力强、综合效益好的先导或者主导产业,哪些是成长速度快、专业领域新、发展潜力大、创新能力强的主体产业或者重点产业,哪些是提供生成能力、支撑能力、服务能力、保障能力的基础产业或者培育产业。空间布局强调城市功能、产业功能、创新功能在空间上的有机结合,从强调物理空间到强调物理空间与虚拟空间并重。生态建设重点围绕产业生态的特征,优化生态建设发展路径。产业组织重点围绕在政府、市场、产业、企业、社会之间建立一个怎样的治理结构与协同推进机制,尤其是在资源配置、产业促进、产业规制、管理手段上的新举措新机制。具体而言,郑州的产业布局引导规划需要围绕产业导向、空间布局、生态发育、产业组织四个问题,就产业发展定位、产业空间布局、创新生态建设、产业组织创新做系统梳理。

12.2.3 加快推进传统制造业转型升级

郑州在存量提升面前,重点推进两方面工作:一方面是跳出制造业发展制造业。只有在微观基础上实现了全新的生产方式,大大提高了生产效率,企业家才能有新的盈利空间,而产业业态也自然容易发生变化,才能有真正意义上的创新驱动。这其中,利用新的生产方式的产能,就是结构调整本身所在;没有产生新的生产方式的扩大再生产,恰恰就是需要被淘汰的落后产能。某种意义上,一个地区产业转型升级就是在生产方式上强化新一代信息技术等与制造业结合,实现"中国智造",优化生产的技术构成;就是在产业业态上实现"互联网+"及"+互联网",实现"中国再造",转变生产的发展形态;就是以创业创新集成新思想、新模式、新技术等并将其转化为先进生产力及全新产业,实现"中国创造",实现产业结构性调整。总而言之,"工业中长期就是走出工业",就是从一般意义上的"制造"到微观生产方式的"智造"、中观产业形态的"再造"和产业界面上的"创造"。

另一方面是跳出工业管理创新产业组织方式。多年前各类企业调研的需求近似千篇一律的土地指标、税收优惠、财政扶持、投融资便利以及其他指标、公共服务等等,而政府在产业促进方面,也处于产业要素配置与保障的层面。在传统工业条件下,产能、营收及能耗、物耗等可以计算出来,相关资源要素指标配置亦是可量化可控,政府是抓工业的高手,但在新兴产业培育、产业融合发展面前,用管工业的方式管服务业、管新兴产业就比较难。尤其在新经济条件下,很多企业对于产业发展的政策需求,更多的上升到产业组织层面、生态环境层面。比如,如何在政府引导、企业主体、产业导向下实现开放式协同创新;如何在强大的后台支撑下强化技术屏蔽以及国际市场开拓;如何建立良好的人才环境;如何建立完善市场化资源配置机制,如何打破产业规制及市场准入;如何建立统一公平公正开放的市场环境等等,尤其是重建社会激励结构。这其中,产业组织创新的核心是如何处理政府与市场、企业、社会之间的关系。包括哪些产业市场自然选择哪些政府前瞻培育、哪些环节市场机制发挥主导哪些政府解决市场失灵、如何不同产业分类引导扶持、如何实现产业融合再造发展、如何跨行政性系统配置资源、如何实现社会激励结构重建、如何处理创业创新与招商引资的关系,等等。而创新生态的核心就是如何让真正创造社会财富的群体以更低的交易成本、更集中的精力获得优先超额回报,主要是政府税率、银行利率、要素市场的租金普惠式、法定性或市场化下行,最终让企业利润率变高。

12.2.4 加快培育新经济产业创新生态

在增量培养面前,郑州重在以新方位谋新篇、以新办法做新事,加快培育新经济产业创新生态,以创新驱动全面转向新经济:一是新场景拉动新需求。在都市消费、休闲娱乐、时尚创意、文化旅游、城市管理、民生保障等领域,重点推广应用一批具有带动消费、提高体验、服务升级、市场扩容的新场景,支持中小企业创业创新和业务转型。二是新数智铸就新业态。以智能科技、数字科技为引领,促进人工智能与大数据、云计算、物联网、新一代通讯、移动互联网的深度融合,进而促进新一代信息技术与先进制造、其他前沿技术融合,在数字经济、智能科技的带动下加速产业跨界融合。三是新制造提升新产业。示范建设一批云制造工场、无人工厂,探索"数据驱动+云平台赋能+智能制造+智能终端+敏捷供应"生产方式,带动智能制造与产品智能终端化。四是新赛道抢占新高地。抢占互联网医疗及 AI 检测、机器人智能服务、企业云办公、无接触零售、互联网教育、智慧城市、数字娱乐生活等防疫抗疫增长点，着力培育流量商务、智能制造、新型连锁、企业商务、智能终端、物联生态、场景体验、平台运营等新赛道。五是新生态赋能新动能。突出大企业在终端市场、技术集成、资本运作、产业整合等产业组织、生态中枢作用，通过资源开放、战略投资、供应链整合、技术转移等方式，促进中小企业加快融入产业链、价值链、创新链、资本链、服务链、供应链，实现创业高端化、企业高新化、瞪羚企业公众化、大企业平台化发展态势。六是新平台引领新组织。充分发挥新经济平台型企业在产业组织、公共治理、资源配置、敏捷供应等方面赋予更大的功能与发展空间，以产业互联网为抓手，促进生产方式与生活方式融合，大力发展平台经济。七是新基建开辟新空间。结合智慧城市发展基础，加快建设以数字基础设施为代表的"城市大脑"，以优化资源配置并提升资源利用率，带动数字经济、智能社会建设发展，加快从电力时代到算力时代。八是新开放开辟新格局。探索以数字贸易带动服务贸易、服务贸易带动货物贸易的发展机制，大力发展跨境电商、软件贸易、通信、云计算、大数据、人工智能、区块链、物联网等信息技术服务贸易，突出数字传媒、数字娱乐、数字出版等数字内容服务贸易优势，探索互联网交付的离岸服务外包、数字医疗、跨境的软件外包等新业态。九是新供应强化新硬核。深入研究制造业、新经济、外经贸资源及其与全球供应链、全国供应链、本地供应链的经济联系、活动方式，建立完善自主可控、敏捷供应的供应体系，不断提升产业发展的基础能力。十是新治理加速新变革。充分借助数字化思维、理念、战略、资源、工具和规则等治理信息社会空间，实现数据泛在融通共享、平台服务资源集聚开放、新技术应用场景，确保信息数据在政府、社会、市场及公众之间畅通，以提升治理效率、优化服务供给、增加公众满意度，持续创新的新型治理。

12.3 长沙：如何在长江经济带里面大浪淘沙？

长沙是近年来区域发展的一股清流，尽管有着省会经济发展的效应，但在城市建设、产业发展、创新驱动以及人才集聚上颇有特色。纵观改革开放以来长沙产业结构发展历程，需要重新审视长沙的产业发展，为优化完善长沙产业结构演进创造良好的条件[1]。

12.3.1 改革开放以来长沙产业结构转变历程

在如何看待产业结构演进方面，很多研究一般是根据三次产业结构比重的数值划分相应阶段，并从中探究其中的演进成效、经验、问题与政策。很多时候三次产业结构分析过于粗糙，譬如一个地方由于工业发展不充分，且由于特定的区位、特殊的流量决定了服务业较为发达，就根本无法体现三次产业结构分析的价值和意义。某种意义上，更需要在把握好一个经济社会发展阶段、外部发展环境的演化，做理论导向的与实证研究、关键节点导向的演进机理解构。在长沙产业结构演进历程方面，主要分为如下发展阶段：

一是起步发展阶段，从1978年中国做出改革开放的战略决策到1991年"冷战"结束加速制造业全球化。在这一阶段基本上以1984年为分水岭，之前产业结构呈"二、一、三"格局，之后形成"二、三、一"格局。从1978年到1984年，长沙产业基本上是面向生活性、消费型、都市轻工业驱

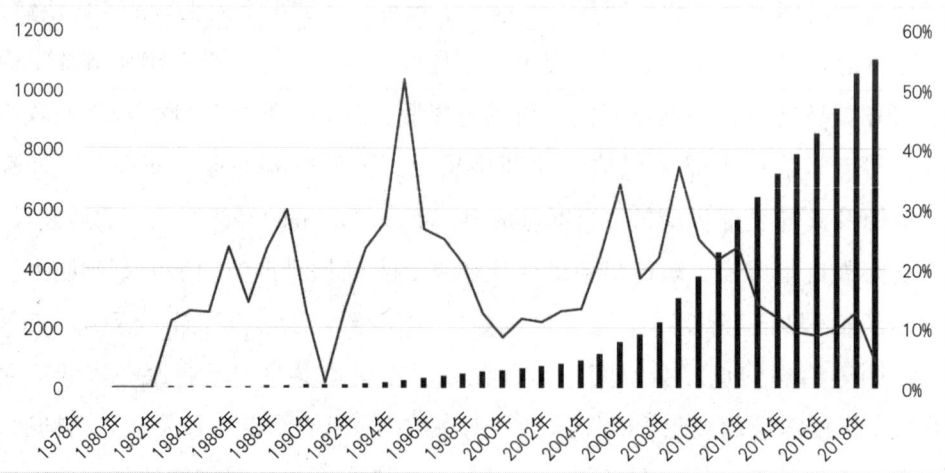

注：1980年前数据缺失。

图：改革开放第一个四十年长沙GDP规模及增速

---

[1] 2020年9月第一次来到长沙，参与了博云新材改革创新大会，并结合其中的思考形成本文。

- 376 -

动的劳动密集型产业，如针织品、服装、电视机、电表、日用陶瓷等；第一产业则以传统种植业为主；服务业尽管快速发展，但仍然存在体制机制障碍。从1985年到1991年，伴随中国第一批沿海城市以及经济开放区的带动，一方面通过承接国际产业梯度转移与扩大外需并存，长沙工业内部结构由轻工业迅速增长转向重工业迅速增长；另一方面，伴随运输邮电业、批零餐饮业等首府型生活性服务业行业，第三产业占比超过第一产业。

二是市场转型阶段，从1993年十四届三中全会至2001年加入世界贸易组织之前。伴随高校院所、国防军工、重大项目等源头作用，在20世纪90年代初，长沙逐步涌现出中联重科、三一重工等一大批大中型骨干企业，工程机械、汽车及零部件、电子信息、家用电器、中成药及生物医药和新材料获得了长足的发育；服务业从单纯的一般生活性服务业发展到交通运输业、信息传输及软件业、商务服务业、金融保险业、房地产业、文化娱乐等各个领域，甚至长时间出现"三、二、一"格局。

三是制造腾飞阶段，从2002年至2008年全球金融危机爆发。在此期间，长沙坚持"兴工强市"战略，逐步形成工程机械、汽车及零部件、电子信息、家用电器、中成药及生物医药和新材料等六大产业集群；与此同时，伴随入世后政府对服务业领域的逐步开放，全市通过利用外资大力发展服务业。此后，长沙基本上形成以重工业为龙头、以传统优势产业为主体、以高新技术产业为增长点、生产性服务业为补充的产业体系。

四是转型升级阶段，从2009年至2017年。在此期间，长沙大力发展以工程机械、电子信息、烟草制品、化学制品、有色金属加工和汽车制造业为代表的实体工业；新能源、大数据、移动互联网、VR等新型战略性产业蓬勃发展；金融业、信息软件技术服务、商务服务、科学技术研究等现代服务业迅速崛起。尽管产业结构形成"二、三、一"格局，以及基本形成重工业为主导、传统产业为主体、高新技术产业为增长点、现代服务业为补充的产业体系，但产业结构高级化未有破局，迫切需要加快产业转型升级与新旧动能转换。

如今进入高质量发展阶段，迫切需要在高技术产业发展模式、新经济发展道路，加快形成新的产业结构、经济形态与产业体系。

12.3.2 对长沙产业创新发展的不足以及判断

长沙实体经济发展，在产业发展层级、经济发展形态、产业发展范式等方面可以做一定的反思和分享。第一个不足，就是缺少抢占产业制高点、产业主导权、发展主动权的未来产业以及新经济发展战略。长沙几乎很难说有产业战略，都是立足各种产业、各县（市）区拼凑而成的，到底哪些归市场试错、哪些归政府培育市场、哪些是市级层面培育、哪些是县（市）区培育、哪些是做大体量赚钱、哪些是面向未来的，到现在仍然不是很清晰。第二个不足，就是由于工业和服务业跨界融合不够，导致经济形态仍以工业经济形态为主。"十二五"时期，杭州提出"实业立市"，长沙强调"兴工强市"。一字之差，背后反应的是不同的发展理念，并走向不同的发展形态。"实业立市"强调打破一二三产，强调制造业与服务业融合发展、强调实体经济与虚拟经济协调发展。只有立足制造但又跳出制造，让更多制造业服务化、服务业制造化、产品即服务、制造即服务，出现更多的智能经济、平台经济、分享经济以及数字经济、创意经济等新经济形态，才更有前途。第三个不足，就是产业管理范式的路径依赖。近年来，成都成立了新经济发展委员会，核心就是打破用管工业的方式管服务业、管转型升级、管新兴产业。以往大家都在构建现代产业体系或者现代产业新体系，未来更多的要强调未来经济新形态，这些新形态之下都由很多新业态组成。而"小微企业－规上/骨干企业－龙头企业－跨国公司"的企业梯队，则是工业管理逻辑与静态思维，反映的是企业从销售商贸介入生产制造、再介入研发创新、最后形成"产供销人财物一体化"滚动发展逻辑。

以上三个方面的不足，在产业战略、经济形态、管理范式上，需要有如下三个方面的共识：一是如何发展未来产业？长沙实体经济振兴的核心，是从一维产业到二维产业再到三维产业。目前，长沙大量实体经济或者实体经济的主体还停留在一维的产业层面，以传统工业制造为代表。未来应该朝着两个段位的两大方向，一个就是作为二维的硬科技创业所形成的实体经济，一个就是作为三维的大数据驱动所形成的实体经济，只有从一维到二维再到三维，长沙的实体经济才能加速振兴和发展。二是如何构建新经济形态？之所以说现代产业体系要让位于未来经济形态，意味着各种产业伴随着大量新业态出现而改变了形态，全新的形态比旧体系更重要。长沙新经济形态培育的重点应该是智能经济、平台经济以及数字经济等。如智能经济代表工业经济从自动化走向智能化、从产业分离到各次产业融合；平台经济背后的逻辑是从做事到做局，打破传统游戏规则，资源集聚实现共享共生共赢。三是如何转换产业管理范式？当前，"现代产业体系""现代产业新体系"将让位于未来产业新形态，按照经济形态来抓实体经济，重点抓新业态，一切改变商业模式、技术构成、经营形态或发展模式的都能算得上新业态。未来没有落后的传统产业，只有过时的传统思想，当前及未来需要以新思想驾驭新模式、新模式架构新技术、新技术衍生新业态，形成爆发成长发展态势。

12.3.3 优化完善长沙产业结构演进发展取向

进一步优化产业结构演进的核心，是解决发展方向、发展方式、发展动力、发展路径、发展机制等关键问题，核心是构建产业新体系、培育产业新生态、增强产业新动能、丰富产业新路径、完善产业新机制。

一是构建产业新体系。就是把握科技革命与产业变革、创新全球化与"一带一路"、社交化与"互联网+"、产业跨界融合与产业生态等战略机遇，全面构建开放型创新经济，挖掘培育新产业、新业态，走出"五高四低"的工业化发展模式，形成与首府经济相适应、相融合的产业新体系。一方面是从外向经济到开放经济，核心是通过破除产业规制、放宽市场准入、强化自由贸易、弱化金融管制，以开放式协同创新打破地理空间、行业局限的生态网络，全面建立开放经济体制；另一方面从工业经济到创新经济，具有高端、高效、高附加值特点的高技术产品或服务成为出口贸易的主流，品牌运营、资本运作、研发设计成为抢占国际产业市场主导权、资本主导权以及技术主导权的核心，以知识经济、信息经济、创业经济、创意经济、服务经济为重要元素，支撑中国制造到智造、再造、创造的创新经济。

二是培育产业新生态。产业新生态的核心，是从过去产业高度集聚、企业协同发展、服务体系完备、产城深度融合的产业集群，发展成为具有连接一切、平台化、社会化生产、去中心化等特点，逐步实现企业生态化、行业生态化、区域生态化的生态经济。产业生态的中枢及纽带，不再是能够带动产业链上中下游大中小企业发展的龙头企业，也不是能够推动行业交流与技术攻关等方面的产业技术联盟，而是能够链接上下游、供需端、买卖方并能够第三方或第四方服务的平台企业。产业生态培育的重要条件是伴随产业的跨界融合，政府服务机构形成跨系统的服务机制、转变为创新型服务政府。

三是增强产业新动能。在微观基础上，强调各类企业、创业的价值再造，核心是将新思想、新产品、新技术、新服务、新模式、新业态、新市场、新组织等作为增强产业新动能的微观机制。用新思想强调价值创新，驾驭新模式、架构新技术、衍生新业态；用新产品实现产品的市场替代；用新技术构筑屏蔽竞争的门槛；用新服务创造新价值；用新模式挑战、重构、颠覆传统游戏规则；用新业态实现业态创新；用新市场扩大企业生存发展疆域；用新组织释放人的价值与潜能。

四是丰富产业新路径。坚持"以科技服务带动科技创业、以科技创业带动自主创新、以自主创新带动新兴产业"产业创新发展新路径。"以科技服务激发科技创业"就是通过集成研发创新、科技金融、技术转移、创业孵化、知识产权、科技咨询、检验检测等科技服务促进科技创业，强化内生增长动力；"以科技创业带动自主创新"就是着眼增量培育发展及抢占产业制高点，立足区域创业活跃优势，抓住新一轮产业技术革命带来的创业机遇，大力提高创业层级，进而提高自主创新能力；"以自主创新壮大新兴产业"就是通过产品技术创新、商业模式创新、产业业态创新、产业组织创新、管理创新等集成，提高新兴产业发展的组织动员能力、产业生成能力以及产业竞争力、产业影响力。

五是完善产业新机制。全面推进产业结构演进和高阶化发展最终取决于产业要素、创新资源的配置能力，核心是具有市场化、全球化、跨系统特点，"企业、产业、区域"三位一体的资源配置能力。第一是通过创业、创业、再创业，通过创新、创新、再创新，把高端创新创业人才、原创思想、先进技术、成熟经验知识等创新资源转化为生产力和财富，形成在微观层面的、企业层面的市场化资源配置能力。第二是涉外企业、跨国公司、平台企业、国际产业园区等通过跨区域创业、跨国经营、跨国技术并购、跨国技术转移、跨境经济等，在全球范围配置资源和创造财富，形成在中观层面的、产业层面的全球资源配置能力。第三是通过体制机制创新打破条块分割、多头管理、授之以鱼的治理结构与治理机制，成为新兴产业组织者、创新服务集成商，立足产业基础发育创新生态，通过创新生态优化提升产业生态，形成从创新生态与产业生态之间的闭环，形成在体制机制层面的、区域层面的跨行政系统配置资源的能力。

12.4 洛阳：如何从"牡丹花城"到古都复兴？

如今"创业是中国的希望"，但"幸福是奋斗出来的"，需要大家"撸起袖子加油干"。"牡丹"最能代表创业，只有将"牡丹花城"的创业创新活力全面激活，才能实现古都复兴！[1]

12.4.1 创业是中国的希望：双创升级的时代呼唤

一是如何看待创业在改革开放40年中的历史地位。第一，创业是"以经济建设为中心"最大的主旋律。改革开放最大的发展经验，取决于"一个中心、两个基本点"的国家战略。这"一个中心"就是"以经济建设为中心"，就是将自身的勤劳、智慧、简朴等特质置于高度紧张的生产之中，倾举国之力加强经济建设。第二，创业是"活力经济"最大的组织动员机制。如果说从计划经济到市场经济的核心是提高资源配置效率，那么从平庸经济到活力经济的核心是释放创新创业的活力。中国自古就有劝农、劝学的传统，而"大众创业 万众创新"便是新时代劝创业、劝致富的重要体现。第三，创业是点燃经济爆发增长"永动机"的引擎。创业是一个试错过程，本质上

---

[1] 本文系作者2018年11月参加小微企业创业创新峰会暨中国（河南）直通硅谷创业创新大赛总决赛上的专家演讲，原题为《拥抱"小微两创"升级版——从牡丹花城到古都复兴》。

是最大的创新，需要在无数的技术试错、产品试错、市场试错、产业试错中，在海量的创业流量中找到奇点爆发，形成爆发成长机制。因此，中国在新一轮创新全球化过程中涌现出一批具有业态创新、模式前沿、技术先进以及具有引领产业变革的企业。第四，创业是新时代实现"中国梦"的最大发展通途。创业就是怀揣不安分的心做不平凡的事，最大本质是一种为了梦想而迸发出的不可磨灭精神、不断超越的信仰和激情，也是实现个人价值、社会价值的最大通途。第五，创业是引领新一轮"创新全球化"最大希望。欧美的经济发展模式是"研发－创新－增长"，中国的经济增长模式是"创业－研发创新－经济增长"；欧美的创新范式往往是创新带动创业，我们的创新范式往往是创业带动创新，创新全球化与创业全球化紧密交织。

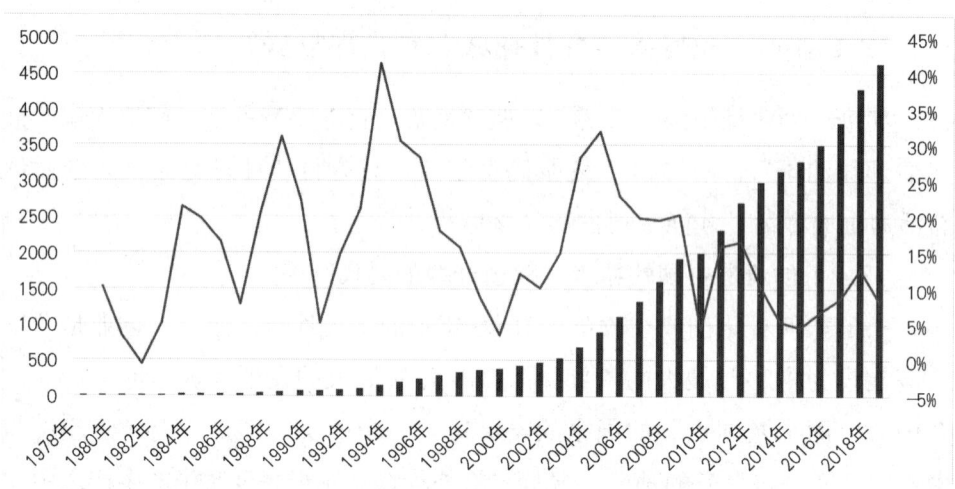

图：改革开放第一个四十年洛阳GDP规模及增速

二是如何看待当前及未来我国经济发展态势及方向。"新旧动能转换"就是在新的经济体系、旧的经济体系之中，通过不同发展动力的"转换"，产生新的能量，形成现代化产业体系，实现高质量发展。"旧的经济体系"一般是指依托经开区发展，更多由政府承担产业组织下形成"出口导向、划地成园、招商引资、规模制造"的外向型工业经济；"新的经济体系"一般是指依托高新区发展，坚持走高新技术产业化发展道路，形成一种消费反向决定生产的、生产消费两边通吃的、打破产业界限的经济发展范式，形成"创新驱动、内生增长、开放合作"的自主创新发展道路。"动力",就是作为"增量"的创业、作为"存量"的企业、作为"条线"的产业、作为"块状"的区域。"能量",主要体现为新思想、新技术、新模式、新业态所代表的新增长、新发展。从目前来看,中国的工业经济大而不强,整体实力处于全球制造业第三阵营;中国的新经济发展迅猛,呈现出与美国并驾齐驱的发展态势。中国经济实现新旧动能转换的本质,在于使"旧的经济体系"与"新的经济体系"从过去的隔离、不匹配到相互融合,将量的优势与质的优势相结合,释放更大的发展活力与空间。

三是如何看待"小微两创"升级版的主要发展内涵。"小微"就是要回答如何激发小微发展活力,却又不局限于小微,最终培育出一批高成长企业;"企业"重点不是政府自己改自己,核心是重建企业发展的环境与制度安排;"两创"到底依靠什么样的有创业的创新、创新的创业,而不是人云亦云的双创;"城市"就是这些小微两创到底从产业发展、创新驱动等对区域发展形成了带动;"示范"就是到底示范什么、到底有什么特色、到底有哪些经验模式可推广复制。那么,究竟如何理解当前的"双创升级"?第一是创业服务升级,也就是从"游击队"到"正规军",也就是让真正拥有创新资源、产业要素、产业组织能力、服务集成能力的大企业、高校、院所等走向前台;第二是创业层级升级,就是从草根创业到高端创业,也就是有创业的创新、有创新的创业;第三是创业政策升级,从着眼降低成本与商事便利到提质增效,强化制度突破;第四是创业范式升级,就是硬科技与软创新相结合,技术创新与商业模式创新并重而非侧重;第五是创业能力升级,就是从薄创新到厚创新,大力提升具有自主可控的创新能力与技术水平;第六是创新环境升级,就是从注重营商环境到注重创新生态,也就是强调"政产学研金介用"共生共荣、"你中有我、我中有你"、自组织自成长。

12.4.2 幸福是奋斗出来的:牡丹花城的现代意义

一是如何理解《牡丹之歌》的创业含义。《牡丹之歌》是最经典的创业之歌,代表的是创业者如何成为企业家的旋律。譬如,"有人说你娇媚,娇媚的生命哪有这样丰满;有人说你富贵,哪知道你曾历尽贫寒",这几乎可以理解成草根逆袭、草根转型或者丑小鸭变形记的故事；"冰封大地的时候，你正孕育着生机一片"，讲的是企业家的创新精神；"春风吹来的时候，你把美丽带给人间"，讲的是企业家的奉献精神。这就像洛阳这个城市一样。如今，洛阳强调创新创业精神、凝练创新创业文化，就需要深度挖掘"牡丹"的创业内涵及核心价值，打造创业创新之城。

二是如何理解新经济地理的结构与变迁。洛阳之所以是千年古都，在于华夏文明在这里诞生，在于人类文明轴心、中原的经济中心等在这里策源。这里不但有源远流长的"河图洛书"，还有名传千古的《道德经》。如今，我们面临着国际国内形势复杂的双重挑战，必须有文化自信与文化自觉；如今，很多历史文化名城皆追本溯源找到新的发展路径，这就需要把握好新经济地理的发展规律。那么在新经济地理中，决定全球或者一个国家与地区的新坐标新方位的核心究竟是什么呢？这取决于四个方面：第一是文化地理，在县域竞争、城市竞争、区域竞争体制下，由于不同的思想文化产生了不同的发展模式与发展位势，尤其是缺少商业文明基因的地方一定难以产生创新文明；第二是创业地理，哪里的创业最活跃，各类创新资源及产业要素最终流向哪里，就越容易在海量的创业试错中涌现出一批企业、产生一批产业；第三是创新地理，譬如目前"人、财、物"都有的搞科学城，有财力有产业但没创新没人才的就搞科技城，缺人才的成建制引进高校院所，科教智力密集地区都在抢占国家实验室；第四是产业地理，产业地理的核心在于一个城市在国际产业分工中的地位，产业地理越突出，那么在全球经济分工与产业分工就越有竞争力、影响力。在此结构下，需要以文化地理带动创业地理、创业地理带动创新地理、创新地理带动产业地理。

三是如何理解洛阳千年古都的复兴重建。一个地方的发展取决于工商活力、科技高度与人文厚度。在这三个元素中，洛阳最大的特点是文化厚度，有一定的科技水平，但活力较差。更进一步而言，是因为文化的厚度没有打开，抑制了经济活力，最后科技的优势也没有发挥出来。任何一个文化都有其内在的文化特质，以及这种特质背后的文化矛盾，这就需要文化超越。洛阳后来受体制机制、区位条件影响，并未实现文化超越，尤其是商业文化不足。只要商业文化不足，往往活力就不足，那么就只能依靠大企业、大院所来支撑科技高度。在新经济条件下，新经济就是创新创业活力，新科技就是技术门槛，新文化就是区域个性。未来，洛阳只有产生新文化，才能活跃新经济，才能抢占新科技，才能实现伟大的战略复兴。而这个新文化，首要的就是把牡丹的创新创业精神挖掘出来。相信"牡丹"代表的不是古都遗留的光环，而是新洛之阳的创新创业精神。这种创业创新精神，将促进洛阳在农业文明条件下产生的文化与商业文明、工业文明、创新文明相结合，产生新文化。

12.4.3 撸起袖子加油干：加快千年古都战略复兴

洛阳在新一轮改革开放中，需要加快古都的战略复兴，有四大机制、四大重点至关重要：

一是从"创业带动创新"到重点抓"创业创新升级"。从增量培育来看，"创业带动创新"本质上是高水平的无中生有，不仅代表了"创业式创新"即过去40年中国经济增长与发展的主要经验、未来仍要坚持的发展路线，还代表了双创升级的新内涵——强调有创业的创新、有创新的创业。尽管全国各地对于创业的分类较多，但从创业主体及其价值作用来看，系列创业者创业、产业组织者创业、跨区域创业者创业、职业经理人创业、前沿科技创业、高端实用人才创业、创客极客创业等应成为主流。洛阳需要在强化普适、普惠支持的基础上，强化对高端创业的大力支持。

二是从"企业互联融通"到重点抓"大企业平台化"。从存量提升来看，"企业互联融通"本质上是高水平的开放创新。大企业平台化转型，即大企业从封闭的系统转化为开放的平台与产业生态。大企业根据自身发展阶段与发展需求的不同，以多元方式参与创新创业，呈现出研发众包、专业化众创空间、"互联网＋平台"、双创战略投资及企业生态圈等五大模式。洛阳有很多大企业，为大企业平台化开辟了道路。

三是从"产业跨界融合"到重点抓"产业爆发点"。从产业的"条"来看，"产业跨界融合"将从工业单边到产业双边、从生产决定消费到消费决定生产、从正向链式创新到反向资源配置的逆向创新的条件下，通过穿透传统产业价值链形成打破企业边界、产业边界、商业疆域的"产业价值网",进而衍生出全新的产业业态、商业模式与产业爆发点。在促进产业跨界融合上,不仅需要重点培育发展促进跨界融合的四种经济形态,即智能经济、平台经济、数字经济、分享经济;还需要大力发展改变生活方式的新场景新业态,尤其是将城市生活、城市管理与新的生活方式相结合;并利用数据驱动进一步改造提升传统产业,尤其是与人流、物流、资金流、信息流最充足的产业领域。

四是从"区域生态赋能"到重点抓"高端资源链接"。从区域的"块"看,区域生态赋能代表了发展环境让位于创新生态、战略增长极让位于战略平台,其本质是从国家到地方、从政府到企业,都在寻求从推拉并举型发展结构及其发展机制,向生态赋能型发展结构及其发展机制系统转换。在营造区域创新生态过程中,高端资源链接取代承接产业梯度转移成为重要的突破口。这其中,链接就是开放、就是整合、就是"鲶鱼",就是以外生变量激活内生动力,于是便出现了对点的大项目招商、对线的产业链招商、对圈的新经济三招商。

13
推动西南高端辐射：云贵川渝携藏通两亚

13.1 成都：天府之国如何成为新经济策源地？

成都是全国最早提出全面转向新经济的城市之一。对于新经济策源地是什么、能否成为新经济策源地、如何成为新经济策源地，需要全新的认识[1]。

13.1.1 成都有望成为新经济发展策源地吗

首先我们需要判断成都的发展。这应该从成都的过去式、进行时、未来式去看待。历史上，成都是典型的天府之国，不仅人杰地灵，还创造出中国古代诸多具有创造性的东西，即使在乱世亦能一枝独秀；现在的成都成了国家中心城市，几届政府均大力发展新经济，这在全国都是少有的。不但有国家六大世界一流高科技园区之一，还是国家自主创新示范区、国家综合配套改革试验区，在国家创新驱动、深化改革、区域辐射等方面有很大的示范带动作用；而在未来的发展过程中，只有将新一轮创新创业与新一轮改革开放相结合，全面打造新经济思想策源地，才能更高段位、更高位势、更高层级、更高水平地成为国家中心城市乃至世界城市。这其中，新经济策源地的标志或者土壤是什么？纵观世界知名新经济策源地，或者说是拥有良好创新生态、产生独角兽企业多的地方，往往有五个方面的条件；

---

[1] 本文据2017年5月中旬作者在成都参加全球创新创业交易会之成都高成长企业发展圆桌会议/独角兽企业挖掘座谈会发言内容整理而成。

于成都而言，既有一定的优势，也有一定的不足，但总的来讲与生俱来的优势大于现实的劣势，这使得成都有望成为新经济发展的策源地。

一是在源头上有大量高端创业。成都科教智力资源密集，不过现在成都的很多准高端创业还停留在朴素的、经验的、抹黑探索的阶段，未来需要更加自如、自觉、自信，甚至是用制度化、机制化、生态化确保高端创业的涌现。二是在基因上有信息产业的基础。也就是由软的控硬的、线上的驱动线下的、用互联网打破打碎封闭的，为先进制造等基础产业插上智能科技、数据驱动的翅膀。成都在这个领域不但有很多高校的创新源头，还有一定产业基础，自然具备良好的发展基础。三是在杠杆上具有发达的科技金融。成都在这个方面原本应该有很大的优势，但由于科技金融处于传统运作阶段、高水平投资机构缺乏，以至于这个优势还没有发挥出来。成都是人类发展史上最早出现纸币——交子的地方。这意味着高度的商业文明与金融思维。只要成都的科技金融更加现代化、专业化、开放化，一定能够释放更大的能量。四是在组织上有发达的平台经济。如今平台企业几乎替代产业集群成为产业组织创新的中枢。成都有很多潜在独角兽企业，表明成都的平台经济还是很有基础的，但有些平台企业还不够彻底。五是自成一派的创新文化。每位创业者、企业家作为不同文化背景下塑造出来的人，既要发挥这种母

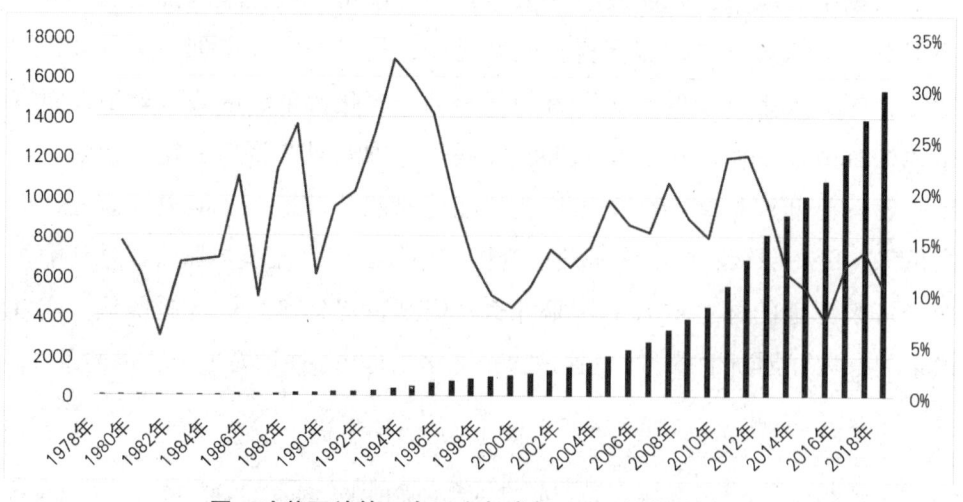

图：改革开放第一个四十年成都GDP规模及增速

文化中正能量的一面,又要避免负能量的一面,最终在文化根植、文化超越、文化融合之中创造引领创新创业的文化生态,不断优化区域发展的文明和土壤。

13.1.2 如何率先建设创新生态赋能型城市

整体而言,产业成群融创、园区成场聚创、企业成器首创、创新成核领创、智力成才众创、数字成驱智创、场景成用引创、金融成网促创、服务成台协创、开放成气联创,是创新型城市构筑新经济创新生态圈、加快建设新经济创新生态赋能型城市的基本逻辑、重点抓手与行动指南。

一是产业成群融创。"产业成群融创"就是在产业集群走向产业族群基础上,通过不同产业之间的深度跨界融合,形成具有带动系数大、辐射能力强、发展前景好、综合效益高的现代产业新生态与现代化经济体系,重点是构建现代产业体系、培育新型产业族群、促进产业跨界融合。第一,构建现代产业体系。加快将过去以战略新兴产业、高技术产业、现代服务业为先导和主体的产业体系,向以未来新兴产业(先导产业)、原创新兴产业(特色产业)、战略新兴产业(战略产业)、现代基础产业(优势产业)为主体的现代化产业体系方向发展,促进传统一维产业、二维平台产业向三维数字产业、高维智能产业方向发展。第二,培育新兴产业族群。以产业创新生态为视角经营产业集群,促进产业高度集聚、价值链条完善、企业协同发展、服务体系完备、产城深度融合的产业集群,向产业跨界融合、企业互联融通、服务空间耦合、资源高度集聚、开放协同创新的产业族群方向发展。第三,促进产业跨界融合。大力发展具有产业跨界融合特征的智能经济、数字经济、平台经济、分享经济等新经济形态,以技术跨界、市场跨界、产品跨界、企业跨界以及产融融合、军民融合、文科融合等促进产业内部、不同产业之间的产业跨界融合。

二是园区成场聚创。"园区成场聚创"就是将各类开发园区作为发展新经济、培育新兴产业、提升创新能力、集聚高端要素、营造创新生态的主平台、核心载体与战略平台,重点是加快园区整合提升、促进科产城人融合、提高园区开发层级。第一,加快园区整合提升。重点国家级、省级重点开发园区采取合作共建、整合托管、一区多园等灵活方式，加快各类开发区域整合及归并，构建企业集中布局、产业集聚发展、资源集约利用、功能集合构建和区域错位发展的空间布局结构。第二，促进科产城人融合。强化地区、城市或园区科研研发、产业孵化、科技服务、人才集聚等功能区块配置，促进科技功能、产业功能、城市功能耦合发展与空间结合，带动产业发展模式、城市发展模式、创新发展模式有机结合。第三，提高园区开发层级。促进开发园区从形态开发、功能开发向生态开放方向发展，强化空间资源供给，促进从空间分解到空间集聚融合，为创业创新、产业化、生活发展提供万物互联、社交活跃、数据共享、高接触高情感主要空间形态。

三是企业成器首创。"企业成器首创"就是在壮大创业企业源头、突出企业创新能力、加速企业联动发展的基础上发挥企业创新主体作用，形成创业高端化、企业高新化、瞪羚公众化、大企业平台化发展趋势，发展成为带动经济社会创新发展的主力军。第一，提高创业成活水平。坚持"有创业的创新""有创新的创业""创业带动创新"，在普适支持中小企业发展同时，强化科技创业、高技术创业、前沿技术创业，引导各级政府引进在国内外大企业取得一定技术水平、商业成就、管理业绩的高级创业人才，提高创业层级与创业成活率。第二，建立新型企业梯队。坚持"多予少取放活"，加快将"小微企业–规上企业–龙头企业–跨国公司"企业梯队向"科技初创企业–高新技术企业–上市公司–高技术大公司"以及"哪吒企业–瞪羚企业–独角兽企业–龙企业"方向转型，支持企业将硬科技与软创新、厚创新与薄创新相结合，着力提升创新能力。第三，加快企业互联融通。借助大企业平台化、平台企业、战略联盟、枢纽组织等，通过资源开放、战略投资、兼并重组、供应链协同、技术转移等新机制新模式新形式建立联动发展机制、优化企业组织方式，促进中小企业加快融入产业链、价值链、创新链、资本链、服务链、供应链，营造全新的产业创新生态。

四是创新成核领创。"创新成核领创"就是突出创新发展硬核，率先形成"政产学研金介用"多位一体、"产品技术创新、产业业态创新、商业模式创新、产业组织创新、体制机制创新"有机结合、"内生增长、内涵发展"

的创新驱动发展格局，引领一个地区或城市高质量发展，重点是布局创新条件平台、强化产业技术创新、优化创新组织模式。第一，布局创新条件平台。加快从研发基础设施向创新平台方向转型，建立完善政府引导、产业导向、企业主体、院所支撑的产业技术创新体系以及自主可控、安全可靠的产业科技创新体系，支持各类创新源头、创新主体承担国家及地方科研条件平台建设，建设一批新型共性技术研发组织。第二，强化产业技术创新。瞄准未来产业、战略产业、新兴产业等发展的战略制高点、技术主导权与发展主动权，加快创新范式从跟随创新、适应创新、集成创新向引领创新、颠覆创新、原始创新方向转变，加速前沿技术"抢跑"、尖端技术"并跑"、瓶颈技术"跟跑"，强化优化前端基础研究、中端共性技术、后端应用技术的供给及供给结构。第三，优化创新组织模式。打破以往"基础研究 – 应用研究 – 商业研究 – 转移转化 – 产业化"链式创新，开展"产业化 + 转移转化 + 商业研究 + 应用研究 + 基础研究"于一体的垂直化逆向创新；打破以往从技术预测到计划经济的科技项目计划，转而通过新技术新业态预测反向地、开放式地配置有限的科技项目资源。

五是智力成才众创。"智力成才众创"就是集聚领军型、复合型、实用型、专业型高水平创新创业人才，促进人才创业创新与"落地、生根、发芽、开花、结果"，建立以人的价值为驱动的动力结构，重点是优化选引留用机制、优化人才服务供给、建立质优人文环境。第一，优化选引留用机制。围绕"产业技术领军人才 – 高端创业创新人才 – 专业技术人才 – 实用工程人才"人才梯队，建立"特殊政策、特殊机制、特事特办"人才特区，形成"引进一个领军人才，汇聚一批人才，办好一个企业、突破一批技术、带动一个产业"发展态势。第二，优化人才服务供给。在科技项目布局、科研经费倾斜、经费资助、税收优惠、人才培养、优先落户、医疗服务、住房补贴、配偶安置、子女教育、科研创业环境等方面加大创新支持力度、强度，开辟高层次人才、团队引进绿色通道。第三，建立质优发展环境。营造宜商宜居宜业宜游发展环境，以及鼓励异端、崇尚原创、容忍失败的氛围，着力营造良好人才成长发展环境，以人的价值驱动带动创新驱动格局构建。

六是数字成驱智创。"数字成驱智创"就是将数据作为生产要素、将数字作为基础设施,加快建立完善数字化生产方式、生活方式、治理方式,加快形成数字驱动发展,带动数字经济发展,重点是加快数智技术跨界、布局数字基础设施、构建数字经济生态。第一,加快数智技术跨界。借助互联网插上人工智能、云计算、大数据、新一代通信的翅膀,将数字化、智能化、网络化结合在一起,围绕前沿技术、高新技术领域交叉融合、颠覆性技术突破催生等未来领域,形成一批具有领先优势的原创新技术、新产业、新业态,加快数智技术与先进制造、城市管理深度融合。第二,布局数字基础设施。加速建设以数字基础设施为代表的"新基建",将过去的智慧转化为智能,让数据从中自动发生作用,实现万物互联,核心是完善5G、下一代互联网、窄带物联网等网络基础设施,建设园区数据资源平台、算法服务平台等大数据平台和综合治理平台,推动"城市大脑"等在交通、医疗、政务、安防、城管等领域示范应用。第三,构建数字经济生态。打破以往注重政务、生活、财政、安防、交通、口岸、教育、医疗、房产、环保、养老等各细分领域的上下贯通的顶层设计,加快从打造条块工具转向构建生态协作与市场化、企业化、平台化、商业化运作机制,在若干领域培育出基于新场景的全新商业模式、生活方式、产业形态。

七是场景成用引创。"场景成用引创"就是将市场扩容、消费升级、服务再造与智能终端有机结合,促进数据算法、服务内容、消费体验、智能硬件等有机结合,从正向配置资源的链式创新到反向配置资源的逆向创新,从支持行业供给到支持市场需求,带动新技术新产品新服务新业态推广应用,重点是开放业态创新场景、开展场景业态创新、打破传统产业规制。第一,开放业态创新场景。在消费娱乐、时尚创意、文化旅游、城市管理、民生保障等领域发布城市场景创新清单,在城市交通、医疗、教育、商业等重点领域开展场景创新规划布局,推广应用一批具有带动消费、提高体验、服务升级、市场扩容的新场景。第二,开展场景业态创新。融合产品、服务、体验、空间的综合创新生态,重点支持高端创业、前沿科技创业、独角兽企业,加强对高端创业创新企业在技术研究试验和场景示范应用的支持，支持中小企业创业创新和业务转型。第三，打破传统产业规制。营造场景创新及推广应用的良好环境，为处于产业变革与产业规制领域的重点企业开辟政策创新、管理创新"绿色通道"，通过政府采购、试点示范、牌照优先发放等多种形式，创造对原始创新相对包容的环境，推动开放包容的制度创新。

八是金融成网促创。"金融成网促创"就是科技企业的成长规律和融资需求，建立覆盖技术链条与关键节点、财政科技与社会资本相结合、金融资本与产业资本相结合、直接融资与间接融资相结合的科技金融政策体系与科技金融服务体系，重点是优先发展股权投资、积极发展债务融资、借力资本市场发展。第一，优先发展股权投资。针对技术生命周期不同环节，积极培育天使投资、大力发展风险投资、积极培育战略投资、壮大发展私募基金，引进培育和集聚高水平专业科技金融服务机构，加快股权投资产业化行业化发展水平。第二，积极发展债务融资。结合高新技术企业不同发展阶段的特点及需求，重点鼓励信用贷款、加快发展担保融资、优先支持小额贷款、培育发展融资租赁、壮大发展信用保险，探索投贷结合新业务模式，加快科技金融业态、科技金融产品、科技金融服务。第三，借力资本市场发展。支持企业在境内外上市，引导企业实施并购重组，支持企业债券及信托计划发展，加快形成多层次资本市场服务体系，支持企业利用资本市场做强做大。

九是服务成台协创。"服务成台协创"就是突出科技服务作为服务体系、产业行业、产业促进"三重属性"，加快科技服务业从形态开发、功能开发到生态开发"三阶发展"，培育具有资源配置、创新赋能、产业促进的功能平台，建成创新生态核心组件，重点是壮大发展创新服务、提高创业服务水平、优化产业促进能力。第一，聚焦重点产业业态。增强研发创新原动力，强化创业孵化衍生力，加快技术转移生成力，提高科技金融撬动力，巩固知识产权保障力，提升集成服务穿透力，加强检验检测公信力，科技咨询支撑力，强化细分产业领域业态创新。第二，优化提升服务功能。科技服务业的发展，既要促进科技服务业作为产业来发展，还要强调作为服务体系来建设，但更为重要的是着眼创新生态建设，探索产业促进的新模式新机制新形式新途径。第三，强化创新生态基底。作为一种战略增长点，形成较为完整产业体系；作为一种资源聚合器，搭建集群发展的平台载体；作为一种高端辐射源，衍生一批平台企业及新业态；作为一种重要黏合剂，成为创业创新生态的核心组件。

十是开放成气联创。"开放成气联创"就是进一步突破地区、地域、地理限制，在更大范围、更深层次参与区域创新合作与竞争，在更高能级、更高平台上融入区域创新网络，以新一轮区域一体化抢占新一轮创新全球化先机，重点是加速地区一体发展、加强国际科技合作、强化高端链接辐射。第一，加速地区一体发展。加快建立由内到外、圈层联动、从弱联系到强链接的创新经济生态圈、产业创新共同体，形成跨系统跨地区配置资源，在空间范围纵横交织、基础设施互联互通上实现产业分工优势互补、创新生态共生共荣、思想文化开放包容、体制机制相互弥合的创新共同体。第二，加强国际科技合作。以跨境科技园区（园区）为载体，促进跨国科技创业（人才）、跨国技术转移（技术）、跨国科技金融（资本）、跨国科技合作（项目）、国际产能合作（产能）、国际科技交流（文化）等方面的双向流动，融入万众、泛在、网络、协同、分享、共赢全球创新网络。第三，强化全球资源配置。强化与创新高地、产业高地高端链接，加强"一带一路"沿线国家高端辐射，有效聚集、优化、整合各类创新资源及产业要素，并通过创业创新将其转化为真正的社会财富、引领产业变革和社会进步的现实力量。

13.1.3 建设高质量的新经济创新生态土壤

当前，成都还没有彻底形成创新生态赋能型的发展结构，迫切需要加快构筑新经济创新生态圈，让更多的创业者、企业家能够找到一批具有战略使命感、商业洞见力、资源链接力的生态圈，使得创业者、企业家的创新创业不再思想贫困、资源贫乏、行为孤单，并在政府、企业、机构之间，形成公共资源、服务资源、产业资源的开放创新优化配置。尤其是在蜀文化矛盾的视角下，新一代创业者企业家，要通过文化超越，发扬和重塑企业家精神，来完成、来回答上述的任务。核心是根植并超越蜀文化，重构、重建面向新经济爆发式成长的创新创业洞见能力、逻辑思维、组织范式，进而发展成为更高段位与层级的创新生态系统。

事实上，"蜀"的会意对蜀文化的特点可窥一斑。"蜀"中的"罒"即"网"，"勹"指"包裹"，"虫"指"活物"，三个部件联合起来表示"网包活物"。准确地说，只要立足"蜀"的本义，去挖掘其面向新经济的现代意义，就找到了新时期成都创新创业的文化渊源。这个"虫"，就是原生态的生命力、活力，就是生来具有的革命性、创造性，这也是蜀文化中最有价值的地方。应该说，新经济就是增量涌现替代存量的活力经济，而成都历史上出了很多创造性、创见性的成果，也能够验证这一点。但对于"罒"和"勹"，要看到蜀文化中的文化矛盾。譬如，从地理经济学的角度来看，自有一番天地的盆地地区，虽然也有若干进出口与外地交往，有着开放的一面，但也有着封闭的一面；在"天府之国"富足生活条件下，既有着浪漫的一面，也有散漫的一面；作为西南内陆首府，既有着自给自足的一面，也有着全球链接的一面，等等。

13.2 重庆：如何用好山城的厚重雾都的灵气？

"山城雾都"最大的含义是无所不在的创新空气。重庆新经济创新生态建设，恰恰是需要将山城的厚重与雾都的灵气相结合，最终以创业创新中心建设国家级中心城市。

13.2.1 "山城雾都"亟待新经济创新生态

重庆往往被称之为"山城"和"雾都"。"山城"往往体现为厚重，这种"厚重"并非仅仅体现为山多、人多、地大、物博，重在在全球产业分工与城市格局中的地位及作用，往往体现为产业制高点、产业主导权与产业主动权。这种"灵气"并非仅仅体现为空气优、皮肤好、界面好，而在于一种无所不在的创新空气。从新经济意义上，"山城"和"雾都"分别是产业生态、创新生态，两者合在一起便是新经济创新生态。一般而言，一个地区的建设发展，往往历经三个阶段：一是 1.0 的形态开发，主要以物理载体建设以及城市功能配套提供为主，更多的是让各类创业创新活动有所依托，总体上处于物业服务层面；二是2.0的功能开发，主要以强化各类科技服务功能引培供给为主，更多的是让各类创业创新活动寻求更便利化、集成化、高水平的服务，往往具有一定专业服务能力及综合服务能力；三是3.0的生态开发，更多的是通过"科产城融合"促进城市功能、产业功能、创新功能的有机结合，让创新资源要素落地生根、开花结果，让创业创新成为一种无所不在的空气，最终形成一种共生共荣、互联互通、共同成长的创新生态。重庆作为人口规模大、经济体量大的国家中心城市，迫切需要从1.0形态开发、2.0功能开发加快走向3.0生态开发。

13.2.2 将山城的厚重与雾都的灵气相结合

一般而言，新经济创新生态是通过将"政产学研金介用"之间的创新生态嵌入以"产业链上中下游大中小企业"为核心的产业生态，形成能够形成共生共荣、生生不息、自组织自成长的"永动机"。更进一步而言，这个"永动机"，主要包括如下内涵：一是强调生态的圈子，营造开放创新生态圈，促进创新生态与产业生态的闭环发展及协同演进，突出生态赋能（储能、孕能、使能、释能）；二是强调平台的流量，打造超级的第四方平台并强化第三方平台的引进培育，突出创业、企业、产业等流量的涌现；三是强调源头的资源，强化地区高校院所、产业集团等科教智力资源的源头地位，

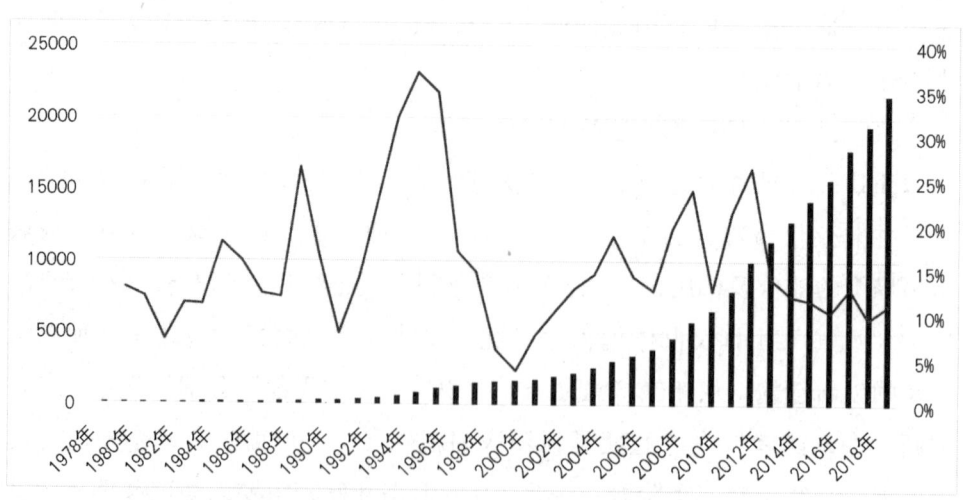

图：改革开放第一个四十年重庆GDP规模及增速

促进高端创新资源及产业要素流向创业、企业、产业；四是强调服务的价值；强化科技服务的产品化、集成化、便利化、网络化，为创业创新、产业化、开放合作等提供便利；五是强调开放的氛围，根植地域文化，营造良好文化氛围与发展环境。

13.2.3 加快建设布局一批创业创新综合体

为全面带动国家中心城市建设，参照硅谷、硅巷、硅滩建设发展经验，加快建设布局一批具有多形态、多功能、全方位、全要素、全社会于一体的创业创新综合体。坚持"前沿创业栖息地、未来产业策源地、开放创新生态圈、高端要素聚合池、科技服务主阵地、文化交流主窗口"发展定位，形成"六器成场"[1]发展态势，突出"新地标、新产业、新创业、新服务、新资源、新生态"重点工作，强化生态圈、平台性、源头化、服务化、国际化品牌内涵，形成"引培一流人才，涌现一批变革创业；争攀一流科技，研制一批创新成果；搭建一流平台，生成一批新兴业态；建设一流社区，产生一批服务品牌"的发展态势。

一是新地标——打造国际化创业社区。捕捉创业空间新变化、把握双创升级新趋势、构筑开放共享新城市，建设人才自由流动、要素自由配置、技术自由转化的创业社区；推动空间主体多元化、空间形态虚拟化、空间功能专业化、空间价值人本化，加快促进资源配置流动扁平化、共享性、去中心化；在物理空间基础上打造与虚拟空间相结合的革命性空间体系，营造国际化质优生活配套服务供给。

二是新业态——育成原创型新兴业态。瞄准新兴产业发展战略制高点、技术主导权与发展主动权，加快技术创新、产品创新、服务创新、业态创新、市场创新、组织创新，以新思想驾驭新模式、以新模式架构新技术、以新技术衍生新业态，不断推出原创的先进技术、颠覆的商业模式、知名的企业品牌、全新的产业业态。

三是新创业——培育硬科技创业梯队。围绕新经济企业爆发成长发展

---

[1] 即孵化器、加速器、处理器、储存器、路由器、链接器。

趋势，培育高技术创业梯队，支持科学家、科研人员、科技企业高管、海归人才、连续创业者等高端创业群体开展硬科技创业、创办硬科技企业；从产研融合、央地融合、军民融合等方向的创业企业中，寻找一批具有高水平产业孵化属性的创新型企业；通过应用场景搭建、政府采购试点、金融服务集成等方式支持企业成长。

四是新服务——布局境内外条件平台。鼓励专业化众创空间（精准孵化）、创客服务中心（集中办公）、商业模式实验室（头脑风暴）、研发众包平台（众包研发）、技术熟化中心（技术转移）、青年创业讲坛（创业辅导）、天使投资俱乐部（天使基金）、创业路演中心（创业大赛）、场景模拟实验室（场景模拟）、产业服务中心（资源链接）等新服务平台搭建，探索"创业辅导＋天使投资＋资源链接""概念验证＋场景模拟＋技术熟化"等新型服务模式。

五是新资源——加速全球化资源链接。引进和聚集国外大学研究中心、人才交流中心、创业服务机构、国际商会、国际行业组织；抓住一批具有海外背景的企业家、创业者等关键人脉，对接以联盟、协会、孵化器、服务机构等为主体的跨区域组织者，以人为纽带带动理念、思想、要素流动；举行国际科技创新发布会、前沿科技成果交流峰会以及国际科技产业对接会等系列活动等。

六是新生态——营造枢纽型创新生态。吸引高端科技中介机构，推进研发服务开放共享，完善知识产权、检验检测、科技咨询等服务薄弱环节，提供全方位、一站式、低成本的专业化服务；以互动式媒体节、展会活动、社交网络活动、颁奖活动等形式营造良好创业创新氛围；塑造企业家榜样、弘扬新时代企业家精神等。

13.3 昆明：从自然生态之滇到创新生态之峰？

昆明历来是一个举足轻重的重要城市，在新时代高质量发展过程中将加快改革开放再出发。站在继往开来、何去何从的历史节点、发展起点以及时代拐点上，需要重新反思昆明上一轮发展顽疾、追问昆明新一轮发展逻辑，进而找到昆明新时代高质量可持续发展之路[1]。

13.3.1 如何看待改革开放以来的来龙去脉

整体而言，昆明自改革开放以来先后形成五个发展阶段：

一是起步发展期（1978-1991年）。自"六五"以来昆明推行轻工业发展战略，以烟草、五金家电为代表的轻工业得到迅速发展，在有色、冶金、装备、电力、烟草、五金、家电等方面打下了良好的工业基础，并作为国家历史文化名城、国际旅游名城成为改革开放重要窗口。城市 GDP 从 1978 年的 15.06 亿元到 1991 年的 112.06 亿元，从全国第 50 位到第 38 位；三次产业结构从 1978 年的 13.0:60.9:26.1 调整到 1991 年的 10.6:61.4:27.9，基本完成工业化初期任务。此阶段很多发展动力得益于自身资源禀赋及区位条件的"天赋"，春城花都城市名片、资源型产业（冶金、水电、烟草）、改革红利释放、首府城市区位以及国家生产力布局等成为重要动力。

二是世博刺激期（1992-1999年）。昆明借助世界园艺博览会驱动的城市化发展红利，在旅游城市的流量经济、资源型产业的资源禀赋、城市化的基建经济带动下，基本建立形成以高原轻工业、资源型产业、旅游业为代表，以国有企业为主导和主体的产业体系，逐步成为面向南亚、东南亚开放的前沿城市。城市 GDP 从 1992 年的 141.67 亿元到 1999 年的 593.64 亿元，GDP 在全国位列第 36 位；三次产业结构从 1992 年的 9.4:59.6:31.0 调整到 1999 年的 8.9:45.2:45.9，基本进入工业化实践的初期阶段。不过世博会带来的基建投资拉动带动的经济增长，掩盖了市场化改革带来的资源配置效率提升与经济活力，为后期产业发育不足埋下了伏笔；高原宜居春城的优越感、市场化改革不彻底、资源型工业高增加值率错觉等，成为昆明在下一个发展周期在思想上、认识上、治理上出现问题的"温床"。

三是旅游膨胀期（2000-2008年）。昆明在后世博会的十年，在前期（到 2003 年"非典"前）旅游业对昆明经济社会发展的带动作用比较突出，但

---

[1] 本文是作者主持的《新一轮改革开放与新时代高质量发展战略导向下昆明城市中长期发展战略研》的简版。

过度依赖旅游而难以抓住中国"入世"后制造业腾飞的机遇，造成城市发展模式与经济发展模式不相适应不相匹配，决定了昆明后劲不足。城市GDP从2000年的636.13亿元到2008年的1634亿元，全国排名在40位徘徊；而三次产业结构从2000年的9.0:43.4:47.6调整到2008年的6.4:45.0:48.6，依然在工业化实践初期阶段徘徊。尽管世博会在较大程度上提升了城市形象，但由于对工业化认识上的误解，导致了城市发展思路的偏差。这种"误解"，就是将工业化单纯地看为制造业，以及视为在一个国家或地区国民生产总值或国民收入中的比重不断上升的过程；而没有将"工业化"理解为社会化的生产方式、体系化的工业门类、工程化的技术构成、企业化的经营方式、资本化的经济体系的总和。这种"偏差"，就是在旅游业的带动下加快城市化、国际化发展，并没有发挥出工业化、信息化、城镇化、市场化、国际化"五化协同"的效应。尽管1999年世博会前后昆明GDP比长沙还高、仅次于成都，但后来增速很慢，错过了中国"入世"后发展机遇。

四是补课徘徊期（2009-2016年）。昆明2010年提出"质量兴市、工业强市"战略，2016年提出加快建设区域性国际中心城市，力求将时代特征与社会特征相结合，加快城市战略、产业战略转型，但由于在一定程度上错过了中国"入世"后的产业发展的窗口期，加上高原产业综合成本高、产业体系不完整、产业基础能力薄弱、民营中小企业活力不足、营商环境不优等原因，基本形成"富生态、穷经济"的发展循环以及长达10年"不进则退"的徘徊发展期。城市GDP从2009年的1809.00亿元到2016年的4300.08亿元，地区GDP在全国长期徘徊在40位；而三次产业结构从2009年的6.3:45.6:48.1调整到2016年的4.7:38.6:56.7，难以走出工业化实践初期阶段的发展阶段。此次以后，昆明在城市经营发展上进入以下"恶性循环"——旅游业带来了一定的"藏富于民"，但并没有给政府带来大量税收，房地产成为重要的支柱产业，加上产业实力不强，在地方财力有限与事权较多的结构下，形成了较大的地方债务负担以及隐性债务，给经济社会发展带来较大的发展压力，在较大程度上抑制了政府的组织动员能力。

五是双高赶超期（2017至今）。昆明在中国特色社会主义新时代高质量发展要求下,颁布了《昆明市建设区域性国际中心城市实施纲要(2017—2030)》。纲要提出了如下目标:到2025年加快建设成为亿万级城市,提升辐射南亚、东南亚区域性中心城市的量级与能级,跳出中国区域划分,面向国际进而辐射南亚、东南亚。核心是通过抢位发展、站位发展、补位发展,突破由来已久的发展瓶颈期,实现高质量发展与高速度增长,发展成为地区性国际中心城市,到2025年加快跻身"万亿级城市俱乐部"。

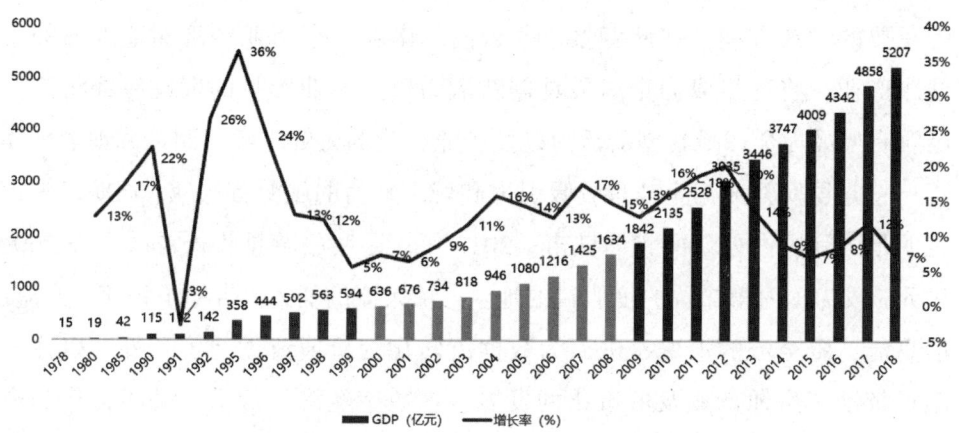

图:改革开放第一个四十年昆明GDP总量及增速

13.3.2 在新一轮发展中到底面临怎样的形势

伴随新一轮产业技术革命与新经济社会转型、新一轮经济全球化与扩大开发、新一轮跨区域一体化与城市群发展、新一轮经济地理位移与城市分工、新一轮全球治理重构与结构改革,昆明在加快新时代高质量发展过程中主要面临如下际遇:

一是新经济产业跨界融合取代承接国际产业梯度转移成为城市发展逻辑。从20世纪60年代到2008年全球金融危机爆发,是全球经济体系制造业全球化、服务业全球化发展的重要阶段,很多新兴经济体主要是通过承接国际产业梯度转移,加速工业化发展,进而形成出口导向型的发展结构。在此背景下,中国1992年以后的市场化改革、2001年后的"入世"成为很多城市发展的分水岭。当前,全球经济加快从工业经济向新经济转型,城市发展逻辑从承接产业梯度转移到加快产业跨界融合。其中,新经济成为诸多城市换道超车的战略抉择。

二是昆明将成为全球最具创新活力以及产业影响的大健康经济圈策源地。昆明是我国最具生态多样性、原生态的"植物王国""天然基因库"以及高原农业代表,以生物医药、高原食品等为代表的大健康产业成为昆明及云南的重要产业方向。南亚、东南亚主要国家和地区,总体上处于农业国家向工业国家方向发展阶段,以绿色食品产业为代表的大健康产业成为重要的发展方向。在此背景下,云南-南亚、东南亚经济圈范围内的大健康产业,将逐步成为全球最具创新活力以及产业影响的大健康经济圈。昆明有望成为全球最具创新活力以及产业影响的大健康经济圈策源地。

三是昆明将成为全球最具吸引力和城市魅力的旅游首选地。长期以来,昆明是国际国内公认的宜居城市。2018年,昆明旅游总收入首次突破2000亿元,成为国内第二位的度假目的地。大量人流的涌入,带动了物流、商流、信息流、资金流的汇聚,进而为数据流转化为价值流创造了条件。以往的流量带动了房地产业及城市化的发展,在数字经济条件下,昆明将作为全球最具吸引力和城市魅力的"吃、喝、玩、乐"首选地,将在数字经济与产业数字化方面取得重要进展。

四是昆明将成为未来全球前两大经济体经贸投资交流与竞合发展的要冲。昆明作为中国面向南亚的西南大门,将代表国家汇聚国力、整合资源强化、联动周边城市群等,与印度等国家或地区开展经贸投资交流,成为全球主要经济体竞合发展的要冲,将在国家战略布局、全球资源配置、城市国际化发展带来较大发展机遇。

五是滇中城市群—成渝城市群将引领支撑我国西南向全球战略布局纵深。在我国陆向地缘全球战略布局中,东北向面向东亚及远东地区、西北向面向中亚及中东地区、西南向面向南亚及东南亚地区,成为"一带一路"倡议的战略重点。滇中城市群—成渝城市群不仅有望成为中国经济增长发展的重要一极,成为引领支撑我国西南向全球战略布局的纵深。昆明作为滇中城市群—成渝城市群的前台,将成为我国新一轮改革开放的前沿阵地。

六是昆明作为后发地区的首府城市具有高质量发展指引高速度增长空间。按照城市工业化发展理论，人均GDP超过1万美金的城市进入后工业时代，生产性服务业占国民经济主导地位的城市进入后工业时代。2018年，昆明人均GDP超过1万美金，似乎前脚已进入了后工业时代；但三产以生活性服务业为主体，工业化发育较为薄弱，后脚尚处于工业化实践阶段的中期。在1999年前后，昆明GDP体量仅次于成都，高于长沙；20年过后相当于成都的三分之一、长沙的二分之一，充分说明昆明具有较大的增长空间和发展空间。进入新时代，昆明作为首府城市具有高质量发展指引高速度增长空间。

13.3.3 在新一轮发展中到底需要怎样的转变

在以往发展过程中，昆明形成五大天赋他赋优势：一是前台区位优势。坐拥中国西南地区、云贵高原中部，"东连黔桂通沿海，北经川渝进中原，南下越老达泰柬，西接缅甸连印巴"区位优势，基础设施加速互联互通、周边经济联系日益密切、前台位势提高，逐步发展成为中国辐射南亚、东南亚的西大门、桥头堡。二是生态环境优势。环山临湖地标性、七彩云南多样性、彩云之巅高原性、绿水青山原生性，造就了空气清新、天高云淡、阳光明媚、鲜花常开的魅力和吸引力，绿色生态成为重要城市名片，是四季如春、四季常青、全球知名、世界声誉的"春城""花都"。三是资源禀赋优势。不仅凭借"动植物王国"在高原特色农业、大健康产业及旅游业具有天然的资源禀赋优势，还凭借"有色金属王国""水电王国""烟草王国"在高原绿色产业上具有明显的资源型产业特征，更是承载集聚了云南省大量科教智力资源。四是虹吸流量优势。凭借首府中心城市、国际旅游城市、养生养老产业等叠加因素，昆明不仅成为人口净流入的重要目的地，还逐步成为物流、商流、资金流、信息流的重要枢纽门户。五是政策叠加优势。昆明不仅在"一带一路"倡议下成为辐射南亚、东南亚的核心载体，还是滇中城市群、长江经济带的中心城市，亦是国家边境地区转移支付的重要惠及区，并成为中国-中南半岛经济走廊、孟中印缅经济走廊以及东盟"10+1"自由贸易区经济圈、大湄公河次区域经济合作圈、泛珠三角区域经济合作圈的交汇点。

但也存在五大发展发育不足：一是量级能级缺位。尽管近年来经济发展增速居全国前列，但2019年地区GDP刚过5000亿元、人均GDP刚过1万美元，城市综合实力处于我国城市发展三线阵营，不仅与全国同类首府城市发展相比有较大差距，还不足以具备代表云南辐射南亚、东南亚的量级与能级。二是产业结构不优。尽管产业结构从"二三一"转变为"三二一"，但城市发展总体处于工业化实践阶段初中期，呈现出明显的资源型产业依赖、房地产依赖，缺乏具有国际竞争力、影响力的新兴产业，尚未形成现代化经济体系及与城市定位相符的现代产业体系。三是偏安一隅布局。城市格局拘泥在"三面环山、一面临湖"的局促结构以及缺乏顶层设计的城市框架，名义城镇化率达到高级化的发展水平，现代都市生产生活方式与城市化率差距大，现代都市感、城市地标感、国际形态感待提升。

明晰昆明城市中长期质量发展思路的关键是回答好五个问题、做出五个战略转变。一是生态王国的自然生态优势如何转化为创新生态势能。充分把握好"生态性"的区域个性与地域品牌，在生态建设、生态发展、生态创新上开拓更大的发展空间与发挥空间。二是高原城市的资源禀赋条件如何转化为尖峰城市位势。昆明地域彩云之巅，拥有大量天赋、他赋的资源禀赋，如何将资源优势转化为产业优势、创新优势，逐步掌握产业发展的主导权、科技创新的战略制高点以及开放创新的先机。三是旅游城市的工业发展劣势如何转化为产业换道优势。在国际旅游城市发展格局下，昆明在上一个发展阶段，并没有历经充分的工业化发育，在当前科技革命与产业变革条件下，如何从高位切入进行"补课"，同时秉持"换场"思维，立足产业跨界融合、企业爆发成长、资源跨区域配置的新经济发展规律，以新经济赋能现代产业体系，进而换位超车。四是商贸城市的商贸客流资源如何转化为流动经济活力。借助旅游资源和区位优势带来的大量商贸客流，通过各种资源要素的重组、整合来促进和带动相关产业的发展，将人流、物流、商品流、资本流、信息流等转化为数据流、价值流，形成较大经济能量，向周边地区乃至更远的地区辐射。五是沿边地区的西南大门区位如何转化为国际门户地位。充分发挥面向南亚东南亚的区域优势，做好国内与南亚东南亚互联融通发展的通道和桥梁，利用好"两个市场、两种资源"，高端链接、高端辐射并举，真正实现从"末梢"走向前沿。

13.3.4 站在新的历史起点上究竟何去何从

以习近平新时代中国特色社会主义思想为指导，深入贯彻落实"创新、协调、绿色、开放、共享"五大发展理念，充分把握生态性城市区域个性，以新经济生态赋能型创新城市建设为主线，围绕"四城一中心"城市发展定位，实施产业绿色化、都市场景化、发展生态化、创新国际化、治理现代化"五化协同"战略，加快构建"343"新经济产业创新体系，加快形成"拥湖发展、一核五区、三廊五圈"的城市空间结构，着力打造活力、多元、共赢、开放、质优"五个昆明"，将昆明建设成为以"高原创新生态尖峰、国家民族融合名城、全球休闲健康花园、世界开放枢纽门户"为代表具有较强全球竞争力、影响力与新时代发展活力的地区性国际中心城市，为云南省加快实现现代化、我国加快全球战略布局提供强有力的支撑和保障。

——关于城市定位。围绕区域性国际中心城市建设战略目标，把握春城花都城市个性、高原绿地产业地理、古滇新城历史文化、边陲前哨开放门户特点，坚持高原自然生态之城向高原创新生态之都转变、国际旅游休闲城市向健康休闲创新城市转变、国家历史文化名城向民族文化融合名城转变、沿边前台前哨城市向开放门户前沿阵地转变，加快建设以"高原创新生态尖峰、国家民族融合名城、全球休闲健康花园、世界开放枢纽门户"为代表的生态城市、文明城市、花园城市、门户城市，形成"四城一中心"城市发展定位。

——关于城市愿景。"生态"的核心是开放、多元、活力、共赢、质优。从这个意义上，昆明从过去一个地区性中心城市、自然生态优美的旅游城市，向一个创新生态质优的地区性国际中心城市转变，核心是围绕"生态昆明"发展愿景打造"五个昆明"，即活力昆明、多元昆明、共赢昆明、开放昆明、质优昆明。

——关于发展目标。按照"三步走"发展阶段，到2025年基本形成区域性国际中心城市发展格局，形成创新驱动发展格局，发展成为全球创新网络重要枢纽；到 2035 年基本实现社会主义现代化，建成区域性国际中心城市，建成生态赋能型发展结构，发展成为全球开放创新经济高地；到 2049 年，打造具有较大影响力与竞争力的区域性国际中心城市，实现创新驱动发展，发展成为地区性全球创新资源配置中心。

13.3.5 加快以高质量发展带动高速度增长

围绕"创新、协调、绿色、开放、共享"五大发展理念，以新经济生态赋能型创新城市建设为主线，全面实施产业绿色化、都市场景化、发展生态化、创新国际化、治理现代化"五化协同"战略任务，加快推进"古滇出新"产业创新工程、"滇商再造"企业培育工程、"七彩云上"服务集成工程、"三廊汇聚"开放合作工程、"攻坚破难"公共治理工程，实现加快构建新经济产业创新体系、加快打造滇中城市群首善之城、加快建立生态赋能型创新之都、加快建设地区性国际中心城市、加快建设质优创新性服务政府"五个加快"。

表：昆明现代产业新体系

	十大产业	细分领域
建设世界级大健康产业集群	优先发展生命健康产业	生命健康、医疗器械、生物科技、生物农业
	大力布局康养医疗产业	医疗服务、健康管理、运动健身、健康社区
	拓展延伸泛大健康产业	高原食品、文化创意、康养地产
壮大高原型绿色化产业基地	做强做大绿色材料产业	有色金属、合金材料、合成材料、前沿材料
	积极发展绿色能源产业	高原水电、绿色石化、清洁能源
	聚力发展绿色装备产业	数字装备、环保装备、交通装备
	重点培育绿色烟草产业	新型烟草、数字卷烟、绿色烟叶、烟草商贸
培育首府新经济创新生态圈	首位推进创新经济	智能科技、电子信息、科技服务、数字设施
	聚力构建门户经济	总部经济、平台经济、服务贸易、会议会
	构筑特色流量经济	现代物流、现代金融、都市消费、现代教育

一是产业绿色化，加快构建新经济产业创新体系。打破"一二三产"产业界限，以产业绿色化为发展导向、以产业数字化为创新路径、以新经济创新为着力点，加快构建以大健康产业为先导、以高原绿色产业为主体、

以首府型创新经济为支撑的"3+4+3"现代化经济体系，突出"数字装备、数字交通、数字环保、数字商贸、数字农业、数字科技、数字平台"八大数字化产业品牌，以创新驱动全面转向新经济。

二是都市场景化，加快打造滇中城市群首善之城。把握昆明生态性核心区域个性，从中长期到长远期确立"拥湖"发展的城市核心；背拥西南腹地强化对南亚东南亚战略辐射，坚持"持续北链、中长期西拓、长远期南进"方针，形成北部高端链接借势轴、西部泛工业化发展补位轴、南部高质量原创发展抢位轴，加快建设面向南亚的孟中印缅经济走廊、面向东南亚的中国-中南半岛经济走廊、面向西南地区的滇中-成渝城市群经济走廊；在滇池国家旅游度假区"一核"周边，突出古滇历史文化新城昆明历史文化发源地地位、强化环翠湖中央创新区昆明历史文化发扬地功能、加强呈贡国际科教新区科教智力资源集聚与国际交往功能、强化安宁滇中产业新区产业支撑、促进昆明空港经济特区门户优势枢纽优势，形成"1+5"城市地标与城市主体功能区；从城市核心、中心城区、首府地区、滇中城市群、南亚东南亚范围内，形成滇池自然生态保护圈、中央创新经济生态圈、首府生态涵养都市圈、环首府城市群生态圈、泛南亚东南亚经济圈，按照"拥湖一核策源、三轴带三廊、五区带五圈"的发展思路，形成"拥湖发展、一核五区、三廊五圈"城市空间结构。

三是发展生态化，加快建立生态赋能型创新之都。需要充分把握好"生态性"的区域个性与地域品牌，在生态建设、生态发展、生态创新上开拓更大的发展空间与发挥空间，形成风清气正的政治生态、绿水青山的自然生态、活力涌现的创新生态、公平法治的社会生态、古滇出新的文化生态，支撑昆明加快建设新经济创新生态为引领的态赋能型创新之都。

四是创新国际化，加快建设地区性国际中心城市。围绕经济体系国际化、条件平台国际化、资源配置国际化、营商环境国际化、交流合作国际化等发展需求，建设中国对南亚、东南亚经济共同体、布局国际性经贸投资合作平台、建设地区性国际资源配置中心、营造良好国际化法制营商环境、强化文化交流与合作，逐步成为全球创新网络重要枢纽、全球开放创新经济高地、全球创新资源配置中心。

五是治理现代化,加快建设质优创新型服务政府。全面构建创新型服务性政府、释放体制机制创新改革红利、建立公共治理协同推进机制、加强社会管理创新试点推广率先,迎接新型智能社会的到来,全面促进物质文明、社会文明、生态文明、政治文明、精神文明"五位一体"有机发展。

13.4 贵阳:数谷如何从先声夺人到善始善终?

贵阳是近年来以数字产业发展集聚势能,并异军突起的典型城市之一。在新的发展阶段,迫切需要解决数智经济与工贸经济发展不适配的问题。尤其是在新一轮数智科技条件下,能否促进泛工业化与超智能化协同,系统性促进贵阳产业强市建设,需要全新的探索和回答。

13.4.1 重识信息化的本质及其着眼点

如前所述,信息技术是最能贴近人的生活方式,把万物、人人、人物都给联结在一个小地球村;最能改变人的生产方式,从需求需要出发反向决定生产和配置资源;最能替代人的劳动操作,让生产更加精细化自动化;最能反映人的需求诉求,成为人的第六感官;最能拓展人的生存疆域,人工智能的出现开辟新天地;最能释放人的价值潜能,与其他技术结合提高人的机能。国家界定的"信息化"是指培育、发展以智能化工具为代表的新的生产力并使之造福于社会的历史过程。一般以为的信息化,是指社会经济的发展从以物质与能源为经济结构的重心,向以信息为经济结构的重心转变的过程。

整体而言,信息化是一个本源不变,但内涵与外延不断深化的革命性力量。这个"本源",就是知识、信息、数据等在提升生产力与创造财富面前发挥的作用比物质、能源、资源更重要,甚至起到了决定性作用。其内涵外延取决于信息技术的迭代。

更进一步而言,伴随信息技术的迭代创新与深度应用,重点从六个方面的关系,对经济社会发展产生了深远影响:一是处理好技术创新与产业发展的关系,对产业创新形成重要影响。也就是我们目前所说的数字产业化、产业数字化，以及数字中国等，最终形成线上线下、云端云台、数智兼备、器网结合、智联生态、智能感应的经济形态与生产方式。二是处理好生产供应与消费需求的关系，对民生福祉产生重要影响。以前是生产决定消费、生产方式决定生活方式，如今在信息化带动下，消费反向决定生产、生活方式逐步决定生产方式。三是处理好经济建设与社会建设的关系，对公共治理产生重要影响。新基建不再是单纯的基础设施建设，而是支撑社会建设与经济建设协同发展的基石，越来越多的社会建设将为经济建设开辟新空间、赋予新功能。四是处理好内循环与外循环的关系，对开放门户产生重要影响。以数智科技带动数字经济、数字经济带动数字贸易、数字贸易带动服务贸易、服务贸易带动货物贸易，将内外循环贯通在一起，加速将外向型工业经济向开放型创新经济转变。五是处理好安全稳定与加快发展的关系，对安全管控产生重要影响。尤其是对于网监工作，不仅是一种事业，也可以有产业属性；不仅是风险风控，而是发展拓展；不仅仅监管维度，而是疏导建设。六是处理好深化改革与服务创新的关系，对改革创新有重要的影响。尤其是在数字政府、智能治理的带动下，进一步提高公共服务效能，加快建设创新型服务政府。

13.4.2 贵阳借中国数谷实现异军突起

贵阳属于典型的西部欠发达区域，既不沿海也不沿边，尤其是科教智力资源薄弱，在过去相当长时间内，在全国各类排名中都比较靠后。但近年来，贵阳在大数据产业发展的带动下，创造了一种西部欠发达地区换道超车的发展模式，走出来一条后发区域赶超发展的新路，对全国很多地方新旧动能转换起到了示范作用。具体而言，贵阳在建设"中国数谷"过程中，正确处理好"数"与"谷"的关系。"数"如果是产业或者产业生态，那么"谷"就是创新创业生态。贵阳在大数据产业发展上，不仅引进大数据各类资源、各类企业、各类机构；同样搭建创新平台、实施创新政策、营造创新氛围、完善创新服务。只有具有良好的土壤、阳光、空气和水分，很多创新资源及产业要素才能落地、生根、开花、发芽、结果。

这其中，贵州的成功经验，不仅在于产业选择——大数据产业的选择

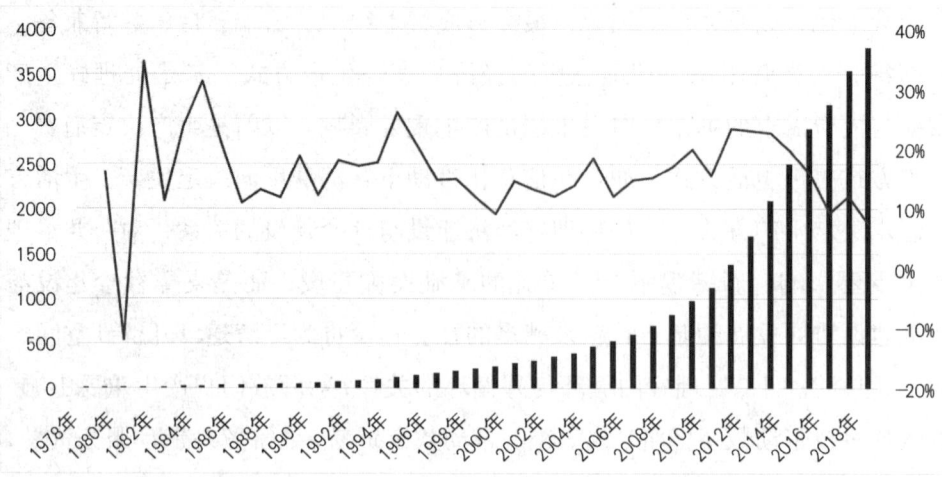

图：改革开放第一个四十年贵阳GDP规模及增速

是建立在对前沿趋势的准确把握、对贵阳优劣势的综合研判基础上做出的；还在于很多新兴产业的发展不在于比较优势而在于人择优势——大数据产业发展路径和策略与传统工业不同；还在于政府在高位推进大数据发展的意志下发挥了卓有成效的产业组织作用——全力支持产业发展对于初期持续集聚创新资源显得尤为重要。因此，贵阳探索走出的这条道路，不仅仅是促进了贵阳自身发展，还为全国其他地区发展提供了一个重要而现实的样板。当然，"贵阳模式"为其他区域的弯道超车提供了一种可能性，更多地需要借鉴其成功经验，但并不能完全复制，毕竟产业不一、时空不一、区位不一、阶段不一。事实上如果整体产业发育不充分，"数谷"更多的是拥有"孤独感"。这种"孤独感"，一方面体现为数字产业化在产业生产能力不足，另一方面体现为产业数字化需求不足、动力不足。

13.4.3 能否从先声夺人到善始善终？

如今伴随云计算、大数据、移动互联网、物联网等新一代信息技术与先进制造与新场景的结合，出现了大量数字化产品、数字化技术、数字化业态、数字化设施，加速实现经济社会发展以及生产方式、生活方式的数字化。而伴随人工智能技术等智能科技的突破、应用与发展，将人们在生活、生产过程中非结构化的需求、需要、诉求、价值，通过智能硬件、智能设施、智能服务以及社交化软件等去执行、表达、满足、生成的全新生活（产）方式及其由以产生的经济形态，最终使得从数字经济的数据驱动发展到智能经济的算法驱动。贵阳依靠大数据产业先声夺人，伴随数智科技全面兴起并与生产方式、生活方式紧密融合，不过，在产业创新上能否善始善终需要有全面的新探索。

前些年丰田汽车发布"移动出行公司"战略，代表了日本产业界的觉醒。丰田不可能是一个单纯的移动出行公司，这种移动出行意味着汽车将变成一种智能终端，往前走就是基于位置服务的各类延伸服务，往后走就是数据、就是平台运营等等。所以需要更加重视业态创新与产业变革。整体而言，贵州在工业化发育不充分的条件下，凭借信息化异军突起，但并未将先进制造业的产业数字化与信息产业的数字产业化有机结合。伴随两化融合从"工业化与信息化融合"，走向"泛工业化与超智能化融合"，贵阳产业发展能否群体突围和迭代创新，核心是需要走出并走出一条新时代产业转型升级与业态创新发展之路。

一是产生新的生产方式。也就是能够将新一代信息技术与先进制造以及其他前沿技术相结合，逐步将"数据驱动+平台赋能+智能终端+场景服务+敏捷供应"融为一体，打破基于物理空间、物理设备条件下的产业创新，通过往虚拟空间上走与往物理设备下落相结合产生新的产业形态。尤其体现在以智能终端、智能家电、智能手机、智能可穿戴设备等领域，数字化、智能化、网络化结合在一起。二是产生新的生活方式。也就是用新一代信息技术与智慧城市、城市管理等相结合，在"互联网×"应用场景的模式下，可能在移动出行、智能服务、智能安防、智能医疗、无人零售等领域出现若干基于新场景的全新商业模式。三是产生新的创新范式。从传统"基础研究－应用研究－商业研究－转移转化－产业化"，到以市场交易、商业应用、终端产品、服务场景等反向入手，要么开展将应用、产业化、研发一体的垂直化逆向创新。四是产生新的组织方式。借助大企业平台化战略、平台经济战略、科技服务业发展以及创业升级发展等，营造全新的产业创新生态，形成创业高端化、企业高新化、瞪羚公众化、大企业平台化的发展态势。

13.4.4 以数字产业化带动产业数字化

在数智科技带动下,在生产方式、生活方式、消费方式乃至治理方式上,将线上与线下、软件与硬件、制造与服务、产品与服务、流量与数据、场景与内容相结合,形成产业跨界融合、企业互联融通、商业结构再造、技术集成应用的发展态势。这其中,企业产品形态从物理设备到数据算法、产品功能从自动控制到智慧感知、价值再造从技术创新到模式创新、价值提供从单一产品到全程服务、服务重心从前端前台到云端云台、发展段位从生产方式到生活方式、外部关系从单向传导到生态闭环、经营场景从封闭运行到开放运营、经营业态从单点突破到跨界融合。

新冠疫情以及在线新经济发展,"上云用数赋能"的组合拳迫在眉睫,为贵阳新一代信息技术引领产业发展提出了新的要求。"上云"就是借助虚拟空间打破企业经营发展的时空局限,从物理空间走向虚拟空间,从区域小市场到全国、国际大市场。"用数"就是通过从死的信息到活的数据、从结构化的小数据到非结构化的大数据,让企业打通经络更加富有灵感和动能,实现数据驱动。"赋智"就是借助智能技术、智能装备、智能终端等,不仅让企业拥有大脑储能孕能,还能借助很多行业级的"四肢"与产品级的"手脚"使能释能。总而言之,"无中生有"是"用数","有中生无"需上云,"有无相生"是"赋能";"上云"是出发点,"用数"是立足点,"赋能"是落脚点,只有形成"上云用数赋智"环环相扣。

目前,很多地方的数字经济建设,往往少不了三方面工作:一是体系建设,如技术攻坚、标准体系、数字基建、网信平台、协同创新、要素市场、人才培养等;二是应用推广,数字贸易、智能制造、数字场景、数字乡村、数字文化、未来社区、军民融合;三是支撑保障,如数字治理、网络生态、数据安全、网络传播、网络治理、制度创新、体制改革等。在新的发展阶段,贵阳数字经济建设迫切需要建立审慎监管、包容发展、开放创新、高效组织的组织方式,也迫切需要一批具有标志性、示范性的示范城市、示范工作、示范园区、示范平台、示范项目(企业)。围绕技术、产业、企业、区域、安全、开放,可探讨谋划如下工作:一是硬核科技创新行动,重点突出科技自立自强；二是上云用数赋智行动，重点加快工业化信息化融合；三是平台企业培育行动，让平台企业成为信息化发展推进主体；四是数智城市孪生行动，放大城市大脑优势；五是数字贸易突围行动，抢数字贸易作为内外循环贯通与升维的突破口。

14
加速东北涅槃重生：黑吉辽新时代闯关东

14.1 沈阳：从平民胜利看共和国长子再出发？

结合改革开放以来浙江发展经验，以及对东北地区自近代以来大历史脉络的梳理，我们来探讨新时代东北地区以及沈阳的突围之路[1]。

14.1.1 "平民的胜利"的感同身受

在新中国成立以后，浙江靠近前线，生产力布局、高校院所布局较少、政策支持亦并不多。但是经历改革开放第一个四十年，浙江反而在一个工业基础薄弱、科教智力资源薄弱、国家生产力布局以及政策倾斜不足的地区，发展成为新时代的"延安"。前几年国家发布了《东北地区与东部地区部分省市对口工作方案》，提出辽宁与江苏、吉林与浙江、黑龙江与广东等省市对接。某种意义上，这种南方支持北方，是民营经济支持国有经济、市场经济支持计划经济，不仅验证了存量改革激发的活力，还打破了传统体制新优势的一般认知。一个靠近前线、资源贫瘠、政策洼地的地区居然反哺"共和国长子"值得反思。

浙江的发展不经代表了改革开放第一个四十年的发展经验，还孕育着改革开放第二个四十年的发展方向。这个发展经验就是以市场化改革为先导、以全球化中的外向经济为契机，核心是通过来自民间的、民营的创新

---

[1] 2018年4月底作者在沈阳新经济大讲堂做了《新时代高质量发展战略抉择——兼论沈阳如何引领提振东北地区的改革创新与全面转型》专题培训，以下据第二部分《从"平民的胜利"看"共和国长子"再出发》培训内容整理而成。

创业所发展起来的活力经济，在一个科教智力资源薄弱、陆域资源薄弱的地区，实现了从无到有、从小到大、从大到强发展。一个国家或地区只有强调从计划转向市场的资源配置效率，只有强调"两个市场、两种资源"，才能实现长效、健康以及可持续发展。而这个发展方向就是如何回答中国在新的发展阶段到底怎么办。当前，中国整体发展阶段从工业化后期向后工业社会转变。浙江最大的优势是企业家多，最大的资源是民间资本。这几年，浙江在全国最具有探索意义的，是将这种最大的优势和最大的资源相结合，在金融资本与产业资本融合的杠杆下，通过资本的"走出去"实现创新资源的"拿过来"，进而带动更多的"输出"，实现在全球范围配置资源和创造财富。

那么这种"平民的胜利"，究竟胜利在哪里？是浙江逐步形成的、即将形成的发展模式与道路，代表了新时代高质量发展内涵，并需要在全国范围内得以推广。一是产生新的生产方式。在数字经济带动下，新一代信息技术与先进制造等其他前沿技术相结合，逐步将"数据驱动 + 平台赋能 + 智能终端 + 场景服务 + 敏捷供应"融为一体，打破基于物理空间、物理设备的产业创新，通过往虚拟空间上走与往物理设备下落相结合产生新的产业形态，将数字化、智能化、网络化结合在一起。二是产生新的生活方式。将大数据、云计算、人工智能等新一代信息技术与智慧城市、社区管理、社会服务等相结合，在"互联网 ×"应用场景的模式下，在移动出行、智能服务、智能安防、智能医疗、无人零售等领域出现若干基于新场景的全新商业模式，产生新的生活方式。三是产生新的创新范式。改变过去的"基础研究 – 应用研究 – 商业研究 – 转移转化 – 产业化"，而是从市场交易、商业应用、终端产品、服务场景等反向入手，要么开展集应用、产业化、研发于一体的垂直化逆向创新，要么是"企业家 + 科学家""新兴市场 + 先进技术""创业 + 创新""民营资本 + 院所技术"为代表的开放式逆向创新，产生新的创新范式。四是产生新的增长方式。从过去依靠贸易代理、出口加工、规模制造的滚动增长，进入"战略投资 + 高端创业 + 先进技术 + 产业生态"的爆发式增长，很多高技术创业、平台型创业短时间取得商业成功，从产业跟随逐步到产业原创,不断产生新的企业和新的增长点。五是产生新的组织方式。立足产业生态优化与创新生态建设,借助大企业平台化战略、平台经济战略、科技服务业发展以及创业升级发展等,不断提升大企业的溢出能力、平台企业的衍生能力、源头企业的生成能力以及创业试错的逆袭能力,营造全新的产业创新生态,形成创业高端化、企业高新化、瞪羚公众化、大企业平台化的发展态势。

更进一步而言,心学和浙东学派的传统不但是中国改革开放发展经验背后的最大伦理,还是中国新经济发展的重要思想源头。在从计划经济向市场经济转型过程中,以浙东为代表的地区之所以能够率先通过市场化改革提高了资源配置效率而"先富起来",一是强调每个人的、企业家的主体地位,也就是强调独立人格,通过产权改革形成具有自生能力的微观基础;二是强调"经世致用"商业伦理,能够利用商业手段解决发展问题。在工业经济向新经济发展过程中,心学最大的现代价值是崇尚个体、激发个性、以人为本的心学伦理;最大的当代精神是无中生有、有破有立、心动即行的创新精神;最大的人格魅力是志存高远(成圣)、独立人格、知行合一的品质品格。对于沈阳的建设发展,需要从中国未来四十年新一轮改革开放的战略高度和大局出发,优化文化生态、政治生态、产业生态、创新生态,不单纯是把经济搞上去,一切从思想解放与文化创新开始。

14.1.2 "共和国长子"的前身今世

"东北振兴看辽宁,辽宁振兴看沈阳",只有进一步重识东北的发展史,才能把握未来的发展方向:

一是新中国成立前列强侵华遗留家底。历史上,沈阳军事地位、政治地位、经济地位由于国家经营关东、清朝的崛起、列强侵华而逐步提升,为后来新中国成立后成为重要的中心城市创造了条件。但从历史的角度来看,沈阳主要是农业文明的文化形态,商业文化色彩薄弱。几乎可以说,沈阳在历史上凭借"一朝发祥地,两代帝王都"而达到政治文化顶峰,但仅有的家底是列强侵华遗留下的些许工业基础,而并非是内生增长产生的民族产业。某种意义上,沈阳正是凭借这种外生的发展基础,逐步成为新中国成立后的重要城市。据有关研究，东北问题甚至可以追溯至19世纪中叶至20世纪中叶这段历史时期；"民国"时东北轻工业已经很有规模，仅仅1919年中国对外贸易总额东北就占到27.2%；此后伪满洲国拼命实现东北重工业化，1942年东北重工业比重达到79.2%，轻工业20.8%。

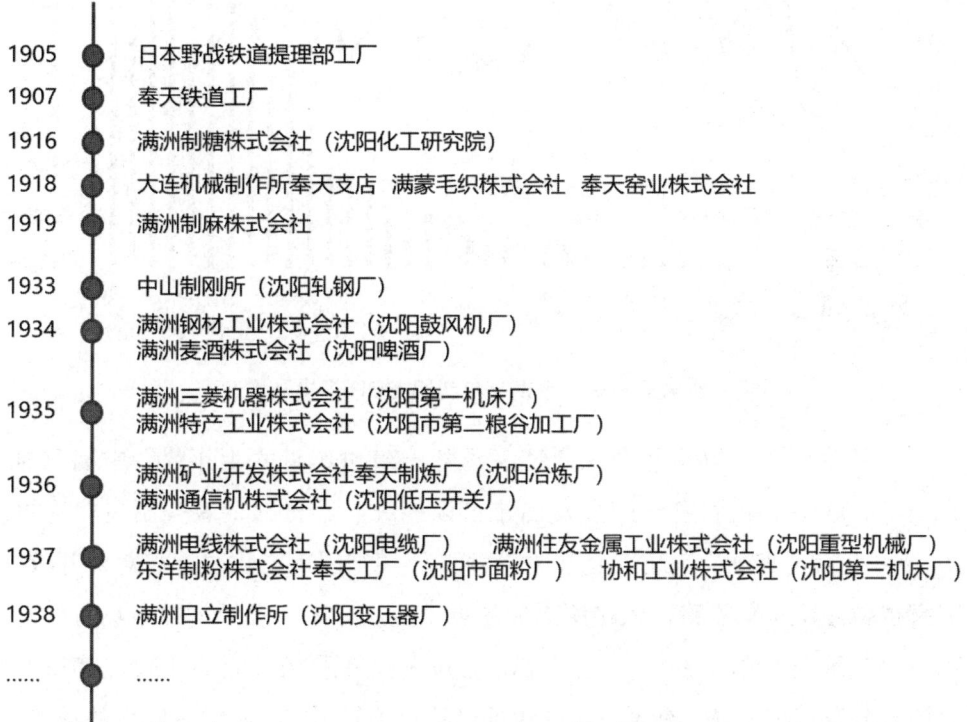

图：新中国成立前沈阳重工业项目建设

二是改革开放以前依靠"长子"地位发展。在特殊的历史条件下，新中国选择了沈阳，沈阳此后凭借国家重大项目计划的权利配置资源机制而成为"共和国长子"，成为国家重要的重工业基地，既拥有着国家资源配置的红利，但也有产业结构畸形发展以及民营基因薄弱的发展隐患。从历史的角度来看，早期的殖民经济和后来的计划经济几乎全面覆盖了东北的经济社会发展，计划经济对社会影响之深远应该是任何地方都无法比拟的，以至于很多人无法想象东北地区对管制、保障、权力的习惯、崇拜或依恋。有关研究认为从1931年起，内有伪满洲国有计划的统制经济对民营经济的挤压，外有苏联对东北庞大经济的彻底洗劫以及随后内战的破坏，近70年最严格最深刻的计划经济对东北的民间经济活力和创业氛围形成较大的抑制。

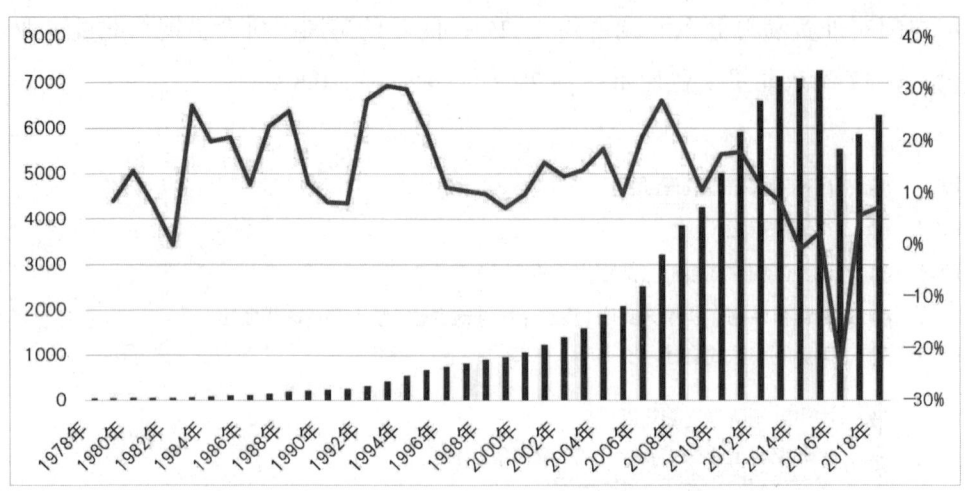

图：改革开放第一个四十年沈阳GDP规模及增速

三是改革开放以后坚守计划经济堡垒。20世纪五六十年代，中国政府集中了300多亿元固定资产投资创建了以能源、原材料、装备制造业为主的"新中国工业摇篮"东北工业基地。然而，伴随中国市场化改革与对外开放，国家布局、计划配置路径依赖所形成的重工业主导的产业结构被市场打得七零八碎，国企改革不彻底，民营经济也并没有借助轻工业等比较优势产业得到充分发育与成长，使沈阳难以找到经济活力提升、产业结构转变的动能。最近20多年来却步履艰难，缺乏活力，工业总产值占全国的比重不足十分之一。沈阳作为传统计划经济体制下的"鲁尔区"，并没有走在新型工业化发展的前沿，在产业转型升级过程中尚有较大差距。

四是东北振兴战略病情标本难治加剧。东北振兴首先在于认识上的不足，进而导致在改革、体制、政策、路数上的种种弊端。即使到了改革开放后这么多年，还有人认为对于东北地区符合比较优势的工业化顺序必须是先轻工业充分发育才可以大力推进重工业。东北问题是复合性问题，绝不仅仅是经济问题，经济问题又绝不只是1949年后形成。长期以来，东北地区的企业一直陷入"经营困难—政府输血—企业进一步扩张—利润下降—

经营困难"的怪圈，但始终没有展开"长痛不如短痛"的结构性改革。东北老工业基地振兴战略之弊在于政策创新、资金扶持、项目投资的"输血"，而非制度改革、营商环境等方面的"造血"。本质上是市场化程度不足不够，而并不在于比较优势战略未能发挥。

五是区域对口计划仍然没有全面转型。直到目前，东北、沈阳依然缺少南方地区在改革开放初期那种市场化改革的锐气，面临着多重转型的压力和任务。未来只有处理好内生与外生、计划与市场、体制内与体制外、工业经济与创新经济的关系，才能在新时代有所作为、逆袭发展。具体而言，从资源配置机制来看，需要加强市场化改革，彻底地从计划经济转向市场经济；从经济形态来看，需要加强业态创新与跨界融合，从工业经济转向创新经济、从轻重畸形转向轻重结合。

14.1.3 "共和国长子"的突围之路

一是加快混合所有制改革。只有把握国家大力发展混合所有制的历史机遇，创新新一轮市场化改革目标模式，充分借助产权制度创新，才能再造沈阳活力经济，进而实现开放创新、协同发展、包容增长。新时代更多地需要混合所有制，如合伙制、私有公司公众化、国有控股参股民营、财政资金参股引导、事业单位改制、各类PPP、社团法人财产制度、管理层分配权改革、科技成果收益权改革以及中外合资企业等形式。

二是建设创新型服务政府。从"大政府、小服务"到"小政府、大服务"，由大政府角色向小政府方向转变，从单向的管理到双向的互动，从社会控制到公共治理；从公共行政走向公共治理，通过放权、分权、还权，让民众、企业积极参与社会公共事务管理；突出新兴产业组织者角色，强化创新服务集成商功能，加快从第二方精准公共服务提供商、到第三方创新服务集成商、再到第四方新兴产业组织者。

三是营造新经济创新生态。强调经济发展、产业发展、增量经济是内生自生的、自组织自成长的、闭环的循环的、自动发展自动修复的。在"赛场"方面，优化创业、产业、生态三大服务，建立从形态开发、功能开发到生态开发的全过程创新服务体系。在"赛道"方面，核心是聚焦人才、技术和资本三大资源，促进资源优化配置。在"赛手"方面，核心是培育新经济企业，建立企业爆发式成长机制，建立"变革式创业–高成长瞪羚–爆发成长企业"分层次培育机制。

四是打造第三代创新园区。创新园区是经济社会发展的核心载体，需要发展成为带动沈阳增长的战略引擎。从最初纯粹的工业园区（1.0），发展为生产、生活、文化等功能逐步融合的科技园区（2.0）、高科技社区（3.0），赋予科技功能、产业功能、城市功能新内涵，为创业创新、产业发展、市民生活提供万物互联、社交活跃、数据共享、高接触高情感的城市新空间。

五是智能科技引领新产业。依托沈阳重工业发展基础，大力发展以生产方式转变为主的智能制造、生活方式转变为主的智能终端与自主创新能力提升为主的智能科技，强化数据驱动与智能应用，加快产业原创与引领。智能经济的核心价值是新一代信息技术与先进制造的跨界融合，有望产生全新业态和原创新兴产业。发展智能经济，有望把劣势转化为优势，引领新生产方式的出现。

六是激发企业的科创活力。既要体现有创新的创业，又要体现创业带动创新，核心是突出企业在创业创新中的主体地位，而非把政府、服务机构成为主角。针对种子期阶段，加大创新源头种子孕育，支持各类创新创业源头培育发展种子企业；针对初创期阶段，推进创业企业试错发展，提高创业层级成活率，加速资源流向新产业新模块新业态；针对成长期阶段，加快培育高新技术企业，助推瞪羚企业利用多层次资本市场做强做大；针对成熟期阶段，发挥高技术大公司、爆发成长企业、平台企业组织作用。

七是力推新经济三大招商。不同产业形态决定不同的招商模式，新时代的招商模式要从机会型的大项目招商和建链、补链、强链为主的产业链招商，转变为以创新生态建设为着眼点的新经济招商——新业态招商、科技招商、平台招商。

八是采用"放水养鱼"的政策导向。建立法治化营商环境，加强创业、企业、产业的休养生息与市场培育。东南沿海地区在促进民营经济发展过程中的主要政策是"放水养鱼"，也就是要发展某项事业，就得有投入，给其创造发展的有利环境,才可以实现个人利益、集体利益、国家利益的多方共赢。

14.2 长春:如何借用创业创新粉刷铁锈地带?

长春作为"共和国长子",有"东方底特律"与"东方好莱坞"之城的美誉。但如今美国的底特律破产了,好莱坞也没有了绝对的行业优势。如今,需要走出中国底特律好莱坞的光环,借用创业创新粉刷铁锈地带。

14.2.1 创业式创新是我国产业创新高地

尽管中国改革开放四十年实现了较快的经济增长与较大的发展,但迎头赶上经济全球化与新产业技术革命并探索出中国特色的自主创新之路,主要体现自我国产业创新高地从无到有、从少到多、从小变大、从大变强的三十年。这其中,创业式创新是我国产业创新高地,尤其是东南沿海主要创新城市,迎接经济全球化与新技术革命的主要做法,也是中国有别于美日欧发展的独到之处,打破了美日欧"经济增长-研发-创新"传统发展路径,走出了一条"创业-研发-经济增长"的创业式创新发展之路,成为中国道路的根本所在。在"创业式创新"条件下,中国不知不觉涌现出大量的创业企业,产业创新高地的企业或者走瞪羚高速增长道路,或者走

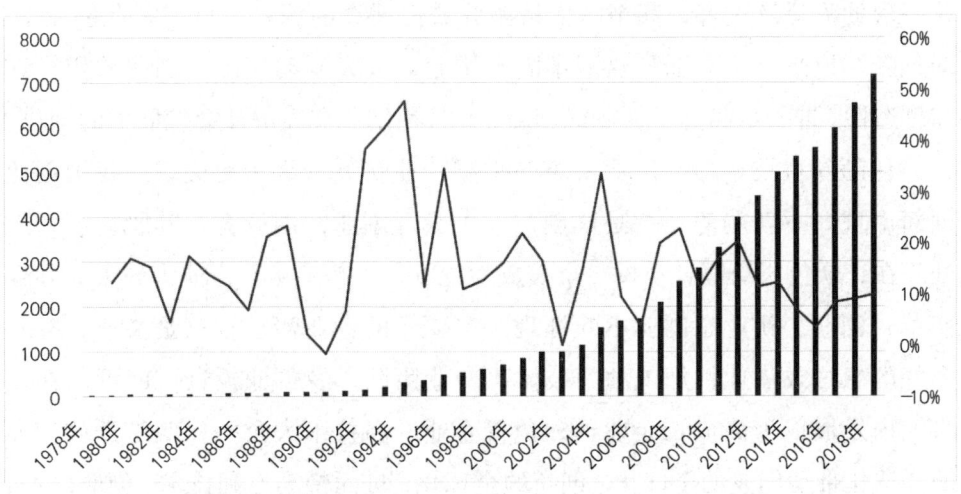

图:改革开放第一个四十年沈阳 GDP 规模及增速

独角兽爆发式成长道路，努力打造创新创业生态。这其中，我国每隔几年创业就会出现一次变革，从知识分子创业、留学生创业、改变世界的创业者，到现在出现了前沿科技创业，"创业 – 瞪羚 – 独角兽企业"呈现出非线性爆发成长；产业发展从承接产业梯度转移到高端链接与高端辐射，大数据、云计算、人工智能产业层出不穷；创业服务也在不断升级发展，从孵化器、大学生创业园、留学生创业园到后来的众创空间；随着改革的不断深入，从高技术企业减免税收，到高新区技术产业政策，再到如今出台的各种创业政策也不断涌现；科技园区成为创新经济发展的新场地，国家发展高新区的任务越发繁重。

14.2.2 抢占创业创新新机遇为时不晚

在"大众创业　万众创新"面前，这是一个充满梦想、激情、热血、汗水与销魂的时代，同样也是一个充斥混乱、浮躁、迷失、唬人与疯狂的时代。无论有人怎么以偏概全地去妄论"大众创业　万众创新"，但改变不了创业在中国经济发展中的重要地位和使命，改变不了"创业是最大的创新"的灵魂，改变不一帮"弄潮儿"的时代脉搏与精神。当然，仰望星空的浪漫必须与脚踏实地的骨感相结合，任何尝试或实践必须经得起时间的考验、市场的检验、社会的体验，否则只能在"大众创业　万众创新"浪潮中做昙花一现的流星及过客，甚至跌入被抛弃或遭唾弃的深渊。自"大众创业 万众创新"以来，"双创"热潮不断被掀起，极大调动了国民创业的积极性和创造性，进一步确立了创业式创新，尤其是创业在经济社会发展中的地位。

伴随新科技革命与产业变革与中国产业转型升级历史交织，我国创业创新出现如下新趋势：一是众创，人人皆可创业，创业者有其股，创新无处不在，众包、众筹、众投、众扶成为主流；二是变革，产业大破大立导致变革式创业、新业态创业不断涌现，需要新的创业治理；三是快速，有一个好的想法或创业，加上独门技术、专业团队以及创业投资，就可以在短时期内发展成为高成长企业、独角兽企业、高技术大公司；四是开放，人的全球化带动创业的全球化、创新的全球化，进而带动专利技术、创业资本、经验知识的自由流动和优化配置。

14.2.3 借助创业式创新粉刷铁锈地带

创业是实现个人价值与梦想最大的最直接的通途,不是为了创业而创业,不是为了弄潮儿而时髦,是一场"只为生命的远行"的修行。尽管创业分类较多,但从创业主体及其价值作用来看,如下十大类型应该成为主流:

一是创客极客(变革式)创业。主要指一类努力把各种创意转变为现实的人,或者是一类以创新、技术和时尚为生命意义的人,通过创业实践将概念想法转变为具有变革式、颠覆性的时代创意、产品技术、商业模式的创业行为模式。这种创业依赖于大量创业创意创新人才的汇聚、发达的天使投资网络、与创意想法相配套的产业生态、线上线下相结合的创客(极客)空间和"鼓励异端、宽容失败"的文化环境。

二是科技人员(团队)创业。主要是国内外科技人员在掌握一定核心技术、市场经验、业界关系的基础上,尤其是借助创业投资、团队创业、"技术跟着人走"等机制,通过"下海"创业加快将先进技术转化为成熟商业模式的创业行为模式。如何转变技术人员"知识分子"浪漫有余而商人不足的基因,打破技术自恋与封闭创新,从商业模式的角度反向看待产品技术架构,实现科技人员向创业者、创业者向企业家转变,是科技人员创业成功的关键。

三是青年(大学生)创业。基于一定职业、学业积累,既没有明显的科技人员创业色彩,也没有职业经理人创业、系列创业者、跨区域创业者等光环,从贸易销售、生产制造、研发创新等不同行业、不同环节介入,致力于独立成就事业的创业行为模式。这种类型的关键在于创业者本人能否准确把握、顺应产业价值链分解、融合、重构的规律及趋势,能否基于对自身、对行业、对市场、对企业、对管理的深刻理解认识,用企业家精神驾驭职业经理人才能、商人特质,成为既定结构和游戏规则的颠覆者搅局者。

四是跨区域(创业者)创业。指频繁来往于两个以上国家或地区,从事创业的创业行为模式。这类创业者在两地的生活和工作,能够及时把握最新技术热点和趋势,了解最新商业模式和理念,与两地各类创新资源建立密切联系。核心在于能否充分把握两国或两地区的发展差异、国际分工、市场缝隙、资源禀赋等,将先进技术项目、商业模式、管理运作经验在国内落地或移植，直接代表母国（地区）嵌入全球产业价值链。

五是系列创业者创业。在把企业创办到一定程度之后，或者将企业卖出，或者聘请职业经理人继续经营企业而自己去创办新的企业，不断创业创业再创业。这类创业者一般不随着企业做大而跟着企业成为上市公司 CEO，要想让企业发展得更快，创业者必须在完成创业后主动退出。核心在于系列创业者本人需要在跨界发展方面有十足的天赋和经验，具有较强的跨界整合能力。

六是职业经理人创业。企业集团的职业经理人，在发现一定创业机会后，将自己成功的管理经验、人脉资源、业界关系及行业背景向其他产业技术领域转移或复制，创办新兴企业的创业行为模式。这类创业核心在于能否打破职业经理人本身的局限或不良基因，比如能"做大做强"却难以"从无到有"、能"飞的高一点"却经不起"失败"等，需要有"认准了就做""敢想、敢作、敢当"的个性与气质。

七是产业组织者创业。一批企业家、投资家在取得商业成功后向产业组织者转型，以金融资本为杠杆、以行业经验及管理经验为支撑，聚焦新兴产业技术领域整合创业资源，打通产业链上下游企业的产权关系，推动整个产业技术链条的发展。这类创业往往需要一个能够站在新兴行业技术前沿，对产业发展前景有准确的判断，对商业模式设计、企业管理运作、市场开拓有丰富经验，整合社会有关创新创业资源，开创产业组织、创业培育的全新模式。

八是集团内部创业。主要指集团公司立足原有经营范畴、产业领域、资本积累以及管理机制等再创新，针对新领域、新模式、新业务、新市场等，鼓励内部员工以股权、期权、虚拟期权等方式投资运营新的经营实体的创业行为模式。关键在于能否建立全新的管理模式、管理理念、经营业态、商业模式，打破依托企业在管理、人力结构、发展方向上的较大约束和障碍。

九是企业二次创业。企业在经过一定发展阶段，并完成资本原始积累、业界关系沉淀后，借助新思想、新模式、新技术、新业态，向新的领域、新的市场、新的产品等方向再创业。核心是如何重组企业家创业者的"基因"，能否打破惯性思维及发展路径依赖，找到全新的领域、全新的商业模式、全新的产品服务、全新的新兴市场。

十是自由个体创业。主要包括自由职业者及广大个体户。无论"自由"抑或"个体"，本身既是创业灵活的优点，又是难以迅速成长的问题所在。

14.2.5 加快营造高质量创业创新生态

为营造高质量创业创新生态，重点推进如下工作：一是培育爆发式创业梯队。加快从"小微企业－规上/骨干－龙头企业－跨国公司"的企业梯队向科技型企业梯队方向转变。围绕高科技领域开展创业创新，不断催生孕育全新的产业、全新的业态，提高科技初创企业成活率，积极培育高新技术企业；培育一批具有成长速度快、创新能力强、专业领域新、发展潜力大等特点的高成长企业，加快新兴产业培育与产业生成；引进培育独角兽企业、潜在独角兽企业，带动产业变革。二是推进大企业平台发展。支持大企业根据自身发展阶段与发展需求的不同，大企业以多元方式参与创新创业，如开展研发众包、建立专业化众创空间、搭建"互联网＋平台"、开展战略投资、打造企业生态圈。三是搭建高水平服务平台。加快大学科技园、专业化众创空间、新型研发机构等创业创新服务平台建设布局。强调专业的服务团队搭建专业的服务平台、集聚专业的服务资源，产生专业的服务能力、专业的服务模式、专业的服务机制；鼓励社会机构、产业企业等投资建设运行创业创新服务平台；着力提升机构的产业组织能力，打造产业共同体、产业技术联盟等；加强全方位国际合作交流功能。四是打造生态赋能型园区。用创新生态的视角经营产业集群，进而释放产业创新生态的赋能作用，促进经济发展模式、城市发展模式、创新发展模式的"三螺旋"协同演进发展模式。五是探索新经济创业治理。针对目前"该管的不管不该管的使劲管""什么部门都来管""扶持性政一大堆制度性政策没几条""用旧办法甚至错误的方法做新事"的问题，强化供给侧制度性产品供给，重点在治理主体上明确事权与财权，建立统分结合、上下结合的治理结构；在治理方式上，明确政府职能定位，从资源配置、组织方式以及发展环境三个层面处理好政府与市场、企业、社会的关系；在治理能力上，着力提升面向新经济的创业创新管理范式、体制机制、政策工具等供给侧结构改革；在治理手段上，把哪些该推广的、该加强的、该突破的、该探索的分别分类加上去。

14.3 哈尔滨：如何走出冰厚三尺非一日之寒？

从以往发展经验来看，产权制度创新是市场化改革的关键所在。走出冰厚三尺非一日之寒，如今哈尔滨迫切需要以产权制度创新，激活民间创新创业活力。

14.3.1 民营经济是活力经济的生力军

记得多年前有人以为，东北之所难以发展起来在于天气寒冷。整体而言，东北地区再怎么寒冷，也不至于像俄罗斯西伯利亚地区寒冷到难以从事生产活动。以往没有足够的土地，是制约经济社会发展的重要因素。但浙江恰恰是这种倒逼，成为活力经济发展的典型。纵观改革开放发展历程，浙东南地区在第一个四十年根植悠久的商业传统、凭借市场化改革、依托开放型经济，尤其是通过扶持乡镇、个体、私营等民营经济发展，在一个陆域资源薄弱、工业根基薄弱、先行先试政策"洼地"中实现了经济腾飞，涌现出民营经济的"浙东模式""温台模式"，不但探索出了一条以发展量大、涉及面广的中小民营企业为主的经济发展道路，还初步回答了如何从无到有、从小到大、

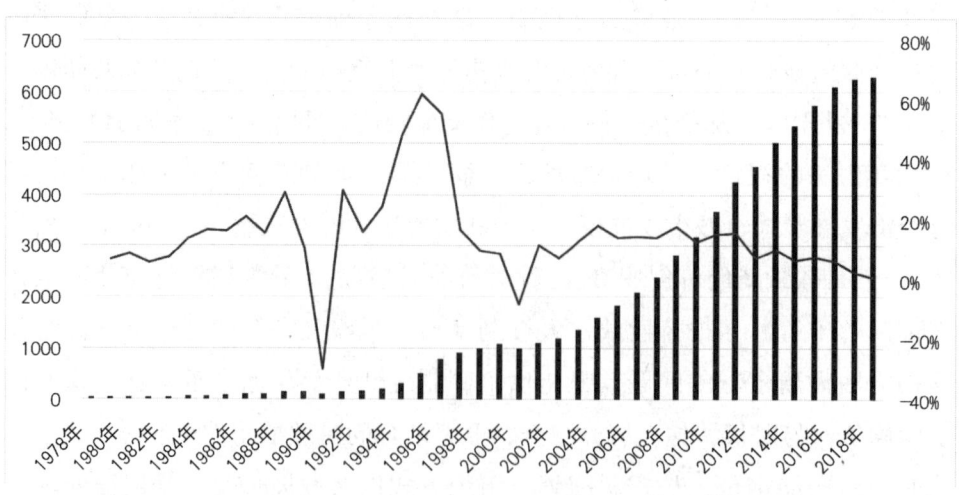

图：改革开放第一个四十年哈尔滨GDP规模及增速

从大变强发展之路。目前,浙江东南地区85%以上经济总量、90%以上就业源于民营经济,成为全国民营经济最活跃的地区之一。据不同口径信息披露,温州民营经济占全市经济总量的比例高达98%;台州民营经济占全市经济总量的比例在95%以上;宁波民营经济创造的GDP接近全市总量的80%,创造的利税约占全市的70%,创造的就业岗位接近全市的85%。譬如,温州作为民营经济的发祥地,创造了多个第一,如第一份个体工商执照,中国第一份关于私营企业的地方法;宁波率先开展较为彻底的产权制度创新,尤其是联动外向型经济,实现民营经济、开放经济双轮驱动;台州出现了中国第一家农民股份合作制企业等等。此外,浙东南地区率先形成"一村一品""一乡一业"的特色产业,率先形成一批特色专业市场,为产业集群的发育提供了有效探索。

14.3.2 产权制度创新是激发活力根本

以浙东南地区为例,改革开放伊始,该地区经济发展较为薄弱,如何在一个国家重大生产力布局项目稀缺、科教智力资源相对薄弱、陆域资源相对贫乏的条件下加快实现战略赶超与跨越发展,成为经济社会发展所追问的逻辑。经过第一个四十年,浙东南地区凭借民营中小企业创业创新发展起来的活力经济回答了这一疑问。

当我们再用历史的眼光去看待这个活力经济时,就不得不将酝酿于20世纪八十年代的乡镇企业发展,成就于20世纪九十年代初的乡镇企业改制作为逻辑起点。乡镇企业改制究竟带来了什么?应该说,乡镇企业改制的主要影响体现在三个层面:在微观层面,破除所有制枷锁,建立了适应现代市场经济的微观经营机制,目前一批重要企业基本上都是起步于此;在中观层面,率先开展和完成市场化改革,建立了市场导向的资源配置机制,以至于许多浙江人也非常自豪地以为浙江的市场经济观念领先全国二十年;在宏观层面,建立了适应民营经济发展"小政府"运作机制,浙东南地区在公共治理上以服务型政府著称。从这个角度而言,在改革开放第一个三十年经济社会率先转型(从计划经济到市场经济)过程中,浙东南地区活力经济受惠于制度创新的红利,而这种制度创新又主要体现为产权制度创新。

基于以上的经验，无论对于浙东南地区，还是对于东北地区，同样需要新一轮产权制度创新支撑经济再度腾飞。

14.3.3 新时期产权制度创新若干形式

产权制度创新有着多种实现形式及其内涵，但从民营经济发展角度而言，重点形式如下：一是合伙制。本质是企业产权多元化，打破个人独资或一股独大局面，或者员工持股，或者创业团队持股等，让企业成为和而不同的人在事业上组合的契约机制。目前，这种产权制度已经从知识密集型企业向一般创业企业转移，适用于新一代创业。二是私有公司公众化。主要是指私有企业转变为上市型公众公司、非上市公众公司，充分吸收社会资本创造财富，并接受公开监管、公众"用脚投票"，打破一些企业家愿意当"土皇帝""闷声发大财"的心态。三是国有到控股、参股、民营。要么是国有企业吸收社会资本，但保持控股地位，完善治理结构，吸收社会资本；要么是国有资本参股民营企业，共同开辟新领域、承担创新风险与市场风险；要么是建立国有民营的运作机制。但核心是让民资、民营进入。四是政策资金参股引导。主要是一些政策性的产业引导基金、产业引导基金、天使引导基金以阶段参股、跟投等形式进入市场化运作的子基金或创业企业，并最终退出的情况。这种情况主要适用于新兴产业培育，或者是科技型中小企业的支持。五是事业单位改制。主要是指事业单位改为国有企业，最终建立政府引导的企业化运作机制，或者完全市场导向的企业化运作机制。六是各类PPP。即BOT（建造、运营、移交）、PFI（民间主动融资）、BOOT（建造、拥有、运营、移交）、BT（建造、移交）、BTO（建设、移交、运营）、ROT（重构、运营、移交）、DB（设计建造）、DB-FO（设计、建造、融资及经营）、BOO（建造、拥有、运营）、BBO（购买、建造及营运）等模式。七是社团法人财产制度。主要是指一些社团法人建立社会财产、社会基金的制度安排。主要适用于一些社会团体、枢纽组织或社会企业。八是管理层分配权改革。主要存在于国有企业范畴，刨除所有权不变的因素，为企业管理层让渡一定经营利润的分配权，促进企业经营效率效益提高。九是科技成果收益权改革。主要存在于高校科研院所，对于以纵向财政资金支持所产生的知识产权,将一部分收益权激励于相应科技人员(团队)。另包括中外合资企业等形式。

14.3.4 坚定不移地推进产权制度创新

站在改革开放第二个四十年的历史拐点上,哈尔滨等东北城市只有把握国家大力发展混合所有制的历史机遇,充分借助上述产权制度创新的形式,才能挖掘活力经济新优势,进而实现包容增长。具体有三个战略目标及其意义:一是释放民营活力。开展新一轮产权制度创新,不是为了单纯发展混合所有制,而是在混合所有制的结构下,让民营经济获得更充分的发展空间,财政资本、国有资本扮演民营资本的杠杆与过桥资金,进而再塑活力经济。二是加快开放创新。通过新一轮产业制度创新,加快构建政策资金与社会资金、国有资本与民间资本、金融资本与产业资本相结合、相融合、相适应的权益资本体系。以资本纽带促进政、产、学、研、金、介等领域的创新资源要素高效对接及循环,形成开放创新新局面。三是实现包容增长。通过新一轮产业制度创新,进一步优化政府与市场、政府与企业的关系,以及新兴产业与传统产业、产业商业与公共事业的关系,加快实现包容发展。

14.4 大连:东北明珠产业转型升级走向何方?

从计划经济到市场经济,再从工业经济走向创新经济,大连在产业升级面前既有创新的一面,但更有路径依赖于技术锁定的一面,迫切需要痛定思痛,以全新的新旧动能转换,从深层次推进产业转型升级。

14.4.1 大连产业转型升级任重而道远

大连是东北亚国际航运中心、东北亚国际物流中心、区域性金融中心、国际花园城市,有"东北之窗""北方明珠"之称,也一度是全国重要的工业基地与港口城市。自20世纪九十年代以来,大连加快工业结构调整,重点发展重型装备、造船、机车、化工等基础工业,逐步形成以高新技术产业为先导,以石化、装备制造、船舶制造、电子信息四大产业为支撑,以服装纺织、制药、建材、精品钢材和农副产品深加工等优势产业为特色的新型产业体系。20世纪90年代末,大连重点改造传统产业、发展新兴产业和高技术产业，大连基础产业、新兴产业、支柱产业、优势产业得到改造提升，形成了较全面的工业体系。进入21世纪，党中央、国务院做出振兴东北老工业基地的战略决策，大连积极推进石化、现代装备、造船、电子信息等四个基地建设，全力推进优势产业发展，逐步实现由重化工业产业体系向传统优势产业、新兴产业组成的复合产业体系转变。如今加快步入创新经济发展新阶段，以高技术产业发展加快高质量发展。

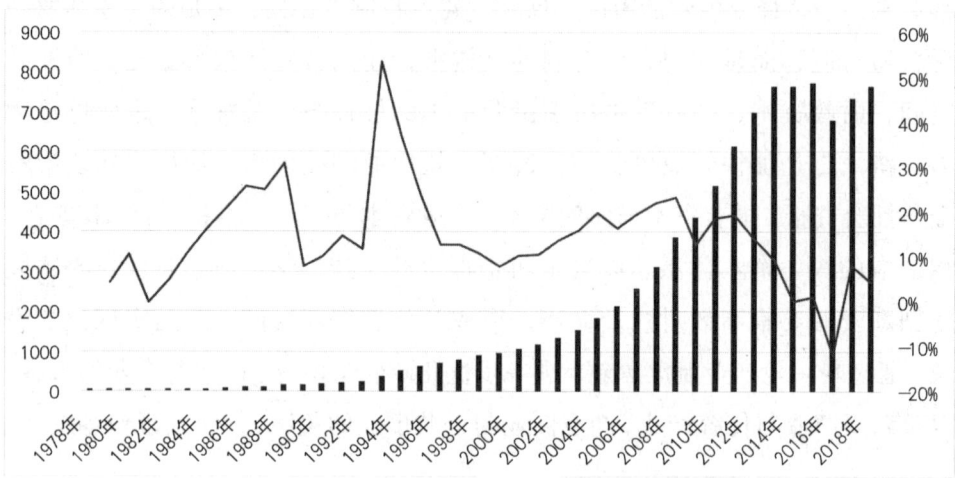

图：改革开放第一个四十年大连GDP规模及增速

14.4.2 重识产业转型升级的十大原理

原理一：从发展结构来看，增量改革与存量调整的有机衔接，是加速产业转型升级的成败关键。受原有体制机制、发展模式、经营业态、产业环境以及市场替代等方面的影响，从单纯的传统产业升级入手推进一个经济体整体的产业升级存在较大的障碍和困境。而通过培育发展新兴产业，带动各类创新资源及产业发展要素加快流向新兴企业和新兴业态，不仅有利于培育新兴模块和新兴产业集群，还通过新兴产业的整体辐射带动作用、市场竞争作用等改造提升传统产业。

原理二：从战略位势来看，围绕产业主导权以展开战略设计，是加速产业转型升级的根本抉择。产业主导权是指产业主体对产业发展和运行具有强大的影响力、控制力和应变力，集中体现为产业前端的市场主导权、产业中端的资本主导权和产业后端的技术主导权三类。重点是通过对产业投资和资本市场投资两种资本运作途径控制，实现资本主导权的控制；从战略高度设计知识产业经营、技术转移两方面的技术路线图，推动技术主导权的实现；从商品价格定价权、制成品品牌影响力、渠道控制力等方面赢得市场主导权。

原理三：从发展视角来看，着眼全球创新版图加强产业研究，是加速产业转型升级的前提基础。新的世界分工不再以国家为划分单位，而是按照区域或机构的竞争力来进行，全球创新的要素、资源和产业分工在不同层次上迅速变化着，并越来越向有个性的地区集聚。着眼全球创新版图加强产业研究，了解全球各类人才、技术、资本等创新资源的最新分布，掌握全球有关产业发展的技术路线图及时间表，有助于制定相应的法律政策，有利于与全球创新尖峰建立链接，实现人才、技术、资本等创新资源的有效对接。

原理四：从根本要素来看，引进培育一批领军创新创业人才，是加速产业转型升级的战略基石。在工业经济时代，批量化生产及供给是主要的生产消费模式。进入新经济时代以后，生产消费模式越来越转向个性化、定制化和人性化，以产定销的模式难以为继，引进一个项目的产能及效益具有明显的边界。创意创新创业人才作为知识创新、技术创新、思想创新的核心载体，成为新经济发展过程中最具有创造力和革命性的力量。产业转型升级的过程本质就是传统产业向新兴产业转化的过程，也是以项目为主导向以人才为核心转变的过程。

原理五：从政策设计来看，围绕技术生命周期展开政策布局，是加速产业转型升级的根本保障。一般而言，基础研究环节主要是财政经费投入的需求；共性技术研究环节，除财政经费投入外，主要是破解原有体制机制的障碍、优化组织模式的需求；商业应用研究环节主要是建立适合专利成果应用的投入机制、约束机制及保障政策的需求；商品开发环节主要是优化专利技术收益权及处置权、搭建各类孵化机构、完善创新创业政策税收体系的需求；工艺开发环节主要是对生产条件、专利技术标准发展环境的需求；

规模生产阶段主要是培育市场的需求等。

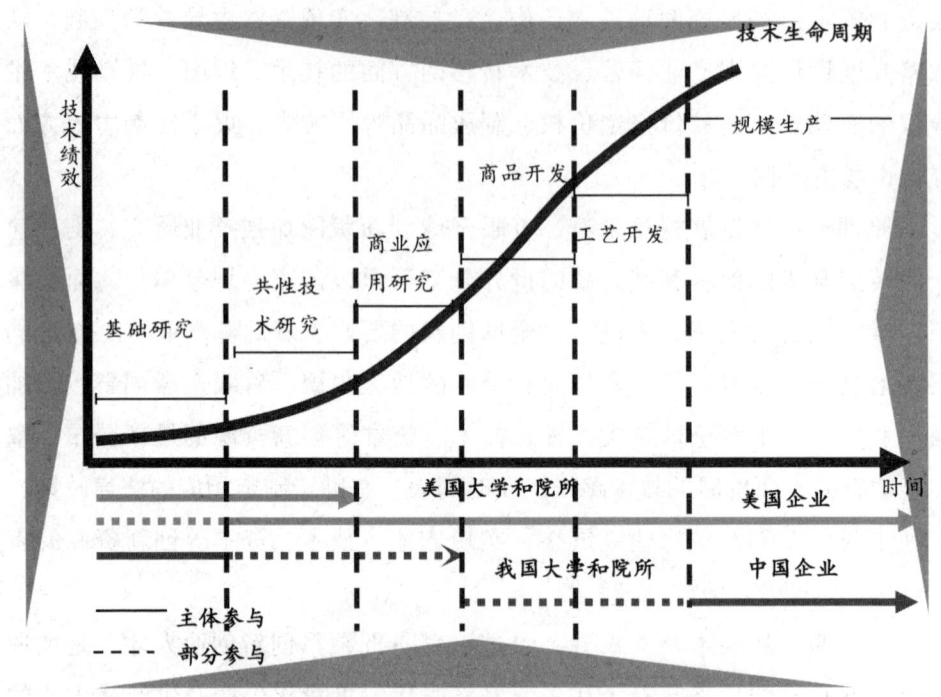

图：技术生命周期越来越短

原理六：从平台载体来看，着眼产业集群构造展开空间布局，是加速产业转型升级的成长生态。产业集群是由与某一产业领域相关的相互之间具有密切联系的企业及其他相应机构组成的有机整体。着眼产业集群构造展开空间布局，就是发挥产业集群的作为一个特殊创新系统的网络效应。通过在一定的地理区域内，以产业集群为基础、按照一定的制度安排组成的创新网络与机构，可构成次一级的区域创新体系，成为区域创新体系的重要载体和关键节点，并通过其辐射带动效应，引领区域经济环境优化。

原理七：从发展阶段来看，从跟随创新向原始创新范式转变，是加速产业转型升级的基本过程。就技术层面、需求层面、竞争层面而言，发达经济体往往需要原始创新、颠覆性创新和引领性创新，而欠发达经济体更多地需要集成性创新、适应性创新和跟随式创新。当前我国需要从模仿创新、跟随式创新的创新范式逐步向原始创新、颠覆性创新和引领性创新的创新范式转变，支持一批企业、产业在技术、产品、商业模式等方面转换创新范式。

原理八：从组织模式来看，着眼企业竞合加速产业组织创新，是加速产业转型升级的有力抓手。产业结构优化必须是宏观和微观、表面和深层的结合，必须围绕具有不同特点、地位、作用的大中小企业展开全方面、多主体、多形式、开拓性的产业组织创新，实现产业的转型升级及企业做强做大。围绕小微初企业、"瞪羚企业"（高成长企业）及龙头企业构建分工明确、结构合理、竞合发展的企业梯队，是实现区域企业群体性突破的抓手。

原理九：从发展机制来看，强化虚拟经济对实体经济的作用，是加速产业转型升级的战略支撑。虚拟经济与实体经济的结合，核心是金融资本与产业资本的结合。强化虚拟经济对实体经济的作用，就是在促进虚拟经济与实体经济结合，以及金融资本与产业资本融合的过程中，为产业转型升级形成一个强有力的造血功能，为企业做强做大提供必要的融资手段和融资渠道。

原理十：从发展路径来看，大力推进产业融合以及产业整合，是加速产业转型升级的战略手段。产业融合往往包括三个层面：一个是在产品技术层面上的融合，主要是通过加强商业模式创新及技术应用形成新产品新技术；一个是企业产权层面上的融合，主要是企业通过打通关联产业间的产权纽带实现各次产业在纵向上的融合发展；一个是各次产业层面上的融合，主要是业态创新促进一、二、三产产业价值链条在分解中融合。推进产业融合就是借助产品创新、技术创新、商业模式创新、管理模式创新和业态创新等，为新兴产业发展拓展空间、为传统产业发展提供契机。

14.4.3 大连产业转型升级特点及建议

整体而言，大连产业转型升级基本遵循"以战略布局为先导，以新兴产业为引领，以技术创新为动力，以资源盘活为依托，以产业园区为空间载体"的发展模式。一是在产业战略层面，强化新兴产业培育带动传统产业提升。加快对战略性新兴产业展开战略布局，率先建设软件产业及服务外包基地，引进芯片项目，大力发展生物工程、半导体照明、集成电路和动漫产业等新兴产业,进而推动装备制造、电子信息、造船和海洋工程等支柱产业全面升级。二是在产业组织层面,以产业创新带动创新城市建设。加快建设创新型城市,以产业升级转型为振兴工业的突破口,通过制定优惠政策、投入引导资金、整合资源,推动传统产业由资源驱动型向创新驱动型转变,以提升自主创新能力为核心推动高新技术产业园区发展。三是在产业技术层面,将科技创新与产业创新相结合。加快建立以企业为主体的创新体系,注重技术创新融入产业项目,促进"中国制造"向"中国创造"的转变。四是在产业规制层面,加快提转并关产业政策。对市区内污染重、耗能高、效益差的工业企业实施开发性整体搬迁改造,促进土地、资金、人才等资源的盘活与配置。五是在产业空间层面,加快新型产业集群发展。积极建设以大型石油化工为代表的产业园、以软件服务外包为代表的科技园及若干特色产业基地,促进产业集群发展。

在未来发展过程中,有如下建议:一是在发展方针上突出"两手抓两手都要硬"。一方面通过承接国际国内产业梯度转移、加快"招商引资"的外生增长、外延发展,做体量、稳增长、保发展;另一方面,通过创业创新的内生增长、内涵发展,做品牌、谋发展、破好题。二是在发展路径上以高质量发展带动高速度增长。不仅需要借助"他赋优势",通过"拿来主义"补位跟跑;还需要发挥"天赋优势",通过"因势利导"站位并跑;更需要强化"自赋优势",通过"人择优势"抢位领跑。三是在主攻方向上坚持"三个重新做一遍"。坚持用新经济把产业重新做一遍,通过供应链、产业链、价值链、创新链整合,在"传统产业"的"红海"中挖掘新兴产业的"蓝海";用新基建把社会重新做一遍,用商业手段解决社会问题、用数智技术加强基础设施、用共享经济释放资产泡沫、用平台企业参与城市管理;用新地标把城市重新做一遍,加快新区、园区开发建设与经营发展。

15
重建西北丝绸之路：陕甘宁青新踏新丝路

15.1 西安：新一个千年有什么能够引领世界？

如今我们既需要站在传统经济地理上看西安的"前身今世"，也需要站在新经济地理上看西安的过去现在及未来，核心是回答西安在什么样的发展战略与精神动力下，在新千年后还有什么能够引领世界[1]。

15.1.1 传统经济地理上的"前身今世"

在来西安的航班上，常常在想为什么西安在卫星图上处于中国地形大势第二阶梯上，却能成为十三朝的古都；而在"一带一路"条件下，西安是否又能够充分发挥地缘优势实现逆袭发展？后来才意识到，西安之所以成为多朝古都离不开特殊的地理形势。所谓"天下上游，交通四达；金城千里，四塞为固；天府之国，富饶之地"，作为连接东西、贯通南北的兵家必争之地，易守难攻、进退自如。只是自唐朝以来，伴随政治中心北移、经济中心南移，西安（长安）在某种意义上难以胜任国都的要求。但"一带一路"使得西安在中国加快布局全球战略的过程中，其独特的经济政治位势、地缘条件更加彰显。伴随"一带一路"发展，西安不仅将成为国家中心城市，还有望再度成为世界城市。

---

[1] 本文系在作者参加历次会议论坛活动发言《新经济是西安建设国家中心城市回归世界城市最大的战略》《西安创新生态发育核心是从建功立业之都到创业创新之城》《西安再度引领的核心不仅是硬科技更在于软创新》《以第三代科技园区代表西安拥抱和引领新时代高质量发展》等的基础上整理而成。

西安在几千年以前之所以成为世界城市，核心在于汉文化与东方文明在这里策源与辐射、在于中央之国的政治经济中心位势；而后不再是世界城市和帝都，在于中央之国的经济中心南移以及多文明中心的崛起。如今除却国家中心城市的帽子，"一带一路"给予西安重建世界城市的战略契机。西安无疑将成为"一带一路"陆向起点以及"丝绸之路经济带"东西南北中的要冲。在新的历史条件下，这个起点与要冲究竟如何飞起来，还需要把自己的区域个性充分挖掘、将禀赋长板无限放大，需要不断围绕国际产业分工与全球城市分工站位、抢位、卡位，推进城市形态与产业结构向高端演进，抢占全球城市发展主动权与国际产业竞争的战略制高点。

15.1.2 新经济地理上的过去现在及未来

西安进入新世纪以后，在创新驱动发展方面一度处于全国前列，最典型的体现便是西安高新区2006年便纳入国家首批"建设世界一流高科技园区"试点序列。尽管这些年来西安在创新驱动或者创新创业方面还有着一定的基础和优势，却不像当时那么受追捧。这不仅体现在缺乏一批变革式创业的"叶"上，还体现在缺乏一批本土高技术大公司的"茎"上，亦体现在缺乏具有世界影响的原创新兴产业的"干"上，但归根结底在于区域创新创业生态的"根"上存在结构性矛盾。从创新生态的角度，其直接原因是缺乏新观念引领、创业者企业家洞见力不够，导致在抓战略机遇、谋

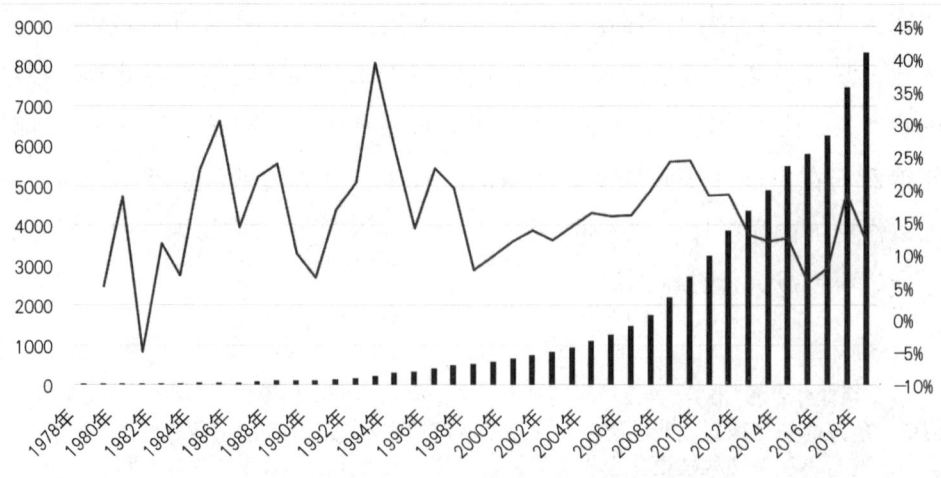

图：改革开放第一个四十年西安GDP规模及增速

势布局以及业态创新面前没有较大突破；但根本原因是缺乏商业文明的碰撞和融入，就难以形成全新的创新文明。

就思想文化而言，不仅表现在一旦发展起来就往往迭代创新不足，还表现在与创新发展相适应的商业文化不充足；就体制机制而言，不仅表现在管理体制后来没怎么适应性创新，还在于促进新兴产业发展与自主创新的制度创新不够；就产业组织而言，主要表现在引进的大项目技术扩散辐射、供应链带动相对不足，而大量科技创业存在明显的路径依赖[1]与技术锁定[2]；就业态创新而言，受硬科技影响而不活跃，甚至这些年西安的新经济主要是在互联网经济、数字经济方面落下了。西安未来只有将"硬科技"与"软创新"结合在一起才能形成新的发展范式。而这种"软创新"可以有两层含义，一是商业模式创新驱动技术创新；二是从物理设备到虚拟空间的数字经济、智能经济。这种发展范式，就是硬科技的创业加上数据驱动的业态创新。其中，所要相信和坚持的逻辑，不是重在依赖科学家而是更相信企业家；不是强调大院大所而是强调创新创业企业；不是创新带动创业而是创业带动创新；不是技术创新带动模式创新而是模式创新带动技术创新；不是朴素的野蛮成长而是永动机条件下的爆发成长涌现；不是"走遍天下不如脚下"而是开放创新生态圈。

15.1.3 尚未睡醒的雄狮关在了什么笼子

如今提到西安，首先令人想到的"标签儿"是具有王者之气的十三朝古都、具有100万以上在校的科教智力资源、具有高精尖特点的产业源头，分别反映了西安在中国历史文化版图、创新地图、产业版图上的城市个性与发展位势。应该说，在自主创新与新兴产业方面，西安自推进国家高新区以来，当大家还没搞明白科技园区怎么搞的时候，就率先在全国践行以孵化器、专业园、大学科技园、风险投资为代表的高技术发展模式，加快推进以科技创业、创业孵化、产业集群为代表的新经济发展道路，走在制度创新、模式

---

[1] 体现为创新带动创业、科学家磕磕绊绊做企业家、技术创新带动模式创新。
[2] 体现在中间插件、部套装置等，而未能抢占终端应用、行业场景、市场交易制高点与主导权。

创新以及创新创业的前列，并通过在局部范围释放了充沛的科教智力资源，取得了第一轮的领先发展。但是西安的高技术发展模式与新经济道路并没有从局部到更大范围、再到整体上地激活本地的科教智力资源，以至于西安似乎还像沉睡的雄狮一般，盘踞在中央之国的"南北东西"之中。

具体而言，以上的局面似乎是源于如下方面的原因：一是体制机制的。西安最大的两种资源——高校院所的科教智力资源与具有高精尖特点的产业创新资源，过去在封闭的体系下结合的较为充分，这种结合主要体现在科研和小试方面上；但整体上在体制上、体系上都是逆市场化的，只要是逆市场化的就没法优化资源配置、提高资源配置效率，就没法实现工业化、产业化。二是思想文化的。西安最缺的不是人才、技术、资本，而是商业文化，正是由于商业文化的不充足、不充分，导致技术创新难以与商业模式创新相结合，进而形成生产力和财富。三是发展动能的。虽然西安的科技创业起点高、层级高，但具有明显的寄生色彩与路径依赖，这就很难在充分的市场竞争中做强做大，而且本地的大产业具有明显的外生增长色彩。四是组织方式的。类似科教智力资源密集之地都存在技术锁定问题，往往是硬科技太多、软创新太少，创新带动创业而非创业带动创新，很多是从供给侧向需求端去做，而不是市场导向、需求导向、商业导向的，很多研发创新都是技术层面的，而不是技术经济意义上的。五是资源配置的。一般来说产业技术革命发端于技术创新、成就于金融创新，西安的技术创新超前发展，但科技金融创新远远不够，金融发展拘泥于一般的间接融资，股权投资较为薄弱，尤其是天使投资缺乏。

如今新经济活力、新科技高度、新文化厚度决定着一个地区或功能区的发展水平。西安在这三个维度中，最好的、有一定优势的是硬科技的高度，但新经济活力有待提升，尤其是由于商业文明不足抑制了创新文明，地区文化厚度的底蕴及优势并没有发挥出来，新文化成为最大的短板。这是因为，没有充分的商业文明发育就没有持久的创新文明。这种创新文明，一定不是"只进不出"的科技研发，而是经济学意义上生产方式再造、生产力跃升和财富裂变。在新的历史条件下，西安的转型跨越与战略提升，必须回答在一个科教智力资源密集的地区,如何解决商业、创业、产业、实业与之不相匹配的问题,而这又取决于如何从头到尾、从古至今、继往开来地进行基因突变与文化超越。

简而言之,西安最缺的既不是 GDP、也不是人口和土地面积;既不是硬科技,也不是黑科技;既不是新业态,也不是新产业;而是新思想、新文化。更具体一点,就是新经济思想、新商业文化。创新是经济学意义上的,没有商业文明就没有创新文明,赚不到钱的都是研发而非创新。在工业经济时代,技术往往是产品本身,或者说产品是最核心的要素。但在新经济时代,技术仅仅是产品构建中的一个门槛或者组成部分,往后走是产品、是业态,往前走是模式、是模式背后的思想。在新经济面前,并非是科学家创业背景下的技术研发带动商业模式创新,而是新思想驾驭新模式、新模式架构新技术、新技术衍生新产品、新产品发育新业态。

为什么西安拥有诸多城市无可匹及的科教智力资源、创新源头,却没有孕育出伟大的企业、原创根植的产业以及更多的 GDP?核心在于若前所述的路径依赖与技术锁定,而其背后又在于西安并没有产生独树一帜、自成体系的创新文化。更进一步说,在于由来已久的周礼与皇城根下的威权主义压制了强调个体、强调经世致用、强调工商皆本的新商业文化。但这并不意味着西安没有商业文化基因,"丝绸之路"发源于此便是重要的印证,尽管这是在国家层面的重商主义。未来西安只有充分把握区域个性的文化矛盾,将东西南北文化充分碰撞交融,将东西方海向与陆向的、南北做事与做局的相结合,才能以新文化赋能新科技、以新科技涌现新经济,才能再度引领新经济发展。

15.1.4 新千年后还有什么能够引领世界

未来西安只有把自身最大的资源与最大的优势结合在一起,才能找回世界城市的感觉。这里需要有一个战略共识与战略判断,也就是西安最大的资源是科教智力资源,最大的优势是古今中外与东西南北中的区位、位势、势能。而适应西安自身特色的创新驱动发展之路,便是凭借自身区位优势、提高战略位势、释放新经济势能做更大的局,吸引更多的青年才俊来西安、在西安创新创业和"淘金",尤其在新经济发展道路与高技术产业发展模式下,把丰富的科教智力资源转化为创业、企业、商业、产业以及生产力和财富,发展成为全球新经济、新科技、新文化策源地,并辐射亚欧大陆相关国家和地区,最终在全球城市格局与国际产业分工中异军突起。从这个意义上,未来西安最有可能找回世界城市感觉的内核不是别的,而是将科教智力资源落地、生根、发芽、开花、结果的新经济。倘若没有新经济涌现和突破,西安拥有再好的区位、方位和定位,也将难以支撑西安走得更远、跑得更快、跳得更高。

对于"海上丝绸之路",不论谁是起点,在相当一段历史时期最大的龙头自然是上海;但对于"陆上丝绸之路"而言,东西南北中的"中"一定是西安。无论如何,西安应该更加理直气壮、旗帜鲜明地引领中国新一轮改革开放,讲好新时代"中国故事"。"硬科技"的故事由来已久,可以多讲亚欧汇聚的故事,以境外科技园区布局加快商品输出、产能输出、技术输出、资本输出、模式输出等,成为"一带一路"开放创新中心;可以多讲高端创业的故事,强调西安在历史上不仅能够汇聚各类创业,更是各类建功立业扎堆的地方;可以多讲文化自信的故事,不仅是文化科技融合的,还有西商文化再造,尤其是新文化之都的复兴,等等。但西安要讲的"大故事"是什么?G20杭州峰会上提出了创新增长方式,而且广大新兴市场与发展中国家越来越感到要学习中国的发展经验,西安目前也在探索城市新的发展方式。但这个增长方式到底如何创新、又能讲出什么样的"中国故事"呢?

不论大家如何诠释中国以往的增长方式以及未来的增长方式,对一个城市、一个地区来说,这种增长方式正在发生系统转换。过去的增长方式,基本上是通过加强修路等基础设施建设来构建发展结构,然后通过科技/工业园区来布好局,然后通过招商引资与创新创业来抓取流量,再就是用财税政策产生经济刺激。那么,在新时代究竟怎么办?从目前来看,基本上转化为通过优化城市发展环境吸引大量青年才俊,通过优化新经济生态促进这些青年才俊安家落户与创新创业,通过全面改革试验与先行先试降低制度性交易成本、优化社会激励结构,全面推进城市形态与产业结构的系统转换与协同演化,形成开放式创新、爆发式成长发展态势。从这个意义上,西安要讲的

"大故事"不是别的,而是回答一个国家中心城市(内陆)如何在"一带一路"与新经济面前全面打造开放型创新经济体与国际化大都市,代表中国展现新时代世界城市的恢弘气魄与发展活力,为中国改革开放第二个四十年开辟新空间新模式新机制新形式。

15.1.5 新时代古都战略复兴与复兴战略

在发展重心上,以全面转向新经济为核心,强调城市化、国际化、生态化协同发展;在发展特色和难点上,强调军民融合、文科融合、教产融合、产城融合"四融攻坚";在具体行动上,加强人文复兴领创、未来产业涌创、互联融通协创、亚欧大陆联创、高端链接促创、现代金融促创、科产城人聚创、三区联动促创"八创争先"。

坚持"一核三化"发展战略。一是全面转向新经济。在坚持新经济立市、强市过程中,将硬科技与软创新充分结合在一起、将"硬科技之都"与"软创新之城"相辅相成。二是推进新型城市化。着眼建设具有国际影响力的国家级城市群、内陆改革开放新高地,以"大西安+关中平原城市群"落实"建设大西安、带动大关中、引领大西北"国家战略,打造新亚欧大陆桥的核心增长极、黄河中上游最具活力和潜力的经济区。三是建设国际大都市。伴随成为陆向丝绸之路经济带的起点与中国布局全球战略的后方,西安的国际化位势进一步提升,逐步发展成为全球创新网络新兴枢纽、全球开放创新经济高地、国际创新资源配置中心。四是提升生态化层级。着力构筑风清气正的政治生态、绿水青山的自然生态、活力涌现的创新生态、公平法治的社会生态、其命维新的文化生态"五位一体"生态赋能格局。

坚持"四融攻坚"发展理念。一是军民融合。走出传统军民融合寄生模式,通过"民营企业家+院所科学家""民间资本+尖端技术""技术创新+金融创新"等开放式产业组织创新缩短周期。二是文科融合。坚持"文化主题化、主题场景化、场景体验化、体验高新化",着力推进"创意空间+技术平台+业态创新"文科融合产业组织模式,大力发展文化科技、文化创意、数字文化、文化旅游、文化休闲、文化传播等新业态。三是教产融合。围绕产业资本投入教育、教产人才双向流动、推动多方联合办学、共引共享创新人才、共建共享创新平台、联合开展项目研发、跨行政系统配置资源等协同创新机制，加快教产融合与开放创新。四是产城融合。着眼推进空间形态和功能不断演进，优化提升城市建设、功能配套、公共服务供给，围绕产业创新、产业孵化、产业加速、规模生产、产业辐射等功能需求，结合制造业、服务业特点加强空间布局与生产力布局。

实施"八创争先"行动计划。一是人文复兴领创。围绕大文化发展与中国软实力提升，加强"最中国气质重焕、思想市场重建、西商精神重塑、汉文化影响重现、文管格局重组"。二是高端产业涌创。顺应生活方式带动生产方式转变，以场景应用为核心、以硬科技为门槛，重点借助智能经济、数字经济、平台经济、分享经济等经济形态模式，培育发展原创新兴产业、战略新兴产业、未来新兴产业以及特色优势产业。三是科产城人聚创。实施城市高端功能区发展战略，加快从形态开发、功能开发、生态开发迭代。四是互联融通协创。建立两级"硬科技创业计划、瞪羚企业计划、独角兽企业计划、大企业平台化战略"培育促进机制，建立产业爆发成长机制。五是现代金融促创。把握金融的产业属性、服务属性、金融属性、科技属性及其发展规律，建立起覆盖技术创新全过程的多功能、多层次、普惠型的现代金融政策体系、服务体系及工作体系。六是亚欧大陆联创。加强东中西跨区域、亚欧大陆跨境范畴内的跨区域/国科技创业、跨区域/国技术转移、跨区域/国科技金融、跨区域/国科技合作、跨区域/国科技园区、国际产能合作、国际交流合作等，促进中国发展模式输出。七是高端链接促创。探索高端资源配置新模式新机制新形势，以人脉链接带动专利技术、创业资本、经验知识的链接，实现两种资源、两个市场的充分利用。八是三区联动促创。在陕西自贸区、国家自主创新示范区、全面改革试验区等多重国家战略叠加条件下，加快改革、开放与创新，以改革促开放、以开放促创新、以创新促发展，形成新时代改革开放、创新发展的西安篇章。

伴随中国"一带一路"倡议的推进，西部将由过去的大后方转变为中国参与国际合作、加强地缘政治以及深化改革、扩大开放的新前台。西安需要在"西迁精神"的基础上"西进运动"。未来西安只有将遵循陆向传统的与遵循海向传统的、强调整体合力的与强调个体活力的、将深厚的农业文明与活跃的商业文明相结合，才能产生新经济文化，才能把新经济活力充分释放出来，才能把硬科技转化为生产力和财富，才能把西安建成国家中心城市、重建世界城市。

15.2 兰州：如何在黄河咽喉上重建金城汤池？

时至今日，我们需要带着如何在新循环格局下新时代西部大开发中率先突围、在东西差异到南北差异中究竟如何思考西北的发展、能否借助新经济地理发展机理规避传统经济地理障碍、能否全面感受新科技革命脉搏缩小与数字世界距离等着眼点和思考，来看待未来将发生什么变化、核心是解决什么问题、如何历经完整的发育、如何置身新循环结构、能否插上新经济翅膀等问题。衷心祝愿神奇的河西走廊，将在"喀什（前台）—兰州（中台）—西安（后台）"西北城市带之中寻找和重建新的诗与远方[1]！

15.3.1 从区位特质到资源禀赋

兰州地处青藏高原向黄土高原过渡地带，以及中国陆域版图的几何中心，是西北地区重要的中心城市、工业基地和综合交通枢纽、丝绸之路经济带的核心节点城市。整体而言，兰州自古以来具有三个关键词，这个三关键词既是兰州的区位特质，也是兰州区域个性的源头。一是要塞。兰州在大西北处于"座中六联"的独特位置，自古就是"联络四域、襟带万里"的交通枢纽和军事要塞。从西汉名将霍去病两次从兰州渡黄河北击匈奴，将河西走廊纳入中原王朝版图；到西汉张骞经兰州出使西域，开辟了贯穿亚欧大陆、连接东西方的丝绸之路，使兰州成为丝绸之路的交通要道和商埠重镇；再到班超出使西域、法显和玄奘取经求法、达摩讲学，兰州成为丝绸之路上的重要明珠。如今在"喀什"的前台、西安的"后台"之间，兰州则成为

---

[1] 本文据作者 2020 年 8 月参加甘肃省科技厅组织《新循环格局下创新功能区如何带动甘肃在新时代西部大开发之中率先突围？》专题培训，以及 9 月第五届兰州科博会上《新时代西部大开发的呼吁与秦王川上"金城汤池"的重建——从绿色石化走向何方到第三代新区向何处去》演讲部分内容整理而成。

承前启后的"中台""中场"。二是咽喉。自汉代李息在今西固区修筑城池，兰州以"金城汤池"之意而名金城。彼时南北群山对峙，东西黄河穿城而过，蜿蜒百余里。如今兰州是黄河唯一穿城而过的省会城市，依山傍水而建，层峦叠嶂，充分彰显了西北咽喉的浑壮雄阔。正是这种两山对峙、大河中流以及多样化的自然景观，造就了兰州得山独厚、得水独秀的独特城市魅力，成为黄河之都。三是枢纽。无论是以往的"丝绸之路"，还是如今的公路、铁路、航空，兰州自古以来是接南通北、承东启西的"十字路口"。陇海线、包兰线、兰新线、兰青线、兰渝线、兰成线等铁路干线汇集于此，京藏、连霍、连珠高速等国家高速公路交汇于此，不仅是大西北铁路、公路、航空的综合交通枢纽和物流中心，还是新亚欧大陆桥和我国面向中亚、西亚开放的战略通道，成为连接"一带"与"一路"的黄金支点。

恰恰是这种"天赋特质"，造就了兰州自近代以来成为工业、科教、军事的重镇，也决定了兰州的创新资源及产业要素。一是工业基地。兰州不仅在洋务运动时代中，最早接受了近代民族工业的洗礼与发育；还在新中国成立后，成为"一五""二五""三线建设"期间的"共和国长子"，发展成为国家重要的石油化工基地、生物制药基地和装备制造基地。如今则形成以石油化工、新材料、装备制造、电子信息产业为主导，以有色冶金、建材、烟草、新能源、生物医药、节能环保、食品及轻工等为主体，以战略性新兴产业为增长点的现代产业体系。二是科教高地。作为我国重要的科研教育基地，兰州拥有各类高校34所，各类科研机构1200多家，人才密度和综合科技实力居全国大中城市中上游水平，并进入国家创新型城市行列，为率先形成创新驱动格局创造了条件。

15.3.2 从天之骄子到囊中羞涩

就工业化发育以及生产力布局而言，自近代以来兰州就是备受国家青睐的重要城市。譬如，清朝末年陕甘总督左宗棠督甘兴办"洋务"，先后创办兰州制造局和甘肃机器织呢局，使得兰州成为全国最早接受近代工业文明的城市之一；新中国成立后，兰州被国家确定为重点建设的工业基地之一，布局建设了被誉为"共和国长子"的中国石油工业部兰州炼油厂、兰州石

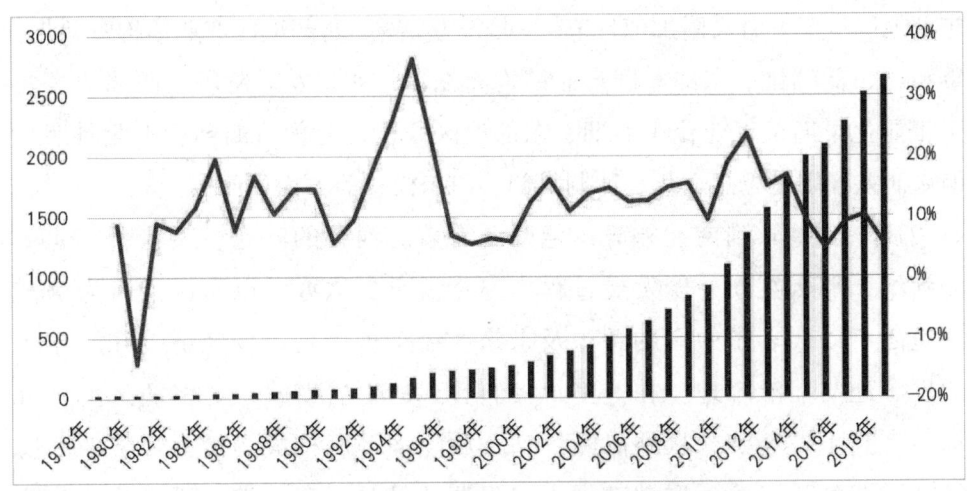

图：改革开放第一个四十年兰州 GDP 规模及增速

油化工机械厂等一批大中型企业，创造了共和国工业领域许多"中国第一"和"中国之最"，建立了完备的工业体系，为产业科技、国防科技发展做出了重要的贡献。

但自改革开放以来，尽管依然拥有大国重器、拥有产业基础能力、拥有产业技术创新能力，但由于未能充分抓住市场化改革、互联网浪潮、中国"入世"及业态创新等战略机遇，呈现出经济规模偏低、产业高新软优不足、人才"东南飞"等问题。以兰州新区、兰州高新区、兰州经开区发展为例，尽管起步早，但在全国同类新区、园区综合排名中处于底部状态。经过改革开放第一个四十年，兰州恰好历史性地实现区域性整体脱贫的目标。从地区生产总值来看，完成生产总值不足 3000 亿元，在省会城市中处于低位，尤其是相当于东南沿海地区的一般城市相当；从产业结构来看，尽管第三产业占比高，但第二产业增加值不足千亿，体现出工业化发育起步早、但发展阶段初级的局面。

15.3.3 从东西差异到南北差异

某种意义上，东西差异更多的是经济层面的差异，一是经济分工，西部地区立足资源能源从事开采挖掘与初加工，东部地区基于内外需从事高端制造以及生产性服务业；二是产业分工，西部地区从事上游低附加值供应，东部地区从事下游高附加值环节；三是产业结构，西部地区产业结构资源化、重型化、低端化，东部地区产业结构高端化；四是发展阶段，西部地区处于工业化早期至工业化中后期、东部地区处于工业化后期到后工业时期。但南北差异则是思想文化、体制机制、组织模式等方面的问题。

从东西差异到南北差异，兰州既有着"西"的问题，又有着"北"的症结，那么在新一轮发展过程中究竟需要怎么办？以东南沿海为例，这里之所以代表了中国的希望及未来，在于这里是市场经济、开放经济的发源地与前沿阵地。在这里，我们看到的发展模式，更多的是由从市场经济到生态经济、从外向经济到开放经济等所构成的活力经济。市场经济强调的是资源配置效率，生态强调的是政、产、学、研等共生共荣而不是自上而下；外向经济的是出口导向，开放经济强调的全球资源配置。进入新经济时代，兰州不仅要强调创业创新主体的核心作用，还要增强创业创新的意识与精神，更要遵循创业创新发展的方式方法，更要坚持开放创新的发展取向。

15.3.4 从自然生态到创新生态

当有人说兰州的发展没有港口优势，重庆借助"无水港"成为进出口重镇；当有人说兰州的发展没有生态优势，以色列可以在沙漠上打造顶尖的农业科技强国；当有人说兰州的城市框架难以拉开，日本则告诉我们如何发展集约型经济社会。如今，兰州只有积极抢抓"一带一路"建设、新时代推进西部大开发形成新格局和高质量发展、兰西城市群建设等重大战略机遇，才能成为新一轮西部大开发的主战场、主平台、主阵地。

整体而言，兰州在新时代能否高质量可持续发展，核心在于立足怎样的自然生态，借助怎样的创新生态，以高质量发展带动高速度增长。核心是处理好四组关系：一是"叶、茎、干、根"的关系[1]。兰州不仅要发挥高校院所的创新源头、大企业的产业源头优势，大力发展科技型创业、高

---

[1] 如前所述，"叶"就是创业，"茎"就是企业，"干"就是产业，"根"就是土壤、创新生态，"根深才能叶茂，茎青才能干强"。

技术创业、硬科技创业，以提高创业层级；还要大力培育高新技术企业，提升企业自主创新能力，充分利用"两种资源、两个市场"；更要在现有产业基础上，大力发展以数字科技、智能科技、生命科技、材料科技、能源科技、国防科技等为驱动力的新兴产业；核心是建立完善突出企业为主体、市场为牵引、产业为导向、机构为支撑的自主创新体系，以及"从西进精神到西进运动"的创业创新文化。二是"科、产、城、人"的关系。围绕青年才俊、实用人才、领军人才等多层次人才来兰州创业创新，打好科技教密集、产业根基、城市品牌的"组合拳"，促进产业发展模式、创新发展模式、城市发展模式相结合，最终将产业链上中下游之间的产业生态、高校院所与大企业之间的研发生态、大中小企业之间的创业生态、以科技服务业为代表的服务生态有机结合，形成与"政产学研金介用"有机结合的创新生态。三是"有市场、有资金、有技术、有思想"的关系。强化市场需求的拉力作用，从基于物理空间的"小市场"到基于虚拟空间的"大市场"，从市内、地区以及国内的"内循环"到国际、全球的"大循环"，从生产决定消费到消费决定生产；强化金融资本的杠杆作用，支持具有产业组织能力的大企业、新兴企业、高校院所、投资机构、金融机构等创新主体优化资本原始积累，加快将创新资源投入到产业、企业、创业、商业、实业之中；强化科学技术的门槛作用，从高技术到硬科技、从薄创新到厚创新、从科研研发到自主创新；强化思想文化的能动作用，在黄河文化、丝路文化、中原文化、西域文化挖掘创业创新的现代意义与当代价值，加快形成独具特色的地区创新文化。

15.3 西宁：如何从雪山中走来通往春潮中去？

水是生命之源，而这里是中国母亲河的发源地，但在这古老、挺拔、原生态的大地上，并没有工业化、高科技、新经济等现代文明的充分孕育。如今数智科技引爆新一轮产业技术革命，青海错过了工业化高科技就拥抱新经济，从高原自然生态朝向创新生态升维，迎头赶上"大众创业 万众创新"

时代脉搏，加快从雪山中走来到春潮中去[1]！

15.3.1 数智科技引爆新一轮产业技术革命

新一代信息技术成为产业技术革命力量，在各大主流机构的技术预测中，以人工/机器智能、量子通讯、5G新一代通信、信息感知与网络、物联网、区块链为代表的新一代信息技术，以及自动驾驶、3D打印、机器人等深度应用信息技术领域成为新宠。计算机技术与通信技术使得生产生活方式进入到信息时代，让距离越来越短、世界越来越小；互联网技术的崛起将人类活动空间从物理空间延伸到虚拟空间，彻底地打破时空局限；以云计算、大数据、移动互联网、物联网为代表的新一代信息技术，更是体现了人人互联、随时随地、数据为王、体验为王的社交化属性；人工智能技术、新一代通信技术加速了智能科技的崛起、智能时代的来临，体现为万物互联、数据驱动、智能使然的三维世界或高维世界。

信息技术应用在军事上提高了现代战争层级，工业上加快了自动化智能化，应用在商业则使得老树发新芽；当云计算、大数据、移动互联网等新一代信息技术全面融入人类生活之中后，便导致了社交化趋势。如今不仅全面改变经济社会，还进一步改变人本身。譬如，人工智能技术、新一代通信技术不仅与云计算、大数据、移动互联网、物联网、脑科学等深度融合，将半工业社会半信息社会推向了智能社会；而且伴随人工智能技术与脑科学、机器人、基因编辑、仿生学等新技术的进一步发展和应用，人的大脑和身体将进一步深化。如今，无论是西宁还是青海，更多的是需要借助数智科技缩小与数字世界的距离、赶上创新经济的步伐。

15.3.2 错过了工业化高科技就拥抱新经济

伴随信息科技的创新发展以及在经济社会中的推广应用，新经济应运而生。整体而言，新经济不单纯是一种新的经济形态、新的经济范式与新的发展模式，还是一种经济发展的思维，其本质是消费反向决定生产、生

---

[1] 本文系作者在2020年双创周参加青海分会场中分享的《把握数智时代的新经济脉搏与走出双创升级的"七年之痒"——青海创业如何从"雪山"中走来到"春潮"中去》的部分内容。

产消费两边通吃、打破产业界限。在整个新经济的孕育发展过程中，知识经济、信息经济、网络经济、社交经济、体验经济、平台经济、数字经济、智能经济、分享经济、生态经济等经济形态、经济模式、产业业态加速涌现和备受关注。他们之间不仅存在共同的发展基础，还存在一定的纵向演化、横向交织的关系，甚至是一个问题的不同方面或侧面。尤其是新冠疫情加速倒逼了2C消费方式、2F生产方式、2B生活方式、2G治理方式的结构性转变，呈现出消费模式场景化、生活方式社交化、生产方式智能化、治理方式数字化等发展趋势，使得新经济成了显学。这其中，经济社会与生产生活从事实说话到数据说话、从高触高感到无触无感、从现场实施到远程操控、从虚拟现实到智能实现、从多人工厂到无人工厂、从公共行政到全民共治、从生态掠夺到见朴抱素。

伴随着各类新经济形态、新经济模式及新产业业态的演进与交织，新经济的逻辑思维与架构得以重新构建，以工业投资、招商引资、技术改造、税收返还、工业园区、土地指标等为代表的工业化发展模式，逐步让位于以前沿科技、科技创业、创业孵化、风险投资、新兴产业集群等为代表的高技术产业模式，再逐步让位于以新场景、新研发、新赛道、新物种、新组织、新基建、新治理为代表的新经济发展道路。这为西宁、青海的高水平发育、高质量发展、高速度增长开辟了新的空间。

我国于2014年9月提出"大众创业 万众创新"，2015年正式出台政策意见。如今只有重新审视过去的发展、问题的原本，才能走出"七年之痒"，在"双创"的带动下化危为机、逆势爆发，从"疫情寒冬"到"雨后春笋"。应该说，在"一个中心"基本路线下，中国逐步成为全球创业最活跃的国家，而这种持续不断的创业不但通过产权制度创新等重建了企业的微观经营机制，还发育了促进资源配置效率提升的市场机制，更是推动了宏观经济政治法律关系的诱致性制度变迁。中国创业代际不断深化，在全球新科技革命与中国市场化改革大潮中，涌现出草根创业、知识分子下海创业、留学人员创业；在全球知识经济浪潮与中国"入世"大潮中，涌现出生存型创业、发展型创业、变革型创业；在创新全球化与创业高端化大潮中，涌现出连续创业、跨区域创业、改变世界创业；进入新时代，涌现出硬科技创业、数据驱动创业、前沿技术创业。

15.3.3 从高原自然生态朝向创新生态升维

当前，国内外诸多城市加快建设创新生态赋能型城市，重点围绕创业生态、研发生态、服务生态、产业生态以及营商生态等方面建设。"创业生态"是各类创业者（企业）与各类创新主体之间的关系，取决于"大众创业 万众创新"；"研发生态"是高校院所内部及其与各类创新主体之间的关系，取决于科教智力资源；"服务生态"是科技服务机构内部及其与各类创新主体之间的关系，取决于科技服务业发展；"产业生态"是产业大中小新旧企业内部及其与各类创新主体之间的关系，取决于新经济发展水平；"营商生态"是各类创新主体与政府、社会之间的关系，取决于创新型服务政府建设。这其中，创业作为最大的创新和最活的灵魂，成为整个城市创新生态建设中的原动力和发生器。

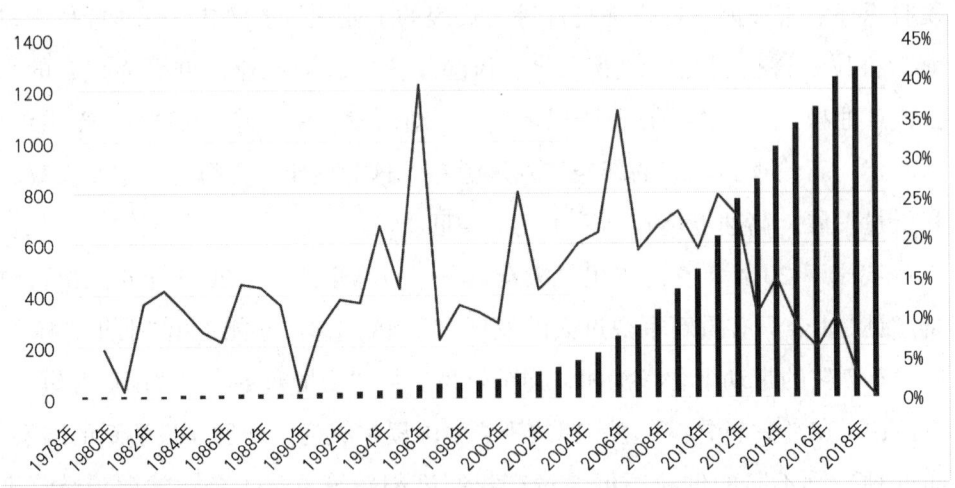

图：改革开放第一个四十年西宁 GDP 规模及增速

某种意义上，在整个创新生态赋能城市建设过程中，并不是产业生态、研发生态、服务生态、营商生态都提高了，创业生态才能提高。与之相反的是，只有率先提升和优化创业生态，才能提升、带动或倒逼其他方面建设。在"大众创业 万众创新"条件下，纵观率先创新驱动发展、全面新经济转型的地区或城市，都是创新生态质优的地方、都是按规律办事的地方、都是注重科技创新的地方。一是符合市场规律，政府解决市场失灵与培育市场，在政府作用与市场机制中找到稳态；二是符合创新规律，从"锦上添花"到"雪中送炭"，打破"马后炮"与"事后诸葛亮"；三是符合发展规律，从"一园一产业"的产业模块化到跨界融合的产业生态化，从注重产业领域、细分领域到注重产业业态、经济模式与经济形态；四是符合政策规律办事，从扶持性政策的政策创新到制度性政策的制度突破，从支持政策到营造生态环境。

在西宁建设创新生态赋能型城市过程中，可强调如下方面工作：一是大学与城市的相辅相成，从研发生态到创业生态；二是高度重视新经济以及新兴产业培育发展，从产业中来到产业中去；三是人才流向哪里，资金、技术、产业就流向哪里，从服务生态到营商生态；四是头部企业扎堆是产业高地的核心，引进高手与"鲶鱼"；五是科技金融是创新生态的核心组件，打造地区科技金融创新中心；六是形成自成体系的区域创业创新文化，追求"有规律的创业"和"道生一"。

15.3.4 如何加快从雪山中走来到春潮中去

尽管创业分类较多，但从创业主体及其价值作用来看，创客极客（变革式）创业、科技人员（团队）创业、青年（大学生）创业、跨区域创业者创业、系列创业者创业、职业经理人创业、产业组织者创业、集团内部创业、企业二次创业、自由个体创业十大类型应该成为主流。在创业的过程中，需要坚持如下：

一是在战略抉择上，任何具有爆发性的商业模式，往往都是围绕一个很小切入口做到极致，或者围绕很窄的突破口无限地放大；这个切入口或者突破口要么来自新兴领域、交叉领域，要么来自长尾领域或者空隙领域"视野越宽，领域越窄"，如果"向宽处发展增加竞争对手"，成功的企业战略一定是以小见大。

二是在价值再造上，创业的本质是一种价值再造，任何令人尖叫的商业模式，往往是利用自身长板挖掘亮点和卖点，将市场及客户的痛点、难点、甚至痒点转化为自身的盈利点与业务的爆发点。一个企业的生存和发展，必须超越"你无我有、你有我优、你优我新、你新我廉"或者"你无我有、你有我专、你专我精"的竞争段位，找到自身真实的、独特的、简约的商业模式。

三是在创新路径上，新经济时代的商业模式往往不是技术创新驱动，而是想法决定做法，也就是说商业模式的架构往往从思维层面的价值主张到怎么做的业务模式再到功能实现或者屏蔽门槛的产品技术。在很多的创业领域的商业模式创新，要么是技术创新带动商业模式创新，要么是商业模式创新倒逼技术门槛架构，要么是两者相互结合。

四是在发展模式上，任何更具有裂变性的商业模式，往往是借助资本运作打破传统从销售、贸易介入生产、制造再到研发、创新，从而形成"产供销人财物"一体化的滚动式发展战略逻辑，进而实现爆发式成长。一个成功的创业，核心是能够打破在既定生产函数、技术构成、制度架构条件下，通过土地、劳动力、资本、能源等资源要素投入就可以滚动发展的工业经济思维，而要将人的梦想与价值、商业模式的力量、技术的门槛、资本的杠杆有机结合，实现爆发成长。

五是在生产方式上，任何更快的商业模式，往往借助新一代信息技术，或者"互联网+"或者"+互联网"，用外部信息反向配置组织内部资源，从过去产品思维的"以产定销"到用户思维的"以销定产"，更加快速地响应、契合、满足市场需求和客户需要。

六是在组织实施上，任何更加轻盈的商业模式，往往是资产越来越轻、销售渠道越来越短、交易环节越来越少、成本结构越来越优，尤其是能够实现大规模、集成化、常态化定制取代大批量生产供应，将交易成本转化为价值再造的源泉。

七是在运营保障上，任何具有较强延展性、裂变性的商业模式，往往能够立足开放运营强化资源整合或者提升跨界整合能力，越开放越发展，越发展越开放，最终要么实现业态创新，要么实现跨界融合。现在的创业，本质上是在有了企业家领袖人物，有了执行力强的创业团队，有了独门技术，有了"靠谱"的商业模式后，剩下的就是拼资源的时候。

八是在创新层级上，颠覆以往的游戏规则、技术路线、成本结构、组织方式、经营形态，不但是既定发展结构与游戏规则挑战者、颠覆者、搅局者，还是穿透产业价值链，成为全新游戏规则制定者、新兴市场开创者。这种创新，要么是新产品、新技术、新服务，要么是新业态、新模式、新组织，要么是新市场等等；而这种层级，要么是适应创新，要么是跟随创新，要么是颠覆创新。

九是在消费体验上，不论传统还是新兴，最能满足市场与客户的逻辑是不变的。过去在传统领域，企业经营讲求"产量大、价格低、质量好、速度快"十二字方针，恰恰是中国制造横扫全球的秘诀。但在新经济条件下，叫作"受众多、费用低、体验好、速度快"十二字秘诀：从产品思维的"产量大"到用户思维的"受众多"，从物美价廉的"价格低"到社会进步的"费用低"，从工业时代的"质量好"到新经济时代的"体验好"，但"速度快"则是不变的。

十是在企业价值上，从纵向一体化到专业化，从产业融合到产业跨界，一个比一个更值钱；从平台经济到生态经济，从范围经济到共享经济，一个比一个更有价值。在产业分解条件下，更多的是产品经济，核心是把东西通过交易前台卖出去，是一个钢镚一个钢镚地赚小钱，是典型的前台思维；在产业融合条件下，强调我搭台来你唱戏，侧重细水长流地赚大钱；在产业跨界条件下，是前后台的有机结合，在一个创新生态之中，大钱小钱一起赚钱。

15.4 宝鸡：青铜之都如何插上数智腾飞翅膀？

宝鸡是华夏文明的重要发祥地，也是农业时代手工业文明的重要源头，亦是近代史上以来重要的工业基地。后来历经沧桑与发展起伏，呈现出优势不再与动能不足，需要从哪跌倒就从哪爬起，破除发展顽疾、布局战略方向，形成全新的发展结构与发展模式[1]。

---

[1] 本文系作者 2020 年 4 月在宝鸡分享《为宝鸡青铜之都插上数智腾飞的翅膀》专题培训的部分内容。

15.4.1 历史沧桑与发展起伏

整体而言,宝鸡是一个值得敬畏的地方,作为炎帝故里、周秦发祥地,这里是中华民族之根、华夏文化之源,有着独特的经济地理与地理人文。主要原因是在农业时代,这里有水、有山、有光。在远古时代,"有水"就是让人能够生活下去,"有光"就是不那么寒冷,"有山"就是一旦来自然灾害能够躲避。在农业时代,"智者乐水,仁者乐山","有水"才有灵气或灵性,"有山"才有厚重或厚德,青山绿水方人杰地灵。

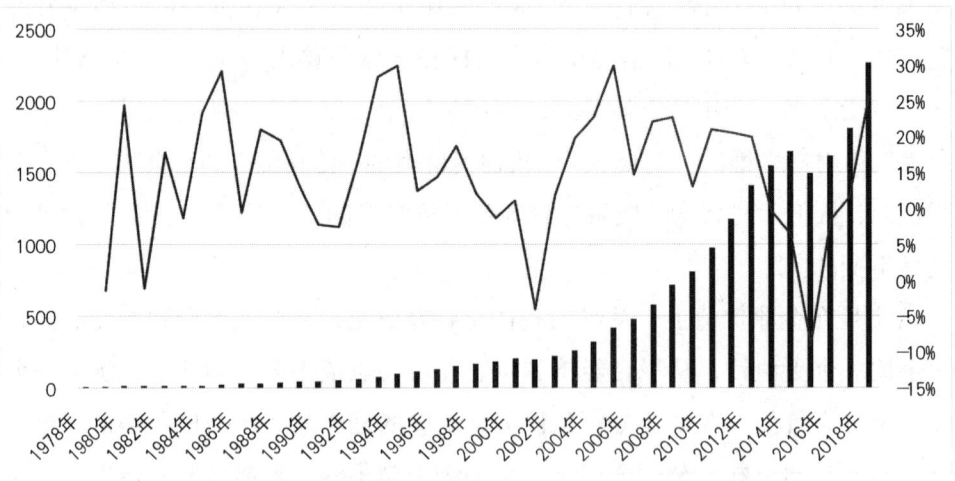

图:改革开放第一个四十年宝鸡GDP规模及增速

在独特的经济地理与地理人文条件下,宝鸡自古以来具有三大区域个性:一是华夏之源。不光是炎帝始祖的故里,开创了人类农业文明先河,为中华文化、中华文明始兴和统一奠定了基础;还是周朝的发祥地,周朝不仅决定了华夏文化的成型,还在文化上统一了"九州";更是大秦帝国发源地,在政治疆域上统一了"中国"。二是地理门户。宝鸡历史上作为中原地区的西部门户历来是兵家必争之地,如今作为陕、甘、川、宁毗邻区域中心城市,宝鸡承东启西、连南接北,不仅是中原与西北、西南链接门户,还是亚欧大陆的第三个大十字枢纽。三是工匠精神。在上古时代,就成为青铜器之乡,这对于农业时代是非常了不起的事情;而如今成为没有"钛"原材料的"钛谷",更是承前启后彰显了宝鸡的底蕴。

在宽宏的历史长河中，伴随中国政治中心、经济中心、文化中心位移，尤其是从农业文明走向商业文明以及近代工业文明，宝鸡在传统经济地理条件下逐步成为偏安一隅的"小县城"。但进入20世纪，伴随陇海线的开工与通车，宝鸡的区位优势再度凸显，人流、物流、商品流、信息流大量融入，甚至出现了新的生产方式与近代工商业。尤其是伴随战乱影响，宝鸡在20世纪三十年代一度成为重要的交通枢纽与地区工商业重镇。新中国成立后，宝鸡不仅在"一五"时期承载了国家生产力布局重大项目，还在后来的"三线建设"中强化了国防科技与军工产业，亦进一步成为全国重要的交通枢纽，成为重要的"老工业基地"。伴随工业基础与原材料交通便利，改革开放以来，宝鸡进一步成为中国的、世界的"钛谷"。但在新的历史条件下，如何将合金材料与制造优势进一步放大，加强产业链纵向与横向延伸，并带动现代服务业转型，带动宝鸡高质量发展，成为新时代所追问的逻辑。

15.4.2 优势不再与动能不足

几乎可以说，宝鸡是全国少数的几个"不是省域GDP第二的第二大城市"，在改革开放第一个四十年原来在计划经济体制下的发展优势不在，逐步被榆林资源型城市所赶超。站在改革开放第一个四十年与第二个四十年的历史节点，以及宝鸡"十三五"收官与"十四五"开局的发展起点上，宝鸡在过去的发展过程中体现出"传统经济地理与人文地理优势不再"而"新经济地理与人文地理动能不足"。迫切需要抓住历史机遇，趋利避害、扬长避短，再造宝鸡发展新优势。

在上一个发展周期，伴随中国经济社会体制机制改革与转型，宝鸡呈现出四个优势不再——计划经济条件下的工业优势不再；三线建设条件下的区位优势不在，"西迁精神"让位于"孔雀东南飞"；铁路为王时代的交通优势不再，"铁老大"让位于"海陆空联运"；农业文明条件下的文化优势不再，开拓创新让位于抱残守缺。与此同时，亦呈现出四个动能不足——市场经济条件下的民营活力不足；城市经济条件下的内需容量不足，城市框架没有施展，农业人口转入不足；外向经济条件下的外需拉力不足，未能抓住"入世"后承接产业梯度转移的历史机遇，内转力不足；创新经济条件下的新兴产业不足,长期拘泥于合金材料、装备制造等领域,新产业、新技术、新模式、新业态不足。

某种意义上,尤其是中国"入世"后,哪些城市抓住了"工业化、信息化、城镇化、市场化、国际化",哪些城市就能迅速崛起。对于宝鸡而言,"工业化"由于微观经营机制改制不足导致活力不足;在"信息化"上,缺乏信息化的基因,难以实现软硬结合、数控兼备;"城镇化"上,由于现代生产生活方式承载力不足,难以拉开城市框架全面加速;"市场化"资源配置能力较弱,现代市场观念不充足;在"国际化"上止步不前,近年来伴随"一带一路"有所进展。如今在新的历史条件下,"泛工业化、再城市化、超智能化、深生态化、再全球化"成为新的发展动力,宝鸡不仅需要借助"他赋优势",通过"拿来主义"补位跟跑;还需要发挥"天赋优势",通过"因势利导"站位并跑;更需要强化"自赋优势",通过"人择优势"抢位领跑。

15.4.3 从哪跌倒与从哪爬起

改革开放以来,我国大多数城市发展的经济形态在无农不稳、无商不活、无工不富、无科不强的逻辑下,往往会历经农业经济、商贸经济、工业经济、创新经济的演变;大多数城市发展形态,从内部到外部经济关系来看,往往会历经封闭经济、内向经济、外向经济、开放经济的演变;除了一批老工业基地依托工厂经济外,很多新兴的工业城市,尤其是日后较为活跃的城市呈现出明显的块状经济特征,此后便朝着园区经济、集群经济、生态经济等方向发展;从经济运行上来看,大多数城市发展历经了计划经济、市场经济、混合经济、活力经济的演变;与此同时,从地理形态上来看,大多数城市发展历经了二元经济、县域经济、城市经济、都市经济的演变。

之前大家都愿意讲"经济增长",基本上是在一定技术条件下强调投入与产出比,也就是"生产函数"的线性思维;后来大家都注重"经济发展",不仅仅是发展结果,更强调发展理念、发展战略、发展方式、发展手段等;但如今更需要强调"经济发育",也就是在什么发展阶段与内外部形势条件下做什么事,局部领域可以超前发展,但很多发育阶段与发育形态难以超越,否则形成畸形发展的"四不像"。从以上发展逻辑来看,宝鸡更多的是越过了商业经济的充分发育，新中国成立前因陇海线与战略外生的工商业相对较弱，在计划经济条件下直接从农业经济进入工业经济，在国有企业主导的工业经济路径依赖下，不仅难以与民营经济、市场经济、开放经济、集群经济相结合，还难以在产业试错、市场试错、企业试错、技术试错的条件下，形成新的产业结构与经济形态。

进入高质量发展新时代，宝鸡不仅有"一带一路"倡议下陆上丝绸之路带来的新一轮西部大开发机遇、"军民融合"战略导向下的产业转型升级新机遇、区域一体化导向下的"关中－天水城市群"副中心城市建设发展机遇、"新基建"条件下的内需扩容机遇以及多重政策叠加的改革红利，还具有现代产业体系完备、门户枢纽前台位势再现、绿水青山"三生三宜"、后发低成本等优势，核心是以高质量发展带动高水平发育，进而实现高速度增长。重点是从工业经济向创新经济、从内陆经济向外向经济、从双轨经济向混合经济、从县区经济向城市经济方向发展，更多的是把东南沿海发达地区近几十年来的发展经验、发展模式、发展路径与本地发展实际、发展阶段、发展要求相结合，并在局部实现赶超和引领，进而带动主体超越。

15.4.4 产业变局与发展路径

宝鸡是"钛谷"，"钛"和"谷"的关系本质上就是产业生态与创新生态之间的关系。具体而言，也就是产业链上中下、大中小企业之间的产业生态，与"政产学研金介用"之间的创新生态之间的关系。就大部分地区产业创新生态而言，一般是先从工业以及高技术制造业起步，再通过生产性服务业与科技服务业的支持作用，走向以高技术服务为主导的产业结构与产业生态。长期以来，宝鸡更多的是"钛"的色彩明显，"谷"的色彩不明显，原因就是没有在科技服务的带动下抢占产业发展制高点、没有在生产性服务业的带动下掌握产业主导权、没有在信息技术的带动下实现软硬结合与数控兼备。

以高新区产业发展为例，基本形成以合金材料、汽车及零部件、石油钻采装备制造、机床工具制造、高速铁路装备制造、军工电子信息、中低压输变电设备制造为主导的七大产业集群。这其中，钛及钛合金、汽车及零部件、高端装备制造成为支柱产业，涉及航空、航天、兵器、电子等多个工业门类。但与之相适应的科技服务、生产性服务业色彩不突出,迫切需要从高技术制造为主体向高技术服务为主导方向转变。当前的产业发展,不再是一产、二产、三产的机械分类,而是一维制造产业、二维信息产业、三维数智产业发展的新格局。

为什么提出为"青铜之都插上数智腾飞的翅膀"呢?不是说制造不需要了、工匠精神不需要了,而是伴随我国乃至全球经济从半工业半信息社会加快向智能社会转型,宝鸡不仅需要在泛工业化上再创新,适应制造业服务化、服务业制造化、产品即服务、制造即服务、软件即服务;还需要在信息化上补课,在信息技术的带动下促进产业融合、技术跨界、业态创新,改造提升先进制造业与现代服务业;更需要抢占新一代数智技术产业发展制高点,让宝鸡经济社会建设与新型产业发展感受流量引爆的脉搏、插上云台云端的翅膀、缩短数字世界的距离。

所谓"世易时移,变法宜矣",青铜器是农业时代高度文明的桂冠与象征,但不是历史长河中持续引领的巅峰,宝鸡只有不满足于"青铜器之乡"的历史光环,才能拥抱、跟上、赶上数智时代!

15.5 榆林:如何走出资源型依赖的塞上明珠?

整体而言,榆林在新一轮建设发展过程中,不仅要围绕新发展阶段,践行新发展理念、提升新发展水平;还要围绕新经济循环,构筑新发展格局、拥抱新时代脉搏;最终以高水平发育带动高质量发展、以高质量发展带动高速度增长。

15.5.1 榆林自近现代以来的兴起发展

榆林始于春秋战国、兴于明清,意味着是在第一次工业革命中开始发展起来,但由于未经历充分的工业化发育,资源优势尚未转化为更大的产业优势、更充足的财富优势以及更具活力的创新优势;未来只有把握新科技革命与产业变革机遇,从创业创新到产业化才能成为新经济地理上的创新中心。2018年,榆林近400万人口,GDP大约在4000亿元,是我国典型的资源型城市。目前,已发现8大类48种矿产资源,尤其是煤炭、石油、天然气、岩盐等能源矿产资源富集一地。平均每平方公里地下蕴藏着622万吨煤、1.4万吨石油、1亿立方米天然气、1.4亿吨岩盐。但由于资源禀赋并没有与工业化持续结合，尤其是没有与科技革命相结合，科教智力资源与创新成果较为不足。

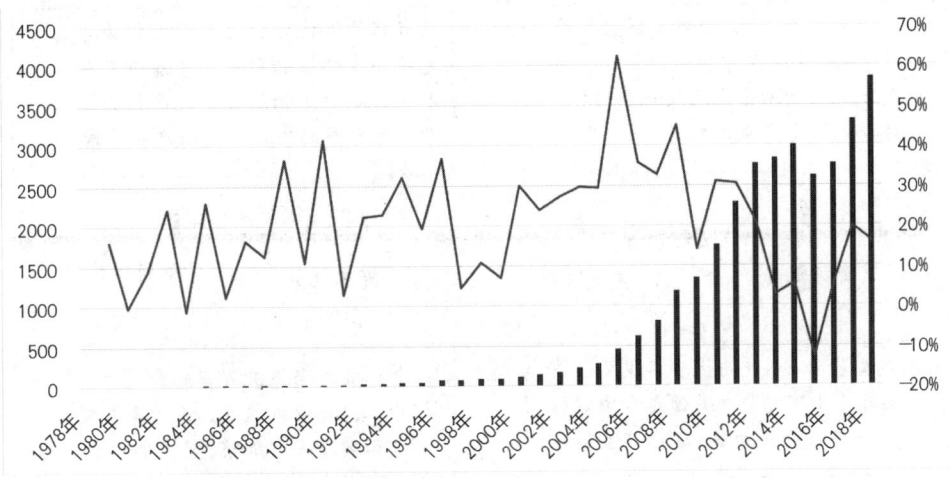

图：改革开放第一个四十年榆林GDP规模及增速

15.5.2 资源型城市建设发展一般阶段

一般而言，很多资源城市往往是将资源优势转化为产业优势、再转化为财富优势、最终转化为创新优势，也就是从要素驱动、实体驱动、财富驱动到创新驱动。从资源优势来看，资源型城市在以往条件下，资源优势要么是上游的挖掘开采、要么是中游的深加工、要么是下游的精细转化以及产品转化，最终形成一定产业链配套；从产业优势来看，资源型城市在新的发展阶段，产业优势不仅要往下走，实现上中下结合，关键是左中右结合，也就是正向产业链＋逆向产业链，形成全新的产业生态；从财富优势来看，资源型城市只有将资源优势转化为产业优势才能完成初步的原始积累，才能将产业资本与金融资本相结合，进而扩大再生产，产生新的生产方式与产业结构；从创新优势来看，资源型城市在金融资本与产业资本融合的杠杆下，将资本、资源、技术、人才有机结合，创造和实现高附加值，产生新的生产方式与新兴产业。尽管更多资源型城市是财富驱动早于创新驱动，往往具有较大的发展代价、甚至影响发展阶段与历程,但是只有在已有资源禀赋、产业基础条件下,将财富驱动与创新驱动有机结合,才能避免资源锁定、技术锁定、路径依赖的陷阱,实现高质量发展,核心是避免财富驱动直接跨越创新驱动。

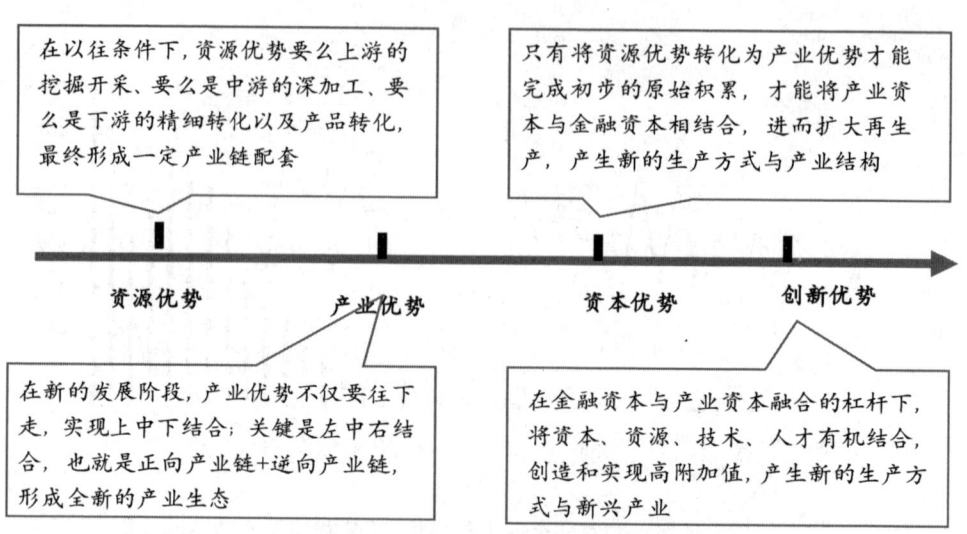

图:资源型城市发展关键路径

15.5.3 打破资源型城市发展的周期律

资源型城市往往成也资源、败也资源。这种"成"往往是将资源优势转化为发展优势,这种"败"往往是在资源锁定、技术锁定、路径依赖条件下,难以将资源禀赋、产业结构、城市形态紧密地结合在一起,实现抢位、卡位发展。譬如,中东有石油,但其他产业没有发展起来;以色列有沙漠,但农业科技最发达;很多资源型城市,正是由于资源挖掘就可以赚钱,而没有真正发展产业、创新驱动,而难以产生新的生产方式、新的产业结构以及新的创新格局。就地域资源型城市而言,不仅要转变城市发展模式——处理好资源优势与创新优势的关系、财富驱动与创新驱动的关系,还要转变产业发展模式——处理好产业体系与产业生态、产业发展与产业园区之间的关系,更要转变创新发展模式——将产业生态与创新生态有机结合。从要素驱动来看,榆林每平方公里土地下拥有10亿元的地下财富,矿产资源价值超过46万亿元,占全国1/3。从投资驱动来看,榆林亦加速大招商、招大商的投资驱动、外生增长发展阶段,正是招商引资的外生增长大于创业创新的内生增长,才未能出现基于能源资源的新兴产业。从财富驱动来看,榆林借助资源优势完成了资本原始积累后到底应该做什么?只有将金融资本与产业资本相结合、扩大再生产、提高技术构成、再造新兴产业,才能实现新旧动能转换。从创新驱动来看,榆林需要以科技服务带动科技创业、以科技创业带动自主创新、以自主创新带动新兴产业。

15.5.4 在新时代中寻找新方位新使命

目前,各地区新一轮创新资源配置加速重构,新经济地理的创新中心向何处去,一定不是资源型城市而是创新创业之城。无论是资源型城市还是中国制造,在产业发展模式上,都需要从Z字型发展模式、L型发展模式向C字型、O字型发展模式转变。很多资源型城市或地区加速探索不同的转型方式,譬如大庆是典型的新产业再造,大力发展汽车产业等;鄂尔多斯是典型的产业正向延伸,积极培育发展煤化工,或者从煤到电再到数据;太原等是典型的产业逆向延伸,从煤到电再到合金。但不论如何,都需要置身现代化经济体系的构建,系统综合运用各种转换模式,开辟新时代高质量发展新模式新空间。对于榆林而言,核心是围绕国家战略物资综合利用及产业创新中心建设,以能源科技为引领、泛新能源为主攻方向、能源化工为支撑,不断涌现新业态、新技术、新模式、新产品,成为国家新旧动能转换、高质量发展、可持续发展典范。

具体而言,作为资源型城市,核心是立足后台能力、加强前台能力,最终强化中台能力,最终走向产业创新、新旧动能转换之路。这种前台就是流量的流进流出与资源的配置与分配,核心是产业主导权;而前台城市就是商品流转中心到资源配置中心、财富分配中心。这种中台就是不断出现新思想、新模式、新技术、新业态、新产业,核心是创新及产业化能力;而中台城市就是产生具有全球影响力的原创新兴产业、影响全球的知名品牌、改变世界的商业模式、颠覆认知的前沿技术。这种后台就是制造根基与资源禀赋,核心是实体经济基础条件与产能;而后台城市要么是基于资源禀赋的比较优势,要么是根植制造的工匠精神。

榆林如何以高水平发育带动高质量发展、以高质量发展带动高速度增长,关键在于能否依托国家高新区建设创新高地,打破资源型城市的资源魔咒。一是扛高新技术产业化的"旗"。不是以往的外生增长、投资驱动、外延发展,而是高新技术产业化的内生增长、创新驱动、内涵发展。"高"就是高端、高效、高附加值、高价值环节;"新"就是新思想、新模式、新技术、新业态、新产业。二是做创新驱动发展的"局"。核心是围绕人才战略带动人口战略,将科技功能、产业功能、城市功能协同提升,促进创新发展模式、产业发展模式、城市发展模式乃至开放发展模式有机结合。三是走高质量发展的"路"。在自主创新和新兴产业面前,需要明晰秉持什么和坚持什么。不是创新带动创业,而是创业带动创新;不是高校院所成为主体,而是让企业成为主体;不是依赖大企业大项目,而是激发创业创新活力;不是政府做对了什么,而是注重政府没有做错什么。四是以新办法做新事。不仅是强化前沿科技、科技创业、创业孵化、风险投资、新兴产业集群,还坚持走新场景、新研发、新赛道、新物种、新组织、新基建、新治理的新经济发展范式。五是行创新生态之"治"。立足第一方的党建与园区管理体制改革、第二方的公共行政服务,走向第三方的创新服务集成、第四方的新兴产业组织、第五方的法治建设,变成地区创新生态顶层设计者、建设者、维护者。

15.6 喀什:通往欧亚经济新大陆的诗与远方?

喀什是古丝绸之路交通要冲,亦是新时代"陆上丝绸之路"的重要前台。尽管并未与欧洲接壤,但作为中国最西边的城市,成为欧亚经济新大陆的重要关口。如今我们需要重新看待我们的世界形态、发展阶段,进而找到我们的创新发展方向及开放合作之路。喀什将带动我国贯通欧亚经济新大陆的诗与远方[1]。

---

[1] 本文据作者参加第三届欧亚经济论坛发言《以开放型创新经济打造新型自由贸易体 拥抱欧亚经济新大陆》,以及作者参加行业指委会发言《从跨境电商到数字贸易——打通内外双循环发展新格局的重要一环》整理而成。

15.6.1 出口导向型工业经济发展模式终结

整体而言，外向型工业经济方式模式一方面适应了中国改革开放第一个四十年的发展，成为重要的发展经验，但另一方面也累积了大量长期结构矛盾，需要进一步深化改革、扩大开放，形成全新的发展范式。开放型创新经济（体）将是新一轮改革开放的重要发展方向、发展主题、发展范式和发展动力。

一是外向型工业经济是制造业全球化产物。在制造业全球化条件下，全球产业价值链伴随超级大国与跨国公司的产业梯度转移流向低成本地区，很多新兴市场成为这种"大脑"及其"躯干"的"四肢"，逐步形以国际贸易驱动出口加工的外向型工业经济发展模式。这种外向型工业经济作为一种出口导向、工贸关联型经济发展模式，其实践意义与理论依据在于，发展中国家或新兴经济体往往是发展中国家在贸易部门带动生产部门的经济发展机制带动下，通过"老三外"承接国际产业转移来输出物美价廉、高物质成本的商品，以及通过"新三外"承接服务外包并促进制造业的服务化，最终形成出口拉动、划地成园、规模制造、大进大出的外向型工业经济发展格局。

二是中国外向型工业经济的实践及其演化。我国自改革开放以来，通过强大的产业组织动员能力承接产业梯度转移、加速工业化进程，最终形

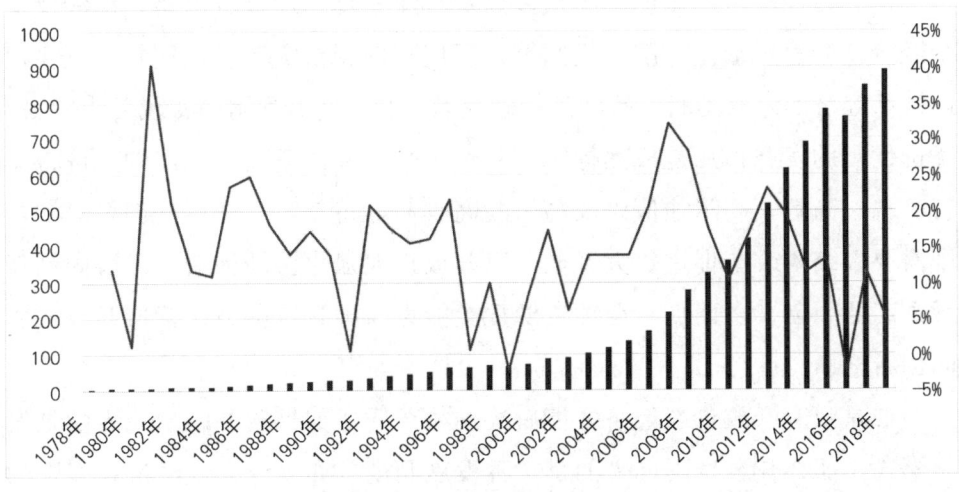

图：改革开放第一个四十年喀什 GDP 规模及增速

成了要素驱动、投资驱动、外生发展、外延增长的外向型工业经济发展范式。尤其"入世"后，在贸易部门带动下，将农村剩余劳动力转移到生产制造部门，通过进口贸易将大宗资源等分销到国内出口加工型企业，然后再通过出口贸易把"中国制造"的商品输出到国际市场。但在全球城市分工格局中，其发展往往由外部需求决定，对本国市场、区域市场的依赖性较弱，对国际市场的依赖度较高。

三是外向型工业经济长期累积的结构矛盾。工业经济利润空间有限，只要通过拓展国际市场以及重商主义才能弥补国内市场不足、获取超额利润。欧美通过几百年的工业化发育以及全球市场抢占养活了十几亿人口，但中国以十几亿人口在短短四十年从承接产业梯度转移到中国制造风靡全球，同时也付出了沉重的生态环境代价与福利损失。某种意义上，工业经济几乎与外向经济天生是交织在一起的，而这种内生矛盾某种意义上决定了这种经济发展范式的不可持续性。只有转变产业结构、产业组织方式、产业发展模式，才能改变贸易结构、贸易发展模式，才能从发展模式与运行机制上走出争端与摩擦。

15.6.2 开放型创新经济发展模式呼之欲出

一是开放型创新经济是创新全球化的产物。其中，"开放型经济"本质上是一种经济发展制度，不仅涉及贸易便利化、投资自由化，还涉及整个经济社会思想形态、游戏规则等；不仅实现创新资源优化配置，还实现内外部经济的闭环运行；基础是打破贸易壁垒、资本管制等实现自由贸易，优进优出的发展格局是成熟标志。新经济是一种消费决定生产的经济，具有高端、高效、高附加值以及高风险高收益等特点。"开放型创新经济"则需要以结构改革促进扩大开放、以开放扩大强化协同创新、以协同创新激励产业原创，全面提升全球资源配置能力与国际竞争力，营造开放式协同创新格局。

二是只有开放创新经济才能解决结构矛盾。如果说外向型代表的是发展模式，那么开放型则代表的是一种发展制度；如果说工业经济在有限的利润空间下需要无限的国内外市场，那么新经济则是消费决定生产、高端高效高附加值，更多的是在全球范围配置资源、创造财富、分配财富，不仅不依赖国际贸易，还能提升产业竞争力与产业主导权。从外向经济到开放经济，就是通过破除产业规制、放宽市场准入、强化自由贸易、弱化金融管制，以开放式协同创新打破地理空间、行业局限构筑生态网络；从工业经济到创新经济，就是让具有高端、高效、高附加值特点的高技术产品或服务成为出口贸易的主流，品牌运营、资本运作、研发设计成为抢占国际市场主导权、资本主导权及技术主导权的核心。

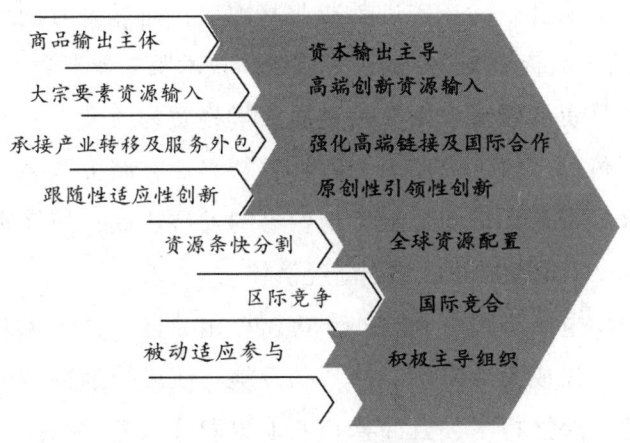

图：开放条件下的发展趋势及转变

三是改革开放前后两个四十年的系统转换。未来我国经济社会发展迫切需要从外向工业型经济发展范式的"C"字型结构，向开放型创新经济发展范式的"O"字型结构进行转变。在开放型经济条件下，人才、资本、技术等创新资源的流通配置，超越大宗资源、小宗商品等产业要素成为全球资源配置的核心，尤其以自由贸易、绿地投资、跨国并购、技术转移、跨区域创业、高端链接等为代表的国际经济活动形式，取代以传统物质资本、低成本制造、大宗商品贸易、国民待遇为主的国际经济活动形式。在创新经济条件下，伴随人脉网络、创业资本、专利技术、创意想法、经验知识等创新资源的全球流动及优化配置，开放型经济从拘泥于制造业全球化条件下的工贸联合体发展模式，逐步发展成为全球创新版图上的创新尖峰或区域性创新中心。

15.6.3 我们究竟需要何种双循环发展格局

一般而言，地方产业发展先是推进工业化，然后通过生产性服务业抢占产业主导权，通过导入科技服务业抢占科技制高点，通过数智科技抢占发展先机，最后以创新驱动全面转向新经济；而数字经济、数字贸易、自由贸易、三零规则、跨境创业、跨国经营、人民币国际化成为新经济活动形式，探索以数字贸易带动服务贸易、服务贸易带动货物贸易，打破以货物贸易为主的贸易结构，促进三大贸易协同发展。对于很多城市而言，内循环的本质是产业强基跃升——在先进制造业基础上，通过大力发展生产性服务业、科技服务业、数智服务业，加快形成以高技术服务业态为主体的新经济；外循环的本质是贸易破链成网——在强大货物贸易流量上，通过大力发展信息技术服务贸易、数字内动服务贸易、新兴业态服务贸易，加快形成数字贸易带动服务贸易、进而带动货物贸易的发展机制；最终实现内循环和外循环的贯通，率先建成开放型创新经济体。

近年来跨境电商将国内 B2C、跨境 B2C 相结合，联动 B2B 形成跨境电商商业生态，不仅成为数字贸易的基础设施，还成为推进全球数字贸易的突破口。伴随区块链技术、云计算和人工智能技术等数字技术将进一步充分应用，跨境电商加速商业模式创新与业态变革，国际贸易日益呈现出以互联网为传输通道、以数据跨境流动为交换手段、以电子支付为主要结算方式的新特征。这种数字贸易不仅包括基于信息通信技术开展的线上信息、交易、结算等促成的实物商品贸易，还包括通过信息网络传输的数字服务，并实现对跨境电商的如下超越：一是从立足消费互联网国际化到产业互联网国际化，从终点改变消费方式到改变生产方式，最终实现国内国际、生产方式与生活方式贯通；二是从立足工业经济 + 货物贸易，到立足创新经济 + 数字贸易，将数智科技、数字经济、数字贸易、数字口岸、服务贸易、货物贸易有机结合；三是将线上线下相结合到云端云台相结合，开展从"买全球、卖全球"迈向"买卖全球"商业模式创新。

15.6.4 我们究竟需要何种新型自由贸易体

新型自由贸易体到底"新"在哪里？应该是，新在特定的阶段、特定的政策边界以及有限的资源的条件下,通过产业创新与贸易创新相结合、开放经济与创新经济相结合,寻找突破口、做无限的事情并实现换道超车。具体而言,是根植产业新生态、优化贸易新结构、搭建合作新平台、塑造数字新口岸、建立经贸新规则。

一是根植产业新生态。只有打破传统工业发展走向新经济,才能从根本上避免以国际市场为生的贸易大国,掌握产业主导权、贸易主导权;从这个意义上,在应对贸易战时我们不仅仅是去解决产业战略的问题,而在新的产业结构、新的经济形态、新的经济模式,进而为转变贸易模式、贸易结构、贸易机制等创造条件。未来,只有走向以数字经济、智能经济等为代表的创新经济,才能从货物贸易走向服务贸易、数字贸易。

二是优化贸易新结构。探索在以数字贸易带动服务贸易、服务贸易带动货物贸易的发展机制下,打破以货物贸易为主的贸易结构,促进货物贸易、服务贸易、数字贸易协同发展,进而超越关税的一般限制。以西安为例,依托"枢纽经济、门户经济、流动经济"从外向经济到开放经济,在强化跨境电商、保税贸易、口岸服务以及文化贸易、旅游休闲等基础上,以数字贸易带动服务贸易发展;大力发展跨境电商、软件贸易、通信、云计算、大数据、区块链、物联网、卫星定位等信息技术服务贸易,突出数字娱乐、数字学习、数字出版、数字内容服务贸易优势,探索互联网交付的离岸服务外包、数字医疗、数字金融、跨境的软件外包等新业态。

三是搭建合作新平台。链接国内产业高地、创新高地并整合资源,辐射欧亚重点国家与地区,从第二方商务服务到第三方服务集成再到第四方产业组织,搭建一批有利于国际产能合作、国际交流合作、国际商务促进、产业企业发展的产业平台、地标平台、经贸平台、平台企业、创业平台以及平台机构等。以喀什为例,并非仅仅运用西北的资源搭建平台,而是在高端链接基础上做高端辐射,成为丝绸之路经济带的起点。如搭建国际创新园、国别园等产业平台;中国-欧亚创新促进中心等地标性平台;中国(喀什)-欧亚进出口商品博览会等经贸平台;培育跨境平台企业、跨境电商平台;建设中国-欧亚离岸创业基地等;引进一批国际组织等。

四是塑造数字新口岸。依靠市场化、专业化方式大力发展口岸服务业，着力将传统口岸功能从货物流转前台变成数据中台、关键要素汇集后台，同时广泛应用物联网、云计算等新型产品和服务，建设"一站式立体服务＋增值服务"的服务新口岸。口岸服务只有从狭义的、局限的公共服务走出来，发展成为一种广义的、涵盖面更广的产业，才能产生更大的产业组织能力、资源配置能力以及效率效益。

五是建立经贸新规则。在创新全球化与逆全球化并存格局下，进一步探索多边、双边、小多边贸易体制，逐步向"零关税零壁垒零补贴"方向发展，未来"三零"标准将是未来全球FTA谈判趋势。西北地区的未来机遇，有"一带一路"陆上贸易规则话语权、欧亚经济联盟对接、上合组织经济化进程、中欧自贸区谈判进程等。

15.6.5 让欧亚合作走进高质量发展新时代

一是加快中国（西部）—欧亚经济合作共同体建设。顺应跨区域一体化发展趋势，在"一带一路"倡议指导下，依托上海合作组织框架，重点面向中亚与俄罗斯等国家或地区，整合相应合作资源，打造中国（西部）—欧亚经济合作共同体，推动欧亚经济大陆进入高质量发展高水平合作新时代。推动空间范围纵横交织、产业分工优势互补、创新生态共生共荣、基础设施互联互通、思想文化开放包容、体制机制相互弥合。

二是不断提升"一带一路"合作发展层级。提高发展层级的核心，是探索以数字贸易带动服务贸易、以服务贸易带动货物贸易，促进多边或双边从基础性的商品交易与产能合作、到高水平资本投资与技术转移、再到更高水平的经验借鉴与文化交流方向发展，不断提升合作层级。

三是探索"丝绸之路经济带"合作新模式。围绕多边或双边资源、技术、市场、产能、资本不同禀赋或优势，探索"中国制造＋欧亚市场""中国资本＋欧亚资源""中国市场＋欧亚技术""中国园区＋欧亚园区"，在"一带一路"倡议下实现高附加值、探索新的全球经济增长。

四是形成"开放创新　包容增长"新文化。在"美国至上"等面前，中国提出"构建人类命运共同体、共同建设美好世界"。一个是以我为主、谁谁优先；一个叫作"普度众生"，不单纯是让自己更强大、仅让自己最强大，还要普度众生、分享全球化的福祉。在欧亚经济合作过程中，开创"开放、包容、多元、活力、共赢"的创新合作文化，为全球新一轮经济增长做出重要的贡献。

参考文献

一、著作

张五常.中国的经济制度.2016(4).

王德禄主编.新经济方法:长城智库方法论.金城出版社.2018.

徐苏涛著:中国新经济变革.金城出版社.2020.

胡晓晖著:春秋战国.长江文艺出版社.2011.

辜鸿铭:春秋大义.天津出版集团.2008.

(美)钱纳里.工业化和经济增长的比较研究.上海三联书店.1989.

(美)埃德蒙·费尔普斯.大繁荣.中信出版社.2013.

(美)托马斯·弗里德曼.世界是平的:一部二十一世纪简史.湖南科学技术出版社.2005.

(美)克莱·舍基.未来是湿的:无组织的组织力量.中国人民大学出版.2009.

(德)马克斯·韦伯.新教伦理与资本主义精神.社会学和社会福利档案.1904—1906.

(奥)弗里德里希·奥古斯特·冯·哈耶克.个人主义与经济秩序.1948.

(奥)弗里德里希·奥古斯特·冯·哈耶克.通往奴役之路.中国社会科学出版社.2000.

(德)卡尔·马克思.资本论:政治经济学批判(1867—1894).商务印书馆.1934.

二、报告

徐苏涛等.中国城市发展格局的"三个世界":由来、演变及走向.2020.

徐苏涛等.疫后新基建:加快从半工业半信息社会到智能社会.2020.

徐苏涛等.再全球化条件下的城市开放创新与突围.2020.

徐苏涛等.区域发展走进"新春秋战国时代".2020.

徐苏涛等."十四五"发展战略与规划的一般认识论与方法论.2020.

徐苏涛等.新经济循环、新发展格局与新产业组织.2020.

徐苏涛,曹和竹.北京现代产业体系与空间布局战略研究.2011.

徐苏涛,程淑红.宁波城市中长期发展战略研究.2016.

徐苏涛,于静怡.昆明城市中长期发展战略研究.2019.

徐苏涛,谢盼盼.苏州城市中长期发展战略研究.2020.

徐苏涛.淄博超周期"双高"发展的方位感、突破口与组合拳.2020.

徐苏涛.面向2035的科技创业创新及产业化发展.2019.

徐苏涛.新经济地理上的中国城市结构演变与发展取向.2020.

徐苏涛.新时代西部大开发的呼呼与秦王川上金城汤池的重建.2020.

徐苏涛.让新经济带动山东更加轻盈地腾飞和蜕变.2020.

三、论文

徐苏涛.上海如何在新经济面前实现逆袭发展与战略突围?.新经济瞭望.2018(5).

徐苏涛.杭州究竟如何成为真正的新一线城市?.新经济瞭望.2017(10).

徐苏涛.杭州能否在互联网的下半场笑到最后?.杭州新经济观察.2019(4).

徐苏涛.宁波跻身"全国大城市第一方队"的追本溯源.宁波新经济观察.2016(3).

徐苏涛.宁波的下一个一万亿在哪里?.宁波新经济观察.2019(2).

徐苏涛."北青岛"比肩"南深圳"的三大战略问题及方向.青岛新经济观察.2019(2).

徐苏涛.环太湖"湖湾经济"是长三角一体化真正的C位.新经济瞭望.2020(7).

徐苏涛.只有"新儒商"才能拯救山东经济.新经济瞭望.2018(11).

徐苏涛."浙南模式"再创新与温州改革开放再出发.新经济瞭望.2019(6).

徐苏涛.绍兴如何在新一轮发展过程中实现弯道超车？.长城智库.2017(8).

徐苏涛.简论改革开放以来临沂发展的来龙去脉与何去何从.新经济瞭望.2019(7).

徐苏涛.舟山如何从多重国家战略叠加到创新创业活力迸发？.宁波新经济观察.2017(8).

徐苏涛.深圳在新一轮改革开放中如何更有想象力爆发力与感召力？.新经济瞭望.2020(10).

徐苏涛.如何看待广西中长期创新发展战略？.新经济瞭望.2019(4).

徐苏涛.未经充分工业化发育还有机会和希望吗？.新经济瞭望.2019(2).

徐苏涛.从晋商精神的文化矛盾看山西逆势回归的起点.新经济瞭望.2020(11).

徐苏涛.呼和浩特如何走出马背上失去青春却不曾知道？.新经济瞭望.2020(12).

徐苏涛.如何以创新生态赋能型城市建设全面转向新经济？.新经济瞭望.2020(3).

徐苏涛.昆明如何从传统经济地理高原到新兴产业创新高峰？.新经济瞭望.2020(2).

徐苏涛.西安创新生态发育核心是从建功立业之都到创业创新之城.西安新语.2018(2).

徐苏涛.青海创业者如何从雪山中走来到春潮中去？.新经济瞭望.2020(12).

徐苏涛.为宝鸡青铜之都插上数智腾飞的翅膀.西安新语.2020(4).

徐苏涛.榆林如何从资源型城市走近新城市发展格局？.西安新语.2019(9).

后 记

城市不仅是人类赖以生存发展与繁衍生息的核心载体,还是文化创意、科技创新、商业财富集聚扩散的重要母体,更是全社会各类文明发展的集中体现。历经改革开放四十余年建设发展,我国不仅涌现出初具在全球配置资源能力、GDP过5000亿美元的准世界城市,还有多个具有国际竞争力、GDP过2万亿元人民币的国际化大都市,亦有一批进入"万亿俱乐部"序列的国际性城市、国家中心城市,还有一批区域中心城市、地方中心城市等。很多城市要么是改革开放的前沿阵地,要么是国家战略的重要载体,要么是地区中心城市等。但不同的城市在不同的资源禀赋、区位条件、发展战略、建设模式下,形成了不同层级的发育、不同水平的发展、不同高地的增速,呈现出此起彼伏的发展态势,其发展规律、发展结构、发展战略、发展路径、发展机制值得深入研究。

非常荣幸能够积极参与到很多城市的规划发展与创新建设之中。从2009年进入长城所,主要围绕新经济从事区域战略、产业战略、企业战略的研究工作,参与了国家、北京等地大量区域产业规划编制;2012年调入浙江工作,将长城所新经济钵体与地方发展相结合,深度透视、解析一个地区或城市的建设发展;2017年调回北京总部后,先后去70余个城市调研、演讲、座谈等，每到一城往往是与出租车司机、创业者交流后再与政府朋友交流，陆续形成文字记录下来。正是在与不同地方政府、产业企业合作过程中形成了不同的思考。也正是这些合作伙伴高水平的需求、要求，倒逼了自己的思考认识，最终编辑成稿与大家分享。

非常荣幸本书能够在中国共产党建党100周年之际正式出版。新中国的"站起来""富起来""强起来"都与城市建设发展息息相关。中国共产党在新中国成立前走向成熟，最重要的体现是处理好了从农村切入革命与走向城市夺取胜利的关系，也就是"农村包围城市，最后夺取全国胜利的革命道路"，引领中国人民"站起来"。其核心逻辑是以柔克刚、以弱胜强、用无形胜有形。在新中国成立后，为了"进城赶考"，中国共产党逐步以城市为核心载体建设了完备的工业体系、城乡二元经济结构与计划经济体制，掌握了国民经济建设发展和国家国防安全的命脉，使中国从一个落后的农业国逐步向现代化的工业国转变，为改革开放以后的"富起来"打好了坚实的基础。改革开放以后，逐步将新型工业化、信息化、市场化、国际化与新型城镇化相结合，不仅发展成为全球第二大经济体，还为新时代进一步"强起来"夯实了根基。

非常荣幸能够和一群非常一样而又非常不一样的同人共成长。在成书过程中，绝大部分文字并非研究得来的，而是通过"参悟"形成。这些"参悟"更多的不是来自书本，而是来自与不同领导、长者、朋友、同事等交流，在所见、所闻中有所思、所写。他们非常一样的是围绕区域发展、城市发展的独立思考、深度关切与人文关怀，非常不一样的是不同的背景、专业、角度和视角。在他们的非常一样与非常不一样之中找到了灵感，形成了文字，迭代了书稿。在此，对他们一并表示最衷心的感谢！

对于所有城市而言，没有完整的发育就没有充分的发展；没有充分的发展就没有高效的循环；没有高效的循环就没有高速的增长。站在新的发展起点、发展节点与历史拐点上，不同城市不仅需要找到自身的区域个性与文化烙印，扬长避短、继往开来；更需要站在新经济地理上找到城市结构与变迁的规律与策略，实现城市发展模式、产业发展模式、创新发展模式、开放发展模式的系统迭代；还需要在新经济生态观的指引下，加快建立生态赋能型的创新发展结构，形成新发展格局，最终涌现出更多的世界城市、国际化大都市、地区性国际城市/国家中心城市、地区中心城市。

在本书撰写成稿过程中，我的妻子段宇盼给予了工作上与生活上的支持与便利，她也可能是我每篇文章都阅读的忠实读者，在此对她表示最衷心的感谢！

徐苏涛

2020 年 12 月 15 日于北京